Helmke/Höppner/Isernhagen

# Einführung in die
# Software-Entwicklung

Vom Programmieren zur erfolgreichen
Software-Projektarbeit

Hartmut Helmke
Frank Höppner
Rolf Isernhagen

# Einführung in die Software-Entwicklung

## Vom Programmieren zur erfolgreichen Software-Projektarbeit

# HANSER

*Dr.-Ing. Hartmut Helmke* ist im Deutschen Zentrum für Luft- und Raumfahrt e.V. (DLR) am Institut für Flugführung in Braunschweig Leiter des Kerngebiets „Flughafen und Flughafennahbereich" und Lehrbeauftragter für Programmierkonzepte an der Fachhochschule Braunschweig/Wolfenbüttel im Fachbereich Informatik.

*Prof. Dr.-Ing. Frank Höppner* vertritt an der Fachhochschule Braunschweig/Wolfenbüttel im Studiengang Wirtschaftsinformatik die Gebiete Algorithmen und Datenstrukturen, Objektorientierte Programmierung, Informationssysteme und Data Mining.

*Prof. i.R. Rolf Isernhagen* hat im Fachbereich Informatik an der Fachhochschule Braunschweig/Wolfenbüttel die Gebiete Softwaretechnik, Modellbildung und Simulation zeitdiskreter Systeme vertreten.

Kontakt: http://public.fh-wolfenbuettel.de/~hoeppnef/hanserSWE.html

Bibliografische Information der Deutschen Nationalbibliothek:

Die Deutsche Nationalbibliothek verzeichnet diese Publikation in der Deutschen Nationalbibliografie; detaillierte bibliografische Daten sind im Internet über http://dnb.d-nb.de abrufbar.

© 2007 Carl Hanser Verlag München Wien (www.hanser.de)
Lektorat: Margarete Metzger
Herstellung: Irene Weilhart
Umschlagdesign: Marc Müller-Bremer, Rebranding, München
Umschlagrealisation: MCP • Susanne Kraus GbR, Holzkirchen
Datenbelichtung, Druck und Bindung: Kösel, Krugzell
Ausstattung patentrechtlich geschützt. Kösel FD 351, Patent-Nr. 0748702
Printed in Germany

ISBN 978-3-446-40969-9

*Unseren Familien.*

**Regine**, **Charlotte** *und* **Philipp**,
**Astrid**, **Till**, **Christoph** *und* **Lennard**,
**Thekla** *und* **Julie**.

# Inhaltsverzeichnis

# Vorwort

Den ersten Schein in einer Vorlesung zur Einführung in die (prozedurale) Programmierung erfolgreich absolviert zu haben, ist das eine, im Team an einem größeren Projekt zu arbeiten, etwas völlig anderes. Dieses Buch führt den Leser von der prozeduralen Programmierung im Kleinen zur objektorientierten Programmierung im Größeren, um eine Projekt-Mitwirkung unter realen Bedingungen zu erleichtern.

Wie versuchen wir das zu erreichen? Wir beginnen mit einer typischen (prozeduralen) „Anfängerlösung" für ein Problem, die so genannte Netz- oder Vorgangsplanung, die wir als durchgehendes Beispiel schrittweise ausbauen. In größeren Projekten werden Aspekte der Lesbarkeit, Wiederverwendbarkeit und Erweiterbarkeit zunehmend wichtiger, daher betrachten wir unsere (jeweils) aktuelle Lösung kritisch aus diesem Blickwinkel. Wir diskutieren, wie die identifizierten Schwächen abgestellt werden können, und entwickeln eine qualitativ hochwertigere Lösung. Auf diesem Weg perfektionieren wir die prozedurale Anfangslösung[1] zu einer objektorientierten Lösung – auch ohne dabei objektorientierte Sprachelemente zu benutzen. Wenn wir auf diese Weise Verständnis und Motivation der objektorientierten Konzepte vermittelt haben, widmen wir uns dann den objektorientierten Sprachelementen. Wir werden sehen, wie sich dadurch die Einhaltung und Durchführung derselben Ideen vereinfachen. Ohne zuvor ein tieferes Verständnis für die Konzepte entwickelt zu haben, bleibt der Anfänger leicht im prozeduralen Paradigma hängen und kann trotz der Nutzung einer objektorientierten Sprache ihre Vorteile nicht ausspielen.

Unser Hauptanliegen ist die richtige Programmierung im Großen und nicht das Erlernen von C++ oder Java. Da es aber ohne eine konkrete Programmiersprache nicht geht, stellen wir die am weitesten verbreiteten objektorientierten Sprachen parallel dar: Fast alle Beispiele in diesem Buch sind zweispaltig: links C++ und rechts Java. Diese Vorgehensweise ermöglicht den direkten Vergleich beider Sprachen und erleichtert den Wechsel zwischen ihnen. Neben einer großen gemeinsamen Basis haben beide Sprachen ihre Stärken und Schwächen; das Verstehen der Schwächen der einen Sprache ermöglicht es, die Stärken der anderen bzw. die unterschiedlichen Philosophien oder Ausrichtungen der Sprachen zu erkennen und die jeweilige Stärke erfolgreich einzusetzen. Um die ganze Argumentationskette in beiden Sprachen nachvollziehen

---

[1]Wir werden uns im ersten Teil des Buches auf die prozeduralen Elemente konzentrieren, bzgl. C++ weitgehend auf die Schnittmenge von C und C++, das so genannte *Clean-C*. Sofern wir ausnahmsweise davon schon hier zu Gunsten von C++ abweichen, wollen wir Ihnen ein Umlernen im zweiten Teil des Buches ersparen, d.h. wir greifen gleich auf die bessere Lösung von C++ zurück.

zu können, beginnen wir mit einer *prozeduralen Java-Programmierung* in den ersten Kapiteln. Damit gehen wir bewusst einen anderen Weg als viele andere Bücher zu dieser Thematik, die gleich mit der Objektorientierung beginnen. Wir folgen eher dem Historiker-Ansatz (*Man kann die Gegenwart nur verstehen, wenn man die Vergangenheit kennt*) und wollen aus der Vergangenheit (prozedural) für die Gegenwart (objektorientiert) lernen.

**Konventionen:**   Quellcode im Fließtext ist zur besseren Unterscheidung in einer `anderen Schrift` gesetzt. Der abgedruckte Quellcode ist oft in Auszügen gedruckt, als Ganzes aber auf unserer Webseite zu beziehen. Unter den Listings finden sich Pfadangaben, die Sie direkt zu der beschriebenen Datei führen. Neben den üblichen Endungen für Dateinamen (`.java` für Java und `.h` und `.cpp` für C++) findet sich manchmal die Endung `.sht`: bei diesen Dateien handelt es sich um nicht lauffähige Artefakte, die zur besseren Darstellung teils massiv gekürzt wurden. Zur besseren Unterscheidbarkeit sind alle Java-Listings dunkelgrau und alle C++-Listings hellgrau unterlegt. Besonders wichtige Aspekte werden in umrahmten Textboxen noch einmal deutlich hervorgehoben und zusammengefasst. Kleine Boxen am Seitenrand wie $\boxed{\text{WWW}}$ oder $\boxed{\text{Tipp}}$ deuten auf Inhalte im Internet oder besonders nützliche Hinweise hin. An einigen wenigen Stellen kommen wir nicht umhin, sehr sprachspezifische Aspekte zu behandeln, die ein Leser, der sich nur für eine der Sprachen C++ und Java interessiert, auch überspringen kann. Diese Abschnitte sind dann am Rand mit $\boxed{\text{C++}}$ bzw. $\boxed{\text{Java}}$ markiert.

Die in diesem Buch verwendeten Programmdateien (C, C++, Java) sowie die Musterlösungen zu den Übungen sind auf unserer Homepage

> `http://public.fh-wolfenbuettel.de/~hoeppnef/hanserSWE.html`

bzw. beim Hanser Verlag unter

> `http://www.hanser.de/978-3-446-40969-9`

in der jeweils aktuellen Version verfügbar und laden zum praktischen Experimentieren ein.

Für viele klärende Gespräche zu Themen dieses Buches sowie für Verbesserungsvorschläge und für Hinweise auf Fehler danken wir Holger Helmke, Peter Hilpert und vielen anderen. Für die Wiedergabe der vielen Programmbeispiele haben wir das LATEX-package *listings* von Carsten Heinz verwendet. Für die sehr konstruktive Zusammenarbeit mit dem Carl Hanser Verlag danken wir Margarete Metzger und Irene Weilhart.

*Hartmut Helmke*, Braunschweig,
*Frank Höppner*, Braunschweig,
*Rolf Isernhagen*, Wolfenbüttel,
im März 2007

# Aufbau des Buches

Wir werden in diesem Buch wesentliche Konzepte der Software-Entwicklung behandeln, die wir an einer durchgehenden Beispielanwendung aus dem Bereich der Netzplantechnik diskutieren. Bild 1 gibt einen Überblick über die Kapitel dieses Buchs und stellt deren Abhängigkeiten untereinander grafisch dar. Die Pfeile zeigen jeweils in Richtung der inhaltlichen Abhängigkeit; so ist z.B. zum Verständnis von Kap. 4 der Stoff von Kap. 2 erforderlich.

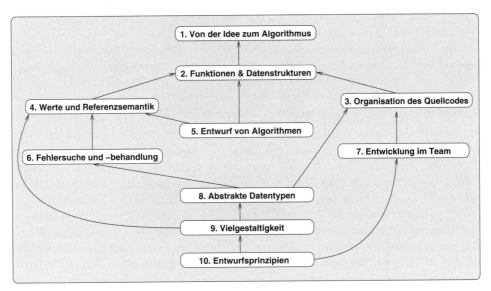

Bild 1: Grafische Darstellung der Kapitel-Abhängigkeiten

Als Startpunkt werden wir in **Kapitel 1** zunächst die Problematik motivieren und eine *Anfängerlösung* vorstellen, die man als typische Lösung für die Programmierung im Kleinen ansehen kann. Der erste Schritt zur Strukturierung von Software ist die Zusammenfassung von Daten zu Datenstrukturen und Anweisungen zu Funktionen. Während wir die Kenntnis der grundlegenden Anweisungen (if, for, while etc.) voraussetzen (Zusammenfassung in Anhang B), wollen wir diese Strukturierungsmittel in **Kapitel 2** noch einmal diskutieren bzw. wiederholen. Dabei liegt unser Augenmerk auf Wartbarkeit, Lesbarkeit und vor allem auf der Testbarkeit eines Programms.

Große Programme werden im Allgemeinen von mehreren Entwicklern oder Entwicklerteams gleichzeitig erstellt. Deshalb wird das große Programm in kleinere Einheiten mit definierten Schnittstellen unterteilt. Wie man bei einer wachsenden Zahl von Dateien nicht die Übersicht bzgl. der Abhängigkeiten zwischen den Dateien verliert, wird in **Kapitel 3** behandelt.

Wenn die Aufgaben größer werden, kommen wir um eine dynamische, flexible Organisation der Daten im Speicher nicht herum. In **Kapitel 4** klären wir, wie Variablen im Arbeitsspeicher des Computers repräsentiert werden. Dieses Wissen ist Voraussetzung, um dynamische Datenstrukturen aufzubauen und um damit z.B. die Größe von strukturierten Datentypen noch zur Laufzeit zu verändern.

In **Kapitel 5** werden wir erprobte Ansätze diskutieren (*best practices*), wie man von einer Idee zum ablauffähigen Programm kommt. Im Vordergrund stehen wieder die Nachvollziehbarkeit und das einfache Verständnis der gefundenen Lösung. Wie wir Fehler aufspüren und geeignet behandeln, diskutiert **Kapitel 6**.

Das **Kapitel 7** ist ganz der erfolgreichen Entwicklung von Software im Team gewidmet. Der Entwickler muss sich tagtäglich Änderungen stellen. Das Design kann sich ändern, die Implementierung kann sich ändern, Fehler werden behoben, neue kommen aber auch hinzu, und ganz wichtig: Die Anforderungen des Kunden können und werden sich ändern. Lange Jahre wurde eine hohe Änderungsrate als Indiz dafür betrachtet, dass die Vorarbeiten nicht sorgfältig genug durchgeführt wurden. Erst in den letzten Jahren hat sich die Sichtweise geändert. Häufige Änderungen werden akzeptiert und der Entwicklungsprozess darauf ausgerichtet.

**Kapitel 8** zeigt dann Verbesserungen, die sich durch Einführung der so genannten *objektorientieren Programmiersprachen* ergeben, nämlich die Zusammenfassung von Daten und den darauf arbeitenden Funktionen mit Mitteln der Sprache (abstrakte Datentypen). Motivation für deren Einführung ist das Bedürfnis, dass Änderungen interner Datenstrukturen des einen Teammitglieds möglichst keine Nebenwirkungen auf Programmteile anderer Teammitglieder haben sollten. In Anwendungen kann es durchaus vorkommen, dass in verschiedenen Kontexten andere Implementierungen desselben Datentyps vorteilhaft sind, z.B. Fenster mit und ohne Scrollbars. Wir werden im **Kapitel 9** zeigen, dass es möglich ist, verschiedene Implementierungen des gleichen Datentyps in einem Programm zu haben – und mehr noch: Wir werden sehen, dass es möglich ist, erst zur Laufzeit festzulegen, mit welchem Datentyp ein Algorithmus tatsächlich ausgeführt wird. Hiermit haben wir das Kernkonzept der *objektorientierten Programmierung* verstanden.

In **Kapitel 10** betrachten wir schließlich das Vorgehen bei der Entwicklung objektorientierter Anwendungen. Die schrittweise in den vorangegangenen Kapiteln vorgestellten Elemente der Modellierungssprache UML werden im Beispiel angewendet. Auch hier stellen wir keine perfekte Lösung vor, sondern beginnen mit einer typischen Anfängerlösung, die schrittweise verfeinert und verbessert wird. Wir werden sehen, dass einige dieser Verbesserungen immer wieder zum Einsatz kommen, sodass man von *Mustern* (im Sinne von Musterlösung) spricht.

# Kapitel 1

# Von der Idee zur Software

In diesem Kapitel zeigen wir im Schnelldurchlauf, wie wir systematisch von einer Idee zu einem fertigen Programm gelangen. Gegenstand unserer Betrachtungen wird eine Beispielanwendung aus dem Bereich der Netzplantechnik [1, 50, 51, 52] sein. Die in diesem Kapitel entstandene Lösung entspricht in ihrer Qualität der eines Einsteigers mit Kenntnissen in der Verwendung von elementaren Anweisungen (zur Auffrischung: siehe Anhang B), aber mit wenig Erfahrung darüber hinaus. Sie enthält also noch sehr viele Schwachpunkte, eben eine typische Lösung für die *Programmierung im Kleinen*. Diese Schwachstellen wollen wir im weiteren Verlauf des Buches entlarven, die Problematik herausarbeiten und Schritt für Schritt abstellen. Am Ende des Buches kennen Sie nicht nur die unterschiedlichen Mittel, die Ihnen moderne Programmiersprachen zur Verfügung stellen, sondern verstehen auch, wodurch diese Mittel motiviert sind, und können sie richtig einsetzen. Kurz: Sie sind auf die Mitarbeit in einem kleinen Team von Software-Entwicklern vorbereitet.

## 1.1 Beispielanwendung

Als Motivation soll uns folgendes Szenario dienen: Michael und Stefan organisieren in ihrer Freizeit erfolgreich Veranstaltungen. Sie erkennen, dass sie damit ein gutes Zubrot für ihr Studium verdienen können, und wollen ihre Tätigkeiten ausweiten. Einige Veranstaltungen sind sehr aufwändig, viele Dinge müssen im Blick behalten werden. Es ist wichtig zu wissen, ob durch Verzögerungen einer Teilaufgabe der Endtermin in Gefahr gerät oder wann spätestens mit einer Teilaufgabe begonnen werden muss, damit alle Folgeaufgaben noch rechtzeitig abgewickelt werden können.

Um die Problematik zu verdeutlichen, beschreiben Michael und Stefan ein kleineres Projekt: die Organisation einer kleinen Themen-Party. Insgesamt sind fünf Schritte erforderlich: (1) die Organisation eines Raumes, (2) die Erstellung einer Dekoration, die zum Thema der Party passt, (3) die Erstellung und Verteilung von Plakaten, (4) die Organisation des Caterings und (5) der Aufbau der Deko sowie der Getränke und Speisen. Für die einzelnen Abschnitte setzen Michael und Stefan folgende Zeiten fest: (1) Bis zu einer festen Zusage eines geeigneten Raumes braucht Michael einen Tag. (2) Michael und Stefan wollen sich einen guten Ruf verdienen, daher planen sie eine aufwändige Deko, deren Herstellung drei Tage dauert. (3) In der Erstellung des Plakates sind sie schon geübt (1–2 Stunden), aber die Plakate sollten mindestens zwei Tage lang hängen, bevor die Party beginnt, also veranschlagen sie für diesen Vorgang 2 Tage. (4) Das Catering kann zu einem beliebigen Termin fristgerecht geliefert werden, wenn es mindestens fünf Tage im Voraus bestellt wird. (5) Der Aufbau der Dekoration nimmt nochmals 2 Tage in Anspruch.

Es gibt zeitliche Abhängigkeiten zwischen den Aktionen, so kann das Plakat erst erstellt werden, wenn der Raum feststeht (weil sonst auf dem Plakat der Veranstaltungsort nicht genannt werden kann). Ebenso hängt die Art der Dekoration von den gewählten Räumlichkeiten ab. Der Aufbau kann nur erfolgen, wenn sowohl Deko als auch Catering zur Verfügung stehen. Um diese Vorgänge wollen sie sich besonders intensiv kümmern. Damit sie künftig (insbesondere bei noch komplexeren Abhängigkeiten) nicht den Überblick verlieren, wenden sie sich mit dem Wunsch nach einer Software-Lösung als Unterstützung an uns.

Alle diese Arbeitsschritte nennen wir Vorgänge. Jeder Vorgang besitzt eine wesentliche Eigenschaft, seine Dauer. Michael und Stefan interessieren sich nun dafür, unter Berücksichtigung der Vorgangsdauern und -abhängigkeiten zu ermitteln, wann die jeweiligen Vorgänge frühestens und/oder spätestens beginnen können. Wenn der früheste und der späteste Zeitpunkt für die Durchführung eines Vorgangs identisch sind, so ist der Vorgang *kritisch*, er kann nicht verschoben werden, ohne den Endtermin zu bedrohen.

## 1.2   Schritte zur Lösung des Problems

Diese stark eingegrenzte Beispielanwendung ist sicherlich noch kein sehr komplexes Problem, und der geneigte Leser wird dazu nach kurzer Zeit eine Lösung finden. Wir wollen aber so tun, als wäre dies ein kleiner, aber wichtiger Baustein in einem komplexen, größeren System. Obwohl der Baustein klein ist, gilt: Wenn er nicht funktioniert, funktioniert das große System nicht! Weil das System groß ist, werden nicht nur wir diesen Baustein nutzen, sondern vielleicht auch mehrere oder andere nach uns. Geben wir uns also Mühe, nichts zu vergessen.

Zur Lösung unseres konkreten Problems sind in etwa die folgenden Schritte zu durchlaufen:

### Konkretisierung des Problems

- Aus der großen Menge an Anforderungen des Kunden (Wunsch nach viel mehr Funktionalität) muss zunächst eine kleine Teilmenge ausgewählt werden. Hierbei sollte es sich um die wichtigsten oder zumindest wichtige Funktionen handeln, die einfach zu realisieren sind, oder aber deren Realisierung für den Kunden einen großen Nutzen verspricht.

- Als Nächstes müssen in Zusammenarbeit mit dem Kunden Missverständnisse ausgeräumt und Unklarheiten beseitigt werden.

- Anschließend können Tests definiert werden, die nochmals zur Präzisierung der Anforderungen, aber auch zum Test des geforderten Programms dienen. Die Definition von Tests erfolgt zunächst verbal in z.B. deutscher Sprache oder auch semi-formal z.B. auf der Basis von Pseudo-Code.[1]

### Entwicklung der Schnittstelle

- Wie soll unser Baustein *von außen* aussehen? Welche Daten gehen hinein, welche Daten kommen heraus? Wie sieht die *Schnittstelle* zwischen unserem Baustein und der umgebenden Welt aus?

- Nach Festlegung der Schnittstelle ist es schon möglich, mit der Implementierung der zuvor definierten Tests zu beginnen, d.h. die Tests sollten wenn irgend möglich bereits fertig implementiert sein, bevor mit der Implementierung der eigentlichen Funktionalität begonnen wird. So merken wir bereits vor der Implementierung, ob unsere Schnittstelle umständlich zu bedienen oder unvollständig ist.

### Entwicklung und Implementierung der Lösung

- Bevor mit der Implementierung der eigentlichen Funktionalität begonnen wird, d.h. der Funktionen, die hinter der Schnittstelle stecken, wird die Problemlösung zunächst dokumentiert, indem sie verbal oder auch semi-formal beschrieben wird (erst denken, dann programmieren).

- Nun erst erfolgt die Implementierung der Problemlösung auf Basis der zuvor (mit Worten oder Pseudo-Code) skizzierten Lösung.

### Fehlersuche und Funktionserweiterung

- Da die Tests bereits zur Verfügung stehen, kann direkt nach der Implementierung mit dem Test begonnen werden.

- In der Regel werden nicht alle Tests sofort erfolgreich ausführbar sein. Dann beginnt die Fehlersuche. Die Fehler können ihre Ursache in der Implementierung der Funktionalität oder aber auch in der Implementierung der Tests selbst haben. Auszuschließen ist natürlich auch nicht, dass die Ursachen in noch früheren Schritten, z.B. in der Definition der Tests oder Funktionalitäten zu finden sind.

- Häufig tritt auch der Fall auf, dass man zwar mit dem Ergebnis zufrieden bzw. das Ergebnis korrekt ist, aber trotzdem eine Verbesserung der Implementierung wünscht, weil z.B. die Implementierung zu unübersichtlich oder zu langsam ist.

Die genannten Schritte können nun mehrfach iterativ durchlaufen werden. Am Ende steht dann (hoffentlich) die erfolgreiche Abnahme und Übergabe der Software an den Kunden. Wünscht der Kunde eine Erweiterung der Funktionalität oder eine Verbesserung der bestehenden Lösung, so beginnt der ganze Prozess beim ersten Schritt von vorne.

---

[1]Pseudo-Code bezeichnet die Darstellung eines Algorithmus in einer Schreibweise, die zumeist an eine strukturierte Programmiersprache angelehnt ist (siehe auch [16]). Der Pseudo-Code ist in der Regel näher an der menschlichen Sprache als am Code einer Programmiersprache, die wiederum von einem Compiler übersetzbar ist.

Wir wollen im Folgenden diese etwas abstrakte Darstellung des beschriebenen Entwicklungsprozesses an der vorgestellten Beispielanwendung veranschaulichen. Wir werden in diesem Kapitel bewusst einige Aspekte vernachlässigen oder ganz ignorieren. Es geht uns im ersten Kapitel nicht darum, bereits alles perfekt vorzuführen, sondern eine Diskussionsbasis zu schaffen, an der wir Schwächen ansprechen und im weiteren Verlauf verbessern können. So werden wir auch ganz bewusst in Probleme hineinlaufen und quasi im Nachhinein nochmals eine Rechtfertigung dafür erhalten, dass alle diese Schritte wichtig sind.

## 1.3  Konkretisierung des Problems

**Beschränkung auf das jeweils Wichtigste:**  Michael und Stefan haben am Anfang noch sehr viel mehr Wünsche und Ideen, die sich unmöglich alle auf einmal erfüllen lassen bzw. deren Erfüllung zu lange dauern würde. Deshalb einigen wir uns mit Michael und Stefan darauf, zunächst nur die wichtigsten Funktionen zu implementieren. Allerdings sollten diese Funktionen bereits ein ausführbares System ergeben, welches für den Kunden schon einen Geschäftswert hat oder ihm zumindest die Möglichkeit gibt, einen genaueren Eindruck vom späteren System zu bekommen. Dieser erste Funktionsumfang soll dem in Abschn. 1.1 geschilderten Umfang entsprechen. Vereinfachend verzichten wir hier auf jede Form einer Benutzeroberfläche, sondern kümmern uns nur um die Funktionalität.

**Missverständnisse und Unklarheiten klären:**  Im nächsten Schritt versuchen wir zusammen mit Michael und Stefan, Missverständnisse und Unklarheiten aufzudecken und zu klären. Das geht am besten durch eine Diskussion über die Thematik anhand von Beispielen. In der Regel entstehen hieraus dann Tests für das lauffähige System. Durch sie werden wir Mehrdeutigkeiten und Widersprüche zu entlarven versuchen, daher handelt es sich um einen besonders wichtigen Schritt, der oft erst nach mehreren Diskussionen zum Ziel führt.

**Entwicklung von Tests:**  Aus Platzgründen wollen wir nur ein Beispiel für die Entwicklung von Tests heranziehen, nämlich das Beispiel aus Abschn. 1.1. Die Vorgänge und ihre Abhängigkeiten sind in Bild 1.1 grafisch dargestellt. Um die in Abschn. 1.1 diskutierten Größen einfacher ansprechen zu können, vereinbaren wir folgende Abkürzungen:

- Frühester Beginn eines Vorgangs (FB)
- Frühestes Ende eines Vorgangs (FE)
- Spätester Beginn eines Vorgangs (SB)
- Spätestes Ende eines Vorgangs (SE)

In Bild 1.1 sind alle diese Größen noch offen geblieben. Die folgenden Überlegungen zur Entwicklung von Tests haben vordergründig das Ziel, die Korrektheit einer späteren Funktionalität (wenigstens stichprobenhaft) prüfen zu können. Die frühe Beschäftigung mit Tests hat aber noch einen viel wichtigeren Grund, nämlich die

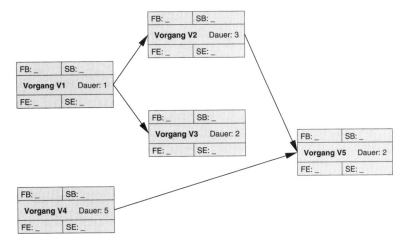

Bild 1.1: Beispiel für einen einfachen Netzplan

Entwicklung eines Verständnisses für das Problem von Michael und Stefan. Wenn wir bei einem (besser: mehreren) Beispiel(en) nicht sagen können, was genau herauskommen soll, d.h., wenn wir manuell für einige Beispiele nicht angeben können, was wir anschließend für den allgemeinen Fall programmieren wollen, ist es zu früh für eine Implementierung. Damit dienen Tests nicht nur der Illustration, sondern fungieren quasi auch als *letzte Ausfahrt auf dem Weg in eine Fehlspezifikation.*

Beginnen wir damit, einen ersten einfachen Testfall aufzustellen. Da alle Vorgänge zusammen nur eine Dauer von 13 Tagen aufweisen, muss bspw. ein Plan mit Anfangszeitpunkt „Tag 0" und Endzeitpunkt „Tag 30" in jedem Fall realisierbar sein.

- **Test T1**: FÜR DEN NETZPLAN IN BILD 1.1 MIT EINEM GEPLANTEN START- BZW. ENDTERMIN VON 0 BZW. 30 ERGIBT SICH, DASS DER PLAN REALISIERBAR IST.

Das Aufschreiben dieses Tests macht schon deutlich, wie die Tests zur Konkretisierung des Problems beitragen. Wir erkennen nämlich spätestens hier, dass wir bei der Dauer eines Vorgangs von einer konkreten Einheit (Stunden, Tage, Monate, ...) abstrahieren können. Entsprechendes gilt für die Start- und Endtermine. Wir geben keine echten Kalendertage wie z.B. den 4. Juli 2020 an.

Ein weiterer Test soll zeigen, ob wir auch erkennen, ob ein Netzplan nicht realisierbar ist. Weil Vorgang 5 nach Vorgang 4 startet, muss der Plan mindestens 7 Tage dauern (Summe der Tage). Geben wir nur 6 Tage Zeit, muss der Plan scheitern.

- **Test T2**: FÜR DEN NETZPLAN IN BILD 1.1 MIT EINEM GEPLANTEN START- BZW. ENDTERMIN VON 4 BZW. 10 ERGIBT SICH, DASS DER PLAN NICHT REALISIERBAR IST.

Auch die Argumentation zu diesem Test klärt ein potenzielles Missverständnis: Wenn wir als Starttermin „Tag 4" und als Endtermin „Tag 10" betrachten und argumentieren, dass nur 6 Tage Zeit bleiben, dann bedeuten für uns die Termine genauer „Beginn von Tag 4" und „Beginn von Tag 10" (und nicht etwa „Beginn von Tag 4"

und „Ende von Tag 10“, denn dann wären es 7 volle Tage). Eine Angabe wie „Tag 3“
bezeichnet eigentlich ein Zeitintervall (der Tag von früh bis spät), wir brauchen aber
Zeitpunkte.

Mit dem letzten Test wollen wir überprüfen, ob wir für einzelne Vorgänge auch die
korrekten Anfangs- und Endzeiten ermitteln. Dazu müssen wir natürlich in der Lage
sein, diese selbst zu bestimmen. Der früheste Anfang für den gesamten Plan soll der
Zeitpunkt 0 sein, daher können wir diesen als frühesten Beginn (FB) in Vorgang 1
eintragen (siehe ovale Markierung bei Vorgang 1 in Bild 1.2). Aus dem frühesten
Beginn und der Dauer ermitteln wir die früheste Endzeit als Summe FE=0+1=1.
Die Vorgänge 2 und 3 können erst starten, wenn Vorgang 1 beendet ist, also ist
deren frühester Beginn identisch mit dem frühesten Ende von Vorgang 1 (vgl. Pfeile
im Bild). Damit lässt sich nun auch für diese beiden Vorgänge über die Dauer der
früheste Endzeitpunkt ermitteln, und es folgt, dass Vorgang 5 frühestens zum Zeitpunkt 4 beginnen kann. Aber Vorgang 5 hängt auch von Vorgang 4 ab; ist dieser zum
Zeitpunkt 4 schon beendet? Vorgang 4 hängt selbst von keinen anderen Vorgängen
ab. Er kann deshalb ebenfalls zum Zeitpunkt 0 starten, seine früheste Endzeit ist 5.
Also kann Vorgang 5 nicht vorher beginnen, und wir ermitteln FE=5+2=7. Damit
sind alle frühesten Zeitpunkte bestimmt. Wir wollen diese Argumentation künftig
als Vorwärtsplanung bezeichnen.

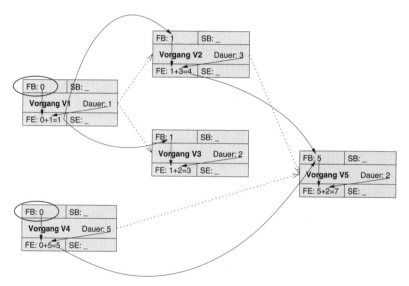

Bild 1.2: Vorwärtsrechnung: Früheste Anfangs- (FB) und Endzeiten (FE) bestimmen

Analog können wir nun den Endzeitpunkt des Planes (zum Beispiel den Zeitpunkt 7)
bei allen Vorgängen als spätestes Ende eintragen, die keine Nachfolger mehr haben
(Vorgang 3 und 5, vgl. Bild 1.3). Über die Dauer des Vorgangs 5 lässt sich dann
der späteste Beginn zu SB=7−2=5 ermitteln. Damit müssen Vorgänger (Vorgang 2
und 4) spätestens zum Zeitpunkt 5 beendet sein (SE=5). Über deren Dauer lässt
sich dann analog deren spätester Beginn ermitteln. Vorgang 1 besitzt zwei Nachfol-

ger (Vorgang 2 und 3) und muss vor beiden Vorgängen fertig sein (Minimum der SB-Werte von Vorgang 2 und 3). Weil wir bei dieser Argumentation in der entgegengesetzten Richtung vorgegangen sind, sprechen wir von der Rückwärtsplanung. Damit können wir die abzuprüfenden Werte für den nächsten Test direkt aus Bild 1.3 entnehmen.

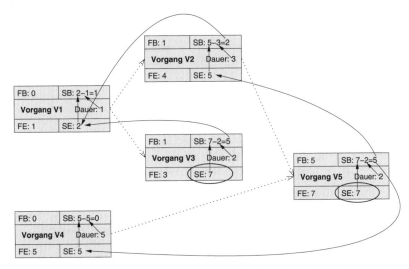

Bild 1.3: Rückwärtsrechnung: Späteste Anfangs- (SB) und Endzeiten (SE) bestimmen

- **Test T3**: FÜR DEN NETZPLAN IN BILD 1.1 MIT EINEM GEPLANTEN START- UND ENDTERMIN VON 0 BZW. 7 ERGIBT SICH, FÜR V1: [FB,FE] = [0,1] UND [SB,SE] = [1,2], FÜR V4: [FB,FE] = [0,5] UND [SB,SE] = [0,5].

Natürlich können wir auch mehr als nur zwei Knoten auf Korrektheit prüfen.

## 1.4   Entwicklung der Schnittstelle

Bevor wir unseren Software-Baustein anderen in die Hand geben, sollten wir ihn selbst einmal benutzt haben. Wir sind die ersten *Anwender* unserer eigenen Software, wenn wir die Tests implementieren. Um wiederum die Tests implementieren zu können, müssen wir die Schnittstelle kennen, d.h. die Art und Weise, wie wir den Baustein benutzen. Die Schnittstelle legen wir hier nun bewusst ganz rudimentär aus.

Wir verwenden Sprachelemente aus C++/Java, die Ihnen bereits bekannt sein dürften. Wenn nicht, sollten Sie zunächst mit dem Grundlagen-Kapitel im Anhang B fortfahren und erst anschließend hier fortsetzen.

**Was ist gegeben?**   In unserem Beispiel ist der Plan in Bild 1.1 gegeben. Allgemein besteht ein Plan aus $n$ Vorgängen, die jeweils eine bestimmte Dauer aufweisen. Ferner existiert eine gerichtete Abhängigkeit zwischen einzelnen Vorgängen (ein Vorgang

ist Vorgänger eines anderen). Allgemein handelt es sich hier um einen gerichteten
Graphen. Schließlich haben wir an unseren Testfällen gesehen, dass noch eine Start-
und Endzeit für einen Plan gegeben werden muss, damit wir die Durchführbarkeit
prüfen können.

Diese Daten müssen der Software zur Verfügung gestellt werden. Die einfachste denk-
bare Schnittstelle sind vielleicht globale Variablen, in denen wir die Werte direkt
ablegen. Diese Variablen sind im Einzelnen: `anzahl` für die Anzahl der Vorgänge,
das Array `dauer` für die Vorgangsdauern und `nachf` für die Verwaltung der Abhängigkeiten zwischen den Vorgängen. Dabei ist `nachf` ein zweidimensionales *Boolesches*
Array, dessen Eintrag `nachf[i][j]` (=Nachfolger) den Wert `true` genau dann besitzt,
wenn der Vorgang $V_i$ abgeschlossen sein muss, bevor Vorgang $V_j$ beginnen kann.

```
/* Max. Anz. von bearbeitbaren Vorgängen */
const int MAX = 100;
/* Dauer der einzelnen Vorgänge V1, V2 ...*/
double dauer[MAX];
/* aktuelle Anzahl an Vorgängen */
int anzahl;
/* nachf[i][j] ist true, wenn Vorgang j
   Nachfolger von Vorgang i ist */
bool nachf[MAX][MAX];
/* Start/Endzeit des Plans */
int startzeit,endzeit;
```

```
/* Max. Anz. von bearbeitbaren Vorgängen */
final int MAX=100;
/* Dauer der einzelnen Vorgänge V1, V2 ...*/
double[] dauer = new double[MAX];
/* aktuelle Anzahl an Vorgängen */
int anzahl;
/* nachf[i][j] ist true, wenn Vorgang j
   Nachfolger von Vorgang i ist */
boolean[][] nachf =
            new boolean[MAX][MAX];
/* Start/Endzeit des Plans */
int startzeit,endzeit;
```

**Was leisten wir?**   Wir werden für jeden Vorgang, wie in Bild 1.1 gezeigt, seinen
frühesten (FB), seinen spätesten Beginn (SB) sowie sein frühestes (FE) und sein spätestes Ende (SE) ermitteln. Diese Informationen reichen aus, um bspw. zu ermitteln,
dass die Vorgänge V4 und V5 auf dem kritischen Pfad liegen (d.h. eine Verzögerung
von V4 oder V5 verzögert automatisch den Endtermin des gesamten Projektes).

Wieder ist die einfachste Form einer Schnittstelle durch global zugängliche Variablen
gegeben. Wir verwenden hier vier Gleitkomma-Arrays für die jeweiligen Größen.

```
// fruehester Anf. u. Ende jedes Vorgangs
double fruehanf[MAX]; // FB
double fruehend[MAX]; // FE
// spaetester Anf. u. Ende jedes Vorgangs
double spaetanf[MAX]; // SB
double spaetend[MAX]; // SE
```

```
// fruehester Anf. und Ende jedes Vorgangs
double[] fruehanf=new double[MAX]; // FB
double[] fruehend=new double[MAX]; // FE
// spaetester Anf. u. Ende jedes Vorgangs
double[] spaetanf=new double[MAX]; // SB
double[] spaetend=new double[MAX]; // SE
```

**Welche Annahmen haben wir getroffen?**   Spätestens jetzt sollten wir das erste Mal alle Annahmen oder Bedingungen sammeln, die wir bewusst oder unbewusst
bereits gemacht haben. Diese Annahmen sind wichtig für alle Anwender unseres Bausteins, da sie ihn nicht verwenden können, wenn die Annahmen bei ihrem jeweiligen
Problem keine Gültigkeit besitzen.

- Wir gehen von der idealisierten Vorstellung aus, dass keine weiteren Aufgaben
  zu erledigen sind bzw. dass diese unabhängig von den modellierten Vorgängen
  bearbeitet werden können.

- Wir ignorieren zunächst, dass nicht unendlich viele Ressourcen zur Verfügung stehen, z.B. könnten verschiedene Vorgänge dieselben Ressourcen (z.B. Bearbeiter) nutzen und dürften dann nicht parallel ablaufen. Auch die Auslastung eines Vorgangsbearbeiters, die Einfluss auf die Dauer des Vorgangs haben wird, ignorieren wir.

- Wir gehen davon aus, dass die Vorgänge *in einem Stück* ausgeführt und nicht unterbrochen und später fortgesetzt werden.

Mehr fällt uns jetzt vielleicht noch nicht ein, aber im Laufe der Implementierung können weitere Dinge hinzukommen (z.B. wenn wir nicht alle Eventualitäten abdecken können oder wollen).

## 1.5    Tests auf Basis der Schnittstelle

Nun ist eine Schnittstelle definiert, und wir können uns der Implementierung von zuvor definierten Tests widmen. Da alle unsere Tests auf demselben Beispielgraphen operieren, können wir diesen Graphen zunächst anlegen.

**Test T1:**   Im ersten Test T1 wollen wir überprüfen, ob der Netzplan in Bild 1.1 mit einem geplanten Start- bzw. Endtermin von 0 bzw. 30 realisierbar ist. Wann ist ein Plan realisierbar?

Ein Netzplan ist realisierbar, wenn für **jeden** Vorgang $V_k$ ermittelt wird, dass sein frühester Anfang so liegt, dass der Vorgang noch bis zu seinem spätesten Ende abgeschlossen werden kann, d.h. dass sein frühestes nicht nach seinem spätesten Ende liegt.

```
// bleibt true, wenn Plan durchfuehrbar
bool ok = true;
for (int k= 0; k < anzahl; ++k)
   if (fruehend[k] > spaetend[k])
      ok = false;
```

```
// bleibt true, wenn Plan durchfuehrbar
boolean ok = true;
for (int k=0; k < anzahl; ++k)
   if (fruehend[k] > spaetend[k])
      ok = false;
```

Der Test ist somit erfolgreich, wenn am Ende die Variable ok den Wert true besitzt. Sollte das nicht der Fall sein, geben wir eine Fehlermeldung aus.

**Test T2:**   Entsprechend wird beim zweiten Test mit einem geplanten Start- bzw. Endtermin von 4 bzw. 10 überprüft, ob die Variable ok den Wert false besitzt und somit der Netzplan nicht realisierbar ist.

Zur Implementierung dieses Tests verändern wir somit Start- und Endzeitpunkt und überprüfen nun, ob die Variable ok, die die Durchführbarkeit eines Netzplans anzeigt, den Wert false statt true hat.

```
int startzeit = 4;
int endzeit  = 10;
/* ... */
if (false == ok) {
   cout << "Tests erfolgreich!";
}
```

```
int startzeit = 4;
int endzeit  = 10;
/* ... */
if (false == ok) {
   System.out.print("Tests erfolgreich!");
}
```

**Test T3:**  Im letzten Test T3 werden die sich am Ende der Planung ergebenden Werte in den Arrays `fruehanf` etc. für die Vorgänge $V_1$ und $V_4$ überprüft.

Wir automatisieren die Überprüfung, ob das Programm die richtigen Werte liefert. Wir müssen dann nicht jedes Mal *durch hinreichend langes Hinsehen* überprüfen, ob noch die richtigen Zahlen ermittelt wurden.

Auch hier müssen wir nur wenige Änderungen am Programm durchführen.

Wir können in dem Test allerdings die Überprüfung des frühesten Endtermins und des spätesten Beginns weglassen, da sich diese aus der Vorgangsdauer und dem frühesten Anfangs- (`fruehanf[i]` + `dauer[i]`) und spätesten Endtermin (`spaetend[i]` – `dauer[i]`) errechnen lassen und somit der Test nichts Neues überprüft. Es ergeben sich folgende Programmanpassungen:

```
int startzeit = 0;
int endzeit   = 7;
/* ... */
bool ok = (0 == fruehanf[0]) &&
          (2 == spaetend[0]) &&
          (0 == fruehanf[3]) &&
          (5 == spaetend[3]);
```

```
int startzeit = 0;
int endzeit   = 7;
/* ... */
boolean ok = (0 == fruehanf[0]) &&
             (2 == spaetend[0]) &&
             (0 == fruehanf[3]) &&
             (5 == spaetend[3]);
```

Möglicherweise merken wir bei der Ausformulierung der Tests in C++/Java, dass die Bedienung unseres Bausteins umständlich ist oder dass wir bestimmte Aspekte der Tests gar nicht prüfen können, weil notwendige Informationen fehlen. Dann ist das ein Erfolg, weil wir eine Lücke in der Schnittstellenspezifikation gefunden haben, die wir schließen können, *bevor* wir mit der Implementierung beginnen.

## 1.6   Entwicklung und Implementierung der Lösung

Nachdem wir nun durch die Schnittstelle (hier in Form einiger Variablen) festgelegt haben, wie wir den Netzplan intern in einer Programmiersprache modellieren (und damit benutzen) wollen und nachdem die Tests bekannt sind, können wir uns an die Entwicklung des Algorithmus zur Ermittlung der frühesten und spätesten Zeiten für jeden Vorgang heranwagen.

Das Finden der Problemlösung ist an sich ein kreativer Prozess, der aber von den Dialogen, Beispielen und Tests aus Abschn. 1.3 geleitet wird. Wir beginnen mit einer verbalen Beschreibung der Problemlösung. Die Netzplanung kann in den folgenden vier Schritten erfolgen:

1. Initialisierung und Aufbau des Netzplans mit den Abhängigkeiten zwischen den Vorgängen durch den Anwender des Bausteins;

2. Berechnung der frühesten Anfangs-/Endzeitpunkte für jeden Vorgang;

3. Berechnung der spätesten Anfangs-/Endzeitpunkte für jeden Vorgang;

4. Auswertung der Ergebnisse durch den Anwender.

Nachdem die Schnittstelle definiert ist, ist unser Baustein nur noch für die Schritte 2 und 3 verantwortlich.

**Berechnung der frühesten Anfangs-/Endzeitpunkte:**   Ein Vorgang $V_k$ kann nicht beginnen, bevor alle seine Vorgängervorgänge abgeschlossen sind. Daraus ergibt sich, dass der früheste Anfangszeitpunkt eines Vorgangs $V_k$ das Maximum der spätesten Endzeitpunkte seiner unmittelbaren Vorgänger ist. Der früheste Endzeitpunkt ergibt sich dann aus der Vorgangsdauer und aus seinem frühesten Anfangszeitpunkt. Besitzt ein Vorgang keine Vorgänger, wird der Startzeitpunkt des Plans zum frühesten Anfangszeitpunkt.

**Berechnung der spätesten Anfangs-/Endzeitpunkte:**   Entsprechend kann der späteste Endzeitpunkt, d.h. wann ein Vorgang $V_k$ spätestens abgeschlossen sein muss, aus dem Minimum der spätesten Anfangszeitpunkte aller seiner unmittelbaren Nachfolgevorgänge durch Rückwärtsrechnung bestimmt werden. Damit ergibt sich der späteste Anfangszeitpunkt aus der Differenz des spätesten Endzeitpunktes und der Vorgangsdauer. Besitzt ein Vorgang keine Nachfolger, wird der Endzeitpunkt des Plans zum spätesten Endzeitpunkt.

Bei komplexeren Problemen wird man die Lösung zunächst noch weiter detaillieren müssen, bevor man mit der Implementierung in einer Programmiersprache beginnen kann, z.B. könnte man die Bestimmung des Minimums der spätesten Anfangszeitpunkte aller unmittelbaren Nachfolgevorgänge noch weiter verfeinern.

**Implementierung der Lösung:**   Mit diesen Vorüberlegungen können wir nun eine C++- bzw. Java-Implementierung zur Berechnung des Netzplans angeben; siehe Listing 1.1 bzw. 1.2. Wir haben in der Lösung auf die explizite Abspeicherung von dem frühesten Ende und dem spätesten Anfang von jedem Vorgang verzichtet, da wir diese, wie beim Test T3 beschrieben, jeweils aus der Dauer und dem frühesten Anfang bzw. spätesten Ende eines Vorgangs berechnen können.

Es sei an dieser Stelle noch einmal betont, dass es sich um keine *Muster-*, sondern eher um eine *Startlösung* handelt. Als solche wurde die Lösung inkl. eines Tests in einer einzigen Funktion realisiert (eine für Anfänger durchaus typische Vorgehensweise).

# 1.7   Fehlersuche und Funktionserweiterung

**Testdurchführung:**   Nach erfolgreichem Übersetzen und Linken der Anwendung ergibt ein Aufruf des ausführbaren Programms die folgende Ausgabe:

```
V1: [FA, FE]: [0.. 1], [SA, SE]: [24.. 25]
V2: [FA, FE]: [1.. 4], [SA, SE]: [25.. 28]
V3: [FA, FE]: [1.. 3], [SA, SE]: [28.. 30]
V4: [FA, FE]: [0.. 5], [SA, SE]: [23.. 28]
V5: [FA, FE]: [5.. 7], [SA, SE]: [28.. 30]

Alle Tests erfolgreich!
```

Das ist doch schon mal ein erster Erfolg. Wir bilden uns natürlich nicht ein, dass aufgrund dieses kleinen Tests und der Ausgabe *Alle Tests erfolgreich!* unser Programm schon völlig korrekt ist. Aber auch die Überprüfung der Ausgabe der frühesten und spätesten Zeiten von jedem Vorgang ergibt keinen Fehler.

C++ 1.1: Erste C++-Version der Netzplanung

```cpp
#include <iostream> // wg. Bildschirmausgabe
using namespace std;

// maximale Vorgangsanzahl im Netzplan
const int MAX=100;
// Dauer der einzelnen Vorgänge V1, V2 ...
double dauer[MAX];
// frühester Beginn von jedem Vorgang
double fruehanf[MAX];
// spätestes Ende von jedem Vorgang
double spätend[MAX];
/* nachf[i][j] ist true, wenn Vorgang j
   Nachfolger von Vorgang i ist */
bool nachf[MAX][MAX];

int main(){
  int g, h, i, j, k, m; // Laufvariablen


  /**********************************
   * Initialisierung des Netzplans
   **********************************/
  int startzeit=0;
  int endzeit=30;
  // Anzahl der Vorgänge in diesem Netzplan
  int anzahl = 5;
  dauer[0]=1; dauer[1]=3; dauer[2]=2;
  dauer[3]=5; dauer[4]=2;
  for (g=0; g<anzahl; ++g) {
    fruehanf[g]=0.0; spaetend[g]=0.0;
    for (h=0; h<anzahl; ++h)
      nachf[g][h]=false;
  }
  // Setzen der Abhängigkeiten
  nachf[0][1]=true; nachf[0][2]=true;
  nachf[1][4]=true; nachf[3][4]=true;


  /**********************************
   * frühesten Anfangszeitpunkt erm.
   **********************************/
  for (i=0;i<anzahl;++i) {
    /* Maximum der frühesten Endzeitpunkte
    aller Vorgänger durch Vorwärtsrechnen*/
    fruehanf[i] = startzeit;
    for (j=0; j<anzahl; ++j) {
      if (true == nachf[j][i]) {
        double fe = fruehanf[j]+dauer[j];
        if (fe >fruehanf[i]) fruehanf[i]=fe;
      }
    }
  }

  /**********************************
   * spätesten Endzeitpunkt erm.
   **********************************/
  for (i=anzahl-1;i>-1;--i) {
    /* Minimum der spätesten Anf-Zeitpunkte
    aller Nachf. durch Rückwärtsrechnung*/
    spaetend[i] = endzeit;
    for (j=0; j<anzahl;++j) {
      if (true == nachf[i][j]) {
        double sa = spaetend[j]-dauer[j];
        if (spaetend[i] >sa) spaetend[i]=sa;
      }
    }
  }


  /**********************************
   * Ausgabe des ber. Netzplanes
   **********************************/
  for (m=0; m<anzahl; ++m) {
    cout << "V" << m+1 <<": [FA, FE]: ["
      << fruehanf[m] << ".. "
      << fruehanf[m] + dauer[m]
      << "], [SA, SE]: ["
      << spaetend[m]-dauer[m] << ".. "
      << spaetend[m] << "]" << endl;
  }
  cout << endl;


  /**********************************
   * Ist Netzplan durchführbar?
   **********************************/
  bool ok=true; // true, wenn Netzplan durchf.
  for (k=0; k < anzahl; ++k) {
    if (fruehanf[k]+dauer[k] > spaetend[k]){
      ok = false;
    }
  }


  if (ok) {
    cout << "Alle Tests erfolgreich!\n";
  }
  else  {
    cout << "Tests fehlgeschlagen!\n";
  }
  return 0;
}
```

(netzplanung/v0-basis/Netzplanung1Test.cpp)

Java 1.2: Erste Java-Version der Netzplanung

```java
public class Netzplanung1Test {

public static void main(String[] args) {

// maximale Vorgangsanzahl im Netzplan
final int MAX=100;

// Dauer der einzelnen Vorgänge V1, V2 ...
double[] dauer = new double[MAX];

// frühester Beginn von jedem Vorgang
double[] fruehanf = new double[MAX];
// spätestes Ende von jedem Vorgang
double[] spaetend = new double[MAX];

/* nachf[i][j] ist true, wenn Vorgang j
   Nachfolger von Vorgang i ist */
boolean[][] nachf =
         new boolean[MAX][MAX];
 int g, h, i, j, k, m; // Laufvariablen

/**********************************
 * Initialisierung des Netzplans
 **********************************/
int startzeit=0;
int endzeit=30;
// Anzahl der Vorgänge in diesem Netzplan
int anzahl = 5;
dauer[0]=1; dauer[1]=3; dauer[2]=2;
dauer[3]=5; dauer[4]=2;
for (g=0; g<anzahl; ++g) {
   fruehanf[g]=0.0; spaetend[g]=0.0;
   for (h=0; h<anzahl; ++h)
      nachf[g][h]=false;
}
// Setzen der Abhängigkeiten
nachf[0][1]=true; nachf[0][2]=true;
nachf[1][4]=true; nachf[3][4]=true;

/**********************************
 * frühesten Anfangszeitpunkt erm.
 **********************************/
for (i=0;i<anzahl;++i) {
   /* Maximum der frühesten Endzeitpunkte
   aller Vorgänger durch Vorwärtsrechnen*/
   fruehanf[i] = startzeit;
   for (j=0; j<anzahl; ++j) {
      if (true == nachf[j][i]) {
         double fe = fruehanf[j]+dauer[j];
         if (fe >fruehanf[i]) fruehanf[i]=fe;
      }
   }
}
```

```java
/**********************************
 * spätesten Endzeitpunkt erm.
 **********************************/
for (i=anzahl-1;i>-1;--i) {
   /* Minimum der spätesten Anf-Zeitpunkte
   aller Nachf. durch Rückwärtsrechnung*/
   spaetend[i] = endzeit;
   for (j=0; j<anzahl;++j) {
      if (true == nachf[i][j]) {
         double sa = spaetend[j]-dauer[j];
         if (spaetend[i] >sa) spaetend[i]=sa;
      }
   }
}


/**********************************
 * Ausgabe des ber. Netzplanes
 **********************************/
for (m=0; m<anzahl; ++m) {
   System.out.print(
      "V" + m+1 + ": [FA, FE]: ["
      + fruehanf[m] + ".. "
      + (fruehanf[m] + dauer[m])
      + "], [SA, SE]: ["
      + (spaetend[m]-dauer[m]) + ".. "
      + spaetend[m] + "]\n");
}
System.out.print("\n");


/**********************************
 * Ist Netzplan durchführbar?
 **********************************/
// true, wenn Netzplan durchführbar
boolean ok=true;
for (k=0; k < anzahl; ++k) {
   if (fruehanf[k]+dauer[k] > spaetend[k]){
      ok = false;
   }
}

if (ok) {
   System.out.print(
         "Alle Tests erfolgreich!\n");
}
else {
   System.out.print(
         "Tests fehlgeschlagen!\n");
}
}
}
```

(netzplanung/v0-basis/Netzplanung1Test.java)

Deshalb führen wir die zuvor beschriebenen Änderungen für den zweiten Test durch. Wir erhalten die folgende Ausgabe:

```
V1: [FA, FE]: [4.. 5], [SA, SE]: [4.. 5]
V2: [FA, FE]: [5.. 8], [SA, SE]: [5.. 8]
V3: [FA, FE]: [5.. 7], [SA, SE]: [8.. 10]
V4: [FA, FE]: [4.. 9], [SA, SE]: [3.. 8]
V5: [FA, FE]: [9.. 11], [SA, SE]: [8.. 10]

Alle Tests erfolgreich!
```

Hier sehen wir, dass die Vorgänge V4 und V5 für die Nicht-Realisierbarkeit des Netzplans verantwortlich sind, weil z.B. ihr frühestes Ende nach dem spätesten Anfang liegt.

Im dritten Test überprüfen wir dann, ob die Berechnungen des Programms korrekt sind. Nach Durchführung der beschriebenen Programmänderungen erhalten wir wiederum die Ausgabe, dass `Alle Tests erfolgreich!` durchgeführt wurden.

**Erweiterung der Tests:** Können wir uns nun auf die Schulter klopfen? Alle von uns eingangs spezifizierten Tests sind erfolgreich durchgelaufen. Wir wissen natürlich, dass man durch Tests immer nur das Vorhandensein von Fehlern zeigen, aber außer in sehr einfachen Fällen nie die Fehlerfreiheit des Programms nachweisen kann. Unsere Tests sind aber schon ein richtiger Schritt in Richtung wartbare und verlässliche Software. Wir wollen deshalb einen weiteren Test mit einem anderen Netzplan mit ebenfalls fünf Vorgängen durchführen und einen Starttermin 0 und Endtermin 7 annehmen:

1. V1: Dauer 2 Tage,

2. V2: Dauer 5 Tage,

3. V3: Dauer 2 Tage,

4. V4: Dauer 3 Tage und

5. V5: Dauer 1 Tag

Zwischen diesen sollen die folgenden Abhängigkeiten bestehen:

- V4 kann erst beginnen, wenn V5 komplett abgeschlossen ist;

- V3 kann erst beginnen, wenn V5 komplett abgeschlossen ist;

- V1 kann erst beginnen, wenn V2 und V4 komplett abgeschlossen sind.

Dieser Netzplan sollte auch realisierbar sein. An unserem Ausgangsprogramm müssen wir hierzu die folgenden Änderungen vornehmen:

```
int startzeit = 0; int endzeit = 7;
dauer[0]=2; dauer[1]=5; dauer[2]=2;
dauer[3]=3; dauer[4]=1;
  // Setzen der Abhaengigkeiten
nachf[4][3]=true; nachf[4][2]=true;
nachf[3][0]=true; nachf[1][0]=true;
```

Wenn wir uns allerdings die Ausgabe ansehen, sehen wir nicht nur die Meldung *Tests fehlgeschlagen*, sondern auch die negativen Zahlen bei den spätesten Zeiten.

```
V1: [FA, FE]: [5.. 7], [SA, SE]: [5.. 7]
V2: [FA, FE]: [0.. 5], [SA, SE]: [-7.. -2]
V3: [FA, FE]: [1.. 3], [SA, SE]: [5.. 7]
V4: [FA, FE]: [1.. 4], [SA, SE]: [-5.. -2]
V5: [FA, FE]: [0.. 1], [SA, SE]: [-4.. -3]
```

Tests fehlgeschlagen!

**Einheit von Tests und Programm:**  Wir haben in diesem Netzplan genau den gleichen Netzplan wie in Bild 1.1 verwendet, indem wir lediglich die Vorgänge umbenannten (zeichnen Sie ihn auf!): Aus $V_1$ wurde $V_5$, aus $V_2$ wurde $V_4$ usw., d.h. wir haben die Reihenfolge der Bearbeitung verändert. Haben wir bei den vorigen Tests vielleicht etwas übersehen? Wir sollten sie sicherheitshalber noch einmal ausführen. Hierzu müssten wir das Programm dann abermals mehrfach anpassen – ein fehleranfälliges Vorgehen. Besser wäre es, wenn alle vier Tests im gleichen Programm gleichzeitig zur Verfügung stünden. Dies können wir in der aktuellen Version nur durch Code-Vervierfachung erreichen – ein umständliches Vorgehen, das die Wartbarkeit des Codes verschlechtert. Wenn wir nämlich den Code anpassen müssen, gilt es auch an mindestens vier Stellen Änderungen vorzunehmen. Und mindestens eine Änderung scheint erforderlich zu sein, da wir ja eine fehlerhafte Ausgabe zumindest beim letzten Test vorliegen haben.

Hier wollen wir uns darauf beschränken, dem Leser zu versichern, dass wir einen wesentlichen Aspekt *vergessen* haben, der offensichtlich mit der Reihenfolge, in der die einzelnen Vorgänge betrachtet werden, zusammenhängt. Wir werden dieses Problem erst in Kap. 5 lösen. Bis dahin werden wir aber zuerst elementare Schwächen ansprechen und beseitigen, z.B. im nächsten Kapitel das Programm verbessern, indem wir uns die Code-Duplikation ersparen. Mit Code-Vervielfachung für die verschiedenen Tests wächst das Programm nämlich schon auf fast 350 Codezeilen an (siehe auf **www** unserer Homepage, Datei `Netzplanung3Test.cpp`, Verzeichnis `netzplanung/v0-basis`).

**Fehlerbeseitigung und Verbesserung der Implementierung:**  Meist werden beim ersten Ausführen des Programms nicht alle Tests sofort erfolgreich durchlaufen. Das liegt entweder an falsch implementierten Funktionen, den Tests selbst oder sogar an beiden Ursachen.

Wir werden in späteren Kapiteln (siehe Abschn. 6) noch andere Möglichkeiten kennenlernen, wie man vor allem in größeren Programmen effizient Fehler suchen kann. Im Großen und Ganzen gestaltet sich die Fehlersuche (auch Debugging genannt) aber immer gleich: An bestimmten Stellen im Programm hat man bestimmte Erwartungen an das Verhalten des Programms. Diese Erwartungen werden mit dem tatsächlichen Verhalten verglichen. Am einfachsten ist es, wenn man hierzu die erwarteten Variablenwerte mit den tatsächlichen vergleichen kann.

**Erweiterung des Programms:**  Nachdem alle Tests erfolgreich durchlaufen wurden, kann das Programm an Michael und Stefan übergeben werden. Sie werden evtl. mit dem Ergebnis noch nicht zufrieden sein, weil sie noch Fehler entdecken, die die Tests nicht aufgedeckt haben, oder werden weitere Wünsche haben. In beiden Fällen beginnt alles von vorne. Gemeinsam mit dem Kunden werden sich die

Software-Entwickler jeweils entscheiden müssen, ob die Fehlerbeseitigung oder die Erweiterung der Funktionalität als Erstes erfolgen soll. In der Regel wird sich der Kunde immer beides wünschen, bei endlichen Ressourcen muss man sich aber für die Priorisierung des einen oder des anderen entscheiden.

## 1.8  Übungen

**Übung 1.1:** Implementieren Sie Tests für eine Funktion sort, der ein Array ganzzahliger Argumente und die Anzahl der Arrayelemente übergeben wird.
Die Tests müssen anschließend in der Lage sein, Fehler in den folgenden teilweise fehlerhaften Implementierungen von sort durch die Funktionen sort1, sort2 ... aufzudecken. (Zum Testen werden die Funktionsnamen sort1, sort2 ... nacheinander durch sort ersetzt.)

```cpp
void myswap(int& x, int& y) {
   int t = x; x = y; y = t;
}
void sort1(int arr[], int anz) {
   for (int i = 0; i < anz; ++i) {
      arr[i]=i;
      }
   }
void sort2(int f[], int anz) {
  for (int i=1; i<anz-1; i++) {
    for (int j=anz-1; j<i-1; j--) {
      if (f[j-1]>f[j]) myswap(f[j-1],f[j]);
} } }
```
(./Idee/TestSort/main.cpp)

```cpp
void sort3(int f[], int anz) {
   for (int i=1; i<anz; i++) {
     for (int j=anz-1; j<i-1; j--) {
       if (f[j-1]>f[j]) myswap(f[j-1],f[j]);
} } }

void sort4(int arr[], int anz) {
   anz = arr[1];
}
void sort5(int f[], int anz) {
   for (int i=1; i!=anz-1; i++) {
     for (int j=anz-1; j!=i-1; j--) {
       if (f[j-1]>f[j]) myswap(f[j-1],f[j]);
} } }
```

**Übung 1.2:** Gegeben seien Temperaturwerte für Deutschland. Für jede Messung liegen das Messdatum, der Messwert und der Messort, d.h. der Name der Stadt, vor. Beschreiben Sie mit Worten (**nicht** implementieren) wie ein Algorithmus aussehen könnte, der die Stadt mit der höchsten Durchschnittstemperatur im Jahresmittel und im Monat Juli ermittelt.

**Übung 1.3:** Beschreiben Sie mit Worten (**nicht** implementieren), wie ein Algorithmus aussehen könnte, der als Eingabe eine natürliche Zahl N erhält und anschließend die N-te Primzahl ermittelt (die erste Primzahl ist 2, die zweite 3, die dritte 5 usw.).

Beschreiben Sie nun ebenfalls mit Worten drei verschiedene Tests für den Primzahl-Algorithmus, wenn der Algorithmus durch eine Funktion int ermittleN_Primzahl(int n) implementiert ist.

**Übung 1.4:** Ein großes Wirtschaftsmagazin will seinen Lesern eine Analyse der Börsenentwicklung der letzten fünf Jahre präsentieren. Dazu sollen unter anderem die Kurse der wichtigsten Aktien in diesem Zeitraum untersucht werden. Für jede Aktie soll nachträglich ein bester Einkaufs- und Verkaufstag festgestellt werden.

Dabei wird angenommen, dass ein Kapitalanleger jede Aktie höchstens einmal eingekauft und verkauft hat, und zwar in einer beliebigen Stückzahl, und dass er zum Ende

des betrachteten Zeitraums alle Aktien wieder verkauft hat. Der beste Einkaufstag
für eine Aktie wäre dann derjenige gewesen, der zu einem eingesetzten Betrag den
höchsten Gewinn geliefert hätte (Steuern, Gebühren und alternative Anlagemöglich-
keiten sollen außer Betracht bleiben).

Beschreiben Sie mit Worten (**nicht** implementieren), einen einfachen (nicht unbedingt effizienten) Algorithmus, der dieses Problem löst. Überlegen Sie sich zunächst
an Beispielen, wie die jeweilige Lösung aussieht. Formulieren Sie diese Beispiele dann
als Tests.

## 1.9   Zusammenfassung

Wir haben in diesem Kapitel an einer Beispielanwendung die Schritte veranschaulicht, die von einer Idee zur funktionierenden Software führen. Diese Schritte gelten
sowohl für kleine, im *Alleingang* entwickelte Programme als auch für die Programm-
entwicklung von großen Programmsystemen im Team:

Es sollte immer mit der **Konkretisierung des Problems** begonnen werden. Hierbei sollte man versuchen, **Prioritäten** bei den gewünschten Funktionalitäten zu
setzen. Bei der Konkretisierung kann insbesondere die **Spezifikation von Tests**
helfen. Bevor mit der Implementierung der eigentlichen Funktionalität begonnen
wird, sollte die gewählte **Problemlösung zuerst verbal** oder auch semi-formal
beschrieben werden, denn was man nicht mit Worten beschreiben kann, kann man
auch nicht implementieren. Eine Dokumentation der Lösung nach der Implementierung ist zwar besser als keine, mehr Vorteile zieht der Entwickler aber aus der
umgekehrten Reihenfolge.

Die spezifizierten **Tests** sollten vor Beginn der Implementierung der Funktionen
bereits fertig implementiert sein, und zwar so, dass sie immer wieder **automatisch**
ausgeführt werden können. Nur so kann man sich ein wenig davor schützen, dass nach
einer durchgeführten Änderung eine andere eben noch lauffähige Funktionalität nicht
mehr vorhanden ist.

# Kapitel 2

# Funktionen und Datenstrukturen

Unsere Startlösung für die Netzplanung besteht bisher aus einer Folge von Anweisungen, die nacheinander abgearbeitet werden (wie bei einem Kochrezept). Sich ähnlich wiederholende Programmteile wurden erst kopiert und dann modifiziert. Das ist einfach und bequem bei der Erstellung, wird aber sehr schnell unübersichtlich. Außerdem haben wir zumindest einen vorhandenen Fehler gleich mehrfach kopiert. Soll der Fehler behoben werden, müssen wir uns an alle Kopien erinnern und korrigieren. In diesem Kapitel werden wir Anweisungsfolgen und Variablen zu Funktionen und Datenstrukturen zusammenfassen und dem Programm damit zu einer besseren Struktur verhelfen.

## 2.1   Funktionale Abstraktion (Funktionen)

Es gehört zu den praktischsten Eigenschaften eines Rechners, dass man Dinge, die man ihm einmal „beigebracht" hat, niemals wieder selbst durchführen muss: Der Rechner kann es für uns beliebig oft wiederholen. Wie schon angedeutet, ist eine einmalige Definition von Abläufen auch organisatorisch vorteilhaft, weil Fehler nur zentral an einer Stelle behoben werden müssen, damit ab dann alle weiteren Wiederholungen fehlerfrei abgewickelt werden.

Einen Ablauf „beibringen" und anschließend „wiederholt ablaufen" lassen, entspricht der **Definition** und dem **Aufruf** von Funktionen (auch Unterprogramm oder Prozedur genannt). Unterprogramme sind so alt wie die Informatik, und es gibt sie in allen Programmiersprachen. Ohne sie wäre eine effiziente Software-Entwicklung nicht möglich. Auch in unserem Netzplanungsprogramm haben wir schon Funktionen benutzt, bspw. zur Ausgabe von Informationen auf dem Bildschirm (printf in C, System.out.println in Java; in C++ ist der Funktionsaufruf im Operator << versteckt). Die Strukturierung von Software mit Hilfe von Funktionen und Prozeduren bezeichnet man auch als **prozedurale Programmierung**.

Meistens handelt es sich bei einem Funktionsaufruf um keine exakte Wiederholung früherer Aufrufe, sondern kleine Details wurden verändert, z.B. geben wir unterschiedliche Dinge auf dem Bildschirm aus. Was sich von Aufruf zu Aufruf verändern kann, wird als **Argument** oder **Parameter** der Funktion übergeben. Die Definition einer Funktion legt eine Folge von Anweisungen fest, die nun diese Argumente benutzt, deren konkrete Werte erst beim Aufruf der Funktion festgelegt werden. Manche Funktionen liefern auch ein eindeutiges Ergebnis (z.B. Sinus-Funktion), das als **Funktionswert** oder **Rückgabewert** der Funktion weiterverarbeitet wird.

Die Definition einer Funktion sieht schematisch wie folgt aus:

```
void f( arglist ) { cmdseq }              (Prozedur)
type f( arglist ) { cmdseq; return r; }   (Funktion)
```

Dabei ist `type` der Typ des Funktionswertes (`void` im Fall einer Prozedur ohne Rückgabewert), `f` der Funktionsname, `arglist` eine Folge von Argumenten und `cmdseq` eine Sequenz von Anweisungen. Am Ende eines Durchlaufs durch eine Funktion muss eine Anweisung der Art `return r` stehen, die `r` als den Wert auszeichnet, der von der Funktion als Ergebnis zurückgegeben werden soll. Auch eine Prozedur kann eine oder mehrere `return`-Anweisungen enthalten, denen allerdings kein Wert nachstehen darf, weil Prozeduren keinen Wert zurückliefern. Ob Prozedur oder Funktion, das Erreichen der Anweisung `return` bewirkt, dass die Bearbeitung des Unterprogramms beendet wird.

C++/Java 2.1: Definition einer Funktion summe

```
void summe() {
  int s=0;
  for (int i=1; i<101; ++i) {
    s += i;
  }
  cout<<"Summe ist"<< s << "\n";
}
```
(Funk/Summe/Mathe.cpp)

```
public class Mathe {
  public static void summe() {
    int s = 0;
    for (int i=1; i<101; ++i) {
      s += i;
    }
    System.out.println("Summe ist "+s);
  };
};
```
(Funk/Summe/Mathe.java)

Listing 2.1 zeigt ein einfaches Beispiel für eine Prozedur, die die Summe der Zahlen zwischen 1 und 100 auf dem Bildschirm ausgibt. Am Beispiel der Variablen s im Listing 2.1 erkennen wir, dass in Funktionen **lokale Variablen** vereinbart werden können, die außerhalb der Funktion nicht sichtbar sind. Nach Beendigung der Funktion ist ihr Wert nicht mehr definiert, d.h. lokale Variablen verbrauchen Speicherplatz nur während der Ausführung der Funktion, in der sie definiert sind. Lokale Variablen verdecken die Variablen gleichen Namens, die außerhalb der Funktion definiert sind. Das ermöglicht erst die Entwicklung von großen Programmsystemen im Team: Der einzelne Entwickler braucht sich nicht darum zu kümmern, welche Variablennamen außerhalb der von ihm entwickelten Funktionen verwendet werden.

**Wichtiger Hinweis für den weiteren Umgang mit Java:** Bevor wir Funktionen und Prozeduren im Detail betrachten, müssen wir an dieser Stelle bzgl. der Verwendung von Java etwas klarstellen. Wie schon zuvor erwähnt, ist es ein erklärtes Ziel des Buches, aus der schrittweisen Verbesserung der prozeduralen Programmierung die objektorientierte Programmierung „abzuleiten". Die Sprache C++ eignet sich dafür hervorragend, weil sie sowohl rein prozedural (Untermenge C) als auch objektorientiert verwendet werden kann. Java ist hingegen eine rein objektorientierte Sprache, was nicht bedeutet, dass wir in Java nicht auch prozedural programmieren könnten, aber es ist nicht unbedingt so gedacht. Bis wir Java also genau so nutzen, wie es vorgesehen ist, werden wir uns noch einige Kapitel gedulden müssen. Dem Leser sei versichert, dass nichts, was er bis dahin lernt, hinterher überflüssig oder falsch ist. Um alle Beispiele parallel in C++ und Java zeigen zu können, treffen wir folgende Vereinbarung: Vor jede Funktion setzen wir in Java die Schlüsselworte `public static`. Außerdem notieren wir alle Funktionen innerhalb der geschweiften Klammern von `public class IrgendeinName { ... }`, wie in Listing 2.1 gesehen (manchmal nicht abgedruckt, aber in den angegebenen Quellcode-Dateien immer vorhanden). Damit ordnen wir die Funktionen einer Klasse `IrgendeinName` zu. (Solche Funktionen werden Methoden genannt.) Wir verstehen unter einer Klasse fürs Erste einfach eine Zusammenfassung mehrerer Funktionen. Der Name der Datei, in der die Funktionen abgelegt werden, muss mit dem Klassennamen übereinstimmen. Damit haben wir zunächst die Semantik der C++-Funktionen erhalten, die genaue Bedeutung dieser Schlüsselworte werden wir im weiteren Verlauf klären.

## 2.1.1 Funktionen definieren und aufrufen

**Funktionsdefinition**

Die Funktion `summe` im Listing 2.1 ist ein Beispiel für eine Prozedur (oder auch Anweisungsfunktion), die keine Argumente besitzt. Listing 2.2 zeigt nun eine *echte* Funktion `summeP`, die die Summe der Zahlen zwischen ihren beiden Eingangsparametern `a` und `b` zurückliefert.

C++/Java 2.2: Definition einer echten Funktion mit Parametern

```
int summeP(int a, int b) {
  int s=0;
  for (int i=a; i<b+1; ++i) {
    s += i;
  }
  return s;
}
```

```
public static int summeP(int a, int b) {
  int s = 0;
  for (int i=a; i<b+1; ++i) {
    s += i;
  }
  return s;
};
```

(Funk/Summe/SummeP.cpp)    (Funk/Summe/SummeP.java)

Es gibt zwei verschiedene Mechanismen, um Parameter an eine Funktion zu übergeben:

- Beim *call by value*, auch Übergabe per **Werteparameter** genannt, verhält sich der formale Parameter wie eine lokale Variable, die durch den Wert des aktuellen

Parameters initialisiert wird. Man kann auch sagen: Der Wert des aktuellen Parameters wird in den formalen Parameter kopiert und die Funktion arbeitet dann mit einer Kopie weiter. Eine Änderung dieses Parameters während der Funktionsausführung hat also keinerlei Auswirkungen außerhalb des Funktionsaufrufes.

- Beim *call by reference*, auch Übergabe per **Referenzparameter** oder per **Variablenparameter** genannt, ist der formale Parameter nur ein anderer Name für den aktuellen Parameter, d.h. eine Referenz darauf. Ändert die Funktion den formalen Parameter, so ändert sich genauso der entsprechende aktuelle Parameter in der aufrufenden Funktion. Referenzparameter stellen somit eine weitere Möglichkeit dar, um Ergebnisse aus der Funktion nach außen zu liefern. Referenzparameter werden detailliert in Abschn. 2.3.2 und Kap. 4 behandelt.

In C++ hat man für (fast) jeden Parameter durch Hinzufügen des Ampersand-Zeichens (**&**) die Möglichkeit, festzulegen, dass es sich bei diesem Parameter um einen Referenzparameter und damit um einen Ausgabeparameter handelt. In Java dagegen werden die einfachen Typen wie `double`, `int`, `boolean` immer als Werteparameter übergeben und alle anderen Typen (z.B. strukturierte Datentypen; siehe Abschn. 2.3) immer als Referenzparameter. Arrays (siehe Anh. B.11) werden in beiden Sprachen immer wie Referenzparameter behandelt, d.h., eine Änderung eines Arrayelements in der Funktion führt immer auch zu einer Änderung des entsprechenden aktuellen Parameters in der aufrufenden Funktion.

Der folgende Programmausschnitt zeigt die Implementierung der Funktion `summeR` als Anweisungsfunktion mit einem Referenzparameter `s` für das Ergebnis.

C++/Java 2.3: Funktionen mit Referenzparameter

```
void summeR(int a, int b, int& s) {

  s = 0;
  for (int i=a; i<b+1; ++i) {
    s += i;
  }
}
```

```
public static void summeR(
          int a, int b, int s[]) {
  s[0] = 0;
  for (int i=a; i<b+1; ++i) {
    s[0] += i;
  }
};
```

(Funk/Summe/SummeP.cpp)                    (Funk/Summe/SummeP.java)

Wir sehen, dass wir in Java zu einem Trick greifen müssen, indem wir den Eingangsparameter als Array definieren. Eine andere Möglichkeit wäre, einen neuen, strukturierten Typ zu definieren, der lediglich aus einem Element zur Speicherung eines `int`-Wertes besteht.[1]

Eine recht häufig benötigte Funktionalität ist das Vertauschen (engl. swap) der Werte zweier Variablen. Das Beispiel in Listing 2.4 zeigt nochmals ganz deutlich, dass die Funktion `swapWert` durch die Verwendung von Werteparametern den gewünschten Effekt nach außen nicht erzielt. Die Funktion ändert nur den Inhalt der formalen Parameter, ohne einen Einfluss auf die übergebenen aktuellen Parameter der auf-

---

[1] Dies darf allerdings nicht mit den *Hüllklassen* (*wrapper classes*), die Java selbst zur Verfügung stellt, verwechselt werden (Abschn. 4.1.6), da letztere für diesen Zweck nicht geeignet sind. Siehe auch Abschn. 4.1.5.

rufenden Funktion zu haben. `swapRef` ändert dagegen auch die Werte der aktuellen Parameter der aufrufenden Funktion.

C++ 2.4: Unterschiedliche Wirkung von Werte- und Referenzparametern

```
void swapWert(int a, int b)
{
   int tmp=a; a=b; b=tmp;
}

void swapRef(int& a, int& b)
{
   int tmp=a; a=b; b=tmp;
}
```

```
void testRef() {
   int i=10, j=9;
   swapWert(i, j);
   // Ausgabe: 10 9
   cout << i << " " << j;
   swapRef(i, j);
   // Ausgabe: 9 10
   cout << i << " " << j;
}
```

(Funk/Summe/FunkRef.cpp)


## Funktionsaufruf

Der Aufruf einer Funktion erfolgt wie in den folgenden Codebeispielen angegeben:

```
summe();
int st = 5;
int e = summeP(3, 14*15-1+st);
e = summeP(st,8) + summeP(st,9);
```

```
Mathe.summe();
int st = 5;
int e = Mathe.summeP(3,14*15-1+st);
e=Mathe.summeP(st,8)+Mathe.summeP(st,9);
```

Befinden sich die Funktionsaufrufe in derselben Klasse wie die Funktionsdefinition (vgl. Hinweise zu Java auf Seite 21), so ist die Syntax die gleiche wie in C++. Erfolgt der Aufruf allerdings von außerhalb der Klasse `Mathe`, zu der die Funktionen `summe` und `summeP` hier gehören, muss dem Aufruf der Klassenname `Mathe` wie gezeigt vorangestellt werden.

Beim Aufruf einer echten Funktion steht der Funktionsname normalerweise in einem Ausdruck rechts von einer Zuweisung, d.h. der Rückgabewert der Funktion wird weiterverwendet. Eine Anweisungsfunktion (z.B. `summe` im Listing 2.1) liefert dagegen nichts zurück, sodass der Aufruf der Prozedur selbst schon die ganze Anweisung ist. Beim Aufruf einer Funktion übergibt die aufrufende Funktion die Kontrolle (vorübergehend) an die aufgerufene Funktion. Nach Beendigung der Funktion erfolgt der Rücksprung an die Aufrufstelle in der aufrufenden Funktion. Beim Aufruf einer echten Funktion wird der Rückgabewert für den Funktionsaufruf eingesetzt und damit weitergearbeitet.

Für Werteparameter dürfen Konstanten, Werte, Ausdrücke oder Variablen als aktuelle Parameter eingesetzt werden. Dagegen müssen für Referenzparameter immer Variablen übergeben werden, denn die Referenzparameter werden lediglich als anderer Name für die angegebenen Variablen verwendet. Der folgende Codeausschnitt zeigt die Übergabe von aktuellen Parametern an Referenzparameter. Der Wert der Variablen e wird durch Verwendung der Anweisungsfunktion berechnet, anstatt durch die echte Funktion `summeP` wie im vorigen Listing.

```
int f;                                int f[] = {8};
summeR(st, 8, f);                     Mathe.summeR(st, 8, f);
e = f;                                e = f
summeR(st, 8, f);                     Mathe.summeR(st, 9, f);
e += f;                               e += f;
```

**C++**

## Prototypen

Java und C++-Programme werden von einem Compiler erst auf korrekte Syntax geprüft, bevor sie übersetzt und damit ausführbar werden. In Java ist jede Funktion, wurde sie erst einmal *definiert* (d.h. implementiert), grundsätzlich überall bekannt. In C++ muss **entweder** die Definition *vor* dem Aufruf erfolgen **oder** der Funktionskopf, bestehend aus Rückgabetyp, Funktionsname und formalen Parametern, wird, wie in Listing 2.5 gezeigt, in Form eines sog. *Prototypen* vorher *deklariert*.

C++ 2.5: Beispiel mit Prototypen

```
void swapWert(int a, int b);           void swapWert(int a, int b) {
void swapRef(int& a, int& b);            int tmp=a; a=b; b=tmp;
                                       }
void testRef() {
  int i=10, j=9;                       void swapRef(int& a, int& b) {
  swapWert(i, j); cout << i << " " << j;   int tmp=a; a=b; b=tmp;
  swapRef(i, j); cout << i << " " << j;  }
}
```
(Funk/Summe/FunkRefProto.cpp)

## 2.1.2  Überladen von Funktionen

Eine Funktion wird nicht allein über ihren Namen identifiziert, sondern über ihre **Signatur**, d.h. über ihren Namen sowie zusätzlich über Anzahl und Typ der Argumente. Die im Listing 2.6 gezeigten Beispiele gelten ganz analog für Java.

C++ 2.6: Überladen von Funktionen

```
// Prototypen                          // Demo-Programm
void f (int, int);                     int  i = 1, j = 2;
void f (long, long);                   long k = 4, m = 3;
void f (double, double);               double x = 1.1, y = 2.2;
                                       /*
// Implementierungen:                  // Eindeutige Aufrufe
void f (int, int) {/* . . . */}        swap(i, j); swap(k, m); swap(x, y);
void f (long, long) {/* . . . */}      // Mehrdeutige Aufrufe --> Syntaxfehler
void f (double, double) {/* ...*/}     swap(i, k); swap(j, x); swap(m, y);
```
(Funk/Summe/Ueberladen.cpp)            (Funk/Summe/Ueberladen.cpp)

Der Compiler erkennt bei den ersten drei Aufrufen anhand der aktuellen Parameter, welche der drei gleichnamigen Funktionen jeweils zu verwenden ist. Bei den folgenden Aufrufen passt keine Funktion genau. Über die definierten Typkonvertierungen wird dann versucht, eine eindeutig auszuwählen. Im Beispiel scheitert auch das. Eine bessere Lösung, als die Funktion mehrfach zu implementieren, lernen wir in Abschn. 2.4 kennen.

Neben den Parametertypen können sich die überladenen Funktionen in C++ und Java auch einfach in der Anzahl der Parameter unterscheiden, wie in Listing 2.7 am Beispiel der min-Funktion für Java gezeigt ist:

Java 2.7: Überladen von Funktionen mit unterschiedlicher Parameteranzahl

```
public static int
         min (int a, int b){/*...*/}
public static int
      min (int a, int b, int c){/*...*/}
public static int
   min (int a,int b,int c,int d){/*...*/}
```

```
// Demo-Funktion
public static void testMin() {
  int erg = min(4, 6);
  erg = min(3, 7, 4);
  erg = min(4, 2, 3, 9);
}
```

(Funk/Summe/UeberladenMin.java)

Der Rückgabetyp einer Funktion dient allerdings nicht zur Identifizierung einer Funktion. Daher führen die folgenden Deklarationen zu einem Syntaxfehler:

```
// Prototypen
void swap (int&, int&);
int swap (int&, int&);
```

Der Compiler kann nicht entscheiden, welche Funktion durch den Aufruf int i=1, j=9; swap(i, j); ausgeführt werden soll.

## Default-Parameter

C++ erlaubt die Angabe von *Default-Werten für Parameter*. Argumente mit Default-Wert (z.B. int i=0) können beim Aufruf wahlweise weggelassen werden. Fehlt das Argument bei einem Funktionsaufruf, erhält es automatisch den angegebenen Default-Wert. Mit Hilfe der überladenen Funktionen können Defaultparameter in Java aber simuliert werden, wie das folgende Beispiel demonstriert:

```
double sum(double a, double b,
      double c=0.0, double d=0.0) {
  return a + b + c + d;
}
void test1(){
/* i.O.: y1 == 11.0 */
double y1 = sum(1.1, 2.2, 3.3, 4.4);
/* i.O.: y2 == 6.6 */
double y2 = sum(1.1, 2.2, 3.3);
/* i.O.: y3 == 3.3 */
double y3 = sum(1.1, 2.2);
}
```

```
double sum(double a, double b,
      double c, double d) {
  return a + b + c + d;
}
double sum(double a,double b,double c){
  return sum(a, b, c, 0.0);
}
double sum(double a, double b) {
  return return sum(a, b, 0.0, 0.0);
  }
void test1(){
double y1 = sum(1.1, 2.2, 3.3, 4.4);
double y2 = sum(1.1, 2.2, 3.3);
double y3 = sum(1.1, 2.2);
}
```

Beim Weglassen von aktuellen Parametern geht in C++ die Reihenfolge stets von rechts nach links, dadurch wird die Zeile y2 = summe(1.1, 2.2, 3.3); eindeutig: der dritte Parameter hat den Wert 3.3 und der vierte den Wert 0.0.

## 2.2  Funktionale Abstraktion bei der Netzplanung

Wir wollen nun wieder auf das Netzplan-Beispiel zurückkommen. Im letzten Kapitel haben wir für jeden Test den Code dupliziert. Listing 2.8 zeigt einen Ausschnitt aus dem doppelten Code (der entsprechende Java-Code ist fast identisch; siehe Listing 1.2 auf Seite 13). Code-Duplikation ist fehleranfällig und nicht wartungsfreundlich, weil im Falle einer Anpassung die Änderungen dann mehrfach an verschiedenen Stellen im Code durchgeführt werden müssen.

C++ 2.8: Fast identischer Code für jeden Test

```
/*********************************
 * Initialisierung des Netzplans
 *********************************/
int startzeit=0;
int endzeit=30;
// Anzahl der Vorgaenge in diesem Netzplan
int anzahl = 5;
dauer[0]=1; dauer[1]=3; dauer[2]=2;
dauer[3]=5; dauer[4]=2;
for (g=0; g<anzahl; ++g) {
    fruehanf[g]=0.0; spaetend[g]=0.0;
    for (h=0; h<anzahl; ++h)
        nachf[g][h]=false;
}
// Setzen der Abhaengigkeiten
nachf[0][1]=true; nachf[0][2]=true;
nachf[1][4]=true; nachf[3][4]=true;


/*********************************
 * fruehesten Anfangszeitpunkt erm.
 *********************************/
for (i=0;i<anzahl;++i) {
    /* Maximum der fruehesten Endzeitpunkte
    aller Vorgaenger durch Vorwaertsrechnen*/
    fruehanf[i] = startzeit;
    for (j=0; j<anzahl; ++j) {
        if (nachf[j][i]==true) {
            double fe = fruehanf[j]+dauer[j];
            if (fe >fruehanf[i]) fruehanf[i]=fe;
} } }


/*********************************
 * spaetesten Endzeitpunkt erm.
 *********************************/
for (i=anzahl-1;i>-1;--i) {
    /* Minimum der spaetesten Anf-Zeitpunkte
    aller Nachf. durch Rueckwaertsrechnung*/
    spaetend[i] = endzeit;
    for (j=0; j<anzahl;++j) {
        if (nachf[i][j]==true) {
            double sa = spaetend[j]-dauer[j];
            if (spaetend[i] >sa) spaetend[i]=sa;
} } }
```

```
/**********************************
 * Initialisierung des Netzplans
 **********************************/
startzeit = 4;
endzeit  = 10;
// Anzahl der Vorgaenge in diesem Netzplan
anzahl = 5;
dauer[0]=1; dauer[1]=3; dauer[2]=2;
dauer[3]=5; dauer[4]=2;
for (g=0; g<anzahl; ++g) {
    fruehanf[g]=0.0; spaetend[g]=0.0;
    for (h=0; h<anzahl; ++h)
        nachf[g][h]=false;
}
// Setzen der Abhaengigkeiten
nachf[0][1]=true; nachf[0][2]=true;
nachf[1][4]=true; nachf[3][4]=true;


/**********************************
 * fruehesten Anfangszeitpunkt erm.
 **********************************/
for (i=0;i<anzahl;++i) {
    /* Maximum der fruehesten Endzeitpunkte
    aller Vorgaenger durch Vorwaertsrechnen*/
    fruehanf[i] = startzeit;
    for (j=0; j<anzahl; ++j) {
        if (nachf[j][i]==true) {
            double fe = fruehanf[j]+dauer[j];
            if (fe >fruehanf[i]) fruehanf[i]=fe;
} } }


/**********************************
 * spaetesten Endzeitpunkt erm.
 **********************************/
for (i=anzahl-1;i>-1;--i) {
    /* Minimum der spaetesten Anf-Zeitpunkte
    aller Nachf. durch Rueckwaertsrechnung*/
    spaetend[i] = endzeit;
    for (j=0; j<anzahl;++j) {
        if (nachf[i][j]==true) {
            double sa = spaetend[j]-dauer[j];
            if (spaetend[i] >sa) spaetend[i]=sa;
} } }
```

(netzplanung/v0-basis/NetzplanungAlleErfTest.cpp)

### 2.2.1    Aufspaltung in Unterfunktionen

Durch die Verwendung von Funktionen vermeiden wir doppelten Code. Wir können zum einen eine Funktion schreiben, die den Test durchführt. Andererseits setzt sich jeder Test selbst aber auch aus identischen Funktionalitäten zusammen. Zunächst erfolgt jeweils eine Initialisierung des Netzplans, dann folgt die Berechnung der frühesten Anfangszeitpunkte und anschließend die Berechnung der spätesten Endzeitpunkte usw. Jede dieser Funktionalitäten könnte aber auch durch eine eigene Funktion erbracht werden. Wir werden beide Möglichkeiten der funktionalen Abstraktion zur Programmvereinfachung nutzen, Listing 2.9 zeigt das Ergebnis.

Wir beginnen mit der Implementierung von Funktionen für jede einzelne Funktionalität und starten mit der Funktion `berechneVorwaerts`, die für den Vorgang $V_i$ die früheste Anfangszeit ermittelt. Die Funktion hat als Eingangsparameter

- Parameter v, der als Index auf den Vorgang dient, für den die früheste Anfangszeit berechnet wird,

- Parameter sz, d.h. den Projektbeginn und damit eine untere Schranke für den frühesten Anfangszeitpunkt, sowie

- Parameter anz, d.h. die Anzahl der Vorgänge im gesamten Netzplan.

Entsprechend kann der Algorithmus zur Ermittlung des spätesten Endzeitpunktes durch eine Funktion `berechneRueckwaerts` ausgedrückt werden.

Bevor man eine Funktion implementiert, bietet es sich an, die Funktionalität zunächst mit Worten zu beschreiben (**Was** macht die Funktion?). Anschließend wird beschrieben, **wie** die Funktion aus ihren Eingangsparametern die Ausgangsparameter ermittelt. Bei der Beschreibung kommt es nicht so sehr darauf an, ob diese nun mit Worten oder mit Hilfe von Pseudo-Code erfolgt. Wichtig ist allein der Vorgang der Beschreibung selbst – und zwar **vor** der Implementierung. Wenn dies auch am Anfang schwerfällt – versuchen Sie es trotzdem. Der Aufwand lohnt sich. *Was man nicht beschreiben kann, kann man schon gar nicht implementieren!* Eine Beschreibung der Funktion **nach** der Implementierung ist zwar auch sinnvoll. Das Ergebnis wird im Allgemeinen als Funktionsbeschreibung angesehen. Sie hilft aber eher einem späteren Nutzer Ihrer Funktion. Eine Beschreibung vor der Implementierung hilft aber zusätzlich auch Ihnen!

Genauso wichtig ist es aber, sich vor Erstellung einer Funktion zu überlegen, wie die Funktion zu testen ist. In diesem Fall wird die neue Funktion `berechneVorwaerts` zwar schon indirekt in den drei Tests aufgerufen. Besser ist es aber, wenn es gelingt, einen Test zu implementieren, der die neue Funktion direkt aufruft und damit genau diese testet; siehe Listing 2.10. Für den Netzplan aus Bild 1.1 mit einem geplanten Start- und Endtermin von 0 bzw. 7 wird überprüft, ob die Funktion `berechneVorwaerts` für die Vorgaenge V0, V1 und V2 die korrekten frühesten Anfangszeiten liefert.

Beide Funktionen (`berechneVorwaerts` und `berechneRueckwaerts`) können auf die Arrays `dauer`, `fruehanf`, `spaetend` und `nachf` zugreifen, weil diese Variablen global definiert wurden – ein Umstand, der durchaus kritisch hinterfragt werden muss, wie wir im Abschn. 2.2.3 sehen werden.

C++/Java 2.9: Frühesten Anfangs- und spätesten Endzeitpunkt berechnen

```
/** Ermittelt für den Vorgang Nr. v den
frühesten Anfangszeitpunkt aus dem Maximum
der frühesten Endzeitpunkte aller Vorgänger.
sz ist der Projektbeginn und damit eine
untere Schranke für den frühesten
Anfangszeitpunkt. anz: Anzahl der Vorgänge */
void berechneVorwaerts(
                int v, int sz, int anz){
    fruehanf[v] = sz;
    for (int j=0; j<anz; ++j) {
        if (nachf[j][v]==true) {
            double fe = fruehanf[j]+dauer[j];
            if (fe >fruehanf[v]) fruehanf[v]=fe;
} } }
```

```
/** Ermittelt für den Vorgang Nr. v den
frühesten Anfangszeitpunkt aus dem Maximum
der frühesten Endzeitpunkte aller Vorgänger.
sz ist der Projektbeginn und damit eine
untere Schranke für den frühesten
Anfangszeitpunkt. anz: Anzahl der Vorgänge */
static void berechneVorwaerts(
                int v, int sz, int anz){
    fruehanf[v] = sz;
    for (int j=0; j<anz; ++j) {
        if (nachf[j][v]==true) {
            double fe = fruehanf[j]+dauer[j];
            if (fe >fruehanf[v]) fruehanf[v]=fe;
} } }
```

```
/** Ermittelt für den Vorgang Nr. v den
spätesten Endzeitpunkt aus dem Minimum der
spätesten Anf−Zeitpunkte aller Nachf. durch
Rückwärtsrechnung. ez ist das Projektende
und damit obere Schranke für den spätesten
Endzeitpunkt. anz: Anzahl der Vorgänge */
void berechneRueckwaerts(
                int v, int ez, int anz){
    spaetend[v] = ez;
    for (int j=0; j<anz;++j) {
        if (nachf[v][j]==true) {
            double sa = spaetend[j]−dauer[j];
            if (spaetend[v] >sa) spaetend[v]=sa;
} } }
```

```
/** Ermittelt für den Vorgang Nr. v den
spätesten Endzeitpunkt aus dem Minimum der
spätesten Anf−Zeitpunkte aller Nachf. durch
Rückwärtsrechnung. ez ist das Projektende
und damit obere Schranke für den spätesten
Endzeitpunkt. anz: Anzahl der Vorgänge */
static void berechneRueckwaerts(
                int v, int ez, int anz){
    spaetend[v] = ez;
    for (int j=0; j<anz;++j) {
        if (nachf[v][j]==true) {
            double sa = spaetend[j]−dauer[j];
            if (spaetend[v] >sa) spaetend[v]=sa;
} } }
```

(netzplanung/v1-funktionen/Netzplanung3.cpp)      (netzplanung/v1-funktionen/Netzplanung3.java)

C++/Java 2.10: Test der Funktion berechneVorwaerts

```
bool testVorwaerts() {
    int anzahl;
    const int startzeit = 0;
    const int endzeit = 7;

    initNetzplanTest5(&anzahl);

    berechneVorwaerts(0, startzeit, anzahl);
    bool ok = 0 == fruehanf[0];

    berechneVorwaerts(1, startzeit, anzahl);
    ok = (1 == fruehanf[1]) && ok;

    berechneVorwaerts(2, startzeit, anzahl);
    return (1 == fruehanf[2]) && ok;
}
```

```
static boolean testVorwaerts() {
    int anzahl;
    final int startzeit = 0;
    final int endzeit = 7;
    int anz[] = new int [1];
    initNetzplanTest5(anz);

    berechneVorwaerts(0, startzeit, anz[0]);
    boolean ok = 0 == fruehanf[0];

    berechneVorwaerts(1, startzeit, anz[0]);
    ok = (1 == fruehanf[1]) && ok;

    berechneVorwaerts(2, startzeit, anz[0]);
    return (1 == fruehanf[2]) && ok;
}
```

(netzplanung/v1-funktionen/Netzplanung3.cpp)      (netzplanung/v1-funktionen/Netzplanung3.java)

Der Ausschnitt aus Listing 2.8 ohne die Initialisierung kann damit entsprechend Listing 2.11 erheblich vereinfacht werden. Wir erkennen, dass der Code für *Test1*

und *Test2* identisch ist und somit weitere Möglichkeiten für die Einführung einer
Funktion bietet. Darum werden wir uns in Kürze kümmern. Entsprechend lassen
sich Funktionen zur Ausgabe des Netzplanes (`ausgabeNetzplan`), zur Überprüfung
auf Durchführbarkeit (`istPlanDurchfuehrbar`, Listing 2.12) und zur Initialisierung
(`initNetzplan`) angeben.

C++/Java 2.11: Funktionsaufruf in den beiden Tests (jeweils identischer Code)

```
// fruehesten Anfangszeitpunkt erm.
for (i=0;i<anzahl; ++i) {
    berechneVorwaerts(i, startzeit, anzahl);
}
// spaetesten Endzeitpunkt erm.
for (i=anzahl-1;i>=0; --i) {
    berechneRueckwaerts(i, endzeit, anzahl);
}
// ...
// fruehesten Anfangszeitpunkt erm.
for (i=0;i<anzahl; ++i) {
    berechneVorwaerts(i, startzeit, anzahl);
}
// spaetesten Endzeitpunkt erm.
for (i=anzahl-1;i>=0; --i) {
    berechneRueckwaerts(i, endzeit, anzahl);
}
```

```
// fruehesten Anfangszeitpunkt erm.
for (i=0;i<anzahl;++i) {
    berechneVorwaerts(i, startzeit, anzahl);
}
// spaetesten Endzeitpunkt erm.
for (i=anzahl-1;i>=0;--i) {
    berechneRueckwaerts(i, endzeit, anzahl);
}
// ...
// fruehesten Anfangszeitpunkt erm.
for (i=0;i<anzahl;++i) {
    berechneVorwaerts(i, startzeit, anzahl);
}
// spaetesten Endzeitpunkt erm.
for (i=anzahl-1;i>=0;--i) {
    berechneRueckwaerts(i, endzeit, anzahl);
}
```

(netzplanung/v1-funktionen/Netzplanung.cpp)          (netzplanung/v1-funktionen/Netzplanung.java)

C++/Java 2.12: Funktion `istPlanDurchfuehrbar`

```
/** Funktion liefert true zurueck, wenn
der Plan durchfuehrbar ist.        */
bool istDurchfuehrbar(int anz){
    for (int i=0; i < anz; ++i) {
        if (fruehanf[i]+dauer[i] > spaetend[i]){
            return false;
        } }
    return true;
}
```

```
/** Funktion liefert true zurueck, wenn
der Plan durchfuehrbar ist.        */
static boolean istDurchfuehrbar(int anz){
    for (int i=0; i < anz; ++i) {
        if (fruehanf[i]+dauer[i] > spaetend[i]){
            return false;
        } }
    return true;
}
```

(netzplanung/v1-funktionen/Netzplanung.cpp)          (netzplanung/v1-funktionen/Netzplanung.java)

Der Parameter `anz` der Funktion `initNetzplan` ist ein Ausgabeparameter. Deshalb
muss er in C++ als Referenz (&) übergeben werden, in Java greifen wir zu dem im
Listing 2.3 vorgestellten *Trick* eines Arrays mit einem Element. Für die Initialisierung von anderen Netzplänen ist die Funktion aber nicht unbedingt geeignet, denn
die Vorgangsdauern und die Abhängigkeiten zwischen den Vorgängen sind natürlich
immer verschieden.

Wir spalten die Funktion daher in zwei Funktionen auf: einen spezifischen Teil, der
nur für unseren Testnetzplan mit den fünf Vorgängen gilt, und einen allgemeinen
Teil, der für alle Netzpläne gilt (Funktion `initNetzplanAllg`). Wir benennen die
Funktion `initNetzplan`, die nur die Initialisierung der fünf Vorgänge im Testbeispiel
durchführt, um in `initNetzplanTest5`; siehe Listing 2.13.

C++/Java 2.13: Aufspaltung von `initNetzplan` in 2 Funktionen

```cpp
/** Initialisierung von fruehester Anfangs-
und spaetester Endzeit mit 0. Alle
Abhaengigkeiten werden mit false besetzt. */
void initNetzplanAllg(int anz) {
  for (int i=0; i < anz; ++i) {
    fruehanf[i]=0.0; spaetend[i]=0.0;
    for (int j=0; j < anz; ++j)
      nachf[i][j]=false;
  }
}

/** Initialisierung der Zeiten, Dauern und
Abhaengigk. des Netzplans mit 5 Vorgaengen.*/
void initNetzplanTest5(int* anz) {
  *anz = 5; // Anzahl der Netzplanvorgaenge
  initNetzplanAllg(*anz);
  dauer[0]=1; dauer[1]=3; dauer[2]=2;
  dauer[3]=5; dauer[4]=2;
  // Setzen der Abhaengigkeiten
  nachf[0][1]=true; nachf[0][2]=true;
  nachf[1][4]=true; nachf[3][4]=true;
}
```

(netzplanung/v1-funktionen/Netzplanung3.cpp)

```java
/** Initialisierung von fruehester Anfangs-
und spaetester Endzeit mit 0. Alle
Abhaengigkeiten werden mit false besetzt. */
static void initNetzplanAllg(int anz) {
  for (int i=0; i < anz; ++i) {
    fruehanf[i]=0.0; spaetend[i]=0.0;
    for (int j=0; j < anz; ++j)
      nachf[i][j]=false;
  }
}

/** Initialisierung der Zeiten, Dauern und
Abhaengigk. des Netzplans mit 5 Vorgaengen.*/
static void initNetzplanTest5(int anz[]) {
  anz[0] = 5;// Anzahl der Netzplanvorgaenge
  initNetzplanAllg(anz[0]);
  dauer[0]=1; dauer[1]=3; dauer[2]=2;
  dauer[3]=5; dauer[4]=2;
  // Setzen der Abhaengigkeiten
  nachf[0][1]=true; nachf[0][2]=true;
  nachf[1][4]=true; nachf[3][4]=true;
}
```

(netzplanung/v1-funktionen/Netzplanung3.java)

Wir lagern nun noch die identischen Funktionalitäten zur Berechnung der frühesten und spätesten Zeiten in allen Tests aus Listing 2.11 in die Funktion `plane` aus; siehe Listing 2.14.

C++/Java 2.14: Funktion `plane`

```cpp
bool plane(int anz, int sz, int ez) {
  for (int i = 0; i < anz; ++i) {
    berechneVorwaerts(i, sz, anz);
  }
  for (int j = anz; j >0; --j) {
    berechneRueckwaerts(j-1, ez, anz);
  }
  return istDurchfuehrbar(anz);
}
```

(netzplanung/v1-funktionen/Netzplanung3.cpp)

```java
static boolean plane(int anz, int sz, int ez){
  for (int i = 0; i < anz; ++i) {
    berechneVorwaerts(i, sz, anz);
  }
  for (int j = anz; j >0; --j) {
    berechneRueckwaerts(j-1, ez, anz);
  }
  return istDurchfuehrbar(anz);
}
```

(netzplanung/v1-funktionen/Netzplanung3.java)

Entsprechend dem Test für die Funktion `berechneVorwaerts` können wir auch Tests für die anderen neuen Funktionen implementieren. Exemplarisch finden **www** Sie ein Beispiel für die Funktion `istDurchfuehrbar` auf unserer Homepage im Verzeichnis *netzplanung/v1-funktionen* in den Dateien `Netzplanung3.java` bzw. `Netzplanung3.cpp`.

Schließlich formulieren wir jeden Test nun als eigene Funktion, sodass die Hauptfunktion im Listing 2.15 auf wenige Codezeilen zusammenschrumpft. Die drei Testfunktionen zeigt Listing 2.16. Alle Tests, auch der zweite, liefern nun im Erfolgsfall `true` zurück. Wir benötigen die Variable `anzahl` im Hauptprogramm nicht mehr. In

C++/Java 2.15: Hauptfunktion `main`

```cpp
int main(){
  if (testFall1() &&
      testFall2() &&
      testFall3() &&
      testVorwaerts() &&
      testIstDurchfuehrbar() ) {
    cout << "Tests erfolgreich!\n";
  }
  else  {
    cout << "Fehlgeschlagen!\n";
  }
  return 0;
}
```
(netzplanung/v1-funktionen/Netzplanung3.cpp)

```java
public static void main(String[] args) {
  if (testFall1() &&
      testFall2() &&
      testFall3() &&
      testVorwaerts() &&
      testIstDurchfuehrbar() ) {
    System.out.print("Tests erfolgreich\n");
  }
  else  {
    System.out.print("Fehlgeschlagen!\n");
  }
}
```
(netzplanung/v1-funktionen/Netzplanung3.java)

der Java-Lösung erkennen wir in den einzelnen Tests, dass wir das gesamte Array `anz` übergeben, wenn die Anzahl ein Ausgangsparameter ist. Ist `anz` ein Eingangsparameter, wird lediglich das erste Element des Arrays übergeben. Die Variablen `startzeit` und `endzeit` können und sollten in den einzelnen Tests jeweils als Konstanten definiert werden.

### Refactoring durch funktionale Abstraktion

Von Refactoring spricht man allgemein, wenn man Änderungen am Code vornimmt, ohne seine Funktionalität zu verändern. Refactoring dient somit *lediglich* dazu, übersichtlichen, wartungsfreundlichen und damit weniger fehleranfälligen Code zu erhalten. Genau das haben wir in diesem Kapitel durchgeführt.

Eine Art des Refactoring ist die einfache Aufspaltung einer großen Funktion in **mehrere** kleinere Funktionen – im Original wird jede dieser Funktionen **einmal** aufgerufen. Bei der Netzplanung waren anfangs mehrere Tests in einer Funktion aneinandergereiht. Ein Hauptprogramm, das nacheinander die Funktionen `test1` bis `testn` aufruft, ist viel schneller zu überblicken und zu verstehen (vgl. Listing 2.16).

Eine zweite Art des Refactoring ist die Zusammenfassung gleichartiger Funktionalität zu **einer** Funktion, die dann an **mehreren** Stellen aufgerufen wird. Das haben wir bspw. bei der Funktion `plane` praktiziert, die nun in jedem Test aufgerufen wird.

Wenn man beide Möglichkeiten zur Auswahl hat, welche soll man dann zuerst anwenden? Die Antwort ist schwierig und einfach zugleich. Man sollte es gar nicht erst so weit kommen lassen, sondern viel früher eine Aufspaltung in Funktionen durchführen, und nicht erst, wenn es gar nicht mehr anders geht und die Funktion Hunderte von Codezeilen enthält. Wenn man dann aber doch beide Möglichkeiten hat, ist es meist gleichgültig, womit man beginnt. Man sollte die Schritte allerdings nacheinander durchführen, da sonst die Gefahr des versehentlichen Einbaus von Fehlern zu groß ist.

Dieses Refactoring wird natürlich wesentlich erleichtert, wenn man bereits über automatisch ablaufende Tests verfügt – wie wir im Beispiel der Netzplantechnik. Die

C++/Java 2.16: Tests als eigenständige Funktionen formuliert

```cpp
/** Ueberpruefung, ob der Netzplan mit
einem geplanten Start- bzw. Endtermin
von 0 bzw. 30 realisierbar ist.  */
bool testFall1() {
    int anzahl;
    const int startzeit=0;
    const int endzeit=30;
    initNetzplanTest5(&anzahl);
    bool ok=plane(anzahl,startzeit,endzeit);
    ausgabeNetzplan(anzahl);
    return ok;
}
/** Ueberpruefung, ob der Netzplan mit
einem geplanten Start- bzw. Endtermin
von 4 bzw. 10 nicht realisierbar ist. */
bool testFall2() {
    int anzahl;
    const int startzeit = 4;
    const int endzeit = 10;
    initNetzplanTest5(&anzahl);
    bool ok=plane(anzahl,startzeit,endzeit);
    ausgabeNetzplan(anzahl);
    return false==ok;
}
/** Für den Netzplan mit geplantem Start-
und Endtermin von 0 bzw. 7 wird überprüft, ob
sich für V1 und V4 die erwarteten frühesten
und spätesten Zeiten ergeben.      */
bool testFall3() {
    int anzahl;
    const int startzeit = 0;
    const int endzeit = 7;
    initNetzplanTest5(&anzahl);
    plane(anzahl, startzeit, endzeit);
    ausgabeNetzplan(anzahl);
    // Sind Zeiten korrekt ermittelt?
    bool ok = (0 == fruehanf[0]) &&
        (2 == spaetend[0]) &&
        (0 == fruehanf[3]) &&
        (5 == spaetend[3]);
    return ok;
}
```

(netzplanung/v1-funktionen/Netzplanung3.cpp)

```java
/** Ueberpruefung, ob der Netzplan mit
einem geplanten Start- bzw. Endtermin
von 0 bzw. 30 realisierbar ist.  */
static boolean testFall1() {
    final int startzeit=0;
    final int endzeit=30;
    int anz[] = new int [1];
    initNetzplanTest5(anz);
    boolean ok=plane(anz[0],startzeit,endzeit);
    ausgabeNetzplan(anz[0]);
    return ok;
}
/** Ueberpruefung, ob der Netzplan mit
einem geplanten Start- bzw. Endtermin
von 4 bzw. 10 nicht realisierbar ist. */
static boolean testFall2() {
    final int startzeit = 4;
    final int endzeit = 10;
    int anz[] = new int [1];
    initNetzplanTest5(anz);
    boolean ok=plane(anz[0],startzeit,endzeit);
    ausgabeNetzplan(anz[0]);
    return false==ok;
}
/** Für den Netzplan mit geplantem Start-
und Endtermin von 0 bzw. 7 wird überprüft, ob
sich für V1 und V4 die erwarteten frühesten
und spätesten Zeiten ergeben.      */
static boolean testFall3() {
    final int startzeit = 0;
    final int endzeit = 7;
    int anz[] = new int [1];
    initNetzplanTest5(anz);
    plane(anz[0], startzeit, endzeit);
    ausgabeNetzplan(anz[0]);
    // Sind Zeiten korrekt ermittelt?
    boolean ok = (0 == fruehanf[0]) &&
        (2 == spaetend[0]) &&
        (0 == fruehanf[3]) &&
        (5 == spaetend[3]);
    return ok;
}
```

(netzplanung/v1-funktionen/Netzplanung3.java)

Tests müssen dann nämlich vor dem Refactoring und nach dem Refactoring erfolgreich durchlaufen.

Die Notwendigkeit für ein Refactoring ergibt sich oft nach einer Erweiterung der Funktionalität. Wir werden im Folgenden noch einige Refactoring-Techniken kennenlernen und verweisen den Leser im Übrigen auf [22].

## 2.2.2 Übersicht über das Gesamtprogramm

Nachdem die Funktionen im Detail behandelt worden sind, wollen wir uns nun mit der Architektur des Programms, d.h. mit seiner globalen Struktur, beschäftigen, die hier durch Bild 2.1 und durch das Listing 2.17 dargestellt werden:

- Das Bild gibt eine Übersicht über die verwendeten Funktionen (Unterprogramme) und über deren Aufrufstruktur:

  - Obere Programmebene: Die `main`-Funktion benutzt die Testfunktionen und delegiert damit die entsprechenden Details auf die nächsttiefere Ebene.

  - Zweite Programmebene: Die drei Testfunktionen `testFall1`, `testFall2` und `testFall3` (der Einfachheit halber sind die beiden übrigen hier nicht aufgeführt) führen die speziellen Tests durch und benutzen ihrerseits dazu jeweils alle drei Funktionen der nächsttieferen Ebene.

  - Dritte Programmebene: Die Funktion `initNetzplanTest5` führt die Initialisierung des Netzplans durch, `plane` führt die Berechnungen durch und stellt fest, ob der Plan durchführbar ist, und `ausgabeNetzplan` stellt die Netzplandaten auf dem Bildschirm dar.

  - Untere Programmebene: Die unteren vier Funktionen `initNetzplanAllg`, `berechneVorwaerts`, `istDurchfuehrbar` und `berechneRueckwaerts` werden von den Funktionen der darüberliegenden Ebene zur Erledigung der Detailarbeiten benutzt.

- Das Listing zeigt die globale Struktur der C++- und der Java-Version des Programms, das beinhaltet

  - zum einen die Definitionen der globalen Daten, die in allen Funktionen lesend und schreibend zugreifbar sind, und

  - zum anderen die Funktionen mit ihren Schnittstellen. (Die Details ihrer Implementierungen sind für diese Übersicht nicht relevant und deshalb hier jeweils nur mit ... angedeutet.)

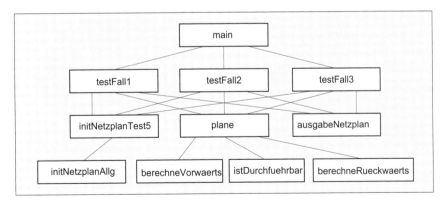

Bild 2.1: Aufrufstruktur der Funktionen für das Programm `Netzplanung`

Im allgemeinen Fall wird man allerdings keine so strenge Aufrufhierarchie erhalten und in den Funktionen der Ebene j nur Funktionen der Ebene j+1 aufrufen.

C++/Java 2.17: Programm Netzplanung mit Funktionen, obere Programmebene

```cpp
#include <iostream>
using namespace std;

const int MAX = 100;

double dauer[MAX];

double fruehanf[MAX];

double spaetend[MAX];

bool nachf[MAX][MAX];

void berechneVorwaerts(
    int v, int sz, int anz){...}
void berechneRueckwaerts(
    int v, int ez, int anz){...}
bool istDurchfuehrbar(int anz){...}
void ausgabeNetzplan(int anz) {...}
bool plane(int anz, int sz,
                    int ez) {...}
void initNetzplanAllg(int anz) {...}
void initNetzplanTest5(int* anz) {...}

bool testFall1() {...}
bool testFall2() {...}
bool testFall3() {...}

int main(){...}
```
(netzplanung/v1-funktionen/Netzplanungcpp.sht)

```java
public class Netzplanung {

static final int MAX=100;

static double[] dauer
    = new double[MAX];
static double[] fruehanf
    = new double[MAX];
static double[] spaetend
    = new double[MAX];
static boolean[][] nachf
    = new boolean[MAX][MAX];

static void berechneVorwaerts(
    int v, int sz, int anz){...}
static void berechneRueckwaerts(
    int v, int ez, int anz){...}
static boolean istDurchfuehrbar(int anz){...}
static void ausgabeNetzplan(int anz) {...}
static boolean plane(int anz, int sz,
                    int ez){...}
static void initNetzplanAllg(int anz) {...}
static void initNetzplanTest5(int anz[]) {..}

static boolean testFall1() {...}
static boolean testFall2() {...}
static boolean testFall3() {...}

public static void main(String[] args) {...}
```
(netzplanung/v1-funktionen/Netzplanungjava.sht)

## 2.2.3  Entfernung der globalen Variablen

Unser Netzplanungs-Code ist zwar schon durch den Einsatz von Funktionen viel übersichtlicher geworden. Jede Funktion enthält nur noch wenige Codezeilen, und *auf einen Blick* sieht man, welche Aufgabe die einzelnen Funktionen erfüllen.

Allerdings haben wir ausgiebig globale Variablen verwendet. Globale Variablen sind aus mindestens zwei Gründen zu vermeiden:

- Erstens kann auf eine globale Variable von überall aus jederzeit zugegriffen werden. Das mag sich wie ein Vorteil anhören, aber was ist, wenn die Ergebnisse nicht unseren Erwartungen entsprechen? Dann kann die Veränderung potenziell an *jeder* beliebigen Stelle im Quellcode erfolgt sein. Müsste die globale Variable stattdessen als Parameter übergeben werden, würde ein Blick auf die Argumentliste der Funktion genügen, um feststellen zu können, ob diese Funktion die Variable verändert haben könnte. (Wir werden diesen Gedankengang in Kap. 8 noch weiterführen.)

- Zweitens verhindern globale Variablen trivialerweise, dass es sie zweimal geben kann. Im Kontext der Netzplanung heißt das: Wenn die Anzahl der Vorgänge eine globale Variable ist, dann verbietet uns das bereits, zwei Netzpläne unterschiedlicher Größe gleichzeitig im Speicher zu halten und mit unseren Funktionen zu bearbeiten. Natürlich brauchen wir für jeden Netzplan eine eigene Variable, die die Anzahl der Vorgänge enthält, und genau diese Variable sollte von den Funktionen auch benutzt werden.

Unkompliziert sind Konstanten als globale Variablen, weil ihr Wert (z.B. für alle Netzpläne) stets gleich bleibt. Es gibt keine Veranlassung, mehrere davon zu halten. Die übrigen Variablen sind jedoch besser lokal in der `main`-Funktion zu definieren und an die Funktionen, die sie jeweils benötigen, zu übergeben. Noch besser ist es, wenn die Variablen lokal in den einzelnen Tests vereinbart werden, weil ihre Werte jeweils in nur einem Test benötigt werden, d.h. die Werte nicht vom einen zum nächsten Test weitergereicht werden müssen (vgl. Listing 2.18).

C++/Java 2.18: Test1 ohne Verwendung globaler Variablen

```
bool testFall1() {
   double dauer[MAX];
   double fruehanf[MAX];
   double spaetend[MAX];
   bool nachf[MAX][MAX];
   int anzahl;
   const int startzeit=0;
   const int endzeit=30;
   initNetzplanTest5(&anzahl,
      fruehanf, spaetend, dauer, nachf);
   bool ok = plane(
         anzahl, startzeit, endzeit,
         fruehanf, spaetend, dauer, nachf);
   ausgabeNetzplan(anzahl,
         fruehanf, spaetend, dauer);
   return ok;
}
```

(netzplanung/v2-ohneglobal/Netzplanung.cpp)

```
static boolean testFall1() {
   double[] dauer = new double[MAX];
   double[] fruehanf = new double[MAX];
   double[] spaetend = new double[MAX];
   boolean[][] nachf =
                 new boolean[MAX][MAX];
   final int startzeit=0;
   final int endzeit=30;
   int anz[] = new int [1];
   initNetzplanTest5(anz,
         fruehanf, spaetend, dauer, nachf);
   boolean ok = plane(
         anz[0], startzeit, endzeit,
         fruehanf, spaetend, dauer, nachf);
   ausgabeNetzplan(anz[0],
         fruehanf, spaetend, dauer);
   return ok;
}
```

(netzplanung/v2-ohneglobal/Netzplanung.java)

Dieser Schritt erfordert entsprechende Anpassungen in den Funktionen `initNetzplanTest5`, `plane`, `ausgabeNetzplan` etc., bei denen die einstigen globalen Variablen nun als Parameter übergeben werden. Dabei werden aber nur die Variablen übergeben, die die Funktion auch benutzt. Die Funktion `berechneVorwaerts` benötigt z.B. nicht den Wert `spaetend`. Einen Ausschnitt der angepassten Funktionen ohne Verwendung globaler Variablen zeigt Listing 2.19. Der vollständige Code kann von **www** unserer zum Buch gehörenden Homepage heruntergeladen werden (Verzeichnis `v2-ohneglobal`).

C++/Java 2.19: Definition der Funktionen zur Netzplanung (Ausschnitt)

```cpp
/** Ermittelt fuer den Vorgang Nr. v den
fruehesten Anfangszeitpunkt aus dem Maximum
der fruehesten Endzeitpunkte aller Vorgaenger.
sz ist der Projektbeginn und damit eine
untere Schranke fuer den fruehesten
Anfangszeitpunkt. anz: Anzahl der Vorgaenge */
void berechneVorwaerts(int v, int sz,
         int anz, double fruehanf[],
         const double dauer[],
         const bool nachf[][MAX]) {
   fruehanf[v] = sz;
   for (int j=0; j<anz; ++j) {
     if (nachf[j][v]==true) {
       double fe = fruehanf[j]+dauer[j];
       if (fe >fruehanf[v]) fruehanf[v]=fe;
} } }
```

```java
/** Ermittelt fuer den Vorgang Nr. v den
fruehesten Anfangszeitpunkt aus dem Maximum
der fruehesten Endzeitpunkte aller Vorgaenger.
sz ist der Projektbeginn und damit eine
untere Schranke fuer den fruehesten
Anfangszeitpunkt. anz: Anzahl der Vorgaenge */
static void berechneVorwaerts(int v, int sz,
         int anz, double fruehanf[],
         final double dauer[],
         final boolean nachf[][]) {
   fruehanf[v] = sz;
   for (int j=0; j<anz; ++j) {
     if (nachf[j][v]==true) {
       double fe = fruehanf[j]+dauer[j];
       if (fe >fruehanf[v]) fruehanf[v]=fe;
} } }
```

```cpp
/** Ermittelt fuer den Vorgang Nr. v den
spaetesten Endzeitpunkt aus dem Minimum der
spaetesten Anf–Zeitpunkte aller Nachf. durch
Rueckwaertsrechnung. ez ist das Projektende
und damit obere Schranke fuer den spaetesten
Endzeitpunkt. anz: Anzahl der Vorgaenge */
void berechneRueckwaerts(int v, int ez,
         int anz, double spaetend[],
         const double dauer[],
         const bool nachf[][MAX]) {
   spaetend[v] = ez;
   for (int j=0; j<anz;++j) {
     if (nachf[v][j]==true) {
       double sa = spaetend[j]-dauer[j];
       if (spaetend[v] >sa) spaetend[v]=sa;
} } }
```

```java
/** Ermittelt fuer den Vorgang Nr. v den
spaetesten Endzeitpunkt aus dem Minimum der
spaetesten Anf–Zeitpunkte aller Nachf. durch
Rueckwaertsrechnung. ez ist das Projektende
und damit obere Schranke fuer den spaetesten
Endzeitpunkt. anz: Anzahl der Vorgaenge */
static void berechneRueckwaerts(int v, int ez,
         int anz, double spaetend[],
         final double dauer[],
         final boolean nachf[][]) {
   spaetend[v] = ez;
   for (int j=0; j<anz;++j) {
     if (nachf[v][j]==true) {
       double sa = spaetend[j]-dauer[j];
       if (spaetend[v] >sa) spaetend[v]=sa;
} } }
```

```cpp
/** Funktion liefert true zurueck, wenn
der Plan durchfuehrbar ist.          */
bool istDurchfuehrbar(int anz,
         const double fruehanf[],
         const double spaetend[],
         const double dauer[] ) {
   for (int i=0; i < anz; ++i) {
     if (fruehanf[i]+dauer[i] > spaetend[i]){
       return false;
     } }
   return true;
}
```

```java
/** Funktion liefert true zurueck, wenn
der Plan durchfuehrbar ist.          */
static boolean istDurchfuehrbar(int anz,
         final double fruehanf[],
         final double spaetend[],
         final double dauer[] ) {
   for (int i=0; i < anz; ++i) {
     if (fruehanf[i]+dauer[i] > spaetend[i]){
       return false;
     } }
   return true;
}
```

(netzplanung/v2-ohneglobal/Netzplanung.cpp)

(netzplanung/v2-ohneglobal/Netzplanung.java)

## Übersicht über die Version des Programms ohne globale Variablen

Die neue Version ohne globale Variablen hat bezüglich ihrer Funktionen und der
Aufrufstruktur exakt die gleiche Architektur wie die Vorgängerversion mit globalen
Variablen, wie sie in Bild 2.1 auf Seite 33 dargestellt ist. Der Unterschied zur vorigen

Version wird durch Betrachten der oberen Programmebene deutlich, die in Listing 2.20 dargestellt ist:

C++/Java 2.20: Obere Programmebene der Netzplanung ohne globale Variablen

```cpp
#include <iostream>

using namespace std;

const int MAX = 100;

void berechneVorwaerts(int v, int sz,
        int anz, double fruehanf[],
        const double dauer[],
        const bool nachf[][MAX]) {...}
void berechneRueckwaerts(int v, int ez,
        int anz, double spaetend[],
        const double dauer[],
        const bool nachf[][MAX]) {...}
bool istDurchfuehrbar(int anz,
        const double fruehanf[],
        const double spaetend[],
        const double dauer[] ) {...}
void ausgabeNetzplan(int anz,
        const double fruehanf[],
        const double spaetend[],
        const double dauer[] ) {...}
bool plane(int anz, int sz, int ez,
        double fruehanf[],
        double spaetend[],
        const double dauer[],
        const bool nachf[][MAX]) {...}
void initNetzplanAllg(int anz,
        double fruehanf[],
        double spaetend[],
        bool nachf[][MAX]) {...}
void initNetzplanTest5(int* anz,
        double fruehanf[],
        double spaetend[],
        double dauer[],
        bool nachf[][MAX]) {...}

bool testFall1() {...}
bool testFall2() {...}
bool testFall3() {...}

int main(){...}
```

(netzplanung/v2-ohneglobal/Netzplanungcpp.sht)

```java
public class Netzplanung {

static final int MAX=100;

static void berechneVorwaerts(int v, int sz,
        int anz, double fruehanf[],
        final double dauer[],
        final boolean nachf[][]) {...}
static void berechneRueckwaerts(int v, int ez,
        int anz, double spaetend[],
        final double dauer[],
        final boolean nachf[][]) {...}
static boolean istDurchfuehrbar(int anz,
        final double fruehanf[],
        final double spaetend[],
        final double dauer[] ) {...}
static void ausgabeNetzplan(int anz,
        final double fruehanf[],
        final double spaetend[],
        final double dauer[] ) {...}
static boolean plane(int anz, int sz, int ez,
        double fruehanf[],
        double spaetend[],
        final double dauer[],
        final boolean nachf[][]) {...}
static void initNetzplanAllg(int anz,
        double fruehanf[],
        double spaetend[],
        boolean nachf[][]) {...}
static void initNetzplanTest5(int anz[],
        double fruehanf[],
        double spaetend[],
        double dauer[],
        boolean nachf[][]) {...}

static boolean testFall1() {...}
static boolean testFall2() {...}
static boolean testFall3() {...}

public static void main(String[] args) {...}

}
```

(netzplanung/v2-ohneglobal/Netzplanungjava.sht)

- Es gibt in dem Programm keine globalen Variablen (nur eine Konstante)!

- Die Kommunikation der Funktionen erfolgt stattdessen ausschließlich explizit über die jeweils angegebenen Schnittstellen der Funktionen!

Wenn man sich allerdings die Funktionen näher ansieht, fällt auf, dass manchmal die Schnittstelle einer Funktion durch die große Anzahl der Parameter mehr Codezeilen belegt als die Funktion selbst. Diesem Problem werden wir uns im nächsten Abschnitt zuwenden, in dem wir lernen, wie man Variablen zu so genannten *strukturierten Datentypen* zusammenfassen kann.

## 2.2.4  Übungen

**Übung 2.1:** Was gibt der folgende Programmausschnitt in die Datei `datei` aus?

```
void f1(int& i) {
  i = 44;
  }
void f2(int i) {
  i = 44;
  }
```
(./Funk/WasGibtAus/main.cpp)

```
int main() {
  int i = 55;
  int j = 22;
  f1(i);
  f2(j);
  datei << "i=" << i
        << ", j=" << j <<endl;
  }
```

**Übung 2.2:** Implementieren Sie eine Funktion `istGerade`, die testet, ob eine übergebene ganze Zahl (... -3, -2, -1, 0, 1, 2, 3 ...) eine gerade Zahl (0, 2, 4, ...) ist. Wird der Funktion eine negative Zahl übergeben, wird die Funktion `false` als Funktionswert liefern, andernfalls `true`. Falls im letzteren Fall der Funktion eine gerade Zahl übergeben wird, soll die Funktion in ihrem zweiten Parameter den Wert `true` zurückliefern, andernfalls (ungerade Zahl) `false`. Die Funktion soll z.B. wie folgt aufgerufen werden können:

```
bool gerade;
bool fwert;
fwert = istGerade(3, gerade);
```

```
boolean gerade[]=new boolean[1];
boolean fwert;
fwert = istGerade(3, gerade);
```

Gehen Sie bei der Erstellung der Lösung zumindest in den folgenden Schritten entsprechend Kap. 1 vor: Definition und Implementierung von Tests, Beschreibung der Funktion, Implementierung der Funktion, Ausführung der Tests, evtl. Fehlersuche/-Verbesserung der Implementierung.

**Übung 2.3:** Implementieren Sie die folgende Anweisungsfunktion auch als echte Funktion und geben Sie mindestens zwei Implementierungen für Tests der echten Funktion an.

```
void summe(int& s, int n) {
  s = 0;
  for (int i=0; i<n; ++i) {
    s += i*i;
    }
  }
```

```
void summe(int s[], int n) {
  s[0] = 0;
  for (int i=0; i<n; ++i) {
    s[0] += i*i;
    }
  }
```

**Übung 2.4:** Implementieren Sie eine Funktion `mathe`, die sowohl a + b, als auch a − b als auch a * b liefert, d.h. mit einem einzigen Aufruf.

**Übung 2.5:** Was gibt der folgende Programmausschnitt in die Datei `datei` aus?

```
void f1(int k);
void f1(double m);
void f1(double n, double p);
void f1(bool b, double k=4, double m=22);

int main(){
  f1 (8);
  f1 (8.0);
  f1(true);
  f1 (2, 4, 7);
  f1 (false, 4.0);
  f1(true, 21);
}
```

```
void f1(int k) {
  datei << k << "\n";
}
void f1(double m) {
  datei << m << "\n";
}
void f1(double n, double p) {
  datei << n << " " << p << "\n";
}
void f1(bool b, double k, double m){
  datei << b << " " << k
        << " " << m << "\n";
}
```

(./Funk/WasGibtAus/Defaultpar.cpp)

**Übung 2.6:** Implementieren Sie eine Funktion `fibo`, die die N-te Fibonacci-Zahl $fib_N$ berechnet, wobei gilt: $fib_0 = 1$, $fib_1 = 1$ und $fib_n = fib_{n-1} + fib_{n-2}$, d.h. die folgende Reihe soll geliefert werden: 1, 1, 2, 3, 5, 8, 13, 21, 34, 55 ....

Implementieren Sie zunächst eine rekursive und dann eine iterative Lösung für eine echte Funktion. Ändern Sie anschließend die Funktion `fibo`, sodass sie als Anweisungsfunktion (Rückgabetyp `void`) statt eines Funktionswerts das Ergebnis in einem Referenzparameter zurückliefert, d.h. nach dem Aufruf `fibo(6,wert);` hat `wert` anschließend den Wert 13.

## 2.3 Datenabstraktion: Strukturierte Datentypen

Die Variablen der elementaren Datentypen wie `int` oder `double` speichern direkt ihre Werte. Eine Variable ist an einer bestimmten Speicherstelle im Arbeitsspeicher des Rechners abgelegt.

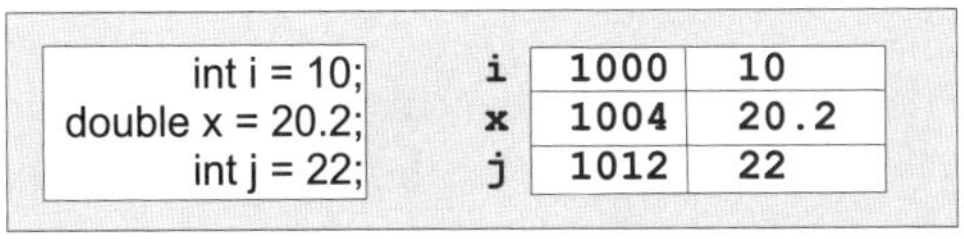

| | | | |
|---|---|---|---|
| int i = 10; | i | 1000 | 10 |
| double x = 20.2; | x | 1004 | 20.2 |
| int j = 22; | j | 1012 | 22 |

Bild 2.2: Speicherbelegung von elementaren Datentypen

Im Bild 2.2 ist angenommen, dass die Variable i ab der Adresse 1000 im Speicher abgelegt ist und 4 Byte belegt. Variable x vom Typ `double` beginnt dann entsprechend bei 1004 und belegt 8 Byte usw. Wird nun x auf den Wert 48 gesetzt, werden entsprechend die Speicherstellen ab 1004 verändert.

In Zusammenhang mit strukturierten Datentypen sind insbesondere **Referenzen** von zentraler Bedeutung. In einem Referenztyp wird im Gegensatz zu den elementaren Variablen nur eine Referenz auf den eigentlichen Wert der Variablen gespeichert.

Wären die Variablen i, x und j aus dem vorigen Beispiel Referenzen, könnte die Speicherbelegung wie folgt aussehen:

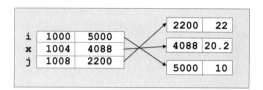

Bild 2.3: Speicherbelegung von Referenzen

Die Speicherstelle 1000 enthält somit nicht mehr direkt den Wert der Variablen i, sondern einen Verweis auf die Speicherstelle, die den Wert enthält: In diesem Fall steht der Wert von i somit in der Speicherstelle 5000. Referenzen werden wir im Detail in Kap. 4 behandeln.

Bisher haben wir elementare Datentypen, Steueranweisungen und Funktionen kennengelernt. Hiermit ist es zwar zumindest im Prinzip möglich, jedes Programm zu schreiben, aber für größere Programme wäre dies zumindest sehr, sehr mühselig, weil man z.B. für jede Variable einen eigenen Namen vergeben müsste. Wir werden deshalb in diesem Abschnitt zwei Verbesserungen kennenlernen:

- Ein **Array** *(Vektor)* ist eine **homogene Datenstruktur**, die verschiedene Datenelemente gleichen Typs zusammenfasst. Ein einzelnes Datenelement wird dann über einen Index als Selektor ausgewählt; siehe auch Anhang B.11.

- Eine **Struktur** *(Record)* ist hingegen eine im Allgemeinen **inhomogene Datenstruktur**, die verschiedene Datenelemente unterschiedlichen Typs zusammenfassen kann; ein einzelnes Datenelement (häufig *Komponente, Attribut* oder engl. *Mitglied, member* genannt) wird dann über einen symbolischen Komponentennamen als Selektor ausgewählt.

## 2.3.1  Strukturen und Klassen

Im Anhang B.11 sind Arrays beschrieben, um homogene Datenelemente, d.h. solche vom gleichen Typ, zusammenzufassen. Jetzt lernen wir die **Struktur** (*Record*) kennen, um verschiedene Datenelemente unterschiedlichen Typs zusammenzufassen.

### Deklaration einer Klasse bzw. Struktur

Das folgende Code-Fragment zeigt z.B. links in C++ und rechts in Java die Beschreibung eines Vorgangs, der durch seine Dauer, seinen frühesten Anfang und sein spätestes Ende beschrieben werden soll. Diese einzelnen Elemente werden auch als Attribute, Komponenten oder Datenelemente bezeichnet. Wir werden sie im Folgenden als **Attribute** bezeichnen.

```
struct Vorgang {
  double dauer;
  double fruehanf;
  double spaetend;
};
```

```
public class Vorgang {
  double dauer;
  double fruehanf;
  double spaetend;
}
```

Wir sehen, dass sich hier die Syntax beider Sprachen kaum unterscheidet. In C++ wird für eine Struktur das Schlüsselwort **struct** benutzt. In Java benutzen wir wieder das Schlüsselwort **class**, das es aber auch in C++ gibt. Auf Seite 21 hatten wir schon Funktionen zu einer Klasse zusammengefasst, nun sehen wir, dass auch Daten zu einer Klasse zusammengefasst werden können. Damit kommen wir der tatsächlichen Bedeutung einer Klasse immer näher, werden die volle Bedeutung des Begriffs Klasse aber erst in Kap. 8 diskutieren.

### Instanziierung einer Klasse bzw. Struktur

Wir sehen nun, wie Variablen (Objekte) einer Klasse bzw. Struktur erzeugt werden – man spricht hier von **Instanziierung**.

```
Vorgang* v1 = new Vorgang();
Vorgang* v2;
v2      = new Vorgang();
```

```
Vorgang v1 = new Vorgang();
Vorgang v2;
v2      = new Vorgang();
```

Entsprechend der Erzeugung von Arrays mit dem new-Operator wird hierdurch lediglich eine Referenz, d.h. ein Verweis, auf eine Instanz (Variable) der Klasse erzeugt; siehe Bild 2.4. Details zum Operator new sind im Abschn. 4.1.3 zu finden.

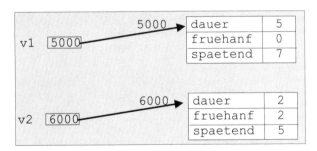

Bild 2.4: Klassen/Strukturen als Referenzen

### Zugriff auf einzelne Attribute

Das folgende Code-Fragment zeigt, wie lesend und schreibend auf die einzelnen Attribute zugegriffen werden kann.

```
v1->dauer = 7;
v2->fruehanf = 0;
(*v1).spaetend = 7;
(*v2).fruehanf = 5;

cout << v1->dauer << " " << v2->dauer;
```

```
v1.dauer = 7;
v2.fruehanf = 0;
v1.spaetend = 7;
v2.fruehanf = 5;

System.out.print(v1.dauer+" "+v2.dauer);
```

In C++ erfolgt der Zugriff wahlweise über den Pfeil- (->) oder den Punkt-Operator. Bei Verwendung des Punkt-Operators muss die Referenz zunächst mit dem Stern-Operator (*) in den Inhalt umgewandelt werden; siehe auch Abschn. 4.1.4 auf Seite 76 für weitere Details. In Java steht nur der Punkt-Operator zur Verfügung. Die Umwandlung erfolgt damit quasi automatisch.

### 2.3.2 Referenzen auf Arrays und Klassen

Mit dem new-Operator reservieren wir Speicherplatz für die Variable und liefern eine Referenz hierauf zurück. Dies hat entscheidende Konsequenzen bei der Verwendung von Referenztypen und wird in diesem Abschnitt nochmals herausgearbeitet.

**Zuweisung von Referenzdatentypen**

Im folgenden Programmausschnitt wird die Referenz v1 der Referenz v2 zugewiesen.

```
Vorgang* v1 = new Vorgang();
v1->dauer = 55;

Vorgang* v2;
v2 = v1; // v2, v1 zeigen auf gl. Objekt

v2->dauer = 44;

// Ausgabe 44 44
cout << v1->dauer << " " << v2->dauer;
```

```
Vorgang v1 = new Vorgang();
v1.dauer = 55;

Vorgang v2;
v2 = v1; // v2, v1 zeigen auf gl. Objekt

v2.dauer = 44;

// Ausgabe 44 44
System.out.print(v1.dauer+" "+v2.dauer);
```

Beide Referenzen verweisen nun auf die gleiche Instanz (auf das gleiche Objekt/die gleiche Variable), wie das Bild 2.5 veranschaulicht.

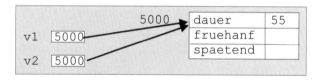

Bild 2.5: Zwei Referenzen verweisen auf die gleiche Variable

Wird nun z.B. das Attribut dauer der Variablen über die Referenz v2 verändert, ändert sich damit natürlich auch v1->dauer, weil v1 und v2 auf dieselbe Variable verweisen. Entsprechendes gilt für die Verwendung von Arrays, wie der Programmausschnitt 2.21 und das zugehörige Bild 2.6 zeigen.

C++/Java 2.21: Zuweisung von Arrayreferenzen

```cpp
int* array1 = new int[6];
array1[0] = 55;

int* array2;
array2 = array1;// Verweis auf gl. Array

array2[0] = 44;

// Ausgabe 44 44
cout << array1[0] << " " << array2[0];
```

```java
int array1[] = new int[6];
array1[0] = 55;

int array2[];
array2 = array1;  // Verweis auf gl. Array

array2[0] = 44;

// Ausgabe 44 44
System.out.println(array1[0]+" "+array2[0]);
```

(Funk/Klassen/RefVerwendung.cpp)          (Funk/Klassen/RefVerwendung.java)

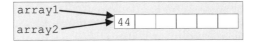

Bild 2.6: Zwei verschiedene Referenzen auf ein Array

Die Verwendung von zwei verschiedenen Referenzen, die auf die gleiche Variable verweisen, mag an dieser Stelle zunächst wenig sinnvoll erscheinen, aber in Zusammenhang mit den formalen Funktionsparametern werden wir im Folgenden die Nützlichkeit sofort erkennen.

### Referenzen als formale Parameter

Wir sehen im folgenden Listing am Beispiel von Vorgang, wie Referenzen als Ausgangsparameter von Funktionen verwendet werden können.

```cpp
void initVorg(Vorgang* v) {
  v->dauer = 44;
  v->fruehanf = 21;
  v->spaetend = 56;
}

void printVorg(Vorgang* v) {
  cout << "Dauer:" << v->dauer;
  cout << "\nFB:" << v->fruehanf;
  cout << "\nSE:" << v->spaetend;
}

void testInit() {
  Vorgang* v1 = new Vorgang;
  initVorg(v1);
  printVorg(v1);
}
```

```java
void initVorg(Vorgang v) {
  v.dauer = 44;
  v.fruehanf = 21;
  v.spaetend = 56;
}

void printVorg(Vorgang v) {
  System.out.print("Dauer:" + v.dauer);
  System.out.print("\nFB:" + v.fruehanf);
  System.out.print("\nSE:" + v.spaetend);
}

void testInit() {
  Vorgang v1 = new Vorgang();
  initVorg(v1);
  printVorg(v1);
}
```

Der aktuelle Parameter v1 in der Funktion testInit verweist auf das gleiche Objekt bzw. die gleiche Variable wie der formale Parameter v in den Funktionen initVorg und printVorg. Damit wirken sich alle Änderungen in den Funktionen initVorg und printVorg auch auf die Hauptfunktion aus, d.h. auf das Objekt, auf das v1 verweist.

In `initVorg` ist die Referenz `v` ein Ausgabeparameter, denn die Attribute des referenzierten Objekts vom Typ `Vorgang` werden verändert. In `printVorg` wird hingegen das Objekt nicht verändert, es ist somit nur ein Eingangsparameter. Syntaktisch ist dieser Unterschied aber bisher nicht zu erkennen.

### Konstante Referenzparameter

Wie wir im Anh. B.3.4 beschrieben haben, stellen beide Sprachen das Schlüsselwort `const` bzw. `final` zur Beschreibung von Konstanten zur Verfügung. Allerdings bietet nur C++ die Möglichkeit, auch formale Parameter sinnvoll mit dem Schlüsselwort `const` als unveränderliche Eingangsparameter zu kennzeichnen. Das folgende Listing zeigt, dass die Verwendung von `final` prinzipiell auch in Java möglich ist, allerdings mit anderer Semantik. Hier bedeutet es nur, dass die Referenz in der Funktion nicht auf ein anderes Objekt *umgebogen* wird. Diese Information ist aber für den Benutzer einer Funktionsschnittstelle von eher untergeordneter Bedeutung, denn nach Aufruf der Funktion zeigt die Referenz in der aufrufenden Funktion `testInit` in jedem Fall immer noch auf das gleiche Objekt (auf die gleiche Variable)!

```
void printVorg(const Vorgang* v) {
   cout << "Dauer:" << v->dauer;
   cout << "\nFB:" << v->fruehanf;
   cout << "\nSE:" << v->spaetend;
   // alles syntaktisch falsch wäre:
   v->dauer = 44;
   v->fruehanf = 11;
   v = new Vorgang; // richtig
}
```

```
void printVorg(final Vorgang v) {
   System.out.print("Dauer:" + v.dauer);
   System.out.print("\nFB:" + v.fruehanf);
   System.out.print("\nSE:" + v.spaetend);

   v.dauer = 44; // leider richtig
   v.fruehanf = 11; // leider richtig
   v = new Vorgang(); // falsch
}
```

**Tipp**   Im obigen Beispiel würde der schreibende Zugriff auf einen als konstant gekennzeichneten Parameter zu einem Syntaxfehler führen. Deshalb ist es in C++ nicht nur guter Programmierstil, Referenzen, die lediglich als Eingangsparameter dienen, mit dem Schlüsselwort `const` zu kennzeichnen, sondern geradezu fahrlässig, diese Unterstützung vom C++-Compiler nicht zu nutzen.

## 2.3.3   Netzplanung mit Datenabstraktion

Wir hatten das Netzplanungs-Beispiel im Abschn. 2.2 mit der Feststellung beendet, dass die Parameteranzahl einiger Funktionen sehr umfangreich geworden sei. Eine Lösung bietet hier die Zusammenfassung von Variablen in strukturierten Datentypen.

Wir fassen die Dauer, den frühesten Anfang und das späteste Ende in dem strukturierten Datentyp `Vorgang` zusammen:

```
struct Vorgang {
   double dauer;
   double fruehanf;
   double spaetend;
};
```

```
public class Vorgang {
   double dauer;
   double fruehanf;
   double spaetend;
}
```

Entsprechend definieren wir einen Typ `Netz`:

```
struct Netz {
  enum {MAX = 100};
  double startzeit, endzeit;
  int anzahl;
  Vorgang vorg[MAX]; // Knoten
  bool nachf[MAX][MAX];// Adjazenzmatrix
};
```

```
public class Netz {
  static final int MAX=100;
  double startzeit,endzeit;
  int anzahl;
  Vorgang vorg[]=new Vorgang[MAX];
  boolean nachf[][]
            =new boolean[MAX][MAX];
}
```

Die Anzahl der Parameter einer Funktion reduziert sich dadurch beträchtlich. Die Funktionen `berechneVorwaerts` und `berechneRueckwaerts` benötigen jeweils nur noch zwei statt sechs Parameter, wie Listing 2.22 zeigt.

C++/Java 2.22: Vorwärtsrechnung mit Typen `Vorgang` und `Netz`

```
/** Ermittelt fuer den Vorgang Nr. v den
fruehesten Anfangszeitpunkt aus dem Maximum
der fruehesten Endzeitpunkte */
void berechneVorwaerts(int v, Netz* netz) {
  Vorgang* v1=&(netz->vorg[v]);
  v1->fruehanf = netz->startzeit;
  for (int j=0;j < netz->anzahl; ++j)
    if (netz->nachf[j][v]) {
      Vorgang* vv = &(netz->vorg[j]);
      double fe = vv->fruehanf+vv->dauer;
      if (fe > v1->fruehanf) {
        v1->fruehanf =fe;
} } }
```
(netzplanung/v3-verbundtypen/Netzplanung.cpp)

```
static void
berechneVorwaerts(int v, Netz netz) {
  Vorgang v1= netz.vorg[v];
  v1.fruehanf = netz.startzeit;
  for (int j=0;j < netz.anzahl; ++j)
    if (netz.nachf[j][v]) {
      Vorgang vv = netz.vorg[j];
      double fe = vv.fruehanf+vv.dauer;
      if (fe > v1.fruehanf) {
        v1.fruehanf =fe;
} } }
```
(netzplanung/v3-verbundtypen/Netzplanung.java)

In den Tests (Listing 2.23) wird jeweils eine Variable vom Typ `Netz` vereinbart, die dann zunächst initialisiert wird. Das initialisierte `Netz` wird zur Planung an die Funktion `plane` übergeben. Anschließend erfolgt in der Funktion `ausgabeNetzplan` die Bildschirmausgabe. Beide Funktionen haben jeweils nur noch einen (!) Parameter – das Netz.

C++/Java 2.23: Test1

```
bool testFall1() {
  Netz netz;
  netz.startzeit= 0;
  netz.endzeit = 30;

  initNetzplanTest5(&netz);
  bool ok = plane(&netz);
  ausgabeNetzplan(&netz);
  return ok;
}
```
(netzplanung/v3-verbundtypen/Netzplanung.cpp)

```
static boolean testFall1() {
  Netz netz = new Netz();
  netz.startzeit= 0;
  netz.endzeit = 30;

  initNetzplanTest5(netz);
  boolean ok = plane(netz);
  ausgabeNetzplan(netz);
  return ok;
}
```
(netzplanung/v3-verbundtypen/Netzplanung.java)

**Übersicht über die Version des Programms mit Datenabstraktion**

Die hier entwickelte Version des Programms mit Datenabstraktion hat bezüglich ihrer Funktionen und deren Aufrufstruktur wieder exakt die gleiche Architektur wie ihre beiden Vorgängerversionen; siehe Bild 2.1 auf Seite 33. Der Unterschied zur vorigen Version wird durch Betrachten der oberen Programmebene der neuen C++- und Java-Versionen deutlich, die in Listing 2.24 dargestellt sind:

- Es gibt in dem Programm auch in dieser Version keine globalen Variablen.

- Auf der oberen Ebene sind aber die Datentypen `Vorgang` und `Netz` definiert!

- Die Kommunikation der Funktionen erfolgt auch hier explizit über die jeweils angegebenen Schnittstellen der Funktionen.

- Allerdings sind diese Schnittstellen durch Verwenden der selbst definierten Datentypen weniger komplex!

Statt den Funktionen jeweils mehrere Parameter einzeln z.B. in der Form

```
bool istDurchfuehrbar(int anz,
        const double fruehanf[],
        const double spaetend[],
        const double dauer[] ) {...}
```

zu übergeben, wird nur ein Parameter in der Form

```
bool istDurchfuehrbar(Netz *netz) {...}
```

übergeben.

## 2.3.4  Übungen

**Übung 2.7:** Implementieren Sie eine Funktion `minMaxDurch`, der beliebig viele ganzzahlige Argumente in einem Array übergeben werden und die das maximale und das minimale Arrayelement sowie den Durchschnitt aller Arrayelemente zurückliefert.

**C++** **Übung 2.8:** Implementieren Sie nochmals die Funktion `mathe` aus Übung 2.4. Verwenden Sie nun einen strukturierten Typ, um die drei Ausgabewerte einmal als Funktionswert und einmal über einen Referenzparameter zurückzugeben. Begründen Sie Ihre Entscheidung, ob zur Rückgabe des Funktionswertes ein Wert oder eine Referenz die bessere Wahl ist.

**Übung 2.9:** Implementieren Sie den Quicksort-Algorithmus (siehe z.B. [30]) zum Sortieren eines Arrays einmal zum Sortieren von `int`-Werten und einmal zum Sortieren eines Array mit `Vorgang`-Elementen. Die Vorgänge sollen aufsteigend nach ihrer Dauer sortiert werden. Vergessen Sie nicht, automatisch ablaufende Tests zu spezifizieren und zu implementieren.

C++/Java 2.24: Programm Netzplanung mit Datenabstraktion, obere Programmebene

```cpp
#include <iostream>

using namespace std;

struct Vorgang {
  double dauer;
  double fruehanf;
  double spaetend;
};

struct Netz {
  enum {MAX = 100};
  double startzeit, endzeit;
  int anzahl;
  Vorgang vorg[MAX]; // Knoten
  bool nachf[MAX][MAX];// Adjazenzmatrix
};

void berechneVorwaerts(
    int v, Netz* netz) {...}
void berechneRueckwaerts(
    int v, Netz *netz) {...}
bool istDurchfuehrbar(
    Netz *netz) {...}
bool plane(Netz *netz) {...}
void ausgabeNetzplan(
    const Netz* netz) {...}
void initNetzplanAllg(Netz* netz) {...}
void initNetzplanTest5(Netz* netz) {...}


bool testFall1() {...}
bool testFall2() {...}
bool testFall3() {...}


int main(){...}
```

```java
public class Vorgang {
  double dauer;
  double fruehanf;
  double spaetend;
}

public class Netz {
  static final int MAX=100;
  double startzeit,endzeit;
  int anzahl;
  Vorgang vorg[]
      = new Vorgang[MAX];
  boolean nachf[][]
      = new boolean[MAX][MAX];
}

public class Netzplanung {

static void berechneVorwaerts(
    int v, Netz netz) {...}
static void berechneRueckwaerts(
    int v, Netz netz){...}
static boolean istDurchfuehrbar(
    Netz netz) {...}
static boolean plane(Netz netz) {...}
static void ausgabeNetzplan(
    final Netz netz) {...}
static void initNetzplanAllg(Netz netz) {...}
static void initNetzplanTest5(Netz netz) {..}


static boolean testFall1() {...}
static boolean testFall2() {...}
static boolean testFall3() {...}

public static void main(String[] args) {...}

}
```

(netzplanung/v3-verbundtypen/Netzplanungcpp.sht)    (netzplanung/v3-verbundtypen/Netzplanungjava.sht)

# 2.4 Generische Programmierung, 1. Teil

Oft ist dieselbe Aufgabe für verschiedene Datentypen zu erledigen – z.B. das Auffinden eines bestimmten Wertes in einem sortierten Array (siehe Übung 2.9). Entsprechendes gilt für zwei strukturierte Datentypen, deren Implementierung sich manchmal nur im zugrunde liegenden Datentypus unterscheidet, z.B. eine *Warteschlange* zur Verwaltung von Variablen vom Typ int oder vom Typ Vorgang.

Eine Möglichkeit der Implementierung von Funktionen oder Datentypen fast identischer Funktionalität ist, sie einmal für einen bestimmten Datentyp zu implementieren, zu testen und anschließend per *Copy* & *Paste* geeignet anzupassen. Dieses Vorgehen ist natürlich zum einen fehleranfällig und zum anderen wenig komfortabel, da z.B. Fehlerkorrekturen in allen Versionen durchgeführt werden müssten.

Schablonenfunktionen und -klassen sind hier die bessere Wahl (in C++ *Templates* und in Java *Generics* genannt), das Prinzip ist elementar und einfach zu verstehen: Anstelle eines konkreten Datentyps, z.B. `int`, nimmt man einen Platzhalter, z.B. `T`, und formuliert die Funktion oder Datenstruktur unter Verwendung dieses Platzhalter-Typs, der als Typparameter verwendet wird.

Wir werden in diesem Kapitel zunächst generische Funktionen kennenlernen. Im Abschn. 8.3.1 werden wir dann generische Klassen (Schablonenklassen) vorstellen.

### Generische Funktionen

Es gibt viele Funktionen, d.h. Algorithmen, die ihre Aufgabe unabhängig vom verwendeten Datentyp erledigen. Der folgende *Bubblesort*-Algorithmus – der hier beispielhaft für den Datentyp `int` angegeben ist – ist prinzipiell unabhängig davon, ob nun ganze Zahlen, Gleitkommawerte, Zeichenketten oder Vorgänge sortiert werden sollen, solange ein Vergleich zwischen diesen Daten definiert ist (vgl. Abschn. 8.2.3). Entsprechendes gilt (zumindest in C++) auch für die im *Bubblesort* verwendete Funktion `myswap` zum Austausch von zwei Werten. Das Listing zeigt links die normale Version für Integer-Werte und rechts die generische Version, die bspw. auch mit Gleitkommazahlen benutzt werden kann.

```
void myswap(int& x, int& y) {
   int t = x; x = y; y = t;
}


void bubbleSort(int beg, int stop, int f[]) {
  for (int i=beg+1; i<stop; i++) {
    for (int j=stop-1; j<i-1; j--) {
      if (f[j-1]>f[j]) myswap(f[j-1],f[j]);
} } }
```

```
template <typename T>
void myswap(T& x,T& y) {
   T t = x; x = y; y = t;
}
template <typename T>
void bubbleSort(int beg, int stop, T f[]) {
  for (int i=beg+1; i<stop; i++) {
    for (int j=stop-1; j<i-1; j--) {
      if (f[j-1]>f[j]) myswap(f[j-1],f[j]);
} } }
```

Wie man sieht, gleicht sich der Code bis auf die Verwendung des Typ-Parameters. Auch die Formulierung etwas komplexerer generischer Algorithmen bereitet keine größeren Schwierigkeiten.

Obwohl es seit Java 1.5 ein auf den ersten Blick sehr ähnliches Konzept gibt, sind die Ansätze nicht direkt vergleichbar. Für jedes Typ-Argument erzeugt der C++-Compiler eine eigene Funktion, geradeso, als hätte der Entwickler die Funktion mehrfach mit verschiedenen Parametern selbst programmiert. Aus einer Schablone entstehen also mehrere Binärcodes. Im Gegensatz dazu erzeugt der Java-Compiler aus einer Schablone auch nur einen Binärcode, büßt dafür aber einiges an Flexibilität ein (z.B., dass keine elementaren Datentypen übergeben werden können).

Funktions-Templates können wie auch *normale* Funktionen überladen werden, was bei den entsprechenden Templates der C++-Standardbibliothek fast die Regel ist. Der folgende Code skizziert ein Beispiel in C++:

```
template<typename T> void sort(T* vec, int n) { . . . }

template<typename T> void sort(vector<T>& vec) { . . . }

template<typename RndIt> void sort(RndIt first, RndIt last) { . . . }
. . .
int array[10]; vector<int> buffer(10);
. . .
Sort(array, 10); sort(buffer); sort(buffer.begin(), buffer.end());
```

Es sind drei Templates mit dem Namen sort definiert, die sich in der Signatur unterscheiden, und entsprechend wird in der Anwendung jeweils das passende Template ausgewählt. Darüber hinaus können auch weitere *Nicht-Template-Funktionen* gleichen Namens definiert sein, die sich natürlich auch wieder in der Signatur unterscheiden müssen. Die Auswahlregeln sind im Detail komplex, stimmen aber mit den Erwartungen überein, wenn nicht zu komplexe Situationen konstruiert werden.

Im Kap. 8 und 9 werden wir auf die generische Programmierung zurückkommen. Hier ging es schwerpunktmäßig darum, die Möglichkeiten aufzuzeigen, mit denen es gelingt, Algorithmen unabhängig vom zugrunde liegenden Datentyp zu formulieren. Auf die Unterschiede zwischen Templates und Generics werden wir in Kap. 9 noch zurückkommen.

Wir haben somit in diesem Kapitel neben der bereits bekannten funktionalen Abstraktion (Abschn. 2.1) und der Datenabstraktion (Abschn. 2.3) eine weitere Abstraktion kennengelernt. Durch die Parametrisierung von Algorithmen und Datentypen (siehe Kap. 9) können wir nochmals von Repräsentationsdetails abstrahieren.

## Übungen

**Übung 2.10:** Implementieren Sie eine generische Funktion compare, die zwei Werte **C++** a und b vom gleichen Typ vergleicht. Die Funktion soll eine negative Zahl liefern, wenn a kleiner b gilt, eine positive Zahl, wenn a größer b gilt und Null sonst. Welche Voraussetzungen müssen die Datentypen erfüllen, damit compare dafür aufgerufen werden kann? Vergessen Sie nicht, automatisch ablaufende Tests zu spezifizieren und zu implementieren.

**Übung 2.11:** Implementieren Sie den Quicksort-Algorithmus aus Übung 2.9 nun als **C++** generische Funktion. Vergessen Sie wiederum nicht, automatisch ablaufende Tests zu spezifizieren und zu implementieren.

## 2.5   Zusammenfassung

Nur durch Abstraktion kann man komplexe Zusammenhänge verstehen, was die reale Welt im Allgemeinen betrifft und für die Software im Besonderen gilt. In diesem Kapitel ging es im Wesentlichen um die Themen *Funktionale Abstraktion* und *Datenabstraktion*:

- *Funktionale Abstraktion* bedeutet, dass man sich Funktionen definiert, die dann auf höherer Ebene als abstrakte Anweisungen (Funktionsaufrufe) verwendet werden. Die Funktionen können von außen – aus Sicht des Benutzers der Funktionen – als *black-boxes* angesehen werden. Funktionen verwenden häufig Parameter, über die ihre Funktionalität dann im Detail spezifiziert werden kann.

- *Datenabstraktion* bedeutet, dass man sich Datentypen (Datenstrukturen) definiert, die auf höherer Ebene als Namen für komplexere Objekte verwendet werden. Diese selbst definierten Datentypen können von außen – aus Sicht des Benutzers der Datentypen – als *black-boxes* angesehen werden.

In Kap. 8 über *Abstrakte Datentypen* werden wir zeigen, wie man mit Hilfe des Klassenkonzepts beides miteinander kombinieren kann.

Bei der Entwicklung größerer Software-Systeme im Rahmen von Teams (siehe dazu Kap. 7) rückt das Thema der *Programmierung im Detail* häufig etwas in den Hintergrund. Aber gerade bei der Entwicklung solcher Systeme kommt es besonders darauf an, Programmteile mit Hilfe der Daten- und funktionalen Abstraktion so zu strukturieren, dass sie auch für andere Teammitglieder lesbar und beherrschbar sind.

# Kapitel 3

# Organisation des Quellcodes

Je größer ein Programm, desto praktischer ist es, die Quellen auf mehrere Dateien zu verteilen. Wenn der ganze Quelltext in nur einer Datei vorhanden wäre, müssten alle Teammitglieder *dieselbe* Datei gleichzeitig bearbeiten. Da Compiler dateiweise arbeiten, würde außerdem jede Änderung zu einer kompletten Neucompilierung führen. Im Abschn. 3.1 stellen wir daher zunächst vor, wie man den Code sinnvoll auf unterschiedliche Dateien aufteilt. Abschn. 3.2 zeigt anschließend, wie man inhaltlich zusammengehörende Dateien in Namensräumen zusammenfasst. Zur Auslieferung größerer Funktionsblöcke dienen Bibliotheken (*libraries*), die wir in Abschn. 3.3 ansprechen werden. Schließlich wollen wir in Abschn. 3.4 dann sehen, wie man wiederkehrende Arbeiten des Neucompilierens, Bibliothekenerstellens, der Installation etc. effizient automatisieren kann.

## 3.1 Modularisierung auf Dateiebene

Die ersten Programme sind Ein-Dateien-Programme (vgl. Kap. 1). Je größer die Software wird, desto unpraktischer ist es, alles in einer Datei zu halten: Eine Quellcode-Datei ist linear, wir können uns nur vorwärts und rückwärts in der Datei bewegen, ein gezieltes Springen zu bestimmten Stellen ist schwer möglich (allenfalls durch freundliche Unterstützung der Entwicklungsumgebung). Viel praktischer ist es, Ordner und Dateien als Ordnungsmittel zu nutzen, genauso wie die heimischen Unterlagen auch in Ordnern mit Registern fachlich sortiert werden.

Aber auch aus technischer Sicht ist die Aufteilung in kleinere Portionen sinnvoll: Oft werden bei der Erweiterung eines Programms nur sehr lokal Änderungen vorgenommen. Warum die unveränderten 99% jedes Mal neu compilieren? Das kostet unnötig Zeit.

Daher werden inhaltlich verwandte Teile in einer Quellcode-Datei zu **Übersetzungseinheiten** (compilation units) zusammengefasst (Java: `.java`, C++: `.cpp` oder auch `.cxx`), damit sie einzeln compiliert werden können (wir erhalten sog.

**Objektcode-Dateien**, Java: .class, C++: .o). Über den Zeitstempel der compilierten Objektcode-Datei kann dann erkannt werden, ob seit der letzten Compilierung der Quelltext verändert wurde, d.h. eine Neucompilierung erforderlich ist. Sind eine Quellcode-Datei und alle weiteren Dateien, von denen sie abhängt, älter als die Objektcode-Datei, kann auf die Neucompilierung verzichtet werden.

Während wir bisher meistens Funktionen aufgerufen haben, die vorher in *derselben* Datei definiert wurden, wollen wir nun auch Funktionen aufrufen, die in *anderen* Dateien definiert wurden. Diese Dateien sollen möglichst nicht erst vorher komplett eingelesen werden müssen – das wäre dann kein Fortschritt gegenüber der Alles-in-einer-Datei-Lösung. In C++ besteht die Lösung dieses Problems in der Wiederholung der Funktionsdeklarationen in der so genannten **Header-Datei** (auch H-Datei, Definitions-Datei, Schnittstellen-Datei genannt). Diese Header-Dateien sind viel kürzer als die Quellcode-Dateien, denn sie enthalten nicht den Quelltext der Funktionen, sondern nur die Funktionsprototypen. Durch das Nachladen (engl. *include*) dieser Header-Dateien wird der gewünschte Effizienzgewinn erzielt. Problematisch an dieser Lösung ist, dass der Entwickler für die Konsistenz von Header- und Quelltext-Datei selbst verantwortlich ist (Prototyp in Header-Datei muss mit Funktionsdefinition in Quelltext-Datei übereinstimmen), es wird dem Entwickler Mehraufwand aufgebürdet. In Java hat man daher einen anderen Weg gewählt, aus den Objekt-Dateien selbst werden die darin definierten Funktionalitäten ausgelesen, der Entwickler wird nicht weiter belastet.

Durch die Aufteilung des Objektcodes auf mehrere Dateien entsteht außerdem der Bedarf für einen weiteren Schritt in der Programmerstellung, nämlich das Zusammenfügen der verschiedenen Objektcode-Dateien zu einem Programm. Diese Aufgabe übernimmt ein so genannter **Linker**. (Man spricht vom *Binden* der Objektdateien.)

Das folgende Listing zeigt ein Beispiel: In der ersten C++-Version wird in der Header-Datei sum.h die summiere-Funktion deklariert, aber nicht implementiert. In der Datei sum.cpp wird die Funktion dann implementiert. Auf der Java-Seite haben wir hier nur eine Datei mit der Implementierung der Funktion. Die jeweils letzte Datei *benutzt* dann die summiere-Funktion: Dazu muss in C++ die Schnittstelle von summiere durch das Einlesen der Header-Datei erst angegeben werden (#include ¨sum.h¨), während Java die Datei automatisch findet.[1]

```cpp
// Header—Datei sum.h
int summiere(const int arr[], int n);


#include "sum.h"
// Source—Datei sum.cpp
int summiere(const int arr[], int n) {
  int sum = 0;
  for (int i=0;i<n;++i) sum+=arr[i];
  return sum;
}
```

```java
class Summe {
  public static int summiere(int[] arr) {
    int sum = 0;
    for (int i=0;i<arr.length;++i)
      sum += arr[i];
    return sum;
  }
}
```

---

[1]Das liegt an den strengen Java-Namenskonventionen: Die Klasse Summe **muss** in einer Datei gleichen Namens (Summe.java) implementiert werden. Wenn die Funktion Summe.summiere aufgerufen wird, weiß der Java-Compiler, nach welcher Datei er suchen muss.

```
// Weitere C++-Datei, die sum(..) benutzt
#include "sum.h"
void f(...) {
  ...
  summiere(array,4);
  ...
}
```

```
// class Summe im gleichen Verzeichnis
class Anwendung {
  public static void f(..) {
    ...
    Summe.summiere(array);
    ...
} }
```

Das Beispiel stellt die Problematik dar, vereinfacht aber ein wenig, zumindest auf
C++-Seite. Das Vorgehen ist fehleranfällig, weil durch verschiedene Schreibweisen
(Tippfehler) in Header- und Quelltext-Datei Funktionen nicht zugeordnet werden
können. Durch routinemäßiges Einbinden der zugeordneten Header-Datei in die
Quelltext-Datei kann der Compiler aber die Kontrolle der Funktionsprototypen über-
nehmen. Der C++-Entwickler muss nicht nur zwei Dateien pflegen, er muss auch noch
manuell dafür sorgen, dass dieselbe Header-Datei nicht mehrfach eingelesen wird.
Dieser Aspekt wird im folgenden Abschnitt behandelt. Der nur an Java interessierte
Leser kann diesen Abschnitt überspringen.

## 3.1.1  Allgemeiner Aufbau einer Header-Datei

C++

Die Anweisung zum Einfügen einer Header-Datei, wie z.B. `#include <iostream>`,
steht häufig in verschiedenen Dateien eines Programms, die dann wieder über entsprechende *include*-Anweisungen zu einem Gesamtprogramm zusammengefügt werden. Include-Anweisungen befinden sich aber auch direkt in Header-Dateien, die
wiederum selbst andere oder die gleichen Header-Dateien einbinden. Dadurch kann
eine betroffene Header-Datei dann fälschlicherweise und unbeabsichtigt mehrfach in
eine Quellcode-Datei eingefügt werden. Schlimmer noch: Wenn A unter anderem B
einbindet, B wiederum C und C selbst dann A, so liegt ein Zyklus vor. Wenn im
Laufe der Compilierung einmal A, B oder C eingebunden wurde, so werden in einer
Endlosschleife immer wieder A, B und C wechselseitig eingebunden, wenn niemand
den Zyklus erkennt und unterbricht. Das mehrfache Einbinden der gleichen Header-
Datei und damit auch die Endlosschleife vermeidet man zweckmäßigerweise durch
folgenden Aufbau einer Header-Datei:

```
#ifndef _name_h
#define _name_h
  Inhalt der Header-Datei
#endif
```

Als Beispiel dazu dient die folgende Header-Datei `Netz.h`, die Funktionen der Netzplanung bereitstellt.

```
#ifndef NETZ_HEADER
#define NETZ_HEADER
#include "Vorgang.h"
struct Netz {
/* Maximale Vorgangsanzahl im Netzplan */
  enum {MAX = 100};
```

```
        double startzeit, endzeit;
        int anzahl;
        Vorgang vorg[MAX]; // Knoten
        int nachf[MAX][MAX]; // Adjazenzmatrix
    };
    bool plane(Netz *netz);
    void ausgabeNetzplan(const Netz* netz);
    void initNetzplanAllg(Netz* netz);
    #endif /* NETZ_HEADER */
```

In der Datei `Netz.h` wird der Typ `Vorgang` verwendet. Deshalb muss hier `Vorgang.h` per `#include` eingebunden werden. Wir haben die Konstante `MAX` durch eine `enum`-Anweisung innerhalb der Struktur `Netz` vereinbart, weil die Konstante nur innerhalb der Struktur `Netz`, d.h. in den Funktionen in der Datei `Netz.cpp`, benötigt wird. Wenn man allerdings die Datei `Netz.h` in andere Dateien einbindet, hat man auch außerhalb von `Netz.cpp` und `Netz.h` Zugriff auf den Wert dieser Konstanten[2] (über `Netz::MAX` vgl. Abschn. 3.2).

Der Name `NETZ_HEADER` bezeichnet eine **Präprozessor-Variable**, deren Name sich zweckmäßigerweise an den Dateinamen `Netz.h` anlehnt. Der Zusatz `_HEADER` expandiert den Namen, um eventuelle Namenskonflikte zu vermeiden. Beim ersten Durchlauf ist diese Variable zunächst nicht gesetzt, d.h. der folgende Teil bis `#endif` wird durchlaufen. Dabei wird in der zweiten Zeile durch das `#define NETZ_HEADER` die Variable gesetzt und damit verhindert, dass die Datei ein zweites Mal beim Übersetzen der gleichen Quellcode-Datei durchlaufen wird.

Mit Hilfe der soeben besprochenen Technik, die als **Include-Wächter** bezeichnet wird, werden direkte und indirekte Mehrfacheinfügungen von Header-Dateien automatisch verhindert. Alle Bibliotheksmodule sind deshalb entsprechend ausgerüstet.

Header-Dateien sollten nur reine Deklarationen, d.h. keine Definitionen, die bereits Speicherplatz belegen, enthalten. Der Grund hierfür ist, dass es ansonsten durch Einbinden der Header-Datei in verschiedenen Übersetzungseinheiten möglich wäre, dass eine Definition von z.B. einer Funktion oder einer Variablen unzulässigerweise in einer Anwendung mehrfach vorhanden ist. In Header-Dateien gehören natürlich nur solche Deklarationen hinein, die auch in mehreren Quellcode-Dateien zugleich benötigt werden. Außerdem sollte eine Implementierungs-Datei immer ihre eigene Header-Datei einbinden.

## 3.1.2  Aufteilung der Netzplanung auf verschiedene Dateien

Die folgende Aufteilung des Codes in mehrere Dateien erscheint sinnvoll:

1. Die Anwendung mit der `main`-Funktion (hier bestehend aus dem Aufruf der einzelnen Tests);

2. die Testfunktionen (werden üblicherweise nicht an den Kunden ausgeliefert);

---

[2]Durch die Konstantendefinition `const int MAX=100; struct Netz{...};` hätte man natürlich auch die Konstante vereinbaren können. `MAX` wäre dann allerdings in jeder Quellcode-Datei, die `Netz.h` einbindet, definiert gewesen und hätte so unnötig Speicherplatz belegt.

3. die Funktionen zur Netzplanung selbst (können in anderen Projekten wiederverwendet werden).

**Aufteilung der Netzplanung:**   Wir benutzen zwei Datenstrukturen für die Netzplanung: `Netz` und `Vorgang`. Generell gilt: Solange wir mehrere Datenstrukturen in einer Datei belassen, lässt sich die eine nicht ohne die andere wiederverwenden. In Java wurden wir gezwungen, für jede eine eigene Datei anzulegen (für jede Klasse eine eigene Datei); diesen Schritt ziehen wir nun auch für C++ nach (Aufspaltung von `Netzplanung.h` in `Netz.*` und `Vorgang.*`). Sind die Datenstrukturen auf mehrere Dateien aufgeteilt, so ist es sinnvoll, auch die Gliederung der Funktionalität danach auszurichten, d.h. Funktionen, die sich auf Vorgänge beziehen, in die Vorgangs-Datei zu verschieben. Das Ergebnis dieser Aufteilung zeigt in Ausschnitten Listing 3.1 für das `Netz` (für C++: Header-Datei `Netz.h` siehe Seite 53).

C++/Java 3.1: Dem `Netz` zugeordnete Funktionalität.

```
#include "Netz.h"

#include <iostream>//wg. Bildschirmausgabe
using namespace std;

void berechneVorwaerts(int v, Netz *netz) {
   /*...*/
}
void berechneRueckwaerts(int v, Netz *netz){
   /*...*/
}
bool istDurchfuehrbar(Netz *netz) {
   /*...*/
}
bool plane(Netz *netz) {
   /*...*/
}
void initNetzplanAllg(Netz* netz){
   /*...*/
}
```

```
public class Netz {
// Daten

public static void berechneVorwaerts(int v,
                  Netz netz)
{ /* ... */ }
public static void berechneRueckwaerts(int v,
                  Netz netz)
{ /* ... */ }
public static boolean istDurchfuehrbar(
                  Netz netz)
{ /* ... */ }
public static boolean plane(Netz netz) {
   /* ... */
}
public static void initNetzplanAllg(
                  Netz netz)
{ /* ... */ }

}
```

(netzplanung/v3-makefiles/Netz.sht)   (netzplanung/v3-build/Netz.sht)

**Trennung von Funktionalität und Test**   Entsprechend verfahren wir mit den Tests. Dabei muss die Netzplanungs-Funktionalität natürlich bekannt und verfügbar sein, was wir durch das Einbinden der entsprechenden Header-Dateien (C++) oder die Platzierung der Quellcode-Dateien im gleichen Verzeichnis (Java) erreichen können (vgl. Abschn. 3.2 bei mehreren Verzeichnissen).

Wir haben die Funktion `initNetzplanTest5` benutzt, um ein Beispielnetz für unsere drei Tests aufzubauen (fünf Vorgänge aus Bild 1.1). Weil diese Funktion ausschließlich für die Tests des Netzplans verwendbar ist, gehört sie eindeutig zur Test-Funktionalität. Die Funktion `initNetzplanAllg` (Zurücksetzen eines Netzes auf einen definierten Anfangszustand) kann jedoch zur Initialisierung beliebiger Netzpläne verwendet werden und gehört deshalb in die Dateien zur Netzplanung. Ihre Deklaration muss öffentlich sein (wie z.B. auch `plane`), da sie aus den Tests (aus der Funktion `initNetzplanTest5`) aufgerufen wird.

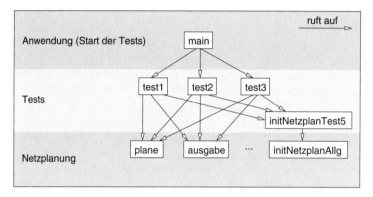

Bild 3.1: Aufruf-Abhängigkeiten der Netzplanungsfunktionen

Bild 3.1 zeigt die Situation schematisch: Die Anwendung (Test-Applikation) verwendet die Funktionen `test1-test3`, diese müssen daher öffentlich bekannt sein. Die Funktion `initNetzplanTest5` hingegen wird von außen, d.h. von der Test-Applikation, nicht benutzt. Diese Funktion muss nicht öffentlich sein und braucht daher in `Test.h` nicht vorhanden zu sein (C++). In Java erzielen wir diesen Effekt, indem wir das Schlüsselwort **public** weglassen (Details folgen in Kap. 8). Da wir nicht alle Funktionen in die Header-Datei aufnehmen, reduzieren wir die von einem Benutzer wahrgenommene Komplexität: Es sind weniger Funktionen zu verstehen. Gleichzeitig verhindern wir, dass die Funktion von anderen *wiederverwendet* wird. Listing 3.2 zeigt die Funktionalität, die wir den Tests zugeordnet haben (am Beispiel C++).

C++ 3.2: Header-Datei und Ausschnitt aus Quellcode-Datei

```
#ifndef TEST_HEADER
#define TEST_HEADER

bool testFall1();
bool testFall2();
bool testFall3();


#endif /*#ifndef TEST_HEADER */
```
(netzplanung/v3-makefiles/Test.h)

```
#include "Test.h"
#include "Netz.h"
void initNetzplanTest5(Netz* netz){
    netz->anzahl = 5;
    initNetzplanAllg(netz);
    /* ... */                 }
bool testFall1() { /* ... */ }
bool testFall2() { /* ... */ }
bool testFall3() { /* ... */ }
```
(netzplanung/v3-makefiles/Test.sht)

## 3.2  Strukturierung jenseits von Dateigrenzen

Wird die Wiederverwendung von Code intensiv praktiziert, so ist es nur eine Frage der Zeit, bis ein Entwickler Quelltext eines anderen benutzt, der eine Klasse oder Funktion exakt genauso benannt hat wie er selbst. Man spricht dann von einem **Namenskonflikt** (engl. *name clash*). Das Problem besteht für den Linker nun darin herauszufinden, welche der verschiedenen Implementierungen bei einem Funktionsaufruf referenziert wurde.

### 3.2.1 Namensräume und Pakete

Natürlich bieten wieder beide Sprachen hierfür eine Lösung: Es muss ein weiteres Strukturierungsmittel jenseits der Dateiebene her, sodass bspw. jeder Entwickler einen eigenen Bereich (Java: Paket (engl. *package*), C++: Namensraum (engl. *namespace*)) für seine Bezeichner besitzt. Wenn Entwickler A nun Code von Entwickler B nutzen will, muss er zusätzlich den Bereich angeben, aus dem der Code stammt. Die Ansprache von Variablen, Funktionen und Klassen wird damit um die Spezifikation des Bereiches erweitert. In beiden Sprachen werden diese Bereichsnamen als Präfix vor den normalen Bezeichner gehängt, in C++ getrennt durch zwei Doppelpunkte und in Java durch einen einfachen Punkt (sog. **Bereichsauflösungsoperatoren**).

Die Wege, die in C++ und Java für die Organisation der Bereiche beschritten werden, sind allerdings unterschiedlich. Java nutzt aus, dass der Entwickler sinnverwandten Code ohnehin in einem Verzeichnis organisiert, daher wird der Verzeichnispfad genutzt, um die Namensbereiche (Pakete) zu definieren. Weil Ordner hierarchisch organisiert sind, gilt dasselbe dann auch für Java-Pakete. Ein positiver Nebeneffekt ist, dass jeder Entwickler (und auch der Compiler) weiß, dass es sich um eine Klasse `Kunde` im Verzeichnis `com/software/data` handelt,[3] wenn er einen Bezeichner `com.software.data.Kunde` vorfindet. Die Klassen in Java benutzen wir bisher nur als eine Art Klammer für eine Menge von Funktionen, sie bilden somit auch eine Art Namensraum.

In C++ sind die Grenzen von Namensräumen nicht an Verzeichnisse geknüpft. Stattdessen können (auch in ein und derselben Datei) beliebig Namensräume gekennzeichnet werden: Alle Definitionen innerhalb dieses Bereiches gehören dann dem entsprechenden Namensraum an.

Das folgende Beispiel und Tabelle 3.1 illustrieren die wesentlichen Elemente: In C++ wird der Code eines bestimmten Namensbereichs durch `namespace x { ... }` eingeklammert. In Java gehören immer alle Definitionen aus einer Datei einem Bereich an. Dieser wird durch die Direktive `package x;` am Anfang der Datei bekannt gemacht. Damit das Beispiel funktioniert, müssen die Java-Dateien in Unterverzeichnissen entsprechend dem Paketnamen x bzw. y untergebracht werden.

```
// Source—Datei f1.cpp
namespace x {
  void f() { ... }
}
```

```
package x;
class FKlasse {
  public static void f() { ... }
}
```

```
// Source—Datei f2.cpp
namespace y {
  void f() { ... }
}
```

```
package y;
class FKlasse {
  public static void f() { ... }
}
```

---

[3]Java-Namenskonvention: Paketnamen beginnen immer mit einem Kleinbuchstaben, Klassennamen mit einem Großbuchstaben.

Tabelle 3.1: Überblick über Namensräume/Pakete

| Aktion | C++ | Java |
|--------|-----|------|
| Zuordnung zu einem Namensraum/Erweiterung eines Namensraumes | Umschließen des Codes in `namespace name { ... }` | Nennung der Paketzugehörigkeit am Anfang der Datei `package name;` |
| Einführung eines Zweitnamens | Durch `namespace a = b;` werden beide Namensräume gleichgesetzt. | nicht möglich |
| Verwendung aller Bezeichner eines Namensraumes | `using namespace a::Klasse;` oder `using namespace a;` | `import a.Klasse` oder `import a.*` für alle Klassen |

Neben der (eher umständlichen) direkten Ansprache über den voll qualifizierten Namen (Bereichsname, Klasse und Bezeichner: x::f() bzw. x.FKlasse.f()) gibt es die Möglichkeit, einmalig die Verwendung bestimmter Bereiche anzukündigen, sodass danach die Verwendung des vollständigen Namens (inklusive Namensraum) entfallen kann. In C++ geschieht dies durch die Direktive `using namespace Y` und in Java durch `import y.FKlasse` für einen einzelnen Bezeichner oder `import y.*` für alle Bezeichner im Paket y. Für Java ist zu beachten, dass alle Bezeichner, auf die wir von einem anderen Paket aus zugreifen wollen, öffentlich sein müssen (`public`). Wir werden die Bedeutung von `public` detaillierter in Kap. 8 erläutern.

```
using namespace y;
void g() {
  x::f(); // f() aus Namensraum x
  f(); // f() aus Namensraum y
}
```

```
import y.*;
class Anwendung {
  public static void g() {
    x.f(); // f() aus Namensraum x
    f(); // f() aus Namensraum y
  }
}
```

Ein wichtiger Namensraum in C++ ist `std`, in dem die Standard Template Library zu finden ist. Die Laufzeitumgebung von Java ist in viele Pakete unterteilt, `java.lang` für die elementaren Sprachelemente (muss nicht importiert werden), `java.io` für Ein/Ausgabe, `java.net` für Netzkommunikation etc.

## 3.2.2 Netzplanung und Namensräume

Im vorigen Abschnitt haben wir die Netzplanung auf verschiedene Dateien sinnvoll aufgeteilt. Hierbei stellten wir fest, dass die strukturierten Datentypen `Netz` und `Vorgang` eine Einheit bilden. Wir fassen sie deshalb in einem Namensraum `Netzplanung` (C++) bzw. Paket `netzplan` (Java) zusammen. Entsprechend ordnen wir die Tests dem Namensraum `Test` bzw. dem Paket `netztest` zu. Das folgende Listing zeigt einen Ausschnitt aus den Test-Quellen, die auf Funktionen im Namensraum der Netzplanung zugreifen.

```
#include "Test.h"
#include "Netz.h"

namespace Test{
  namespace NP = Netzplanung;

  bool testFall1() {
    using namespace NP;
    Netz netz;
    netz.startzeit= 0;
    netz.endzeit = 30;

    initNetzplanTest5(&netz);
    bool ok = plane(&netz);
    ausgabeNetzplan(&netz);
    return ok;
  }
  bool testFall2() {
    NP::Netz netz;
    netz.startzeit= 4;
    netz.endzeit = 10;

    initNetzplanTest5(&netz);
    bool ok = NP::plane(&netz);
    NP::ausgabeNetzplan(&netz);
    return (false == ok);
  }
  /* ... */
} /* namespace Test */
```

```
// (a) Zugriff auf Netz direkt (ohne Import)
public class Test {
  public static boolean testFall1() {
    netzplan.Netz netz = new Netz();
    netz.startzeit= 0;
    netz.endzeit = 30;

    initNetzplanTest5(netz);
    boolean ok = netzplan.Netz.plane(netz);
    netzplan.Netz.ausgabe(netz);
    return ok;
  }
}
```

```
// (b) Zugriff nach import-Anweisung
import netzplan.Netz;
public class Test {
  public static boolean testFall2() {
    Netz netz = new Netz();
    netz.startzeit= 4;
    netz.endzeit = 10;

    initNetzplanTest5(netz);
    boolean ok = Netz.plane(netz);
    Netz.ausgabe(netz);
    return (false == ok);
  }
}
```

# 3.3 Bibliotheken

Unser Netzplanungsbeispiel ist noch sehr klein. Es besteht derzeit nur aus den Quellcode-Dateien für `Netz`, `Vorgang` und `Test`. Trotzdem handelt es sich um einen gut wiederverwendbaren Baustein, den wir möglichst leicht in andere Projekte integrieren wollen. Dazu müssen nur die entsprechenden Objektcode-Dateien vom Linker eingebunden werden. Wenn die Funktionalität aber durch zehn oder gar durch Hunderte von Dateien erbracht wird, ist es sehr mühselig, jedesmal alle erforderlichen Dateien explizit anzugeben. Deshalb werden inhaltlich zusammengehörende Dateien in Bibliotheken zusammengefasst. Lediglich der Bibliotheksname muss dann an den Linker übergeben werden.

Eine **Bibliothek** (engl. *library*) oder ein Archiv (engl. *archive*) bezeichnet eine Sammlung von Funktionalitäten für zusammengehörende Aufgaben. Bibliotheken sind im Unterschied zu Programmen keine eigenständigen Einheiten, sondern Hilfsmodule, die Programmen zur Verfügung stehen.

Zu unterscheiden ist zwischen *statischen* und *dynamischen Bibliotheken*. **Statische Bibliotheken** werden nach dem Compilieren durch den Linker sofort mit dem ausführbaren Programm verbunden, indem der Linker aus den Dateien in der Bibliothek die benötigten Funktionen, globale Variablen etc. heraussucht.

**Dynamische Bibliotheken** werden dagegen erst bei Bedarf in den Arbeitsspeicher geladen und mit dem ausführbaren Programm verbunden. Dadurch muss eine Bibliothek, die von mehreren Programmen genutzt wird, nur einmal im Speicher gehalten werden. Dies ist vorteilhaft, wenn die Bibliotheken insgesamt sehr groß sind und von vielen Prozessen gleichzeitig verwendet werden. Trifft ein Programm auf den Verweis zu einer Funktion, die noch nicht eingebunden wurde, dann wird ein Laufzeitlinker aktiviert. Dieser sucht die Funktion in den dynamisch in das Programm eingebundenen Bibliotheken, fügt die Adresse am Aufrufpunkt ein und führt die Funktion erstmalig aus. Bei jedem weiteren Aufruf der Funktion ist dann deren Adresse vorhanden, sodass das Unterprogramm direkt aufgerufen wird. Die Ausführungszeit, insbesondere die Startzeit eines Programms, ist hier geringfügig erhöht.

Beim Windows-Betriebssystem wird eine dynamische Bibliothek als *DLL* (*Dynamic Link Library*, Dateiendung .dll) bezeichnet. Auf Unix-artigen Betriebssystemen (Unix, Linux usw.) spricht man von *shared libraries* (Dateiendung .so). In Java erfolgt das Laden des Codes einer Klasse immer dynamisch, d.h. beim erstmaligen Verwenden; statische Bibliotheken gibt es nicht.

## Erzeugen von Bibliotheken

Das folgende Listing zeigt, mit welchen Kommandos die compilierten Objekt-Dateien zu einer Bibliothek zusammengeführt werden können (die C++-Beispiele beziehen sich auf Linux/Unix). Alle Werkzeuge erwarten nach einigen Kommandozeilen-Optionen den Namen der Bibliothek und dann die Objekt-Dateien, die der Bibliothek angehören sollen.

```
% statische Bibliothek netzplanung.a
ar -cur netzplanung.a Netz.o Vorgang.o
% dynamische Bibliothek netzplanung.so
ld -shared netzplanung.so Netz.o Vorgang.o
```

```
% Java-Archiv netzplanung.jar
jar cvf netzplanung.jar \
    Netz.class Vorgang.class
```

Mit dem folgenden Kommando kann man sich zu jeder Bibliothek anzeigen lassen, welche Funktionalität sie bereitstellt:

```
# Dateien von libnetzplaning.a anzeigen
ar -t libnetzplanung.a
# externe Symbole der Bibliothek listen
nm -g libnetzplanung.a
```

```
% Java-Archiv netzplanung.jar
jar tvf netzplanung.jar
```

Dabei sind Java-Archive nichts anderes als gezippte Archive mit class-Dateien, sie könnten auch mit einem normalen Entpacker ausgepackt werden. Das Introspektions-Konzept von Java erlaubt es dann, die ausgepackten Klassen nach der bereitgestellten Funktionalität zu befragen. Bei Java ist es wichtig, auch die Verzeichnisstruktur und nicht nur die .class-Dateien einzupacken: Wie bereits erwähnt, sucht der Klassenlader immer in einem Verzeichnis, das mit dem Paketnamen korrespondiert. Daher muss diese Verzeichnisstruktur bewahrt bleiben.

## Benutzung von Bibliotheken

Bei der Erstellung von Programmen, die die Bibliothek benutzen, muss bekanntgegeben werden, welche Funktionen (mit welcher Syntax) in der Bibliothek vorhanden sind. Das geschieht durch Einbinden einer Header-Datei oder Import-
Zeilen für die Java-Klasse. Beim Linken muss die Bibliothek selbst als Quelle genannt werden (C++: eine Compiler/Linkeroption -l library je Bibliothek, Java:
Archive dem Klassenpfad, durch Doppelpunkte getrennt, hinzufügen -classpath
.:library1.jar:library2.jar).

```
% Compilieren + Linken mit libnetzplanung.a/so      % Compilieren mit netzplanung.jar
g++ newprogram.cpp -lnetzplanung                    javac -classpath .:netzplanung.jar Test.java
% Zwang zur statischen Bindung
g++ -static Test.cpp -lnetzplanung
```

Java stellt darüber hinaus Mechanismen zur Versiegelung von Archiven bereit, wodurch sichergestellt wird, dass alle Klassen eines Paketes aus demselben .jar-Archiv
stammen müssen. Außerdem können Archive elektronisch unterschrieben (signiert)
werden, sodass der Anwender sich vergewissern kann, dass ein Archiv seit der Auslieferung nicht verändert wurde [58].

## Gestaltungsrichtlinien für Bibliotheken

Wenn man eine Bibliothek benutzt, so kann diese selbst wieder Funktionalität aus
anderen Bibliotheken referenzieren, die ihrerseits wiederum andere Bibliotheken benötigen. Üblicherweise spielt die Reihenfolge, in der Bibliotheken dem Linker zur
Verfügung gestellt werden, eine Rolle: Eine neue Bibliothek darf nur Funktionalität
benutzen, die in zuvor angegebenen Bibliotheken bereitgestellt wurde. Andernfalls
beendet der Linker seinen Dienst mit der Aussage, dass er eine bestimmte Funktionalität nicht finden konnte.

Aber unabhängig davon, ob der verwendete Linker diese Reihenfolge erzwingt oder
nicht: Bibliotheken sind (größere) Software-Bausteine, die eine in sich abgeschlossene
Funktionalität bereitstellen. Selbst wenn die Abläufe innerhalb der Bibliothek un-
strukturiert sind (potenziell kann jede Funktion jede andere Funktion aufrufen), so
sollte die Benutzungs-Beziehung zwischen Bibliotheken hierarchisch aufgebaut sein.
Zum einen ist ein System aus drei Komponenten A, B und C schwerer zu verstehen,
wenn zum Verständnis von A auch B bekannt sein muss, für B wiederum C und für
C bereits A. Zum anderen ist eine so enge Kopplung der drei Komponenten A, B
und C ein Zeichen dafür, dass sie sehr eng zusammenarbeiten und lieber gemeinsam
in einer Bibliothek untergebracht werden sollten.

Für C++ soll noch einmal erwähnt werden, dass zusammen mit der Bibliothek auch
die Header-Dateien ausgeliefert werden müssen, um die Bibliothek nutzen zu können. Es bietet sich manchmal an, für die Bibliothek eine einzige, neue Header-Datei
zusammenzustellen, statt eine größere Menge kleinerer Header-Dateien zu behalten.

## 3.4   Build-Management

Bereits bei wenigen Dateien wird die manuelle Compilierung, Pflege der Abhängigkeiten, Erstellung von Bibliotheken etc. sehr umständlich. Der Lebenszyklus der Installation könnte durch folgende Phasen zusammengefasst werden:

- **Konfiguration** (configure): Ermittlung, ob alle benötigten Werkzeuge (Compiler, Linker, Bibliotheken etc.) in den benötigten Versionen vorliegen. Für diesen Schritt gibt es unter den verschiedenen Plattformen unterschiedliche Unterstützungswerkzeuge, die wir hier in diesem Buch aber nicht weiter betrachten wollen (z.B. unter Unix das **autoconf**-Tool).

- **Compilierung** (compile): Compilierung aller Quellen und Erstellen der Bibliotheken.

- **Test** (test): Ausführen aller erstellten Tests, um die Korrektheit der Version zu überprüfen. So kann rasch festgestellt werden, ob sich gegenüber der vorigen Version eine ungewollte Änderung der Semantik ergeben hat.

- **Installation** (install, deploy): Installation der Software, zum Beispiel Kopieren von Bibliotheken in spezielle Verzeichnisse, in denen das Betriebssystem nach Bibliotheken sucht.

- **Säuberung** (clean): Entfernen der Zwischenergebnisse (so können Objektcode-Dateien gelöscht werden, wenn sie in eine Bibliothek eingefügt wurden).

- **Deinstallation** (uninstall, undeploy): Entfernen der zuvor installierten Software.

Bei der Entwicklung werden diese Schritte vielfach ausgeführt, nicht nur für jede ausgelieferte Version. Daher ist es sinnvoll, diese Schritte zu automatisieren. Einige dieser Schritte werden von Entwicklungsumgebungen unterstützt, die ihrerseits auf Werkzeuge wie **make** [38, 42] oder **ant**; siehe `ant.apache.org/manual` bzw. [20, 28] zurückgreifen. Für diese Werkzeuge wird in einem Makefile oder einem Buildfile (allgemein: Projektdatei) festgehalten, was für die oben genannten (und möglicherweise weitere) Aufgaben zu tun ist.

Der Aufbau solcher Projektdateien folgt meistens folgendem Schema (wobei die exakte Syntax je nach verwendetem Werkzeug variiert):

```
Ziel: Abhängigkeiten
    Anweisungsliste
```

Jeder Arbeitsschritt (z.B. Compilierung einer Datei, Bibliothek erstellen etc.) wird durch einen Namen charakterisiert (`Ziel`) und über eine Folge von Anweisungen erreicht (`Anweisungsliste`). Dabei müssen bestimmte andere Arbeitsschritte bereits vorher erledigt worden sein, damit die Anweisungen den gewünschten Erfolg bringen können; zum Beispiel müssen vor der Erstellung der Bibliothek alle Objekt-Dateien erzeugt worden sein. Vorher abzuarbeitende Arbeitsschritte oder zu erreichende Ziele werden als `Abhängigkeiten` aufgeführt. Das Werkzeug wird dann mit den Zielen aufgerufen, die der Benutzer erreichen möchte, z.B. `make install` oder `ant deploy`. Daraufhin werden alle notwendigen Schritte automatisch ausgeführt.

Im folgenden Listing wird links ein Makefile-Ausschnitt für das Erzeugen einer Bibliothek gezeigt. Das Ziel ist der Name der Bibliothek, deren Aktualität von den Objekt-Dateien `Netz.o` und `Vorgang.o` abhängig ist (Abhängigkeiten). Die Anweisungsliste besteht hier aus nur einer Zeile, die wir schon im Abschn. 3.3 kennengelernt haben. Rechts ist ein Ausschnitt aus dem in der Java-Welt stärker verbreitetem Buildfile im XML-Format angegeben. Das Ziel (engl. *target*) heißt hier `jar`, es hängt von der erfolgreichen Ausführung eines anderen Ziels ab: `compile`. Das Kommando zum Erzeugen der Bibliothek ist `ant` bekannt, es wird über die XML-Tags nur spezifiziert, wie der Dateiname lautet, wo die Objekt-Dateien zu finden sind etc. Der exakte Aufruf zum Erstellen der Bibliothek wird von `ant` dann selbst erstellt und muss nicht, wie im Makefile, explizit angegeben werden.

```
# Makefile-Ausschnitt für C++
netzplanung.a : Netz.o Vorgang.o
    ar -cur netzplanung.a Netz.o \
                    Vorgang.o
```

```
# Makefile-Ausschnitt für Java
netzplanung.jar : Netz.class Vorgang.class
    jar cvf netzplanung.jar Netz.class \
                    Vorgang.class
```

```
<! Ausschnitt von build.xml für Java !/>
<target name="jar" depends="compile">
    <jar destfile="netzplanung.jar"
            basedir="./"/>
</target>
```

Typische Zielnamen (neben den Namen von Bibliotheken oder Objekt-Dateien) sind in der obigen Aufzählung in Klammern bereits aufgeführt.

## 3.4.1  Abhängigkeiten

Große Programme bestehen im Allgemeinen aus vielen Bausteinen. Eine Übersetzungseinheit in C++ besteht aus Header- und Quellcode-Datei, eine Bibliothek enthält viele Übersetzungseinheiten, ein Programm benutzt viele Bibliotheken. Bei einer Änderung einer einzelnen Datei wird die Neucompilierung aller Übersetzungseinheiten erforderlich, die diese Datei benutzen, die Neuerstellung aller Bibliotheken, die eine dieser neu compilierten Einheiten einbinden, und schließlich die Neucompilierung des Programms selbst.

Bereits in unserem Netzplanungs-Beispiel haben wir einige Abhängigkeiten zwischen den Dateien wie in Bild 3.2 für die C++-Version gezeigt: vier Übersetzungseinheiten in sieben Dateien, die sich in einer hierarchischen Abhängigkeit befinden:

- Modul `main` *benutzt* das Modul `Test`,
- Modul `Test` *benutzt* die Module `Netz` und `Vorgang`,
- Modul `Netz` *benutzt* das Modul `Vorgang`,
- Datei `main.cpp` *bindet* die Datei `Test.h` ein,
- Datei `Test.cpp` *bindet* die Dateien `Test.h`, `Netz.h` und `Vorgang.h` ein,
- Datei `Netz.cpp` *bindet* die Datei `Netz.h` ein,
- Datei `Vorgang.cpp` *bindet* die Datei `Vorgang.h` ein,
- Datei `Netz.h` *bindet* die Datei `Vorgang.h` ein.

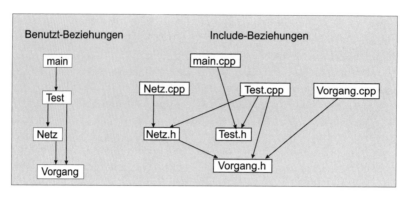

Bild 3.2: Abhängigkeiten der Netzplanungsdateien

Wir sind dabei davon ausgegangen, dass wir auch Tests für Vorgang implementiert haben, sodass das Test-Modul das Modul Vorgang ebenfalls benötigt und die Datei Test.cpp die Schnittstelle von Vorgang einbindet.

Die in einer Projektdatei anzugebenden Abhängigkeiten können direkt aus diesem Graphen übernommen werden. Die C++-Objekt-Datei Netz.o hängt von der Quellcode-Datei Netz.cpp und der zugehörigen Header-Datei Netz.h ab, aber auch von der Datei Vorgang.h, die innerhalb von Netz.h eingebunden wird. Die in einem Makefile einzutragenden Abhängigkeiten sehen wie folgt aus:

```
main.o:    main.cpp Test.h
Test.o:    Test.cpp Test.h Netz.h Vorgang.h
Netz.o:    Netz.cpp Netz.h Vorgang.h
Vorgang.o: Vorgang.cpp Vorgang.h
```

Man kann sich leicht vorstellen, dass die Pflege dieser Abhängigkeiten sehr aufwändig ist. Als Entwickler möchte man sich mit solchen Aufgaben möglichst nicht beschäftigen müssen. Java ist in dieser Beziehung *von Haus aus* sehr entwicklerfreundlich ausgestattet, so ist es nicht einmal erforderlich, für die Compilierung einer Anwendung explizit alle anderen benötigten Java-Dateien zu compilieren. Der Java-Compiler übersetzt automatisch auch alle anderen Java-Quellen, die die Anwendung benötigt. Entsprechend spielt die Modellierung der Abhängigkeiten wie im Beispiel oben für Java-Entwickler keine Rolle.

Das folgende Beispiel zeigt, wie man den GNU C++ Compiler (gcc.gnu.org) die Abhängigkeiten selbst erzeugen und an ein bestehendes Makefile anhängen lässt. Das Ziel dep hat in diesem Beispiel selbst keine Abhängigkeiten, sondern wird jedes Mal erzeugt (die #include-Abhängigkeiten könnten sich ja in einer beliebigen Datei verändert haben). Zunächst wird das Makefile bis zu einer Zeile # Abhängigkeiten nach Makefile.new kopiert. Dann hängt der C++-Compileraufruf (mit Parameter -MM) die selbstständig gefundenen Abhängigkeiten ans Ende von Makefile.new und ersetzt im letzten Schritt das bisherige Makefile durch das neue.

```
dep:
    sed '/^# Abhaengigkeiten /q' Makefile > Makefile.new
    g++ -MM $(SRCS) >> Makefile.new
    cp -f Makefile.new Makefile
# Abhaengigkeiten Diese Zeile nicht entfernen.
```

## 3.4.2  Die Projektdatei

Während Aufgabe und Arbeitsweise sehr ähnlich sind, unterscheidet sich der Aufbau der Projektdateien von `make` (Projektdatei heißt `Makefile`) und `ant` (Projektdatei heißt`build.xml`). Grundsätzlich ist es möglich, auch für Java-Programme ein `Makefile` zu erzeugen. Warum gibt es dann überhaupt ein weiteres Werkzeug? Java Code läuft (*plattformunabhängig*) auf jedem Rechner, der über eine Java Virtual Machine (JVM) verfügt. Das Konzept von `make`, das aus der Unix-Welt stammt, baut auf der Verwendbarkeit zahlreicher kleiner Werkzeuge und Kommandos auf, die aber nicht unbedingt auf jedem anderen Ziel-Betriebssystem existieren müssen. Dann wäre der Java-Code (dank JVM) zwar portabel, aber die Projektdatei nicht. Darum finden sich in der Projektdatei von `ant` auch keine echten Kommandos, wie wir sie auf der Kommandozeile eingeben, sondern über XML-Tags werden die Kommandos spezifiziert.

Betrachten wir die Bestandteile einer Projektdatei im Einzelnen:

* Aufbau Default-Ziel:
  Das erste Argument von `make` oder `ant` gibt das Ziel an, das erzeugt werden soll. Was aber geschieht, wenn kein Argument angegeben wird? `make` nimmt das erste Ziel (im Beispiel: `all`), und bei `ant` wird das Standardziel in Projekt-Tag angegeben (`default="compile"`). Unsere Projektdatei beginnen wir daher mit

```
all : compile

hier alle weiteren Ziele und
Definitionen eintragen

# Abhaengigkeiten
...
```

```
<?xml version="1.0" encoding="ISO-8859-1">
<project name="Netzplan" basedir="."
                        default="compile">

hier alle weiteren Ziele und
Definition eintragen

</project>
```

* Umgebungsvariablen:
  In einer Projektdatei kommen immer wieder dieselben Dateinamen, Kommandozeilenoptionen oder Bezeichner vor. Um im Falle einer Umbenennung nicht an vielen Stellen eine Ersetzung durchführen zu müssen, bietet es sich an, Variablen einmalig zu belegen und dann zu benutzen. Im Folgenden werden zwei Variablen SRCDIR und DESTDIR angelegt. Sie können durch $(SRCDIR) (im `Makefile`) oder ${srcdir} (in `build.xml`) referenziert werden. Außerdem definiert das `Makefile` über Umgebungsvariablen, wie und mit welchen Parametern Linker (LINK) und C++-Compiler (CC) aufgerufen werden.

```
SRCDIR = netzplan/
DESTDIR = usr/lib/
C++FLAGS=-Wall -g -c
LDFLAGS = -g -Wall
CC=c++ $(C++FLAGS)
LINK=c++
```

```
<property name="srcdir" value="."/>
<property name="destdir" value="bin"/>
```

- Ziel `compile`:
  Da es bei unserer Netzplanung nur die Tests als ablauffähigen Quelltext gibt, gilt es beim Ziel `compile`, diese Quelle zu compilieren. Während der Java-Compiler selbst herausfindet, welche Quelltexte dazu noch zusätzlich übersetzt werden müssen, haben wir bei C++ etwas mehr Arbeit: Die Umgebungsvariable `SRCS` enthält alle Quellcode-Dateien, die übersetzt werden müssen, `OBJS` erzeugt daraus eine Liste von Objekt-Dateien (dieselben Dateien mit Endung `.o` statt `.cpp`). Das `compile`-Ziel hängt nur von `NetzTest` ab (`PROG=NetzTest`), wobei `NetzTest` von allen Objekt-Dateien abhängt. `make` hat eingebaute Regeln für die Überführung von `.cpp` in `.o`-Dateien, kann anhand dieser Regeln die Objekt-Dateien erstellen. Es bleibt nur die Anweisung für das Linken der Gesamtanwendung anzugeben.

```
PROG = NetzTest
SRCS = main.cpp Netz.cpp Vorgang.cpp \
    Test.cpp
OBJS=$(SRCS:.cpp=.o)
compile: $(PROG)

$(PROG): $(OBJS)
  $(LINK) $(LDFLAGS) -o $(PROG) $(OBJS)
```

```
<target name="compile">
  <javac srcdir="${srcdir}"
         destdir="${destdir}"
         classpath="${destdir}"/>
</target>
```

- Ziel `test`:
  Hier wird beschrieben, welche Kommandos erforderlich sind, um die Tests auszuführen, in unserem Fall wird die Datei (bzw. die Java-Klasse) `NetzTest` gestartet. Dieses Ziel hat eine Abhängigkeit: Wird das Ziel `test` angefordert, muss vorher `NetzTest` compiliert worden sein.

```
test: compile
  NetzTest
```

```
<target name="test" depends="compile">
  <java classpath="${destdir}$"
        classname="NetzTest"/>
</target>
```

- Ziel `install/deploy`:
  Hier wird beschrieben, wie die erstellte Software, z.B. eine Bibliothek, in das Gesamtsystem installiert wird, z.B. werden Header-Dateien in das Standardverzeichnis `usr/include` kopiert oder ein Java-Archiv in ein `lib`-Verzeichnis im `CLASSPATH`. Quellen, die sich auf Tests beziehen, werden nicht mit installiert.

```
INC_INSTALL = Vorgang.h Netz.h
install: compile
  cp -f $(INC_INSTALL) /usr/include/
  cp -f $(PROG) /usr/bin/
```

```
<target name="deploy" depends="jar">
  <copy file="netzplanung.jar"
        todir="${destdir}"/>
</target>
```

- Ziel `clean` und Ziel `uninstall`:
  Nach der Installation können Objekt-Dateien und lokale Kopien gelöscht werden.

Zum Entfernen der Software sind die bei `install` durchgeführten Schritte zurückzunehmen.

```
clean:
    rm -f NetzTest *.o *~ Makefile.new

uninstall:
    @ for f in $(INC_INSTALL); do \
        rm -f /usr/include/$$d; done
    rm -f /usr/bin/$(PROG);
```

```xml
<target name="clean">
  <delete dir="${bindir}"/>
  <delete file="netzplan.jar"/>
</target>
<target name="undeploy">
  <delete file="../netzplan.jar"/>
</target>
```

Während es sich bei `build.xml` um normales XML handelt, gibt es beim `Makefile` eine Besonderheit zu beachten: Die Zeilen, die die auszuführenden Anweisungen zu einem Ziel enthalten, **müssen** mit einem Tabulator beginnen!

Oft entfällt bei Einsatz einer entsprechenden Entwicklungsumgebung die manuelle Erstellung eines Projektfiles völlig, *Eclipse* z.B. erzeugt es automatisch. Abschließend zeigt Listing 3.3 noch einmal ein Beispiel für eine komplette Projektdatei.

### 3.4.3   Übungen

**Übung 3.1:** Erstellen Sie wenigstens zwei Quellcode-Dateien, auf die Sie einfache Funktionen für die Grundrechenarten Summe, Differenz, Produkt etc. aufteilen. Entwickeln Sie parallel dazu einfache Tests. Entwerfen Sie eine Projektdatei, die die mathematischen Funktionen zu einer Bibliothek zusammenfasst. Sorgen Sie dafür, dass zum Testprogramm die Bibliothek hinzugelinkt wird.

**Übung 3.2:** Eine Java-Bibliothek kann auch im Sinne eines ausführbaren Programms genutzt werden. Erweitern Sie die Projektdatei aus Übung 3.1, indem Sie eine Datei `META-INF/MANIFEST.MF` mit der Zeile `Main-Class: TestKlasse` hinzufügen. Fügen Sie auch die Testklasse mit dem Hauptprogramm und den Tests (z.B. Klasse `TestKlasse` mit der `main`-Funktion) und das Manifest dem Archiv hinzu. Rufen Sie dann `java -jar IhrArchiv.jar` auf, und die Testklasse wird direkt gestartet.

**Java**

## 3.5   Zusammenfassung

Je größer das Programm, desto mehr Codezeilen, mehr Dateien und mehr Abhängigkeiten unter den Dateien gibt es. Als Konsequenz der zunehmenden Komplexität des Quellcodes stellen Programmiersprachen Mittel zur Quellcode-Organisation wie Namensräume, Pakete oder Bibliotheken zur Verfügung. Bei der Verteilung von Arbeitspaketen auf die Projektbeteiligten sollten möglichst früh Absprachen zur Paket/Namensraum-Organisation getroffen werden. Eine Widerspiegelung der Paket/Namensraum-Organisation durch die Verzeichnisstruktur ist dringend anzuraten (und in Java verpflichtend).

Je größer das Programm, desto mehr wird sich ein einzelner Entwickler nur mit Ausschnitten des Programms beschäftigen, aber nicht mehr jedes Mal das Gesamtprojekt compilieren und testen. Das Wissen über das korrekte Erstellen einer lauffähigen Applikation verteilt sich so schnell über mehrere Entwickler. Das Compilieren der ak-

make/ant 3.3: Projektdatei für Netzplanung.

```
LIB = libNetz
PROG = NetzTest
C++FLAGS=-Wall -g -c
LFI = -g -Wall -L./
CC=g++ $(C++FLAGS)
LINK=g++ -static
Lsh = ld -shared
Lst = ar -cur


# Alle Quellcodedateien der Anwendung
SRCS = main.cpp Netz.cpp \
        Vorgang.cpp Test.cpp


# Regel
OBJS=$(SRCS:.cpp=.o)
LIB_OBJ_FILES = Netz.o Vorgang.o Test.o

# Erstellung des Anwendungsprogramms
$(PROG): $(OBJS) $(LIB).a $(LIB).so
        $(LINK) $(LFI) -o $(PROG) \
                main.o -lNetz

$(LIB).a: $(LIB_OBJ_FILES)
        $(Lst) $(LIB).a $(LIB_OBJ_FILES)


$(LIB).so: $(LIB_OBJ_FILES)
        $(Lsh) $(LIB_OBJ_FILES) \
                -o $(LIB).so

test: $(PROG)
        $(PROG)


clean:
        rm -f $(PROG) *.o *~ \
        Makefile.new $(LIB).a $(LIB).so

DFLAGS = -MM
dep:

        sed '/^# Abhaengigkeiten /q' \
        Makefile > Makefile.new
        $(CC) $(DFLAGS) $(SRCS) \
        >> Makefile.new
```

```xml
<?xml version="1.0"
    encoding="ISO-8859-1"?>

<project name="Netzplan" basedir="."
    default="compile">

<property name="srcdir" value="src"/>
<property name="bindir" value="bin"/>

<target name="compile">
  <mkdir dir="${bindir}"/>
  <javac srcdir="${srcdir}"
      bindir="${bindir}"
      classpath="${bindir}"/>
</target>

<target name="jar" depends="compile">
  <jar destfile="netzplan.jar"
      basedir="${bindir}"/>
</target>

<target name="test" depends="jar">
  <java classpath="${bindir}"
      classname="netztest.TestApplication"/>
</target>

<target name="deploy" depends="jar">
  <copy file="netzplan.jar"
      todir=".."/>
</target>

<target name="clean">
  <delete dir="${bindir}"/>
  <delete file="netzplan.jar"/>
</target>

<target name="undeploy">
  <delete file="../netzplan.jar"/>
</target>

</project>
```

tuellen Version sollte aber nicht nur im Zusammenspiel aller Beteiligten möglich sein. Daher sind alle (periodisch wiederkehrenden) Schritte zur Erstellung einer aktuellen Version in einer Projektdatei zu verankern. Die Standardisierung der Projektdateien ermöglicht es jedem Teammitglied, das Projekt komplett neu zu compilieren und die Korrektheit nach erfolgter Modifikation zu testen (zum Beispiel bevor Änderungen in das Versionsmanagement eingepflegt und für andere Entwickler damit freigegeben werden, vgl. Abschn. 7.5.2).

# Kapitel 4

# Werte- und Referenzsemantik

Wir haben in Kapitel 2 im Zusammenhang mit Funktionsparametern bereits Zeiger und Referenzen auf Variablen kennengelernt, das Thema werden wir in diesem Kapitel vertiefen.

Programmieranfängern stellt sich immer wieder die Frage, weshalb in Programmiersprachen überhaupt überwiegend der indirekte Datenzugriff verwendet wird, obwohl man im Prinzip doch alle Werte auf dem Programm-Stack verwalten könnte. Wir wollen das Problem durch einen Vergleich illustrieren:

> Als Student möchte ich Zugriff auf bestimmte Literatur haben. Ich richte mir eine Bibliothek ein, indem ich einen entsprechenden Raum zur Verfügung stelle, ihn mit Bücherregalen ausstatte und die Regale mit den entsprechenden Büchern fülle. Als Alternative kann ich mir auch eine Kartei oder eine Datei anlegen, in der jedes Buch als Eintrag vertreten ist. Der Eintrag besteht im einfachsten Fall aus dem Buchtitel und aus einem Verweis (Referenz) auf eine Beschaffungsmöglichkeit (z.B. Bibliothek-Signatur oder ISBN-Nummer).

Die erste Lösung entspricht der Wertesemantik, die zweite der Referenzsemantik. Der Vorteil der zweiten Lösung besteht darin, dass sie sparsamer mit Ressourcen umgeht und flexibler ist. Wenn dieser Vergleich vielleicht auch etwas hinkt, so lässt sich das Gesagte aber doch gut auf die Verwendung von Werte- sowie Referenzsemantik in der Programmierung übertragen.

Daher werden wir uns in den Abschnitten 4.1 und 4.2 zunächst mit den Grundlagen der Speicherverwaltung beschäftigen und dabei z.B. erfahren, wie Variablen auf den realen Programmspeicher zur Laufzeit abgebildet werden. In Abschn. 4.3 werden das Thema *Werte oder Referenzen* zusammenfassend behandelt, die Hintergründe erläutert und Entscheidungshilfen gegeben. Im Abschn. 4.4 über *Zeiger auf Funktionen* gehen wir auf eine spezielle Programmiertechnik von C++ ein. In Abschn. 4.5 kommen wir wieder auf das Netzplan-Beispiel zurück und zeigen, wie man mit dem in diesem Kapitel Gelernten die Netzplanung effizienter gestalten kann. Außerdem geben wir eine Einführung in das Thema *Dynamische Datenstrukturen* (Listen, Bäume usw.).

# 4.1   Speicherverwaltung im Detail

## 4.1.1   Die verschiedenen Speicherbereiche eines Programms

Wie in Bild 4.1 dargestellt, enthält der für ein Programm bereitgestellte Arbeitsspeicher je einen statischen Bereich für den lauffähigen Programmcode und für die globalen Daten sowie je einen dynamischen Bereich für die vom System und für die vom Benutzer verwalteten Daten. Als globale Daten sind hier die als extern und die als statisch vereinbarten Variablen zusammengefasst.

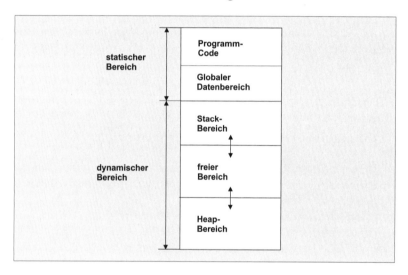

Bild 4.1: Speicherverwaltung

Der vom System verwaltete Teil des Arbeitsspeichers wird häufig *Programm-Stack* genannt. Sobald eine Funktion aufgerufen wird, wird ihr vom System im Programm-Stack ein Datenbereich für ihre lokalen Daten und für ihre Funktionsparameter zugewiesen. Entsprechendes gilt bis auf die Funktionsparameter für den Eintritt in eine Verbundanweisung (durch geschweifte Klammern begrenzter Block).

Als Erstes wird immer die Hauptfunktion `main` ausgeführt. Sobald `main` selbst eine Funktion aufruft (das kann auch eine Bibliotheksfunktion sein), wird ihr ein entsprechender zweiter Datenbereich auf dem *Programm-Stack* zugeordnet. Wenn diese Funktion eine weitere aufruft, erhält sie den dritten Datenbereich auf dem Stack usw. Sobald eine Funktion oder ein Block beendet wird, gibt das System auch den zugehörigen – auf dem Programm-Stack liegenden – Speicherbereich wieder frei.

Bei rekursiven Funktionen belegt jeder neue rekursive Aufruf wieder seinen eigenen Speicherbereich auf dem Stack, in dem der für den Aufruf aktuelle Satz von lokalen Daten und aktuellen Parametern abgelegt wird.

Der vom Anwender verwaltete Teil des Arbeitsspeichers wird *Programm-Heap* genannt. Die Erzeugung von Objekten auf dem *Programm-Heap* – und damit die Reservierung entsprechender Speicherbereiche – erfolgt jeweils mit dem Operator new. Die Freigabe der *Heap-Objekte* erfolgt in C++ in der Regel explizit durch den Programmierer mit den Operatoren delete und delete[]. In Java werden die Objekte automatisch durch einen *Garbage Collector* freigegeben, wenn sie nicht mehr referenziert werden.

Generell besteht die Möglichkeit, direkt oder indirekt mit den Werten von Variablen (Objekten) zu arbeiten, man spricht dann von *Wertesemantik* bzw. von *Referenzsemantik*. Der Begriff *Referenz* steht hier allgemein für einen *Verweis* und bezeichnet damit die indirekte Verwendung der Objekte. In C++ gibt es dafür zwei Formen, nämlich *Zeiger* und *Referenzen*, d.h. der Begriff *Referenz* wird zum einen als Oberbegriff für zwei verschiedene Formen von Verweisen verwendet und zum anderen für eine spezielle Form von Verweisen in C++. Im Falle der Wertesemantik werden die Objekte auf dem *Programm-Stack* abgelegt. Die Werte der Objekte werden direkt manipuliert; bei der Referenzsemantik befinden sich die Objekte auf dem *Programm-Heap*. Sie werden dann indirekt über Referenzen manipuliert.

## 4.1.2   Speicherverwaltung auf dem *Programm-Stack*

Das kleine Demo-Programm im Listing 4.1 veranschaulicht zusammen mit Bild 4.2, wie elementare Variablen jeweils auf dem *Programm-Stack* verwaltet werden.

C++/Java 4.1: Speicherbelegung auf dem Stack

```
void h(int h1){
  cout << h1*h1 << endl; /* 1 */
}
void g(int g1, int g2){
  int hlp=g1+g2;
  h(hlp);
}
void f(int f1, int f2){
  g(f1, f2*f2);
  if (f1<f2) {
    int tmp = f1 + f2;
    h(tmp);         /* 2 */
  }
}
int main(){
  int i=9;
  f(i, 3);
  f(3, i);
}
```

```
static public void h(int h1){
  System.out.println(h1*h1); /*1*/
}
static public void g(int g1, int g2){
  int hlp=g1+g2;
  h(hlp);
}
static public void f(int f1, int f2){
  g(f1, f2*f2);
  if (f1<f2) {
    int tmp = f1 + f2;
    h(tmp);            /*2*/
  }
}
static public void main(String[] args){
  int i=9;
  f(i, 3);
  f(3, i);
}
```

(WertRef/Funk/FunkMain.cpp)                    (WertRef/Funk/FunkMain.java)

| Momentaufnahmen der Stack-Speicherbelegung | | | | |
|---|---|---|---|---|
| /* 1 */ | | | /* 2 */ | |
| 5000: | i | 9 | 5000: | i | 9 |
| 5004: | main RSp | | 5004: | main RSp | |
| 5008: | f1 | 9 | 5008: | f1 | 3 |
| 5012: | f2 | 3 | 5012: | f2 | 9 |
| 5016: | f-Rsp | | 5016: | tmp | 12 |
| 5020: | g1 | 9 | 5020: | f-Rsp | |
| 5024: | g2 | 9 | 5024: | h1 | 12 |
| 5028: | hlp | 18 | 5028: | ... | |
| 5032: | g-Rsp | | | | |
| 5036: | h1 | 18 | | | |
| 5040: | ... | | | | |

Bild 4.2: Speicherbelegung auf dem *Programm-Stack*

Zur Veranschaulichung wird hier vereinfachend angenommen, dass der *Programm-Stack* bei der Adresse 5000 beginnt und dann zu den größeren Adressen hin wächst:

- Zunächst belegt nur die Variable i Speicher auf dem *Programm-Stack*. Beim Aufruf der Funktion f wird die Rücksprungadresse main-Rsp ebenfalls auf dem *Programm-Stack* abgelegt.[1]

- Die Werteparameter f1 und f2 der Funktion f werden an die Funktion übergeben und belegen nun ebenfalls – wie lokale Variablen – Platz auf dem *Programm-Stack*.

- Dann wird die Funktion g aufgerufen. Dazu werden wieder die aktuelle Rücksprungadresse (f-Rsp) und die aktuellen Werte für ihre beiden Parameter g1 und g2 abgelegt. Die lokale Variable tmp belegt nur Speicher, wenn der if-Zweig auch wirklich durchlaufen wird, was bei diesem ersten Aufruf von f nicht der Fall ist.

- In der Funktion g wird dann die Funktion h aufgerufen, d.h. die aktuelle Rücksprungadresse (g-Rsp) und der Wert des Parameters h1 werden abgelegt.

Der linke Teil im Bild 4.2 zeigt die Speicherbelegung auf dem *Programm-Stack* zum Zeitpunkt /*1*/, der rechte Teil zeigt die entsprechende Belegung beim zweiten Aufruf von f zum Zeitpunkt /*2*/. Wir erkennen hierbei auch, dass die Variablen, die zuletzt auf dem *Programm-Stack* angelegt wurden, als Erstes wieder vom *Programm-Stack* entfernt werden (daher der Name *Programm-**Stack***).

### 4.1.3   Speicherverwaltung auf dem *Programm-Heap*

Ganz anders sieht die Situation in Java bei der Verwendung strukturierter Datentypen wie Klassen und Arrays aus und ebenso auch in C++, wenn für die entsprechenden Objekte der *Programm-Heap* gewählt wird:

---

[1] Das ist ebenfalls eine Vereinfachung. In realen C++- und Java-Implementierungen werden zumeist noch weitere Informationen bei einem Funktionsaufruf auf dem *Programm-Stack* abgelegt. Das wird hier aber ignoriert, weil es nichts mit dem Prinzip der unterschiedlichen Heap- und Stackspeicherverwaltung zu tun hat.

• Beim Arbeiten mit *Heap-Objekten* wird auf dem *Programm-Stack* nur eine Referenz (echte Referenz oder ein Zeiger) auf die Variable selbst (entsprechend der Karteikarte im Beispiel zu Beginn dieses Kapitels) abgelegt; siehe Listing 4.2 und Bild 4.3.

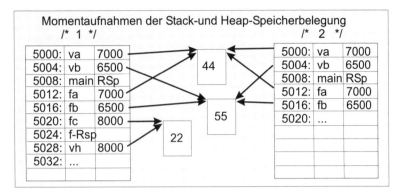

Bild 4.3: Speicherbelegung auf dem *Programm-Stack* und *Programm-Heap*

C++/Java 4.2: Speicherbelegung auf dem *Programm-Stack* und *Programm-Heap*

```
void h(Vorgang* vh){
   cout << vh->dauer << endl;/*1*/
}
void f(Vorgang* fa,
       Vorgang* fb){
   fb->dauer = 55;
   if (fa->dauer < fb->dauer) {
     Vorgang* fc =
        new Vorgang;
     fc->dauer=22;
     h(fc);
     delete fc; fc=0; /* siehe Text */
   }
   h(fa);              /* 2 */
}
int main(){
   Vorgang* va;
   Vorgang* vb;
   va = new Vorgang();
   va->dauer = 44;
   vb = new Vorgang();
   f(va, vb);
   f(vb, va);
   delete va; va=0; /* siehe Text */
   delete vb; vb=0; /* siehe Text */
}
```

```
public class FunkMain {
static public void h(Vorgang vh){
   System.out.println(vh.dauer);/*1*/
}
static public void f(Vorgang fa,
       Vorgang fb){
   fb.dauer = 55;
   if (fa.dauer < fb.dauer) {
     Vorgang fc =
        new Vorgang();
     fc.dauer=22;
     h(fc);
   }
   h(fa);              /* 2 */
}

static public void main(String[] args){
   Vorgang va;
   Vorgang vb;
   va = new Vorgang();
   va.dauer = 44;
   vb = new Vorgang();
   f(va, vb);
   f(vb, va);
}
}
```

(WertRef/FunkRefs/FunkMain.cpp)          (WertRef/FunkRefs/FunkMain.java)

In Java werden strukturierte Objekte grundsätzlich – in C++ wahlweise – auf dem *Programm-Heap* abgelegt. Die Variablen va, vb, fa usw. sind nur die Referenzen bzw.

Zeiger auf diese *Heap-Objekte*. Beim Funktionsaufruf werden wie üblich die Werte der aktuellen Parameter an die formalen Parameter übergeben, was dazu führt, dass `va` und `fa` auf den gleichen Vorgang verweisen.

Zum Zeitpunkt `/*2*/` ist die Variable `fc` nicht mehr gültig, d.h. sie befindet sich auch nicht mehr auf dem Stack. Der Speicherbereich (ab Adresse `8000`) existiert noch, allerdings gibt es keinen gültigen Verweis mehr auf ihn. In Java ist das kein Problem, das Laufzeitsystem – genauer gesagt: der *Garbage Collector* – erkennt das und gibt diesen Speicherbereich (irgendwann) an das Laufzeitsystem zurück. In C++ dagegen wird in der Regel so ein *Freispeichersammler* nicht verwendet.[2] Damit entsteht dann ein Speicherleck, d.h. ein Speicherbereich, auf den es keinen gültigen Verweis mehr gibt. Deshalb muss dieser Speicherbereich in C++ explizit freigegeben werden, solange es noch einen Verweis hierauf gibt. Hierzu stellt C++ die Operatoren `delete` und `delete[]` zur Verfügung.

**Die C++-Operatoren `delete` und `delete[]`:**  Der Aufruf `delete ptr;` gibt den ab der Speicherstelle (Adresse) `ptr` zuvor mit `new` reservierten Speicherbereich wieder frei.

**Achtung:** `delete` darf man nur auf einen Zeiger anwenden, dem man vorher mit `new` Speicherplatz zugewiesen hat und der noch nicht wieder freigegeben wurde.

**Tipp**

Wird `delete` allerdings auf einen Null-Zeiger[3] angewendet, so ist der Aufruf des Operators wirkungslos. Es ist auch noch aus einem zweiten Grund zweckmäßig, nach einem `delete`-Aufruf dem Zeiger, der auf den gerade freigegebenen Speicher zeigt, wie im obigen Beispiel den Wert `0` zuzuweisen. Anschließend kann durch diesen Zeiger nicht mehr versehentlich auf eine Variable zugegriffen werden, die es gar nicht mehr gibt.

Das nächste Beispiel zeigt die Verwendung der Operatoren `new` und `delete` beim Arbeiten mit Arrays:

```
float* vector = new float[20];
. . .
delete[] vector;
//     ^ ^              // wichtig !
```

Bei der Freigabe eines Arrays muss der **Subskriptoperator** (`[]`) verwendet werden! Das Weglassen des Subskriptoperators führt zu keinem Syntaxfehler, sondern zu undefiniertem Verhalten zur Laufzeit. Zu beachten ist ferner, dass die Operatoren `new` und `new[]` den gelieferten Speicher **nicht** initialisieren!

---

[2]Entgegen weit verbreiteten Vorstellungen ist es im C++-Standard **nicht** festgelegt, ob C++-Implementierungen einen *Garbage Collector* verwenden oder nicht!

[3]Es gibt einen besonderen Zeigerwert, der als Konstante mit dem Namen NULL in C++ bzw. null in Java definiert ist. Die interne Darstellung ist implementierungsabhängig. Der NULL-Zeiger kann jeder C++-Zeigervariablen zugewiesen werden bzw. jede Java-Referenz kann mit der null-Referenz belegt werden. Außerdem ist eine Abfrage/Test auf den Wert NULL bzw. null möglich.

### 4.1.4   Strukturierte Objekte auf dem C++-*Programm-Stack*

C++

Bisher war es noch relativ einfach: Objekte elementarer Datentypen wurden als Werte auf dem *Programm-Stack* abgelegt, Objekte strukturierter Datentypen wie Klassen und Arrays wurden mit new auf dem *Programm-Heap* erzeugt.

In diesem Abschnitt werden wir nun aber sehen, dass in C++ auch strukturierte Objekte auf dem *Programm-Stack* abgelegt werden können.

In unserem Beispiel in Listing 4.3 und Bild 4.4 wird das Objekt v direkt auf dem *Programm-Stack* angelegt und das Objekt, auf das pv verweist, auf dem *Programm-Heap*:

- Der Funktion f wird beim Aufruf in main nun der erste Parameter als Zeiger, einer speziellen Form einer Referenz in C++, und der zweite als Wert übergeben: f(pv, v);

- Änderungen in der Funktion am Werteparameter fv wirken sich damit auch nur lokal in der Funktion f aus,

- während über den formalen Parameter fp, einem Zeigertyp, auch der aktuelle Parameter in der aufrufenden Funktion verändert wird, d.h. die Dauer der Variablen, auf die pv verweist, wird von 44 auf 45 erhöht.

C++ 4.3: Strukturierte Variablen auf dem *Programm-Stack* und *Programm-Heap*

```
#include <iostream>                         int main(){
using namespace std;                          Vorgang* pv = new Vorgang;
#include "Vorgang.h"                           pv->dauer = 44; // auf dem Heap
                                               Vorgang v; // auf dem Stack
void printVo(const Vorgang& v) {               v.dauer = 55;
  cout << v.dauer;                             printVo(*pv); printVo(v);
  cout << " ";                                 f(pv, v);
}                                              printVo(*pv); printVo(v); /*1*/
                                               // Uebergabe der Adresse von v
void f(Vorgang* fp,                            // und des Wertes von pv
       Vorgang fv){                            f(&v, *pv);
  ++(fp->dauer);                               printVo(*pv); printVo(v); /*2*/
  ++(fv.dauer);                                delete pv; pv=0;
}                                            }
```
(WertRef/StaKlasse/MainVorg.cpp)

Die Ausgabe des Programms ist:

    44  45  45  55  45  56

Etwas überraschend mag auf den ersten Blick der zweite Aufruf der Funktion f in main – d.h. f(&v, *pv); – wirken:

- Der erste formale Parameter fp erwartet einen Zeiger, d.h. die Adresse einer Variablen. C++ bietet nun mit dem Adressoperator (&) die Möglichkeit, die Speicheranfangsadressen von beliebigen Variablen (zur Laufzeit) zu ermitteln. Damit ist es möglich, die Adresse des Vorgangs v, der auf dem *Programm-Stack* liegt, an den formalen Parameter fp zu übergeben.

- Umgekehrt erwartet der zweite formale Parameter fv einen Wert. Mit dem Dereferenzierungs-Operator (*) ist es in C++ möglich, einen Zeiger in einen

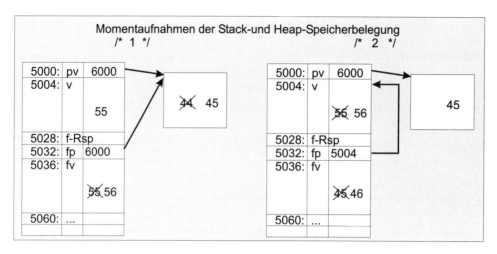

Bild 4.4: Strukturierte Variablen auf dem *Programm-Stack*

Wert umzuwandeln. Da der Funktion in fv eine Kopie eines Vorgangs (auf dem Programm-Stack) übergeben wird, führt die Anweisung *pv dazu, dass der Wert der Variablen, auf die pv verweist, vom Heap auf den Programm-Stack kopiert wird; siehe Bild 4.4 rechts.

- Insgesamt führt der zweite Aufruf von f somit dazu, dass der Vorgang auf dem *Programm-Heap* nicht verändert wird, da f auf der Kopie fv arbeitet.

- Andererseits wird in f der Vorgang v auf dem *Programm-Stack* verändert, da an f dessen Adresse übergeben wurde.

Als ob die Sache mit Werten und Adressen auf dem *Programm-Stack* oder auf dem *Programm-Heap* nicht schon kompliziert genug wäre, bietet C++ mit seinen Referenzen noch eine weitere Möglichkeit. Eine Referenz wurde im Beispiel in der Funktion printVo zur Parameterübergabe verwendet. Semantisch sind C++-Referenzen und Zeiger verwandt, beide sind Verweise und realisieren eine Form der Indirektheit. Referenzen sind in C++ lediglich andere Namen für Variablen (z.B. als aktuelle Parameter). Änderungen an einer Referenz wirken sich immer auch auf den aktuellen Parameter aus. Syntaktisch werden Referenzen aber wie Werteparameter behandelt. Will man z.B. auf die Komponenten einer Struktur oder Klasse über eine Referenz zugreifen, wird hierzu der Punkt verwendet; bei Zeigern wird hierzu der Pfeil verwendet:

```
void kompRef(Vorgang& r){          void kompZeiger(Vorgang* z){
  r.dauer = 44;                      z->dauer = 44;
  cout << r.fruehanf;                cout << z->fruehanf;
}                                  }
```

Die Unterscheidung zwischen C++-Referenzen und -Zeigern fällt erfahrungsgemäß sehr schwer. Hier mag folgende Gedächtnisstütze Abhilfe schaffen:

> Referenzen sind in C++ ständig dereferenzierte Zeiger. Die Dereferenzierung wird bereits zur Compile-Zeit durchgeführt. Während Zeigern auch andere Werte (Adressen) zugewiesen, d.h. *umgebogen* werden können, stellt eine Referenz in C++ einen festen Bezug auf eine Variable dar und wird wie ein zweiter Name (Synonym, Alias) benutzt.
> Referenzen in Java dagegen können auch *umgebogen* werden und entsprechen in dem Punkt den Zeigern in C++. Java-Referenzen entsprechen somit weder vollständig den C++-Zeigern noch den C++-Referenzen. Sie stehen zwischen beiden Konzepten.

## 4.1.5  Java-Standardtypen als Referenzparameter

**Java**

Wir haben gesehen, dass Instanzen (Variablen) echter Klassen in Java nur als Referenzen an Funktionen[4] übergeben werden können und Variablen vom Typ `int` oder `double` nur als Werte. Wenn man Arrays an Java-Funktionen übergeben will, ohne dass sie verändert werden sollen, kann man mit der Funktion `System.arraycopy` zunächst eine Kopie von ihnen anlegen und diese dann anstelle der Originale an die Funktion übergeben, die die Inhalte der Arrays verändern könnte; siehe Abschn. 4.2.1.

Wie ist das nun im umgekehrten Fall, wenn man einen Basistyp an eine Funktion übergeben will und diese Funktion den Parameter ändern soll? Wir betrachten z.B. den Fall, dass wir zwei ganze Zahlen `a` und `b` an eine Funktion übergeben und die Funktion `a+b`, `a-b` und `a*b` zurückliefern soll. Das Listing 4.4 stellt links eine falsche und rechts eine richtige Lösung für eine entsprechende Funktion `calc` bzw. `calcWrap` dar.

Java 4.4: Standardtypen als Referenzparameter

```java
public static void
   calc(int a, int b,
         int s, int d, int p) {
 s = a + b;
 d = a - b;
 p = a * b;
}

public static void test() {
  int a = 10; int b = 5;
  int sum=1, diff=2, prod=3;
  calc(a,b,sum,diff,prod);

  System.out.println(
     sum + " " + diff + " " + prod);
}
```

```java
public static void calcWrap(int a,
      int b, Wrap s, Wrap d, Wrap p) {
   s.val = a + b;
   d.val = a - b;
   p.val = a * b;
}
public static void testWrap() {
  int a = 10; int b = 5;
  Wrap sum = new Wrap(); sum.val=1;
  Wrap diff= new Wrap(); diff.val=2;
  Wrap prod= new Wrap(); prod.val=3;

  calcWrap(a, b, sum, diff, prod);

  System.out.println(
     sum.val+" " + diff.val+" " +prod.val);
}
```

(Funk/Klassen/Wrapper.java)

---

[4]Wir weisen nochmals daraufhin, dass Java streng genommen gar keine Funktionen kennt, sondern nur Methoden. Den Unterschied können wir aber erst in Kap. 8 verstehen. Daher sprechen wir in diesem Kapitel immer von Funktionen.

Die Funktion `test` im linken Teil würde 1 2 3 ausgeben, während die Funktion `testWrap` im rechten Teil die gewünschte Ausgabe 15 5 50 liefert. Die benötigte Hilfsstruktur `Wrap` besteht aus einem einzigen Attribut `val`.

```
public class Wrap{ public int val; };
```

Die Speicherbelegung im Heap- und Stack-Speicher zeigt Bild 4.5. Für die anderen Standardtypen können wir entsprechende Wrapper-Klassen implementieren.[5] Als Alternative zu `Wrap` haben wir in Kap. 2.1 ein `int`-Array benutzt.

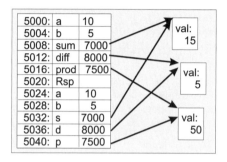

Bild 4.5: Speicherbelegung bei Verwendung einer Wrapper-Klasse für Standardtypen

### 4.1.6  Java-Hüllklassen für Standardtypen

**Java**

Hüllklassen, die der im Listing 4.4 benutzten `WrapInt`-Klasse sehr ähnlich sind, stellt Java bereits von Haus aus zur Verfügung:

- `Integer` für den Typ `int`,
- `Double` für den Typ `double`,
- `Character` für den Typ `char` usw.

Die Umwandlung eines Standardtyps in die entsprechende Hüllklasse wird auch als **Boxing** bezeichnet und die entsprechende Rückwandlung mit den Funktionen `intValue`, `doubleValue` usw. als **Unboxing**.

Leider sind diese Standard-Hüllklassen für die Verwendung als Referenzparameter ungeeignet. Ist ein `Integer`-Objekt erst einmal erzeugt, kann der Wert nachträglich nicht mehr verändert werden. Wollen wir z.B. den Inhalt eines `Integer`-Objekts iObj verdoppeln, so müssen wir ein neues Objekt erzeugen:

```
iObj = new Integer(10);                    iObj = new Integer(iObj.intValue() * 2);
```

Deshalb können diese Java-Hüllklassen nicht dazu benutzt werden, um Standardtypen als Referenzen an Funktionen zu übergeben:

---

[5]Der Versuch, diese Definitionen durch ein Template der Art `class WrapT<T> {public T val;}` zusammenzufassen, scheitert daran, dass Java für den Typparameter `T` keine elementaren Datentypen zulässt.

```
calcJavaWrap(int a, int b,
    Integer s, Integer d, Integer p) {
    s = a + b;
    d = a - b;
    p = a * b;
  System.out.println(s+" "+d+ " "+p);
}
```

```
public static void testJavaWrap() {
  int a = 10; int b = 5;
  Integer sum = new Integer(1);
  Integer diff = new Integer(2);
  Integer prod = new Integer(3);

  calcJavaWrap(a,b,sum,diff,prod);

  System.out.println(
    sum + " " + diff + " " + prod);
  // Umwandlung in Basistyp
  int n = sum.intValue();
}
```

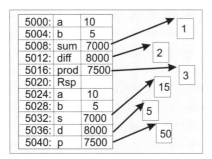

Bild 4.6: Speicherbelegung bei Verwendung der eingebauten Java-Hüllklassen

Die Ausgabe des Programms ist zwar in der aufgerufenen Funktion calcJavaWrap 15 5 50, doch dies hat keine Auswirkungen auf die Variablen in der aufrufenden Funktion, die nach wie vor 1 2 3 ausgibt. Bild 4.6 verdeutlicht den Grund dafür: Die Referenzen sum und s etc. verweisen zunächst auf das gleiche Integer-Objekt. Die Anweisung s = a + b; führt nun aber ein automatisches *Boxing* durch, d.h. es ist eine abgekürzte Schreibweise für s = new Integer(a + b); Die Veränderung der lokalen Referenz s (*Umbiegen des Zeigers* würde man in C++ sagen) hat aber keinen Einfluss auf die Stelle, auf die die Referenz sum verweist (sum wird nicht *umgebogen*).

### 4.1.7   Zusammenfassung

**Verschiedene Arten von Verweisen (Referenzen)**

Im Gesamtrahmen der beiden Sprachen C++ und Java gibt es drei verschiedene Arten von Verweisen (Referenzen):

- C++-Zeiger bezeichnen einen Speicherplatz, in dem ein Objekt (Wert, Variable) abgelegt wird. Das Objekt selbst kann als *Inhalt des Speicherplatzes* angesprochen werden, man nennt das *Dereferenzierung*. Ein C++-Zeiger kann in der Regel *umgebogen*, d.h. auf ein anderes Objekt (des gleichen Typs) gerichtet werden.

- C++-Referenzen sind Zweitnamen (Synonyme, Alias) für Objekte, sie verweisen fest auf das Objekt und können nicht *umgebogen*, d.h. nicht auf ein anderes Objekt gerichtet werden.

- Java-Referenzen sind eine Mischung aus den beiden vorangegangenen Fällen: Einerseits können sie wie C++-Zeiger *umgebogen*, d.h. zur Laufzeit mit anderen Objekten verbunden werden. Andererseits bezeichnen sie das Objekt (und nicht den Speicherplatz) und gleichen damit syntaktisch eher den C++-Referenzen.

Der Begriff *Referenz* wird sowohl als Oberbegriff für alle drei genannten Arten von Verweisen verwendet als auch speziell für die C++- und Java-Referenz benutzt.

**Werte- und Referenzsemantik**

*Wertesemantik* bedeutet, dass Objekte (Variablen, Werte) *direkt* über ihre Namen benutzt werden. *Referenzsemantik* bedeutet, dass Objekte (Variablen, Werte) *indirekt* über Verweise benutzt werden. Weitere Hintergrundinformationen und Entscheidungshilfen zum Thema *Werte oder Referenzen* liefert der Abschn. 4.3.

**Speicherverwaltung**

- In C++ können globale Objekte und *Stack-Objekte* sowohl direkt als auch indirekt über Referenzen und Zeiger benutzt werden.

- In Java werden *Stack-Objekte* (d.h. in Java elementare Datentypen) grundsätzlich direkt benutzt.

- In C++ werden *Heap-Objekte* (das können in C++ sowohl elementare als auch strukturierte Objekte sein) indirekt per Zeiger oder auch per Referenz benutzt.

- In Java werden *Heap-Objekte* (d.h. in Java strukturierte Objekte) grundsätzlich indirekt per Referenz benutzt.

- Java verwendet grundsätzlich einen *Garbage Collector (Freispeicher-Sammler)*; C++ verwendet in der Regel (aus grundsätzlichen Erwägungen) keinen *Garbage Collector*, doch gibt es durchaus die Möglichkeit, auch in C++-Systemen einen *Garbage Collector* zu installieren.

## 4.1.8  Übungen

**Übung 4.1:** Implementieren Sie eine Funktion `minMaxDurch`, der beliebig viele ganzzahlige Argumente in einem Array übergeben werden und die das maximale und das minimale Arrayelement sowie den Durchschnitt aller Arrayelemente über Zeiger zurückliefert.

Das folgende Listing zeigt die Deklaration der Funktion und eine kleine Anwendung. Vergessen Sie bei Ihrer Implementierung nicht, entsprechende (automatisch ablaufende) Tests für die neue Funktion zu implementieren.

```
void minMaxDurch( int anz, const int arr[],
                  int* pmin, int* pmax, double* pdurch);
int min, max; double durch;
int arr[] = {1, 2, 3, 4, 5, 6};

minMaxDurch(6, arr, &min, &max, &durch);
```

**Übung 4.2:** Zu welcher Ausgabe führt der Aufruf der Funktionen `mitZeigern` bzw. **C++**
`mitEchtenRefs`?

```
void show(Vorgang* z1, Vorgang* z2) {        void show(Vorgang& r1, Vorgang& r2) {
    cout<<z1->dauer<<" "<<z2->dauer<<endl;       cout<<r1.dauer<<" "<<r2.dauer<<endl;
}                                            }
void mitZeigern() {                          void mitEchtenRefs() {
    // Zeiger koennen auch auf andere            // Referenzen sind unveraenderbar mit
    // Objekte gerichtet werden                  // einem Objekt verbunden
    Vorgang* z1 = new Vorgang;                   Vorgang& r1 = *(new Vorgang);
    Vorgang* z2 = new Vorgang;                   Vorgang& r2 = *(new Vorgang);
    z1->dauer = 11; z2->dauer = 22;              r1.dauer = 11; r2.dauer = 22;
    show(z1, z2); /* 1 */                        show(r1, r2); /* 4 */

    z1 = z2; show(z1, z2); /* 2 */               r1 = r2; show(r1, r2); /* 5 */

    z1->dauer = 44; show(z1, z2);                r1.dauer = 44; show(r1, r2);

    z2->dauer = 55; show(z1, z2); /* 3 */        r2.dauer = 55; show(r1, r2); /* 6 */
}                                            }
```
(./WerteRef/RefZeigerAufg.cpp)

Veranschaulichen Sie jeweils durch eine eigene Zeichnung die Speicherbelegung zu
den Zeitpunkten /*1*/ bis /*6*/ auf dem Programm-Stack und -Heap (siehe Bild
4.3).

### Übung 4.3:

**a)** Implementieren Sie eine C++-Funktion `mit30_40Belegen`, sodass deren Aufruf im
folgenden Programmausschnitt zu der Ausgabe `vz1: 30, vz2: 40` führt.

```
int main() {
  Vorgang* vz1 = NULL; Vorgang* vz2 = NULL;
  /* ... vorher ... */
  mit30_40Belegen(vz1, vz2);
  /* ... nachher ... */
  cout << "vz1: " << vz1->dauer << ", vz2: " << vz2->dauer << "\n";
  delete vz1; vz1 = NULL; delete vz2; vz2 = NULL;
  }
```

**b)** Wie könnte eine entsprechende Lösung in Java für die Funktion aussehen, wenn
man in den mit `vorher` und `nachher` auskommentierten Codeabschnitten noch Code
vor und nach dem Funktionsaufruf einfügen würde? Der `new`-Aufruf soll allerdings
ausschließlich in der aufgerufenen Funktion `mit30_40Belegen` erfolgen.

**Übung 4.4:** Zu welcher *möglichen* Ausgabe *könnte (!)* der folgende Programmaus-    **C++**
schnitt führen?

```
int main() {
  int i = 7; int j = 16;
  int* pint = & i;
  *pint = 22;

  cout<< "pint selbst ist " <<pint
    << "  *pint ist " <<*pint
    << "  i ist " << i
    << "  j ist " << j <<"\n";
  pint = &j;
  cout << "pint selbst ist " <<pint
    << " *pint ist " <<*pint
    << "  i ist " << i
    << "  j ist " << j <<"\n";
```

```
  int** ppint = & pint;

  *pint = 18;
  cout << "**ppint ist " << **ppint
    << "* pint ist " <<*pint
    << "  j ist " << j<<"\n";

  j = 66;
  cout << "**ppint ist " << **ppint
    << " *pint ist " << *pint
    << "  j ist " << j<<"\n";
  return 0;
}
```

(./WerteRef/ZeigerAufZeiger.cpp)

## 4.2   Zeiger und Arrays

### 4.2.1   Kopieren von referenzierten Objekten

Wenn man ein Objekt über einen Verweis benutzt – in C++ über einen Zeiger, in Java (bei strukturierten Objekten fest vorgegeben) über eine Referenz –, dann gibt es zwei Möglichkeiten des Kopierens. Bild 4.7 veranschaulicht das bildlich:

- *Flach kopieren* bedeutet, der Zeiger bzw. die Referenz wird kopiert, d.h. wird auf das Zielobjekt gerichtet (*umgebogen*). Damit sind dann zwei Verweise auf Objekt1 gerichtet, und Objekt2 ist ein verwaistes Objekt im Speicher.

- *Tief kopieren* bedeutet hingegen, dass nicht der Zeiger, sondern das Objekt selbst als Ganzes kopiert wird. Der bisherige Inhalt von Objekt2 wird durch Objekt1 überschrieben.

Bild 4.7: Kopieren von referenzierten Objekten

In vielen Fällen ist es sinnvoll, eine echte (tiefe) Kopie eines Objektes, z.B. eines Arrays, anzulegen. Die beiden Programmtexte in Listing 4.5 zeigen eine entsprechende Lösung in C++ bzw. in Java, jeweils eingebettet in eine einfache Anwendung:

Der Aufruf der Funktion arrayKopie1 führt jeweils zu der Ausgabe:

```
0 1 2 3 4 5 6 7 8 9
0 3 6 9 12 15 18 21 24 27
```

Es wurde eine echte (tiefe) Kopie des Arrays `array1` durch Kopieren aller einzelnen Arrayelemente angelegt. Hierbei darf nicht die `new`-Anweisung für das Array `array2` fehlen, da sonst für `array2` kein neuer Speicherplatz zur Verfügung steht. Durch Übergabe von `array2` an die Funktion `vervielfache` ändert sich jetzt nur noch `array2`, auf die Elemente von `array1` hat das nun keinen Einfluss mehr.

Würde man hingegen `int* array2 = new int[GR];` bzw. `int array2[] = new int[GR];` jeweils ersetzen durch `array2 = array1;` so würde der Zeiger bzw. die Referenz `array2` auf das ursprüngliche Objekt gerichtet werden (flache Kopie). Die anschließenden Zuweisungen `array2[j] = array1[j];` würden nichts bewirken, und die Ausgabe wäre dann:

```
0  3  6  9  12  15  18  21  24  27
0  3  6  9  12  15  18  21  24  27
```

C++/Java 4.5: Kopieren eines Arrays

```cpp
/** Die anz Elemente des Arrays f
    werden auf dem Bildschirm
    ausgegeben.           */
void ausgabe(const int f[], int anz){
    for (int i=0; i<anz; ++i) {
        cout << f[i] << " ";
    }
    cout << "\n";
}
/** Alle anz Elemente des Arrays f werden
    mit dem Faktor v multipliziert */
void vervielfache(
         int f[], int anz, int v){
    for (int i=0; i<anz; ++i) {
        f[i] *= v;
    }
}
void arrayKopie1(){
    const int GR=10;
    int* array1 = new int[GR];
    for (int i=0; i<GR; ++i) {
        array1[i] = i;
    }
    int* array2 = new int[GR];
    for (int j=0; j<GR; ++j) {
        array2[j] = array1[j];
    }
    vervielfache(array2, GR, 3);
    ausgabe(array1,GR);
    ausgabe(array2,GR);
}
```

```java
public class Kopie {
/** Die anz Elemente des Arrays f werden
    werden auf dem Bildschirm ausgegeben. */
static void ausgabe(int f[], int anz){
    for (int i=0; i < anz; ++i) {
        System.out.print(f[i] +" ");
    }
    System.out.println();
}
/** Alle anz Elemente des Arrays f werden
    mit dem Faktor v multipliziert */
static void vervielfache(
         int f[], int anz, int v){
    for (int i=0; i<anz; ++i) {
        f[i] *= v;
    }
}
static void arrayKopie1(){
    final int GR=10;
    int array1[] = new int[GR];
    for (int i=0; i<GR; ++i) {
        array1[i] = i;
    }
    int array2[] = new int[GR];
    for (int j=0; j<GR; ++j) {
        array2[j] = array1[j];
    }
    vervielfache(array2, GR, 3);
    ausgabe(array1,GR);
    ausgabe(array2,GR);
}
}
```

(Funk/Kopie/Kopie.cpp)               (Funk/Kopie/Kopie.java)

## Arrays unterschiedlicher Länge

An die Java-Funktionen `vervielfache` und `ausgabe` kann die Übergabe der Arraygröße unterbleiben, denn in Java sind die Arrays selbst als strukturierter Datentyp

(Klasse) realisiert und haben damit auch Attribute. Jedes Java-Array verfügt über das Attribut `length`, über das die Länge des Arrays zur Laufzeit ermittelt werden kann. Wir nutzen dieses Wissen, um eine Funktion `kopiereArray` zu implementieren, die eine echte Kopie eines Arrays erzeugt; siehe Listing 4.6.

C++/Java 4.6: Funktion für tiefe Kopie eines Arrays

```
/** Die n Elemente aus dem Array q werden
    in das Zielarray z kopiert. Genuegend
    Speicherplatz muss in z bereits
    vorhanden sein */
void kopiereArray(int q[], int z[], int n){
    for (int i=0; i < n; ++i) {
        z[i] = q[i];
    }
}
```

(Funk/Kopie/Kopie.cpp)

```
/** Alle Elemente aus dem Array q werden
    in das Zielarray z kopiert. Genuegend
    Speicherplatz muss in z bereits
    vorhanden sein */
static void kopiereArray(int q[], int z[]){
    for (int i=0; i < q.length; ++i) {
        z[i] = q[i];
    }
}
```

(Funk/Kopie/Kopie.java)

Statt der `for`-Schleifen zum Kopieren des Arrays `array1` nach `array2` sieht das Kopieren dann wie folgt aus:

```
kopiereArray(array1, array2, 6);
```

```
kopiereArray(array1, array2);
```

In Java können wir statt der selbst implementierten Funktion `kopiereArray` auch die vordefinierte Funktion `System.arraycopy` verwenden. Sie hat 5 Parameter:

• Ausgangsarray (Quelle),

• Startindex im Quellarray,

• Zielarray,

• Startindex im Zielarray,

• Anzahl der zu kopierenden Arrayelemente.

Die folgenden Java-Zeilen zeigen links nochmals die `for`-Schleife aus Listing 4.5, und rechts sehen wir die Verwendung der Funktion `System.arraycopy`.

```
int array2[] = new int[GR];
for (int j=0; j<GR; ++j) {
    array2[j] = array1[j];
}
```

```
/* NEU */
int array2[] = new int[GR];
System.arraycopy(
    array1, 0, array2, 0, GR);
```

In unserem Beispiel sind die Arrayelemente vom Typ `int`, d.h. elementare Datentypen. Wenn aber die Arrayelemente auch wieder Verweise (C++-Zeiger bzw. Java-Referenzen) auf Objekte sind, dann muss auch wieder zwischen *flacher Kopie* und *tiefer Kopie* der Elemente unterschieden werden; Bild 4.8 stellt den Unterschied bildlich dar, das Thema wird in Kap. 8 vertieft.

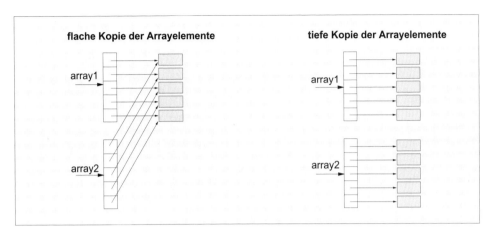

Bild 4.8: Kopieren von referenzierten Arrayelementen

**Veränderung der Arraygrößen zur Laufzeit**

Nun können wir zwar echte Arraykopien erzeugen, allerdings müssen wir bei der Erzeugung eines Arrays mit dem new-Operator bereits wissen, wie viele Elemente das Array einmal maximal enthalten wird.

Dies ist nicht immer von Anfang an möglich, hier gibt es jedoch eine sehr einfache Lösung, wie das folgende Beispiel zeigt:

<table>
<tr><td>

```
void varArrayDumm() {
  int* array;
  array = new int[6];
  for (int i=0; i<6; ++i) {
    array[i] = i;
  }
  ausgabe(array, 6);
  /* Wir brauchen mehr Platz */
  array = new int[1000];
  /* alter Inhalt verloren */
}
```

</td><td>

```
static void varArrayDumm(){
  int array[];
  array = new int[6];
  for (int i=0; i<6; ++i) {
    array[i] = i;
  }
  Kopie.ausgabe(array, 6);
  /* Wir brauchen mehr Platz */
  array = new int[1000];
  /* alter Inhalt verloren */
}
```

</td></tr>
</table>

Wir haben hierdurch jetzt zwar ein größeres Array erzeugt, dafür ist der ursprüngliche Inhalt des Arrays allerdings verloren gegangen. Deshalb muss der alte Inhalt des Arrays in das vergrößerte Array kopiert werden, bevor mit dem vergrößerten Inhalt weitergearbeitet werden kann, siehe Listing 4.7.

Hierbei müssen wir darauf achten, die Referenz array nicht sofort zu überschreiben, da wir sonst keinen Zugriff mehr darauf haben. Deshalb wird das vergrößerte Array zunächst einer *Hilfsreferenz* zugewiesen. Die tiefe Kopie wird mit den zuvor vorgestellten Funktionen kopiereArray (siehe Listing 4.6) bzw. System.arraycopy durchgeführt.

C++/Java 4.7: Kopieren des bisherigen Inhalts bei der Arrayvergrößerung

```
/* Wir brauchen mehr Platz */
int* hlp = new int[1000];
/* bisherigen Inhalt kopieren */
kopiereArray(array, hlp, 6);
// Hilfsarray wird grosses Array
array = hlp;
// Test der Vergroesserung
array[6] = 7; array[7] = 8;
ausgabe(array, 8);
}
```

```
/* Wir brauchen mehr Platz */
int hlp[] = new int[1000];
/* bisherigen Inhalt kopieren */
System.arraycopy(array,0,hlp,0,6);
// Hilfsarray wird grosses Array
array = hlp;
// Test der Vergroesserung
array[6] = 7; array[7] = 8;
Kopie.ausgabe(array, 8);
}
```

(Funk/Kopie/VarFeld.cpp)                    (Funk/Kopie/VarFeld.java)

Die Ausgabe der Funktion ist nach der gezeigten Anpassung dann wunschgemäß:

```
0 1 2 3 4 5
0 1 2 3 4 5 7 8
```

## 4.2.2  Die Dualität zwischen C++-Zeigern und -Arrays

**C++**  Das kleine Demoprogramm im Listing 4.8 zeigt am Beispiel des Arrays a, dass man auf zwei verschiedene Arten mit solchen Arrays arbeiten kann:

- zum einen durch Verwenden des Subskriptoperators („[ ]") wie in anderen klassischen Sprachen (z.B. Pascal, Modula, Oberon und Ada) und

- zum anderen über das Verwenden von Zeigern, Adressen und *Adress-Arithmetik*.

C++ 4.8: Arbeiten mit Zeigern bzw. Arrays

```
int main() {
  int a[10]; // Array fuer 10 int-Werte

  // Zugriff per Subskriptoperator:

  for (int i = 0; i < 10; i++) a[i] = i * i;
  for (int i = 0; i < 10; i++) cout << a[i];
  cout << endl;
```

```
  // Zugriff per Zeiger:

  int* pa = &a[0]; //Anfangsadr. von Array a
  for (int i = 0; i < 10; i++) *pa++ = i * i;
  pa = &a[0];
  for (int i = 0; i < 10; i++) cout << *pa++;
  cout << endl;
}
```

(WertRef/Zeiger/AdrZeigVektoren.cpp)

Bild 4.9 stellt den Zusammenhang zwischen solchen C-Vektoren und Adressen sowie die jeweiligen Zugriffsmöglichkeiten über Indizierung und Adressrechnung dar.

- Die Vereinbarung int *pa; bedeutet: *Der Inhalt von pa ist vom Typ int, d.h. pa selbst ist der entsprechende Zeiger auf diese Werte (die Adresse, unter der der Wert abgelegt ist).*

- Mit pa = &a[0] wird der Zeiger auf das erste Element des Arrays a gesetzt.

- Das Gleiche kann durch die Anweisung pa = a erreicht werden. Das liegt daran, dass ein Array durch seine Adresse dargestellt wird.

- Somit kann der Zugriff z.B. auf das i-te Element des Arrays a entweder über die Notation a[i] oder über die Notation *(a+i) erfolgen oder, wegen der Zuweisung pa = a, natürlich auch über *(pa+i).

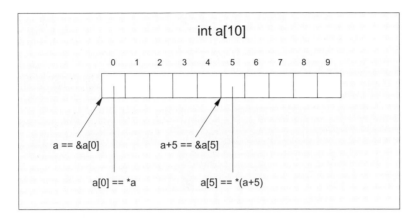

Bild 4.9: Die Dualität zwischen Arrays und Adressen

- pa und a sind beide vom Typ *Zeiger auf int*, aber es gibt einen wesentlichen Unterschied: pa ist ein *freier* Zeiger, dessen Wert verändert werden kann (z.B. pa++), a ist dagegen konstant, d.h. fest auf den Anfang des Arrayss gerichtet und kann nicht manipuliert werden.

- Bei der Adressrechnung a+i, (z.B. a+3) wird die Adresse *typgerecht* um i (z.B. hier drei) Schritte, nicht zwangsläufig um drei Byte, erhöht.

- Es wird nicht geprüft, ob ein Index innerhalb des erlaubten (d.h. vereinbarten) Bereiches liegt.

- Adressrechnungen werden weder vom C++-Compiler noch zur Laufzeit überprüft.

## 4.3  *Werte oder Referenzen*, die Vor- und Nachteile

Der C++-Programmierer muss ständig entscheiden, ob er Objekte direkt verwendet *(Wertesemantik)* oder ob er sie indirekt über Zeiger oder Referenzen verwendet *(Referenzsemantik)*.

Der Java-Programmierer braucht sich keine Gedanken zu machen, bei Objekten elementarer Datentypen wird automatisch die *Wertesemantik* verwendet und bei Objekten strukturierter (selbst definierter) Datentypen wird automatisch die *Referenzsemantik* verwendet.

Beide Konzepte sind vernünftig, wenn man den jeweiligen Kontext betrachtet:

- Die Sprache C++ hat ihren Einsatzschwerpunkt in Bereichen wie Systemprogrammierung und eingebetteten Systemen (embedded systems), hier steht Laufzeit- und Speicherplatz-Effizienz im Vordergrund. Der Programmierer kann durch die jeweils richtige Wahl die Effizienz verbessern.

- In Java wird die Wahl jeweils durch das System getroffen, die Einfachheit und Klarheit der Sprache stehen im Vordergrund.

Um nun einerseits das Java-Konzept zu verstehen und andererseits auch in der Lage zu sein, Sprachen wie C++ souverän zu beherrschen, werden die Hintergründe im Folgenden etwas detaillierter erläutert und entsprechende Richtlinien formuliert.

## Grobe Richtlinie

Solange bei der Programmierung nicht die Laufzeit- und Speicherplatz-Effizienz im Vordergrund steht, ist es durchaus sinnvoll, auch in C++ die Regel zu befolgen, die in Java fest vorgegeben ist, d.h. elementare Objekte direkt per Wert und strukturierte Objekte indirekt per Zeiger zu verwenden.

## Detaillierte Betrachtung

Als Basis für die folgenden Überlegungen rufen wir in Erinnerung:

- Referenzsemantik – also indirekter Zugriff – wird primär auf Heap-Objekte angewendet und hat in der Kombination folgende Vorteile:

  - Objekte werden zur Laufzeit (statt zur Compilezeit) erzeugt und freigegeben, z.B. abhängig von aktuellen Berechnungen oder Eingaben.

  - Objekte können mehrfach referenziert und somit auch gleichzeitig in verschiedenen Containern verwaltet werden, um sie so z.B. nach unterschiedlichen Kriterien zu sortieren.

- Wertesemantik – also direkter Zugriff – ist ausschließlich auf Stack-Objekte möglich, die Objekte können zur Laufzeit nicht beliebig erzeugt und freigegeben werden.

Bei der Referenzsemantik gehört zu jedem Objekt noch eine Referenz (z.B. ein Zeiger). Das Erzeugen und Freigeben kostet etwas Laufzeit, deshalb ist es in der Regel effizienter, sehr kleine Objekte direkt zu benutzen. Bei größeren Objekten fällt dieser Überhang kaum ins Gewicht und die Vorteile der höheren Flexibilität überwiegen bei Weitem. Bild 4.10 zeigt ein Beispiel zum Thema *Werte oder Referenzen*, das die Vorteile der Referenzsemantik anschaulich demonstriert.

Links zeigt das Bild ein Array der Größe $n$, das zwölf Objekte als Werte verwaltet. Wir gehen davon aus, dass die Objekte ursprünglich z.B. in alphabetischer Reihenfolge a b c ... k l vorlagen und jetzt entsprechend einem inneren Kriterium – z.B. ihrem Preis – in sortierter Reihenfolge vorliegen. Zum Sortieren sind viele Vertauschungen erforderlich, bei denen die Objekte jeweils kopiert werden müssen.

Rechts zeigt das Bild zwei Arrays der gleichen Größe, die jeweils Referenzen (Zeiger) auf Objekte verwalten. Das linke der beiden hat die Objekte in der gleichen Reihenfolge sortiert, und es ist die gleiche Anzahl von Vertauschungen erforderlich, doch werden jeweils nur Referenzen (Zeiger) kopiert. Das rechte Array verwaltet die selben Objekte und hat sie zusätzlich nach einem anderen inneren Kriterium – z.B. nach ihrer Artikelnummer – sortiert.

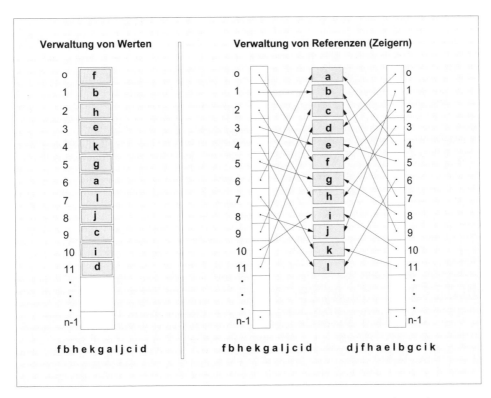

Bild 4.10: Sortieren von Objekten per Wert und per Referenz (Zeiger)

Wenn wir die beiden hier dargestellten Konzepte *Verwaltung von Werten* und *Verwaltung von Referenzen* vergleichen, so können wir folgende Vorteile für die Referenzen feststellen:

- Die *Lösung mit Referenzen* ist erheblich *schneller*, und zwar etwa um den Faktor *Zeit zum Kopieren eines Objektes* zu *Zeit zum Kopieren einer Referenz* (dabei vernachlässigen wir die Zeit für die Vergleiche).

- Die *Lösung mit Referenzen* ist *flexibler*, weil sie es ermöglicht, die nur einmal vorhandenen Objekte nach verschiedenen Kriterien zu sortieren.

- Die *Lösung mit Referenzen* erfordert in der Regel *weniger Speicherplatz*, es wird nur Speicherplatz für die aktuell vorhandenen Objekte benötigt, bei der *Wertelösung* müssen wir Speicherplatz für die maximal mögliche Anzahl von Objekten vorhalten (den Speicheraufwand für die Referenzen vernachlässigen wir bei dieser Abschätzung).

Das Beispiel kann verallgemeinert werden, wann der Einsatz von Referenzen angebracht ist: Immer wenn es ein Objekt `begehrt` gibt, das von mehreren anderen Objekten `nutzer1`, `nutzer2` usw. benötigt wird, ist es im Allgemeinen wenig sinnvoll, **Tipp** wenn sich jeder der Nutzer eine Kopie von dem Objekt `begehrt` anlegt. Das kostet Speicherplatz. Entscheidender ist aber, dass es aufwändig ist, wenn alle Kopien von

**begehrt** konsistent gehalten werden müssen. In dem Netzplanungsbeispiel ist es wenig sinnvoll, wenn in jedem Vorgang eine Liste der Nachfolger-Vorgänge existiert und diese Liste die einzelnen Vorgänge jeweils als Wert und nicht als Referenz enthält. Ändert sich z.B. im Laufe der Planung der früheste Anfang eines Vorgangs v1, so muss der früheste Anfang bei allen Kopien von v1 ebenfalls geändert werden. Wird lediglich eine Referenz auf v1 abgelegt, ist der früheste Anfang an nur einer Stelle anzupassen.

In C++ bedeutet die Verwendung von Referenzen allerdings, dass sich der Entwickler selbst um die Verwaltung des Heap-Speichers kümmern muss. Insbesondere die Freigabe des Speichers mit **delete** ist eine häufige Fehlerquelle, die dann auch noch schwer zu lokalisieren ist. In Java unterstützt der Garbage Collector den Entwickler, Heap-Objekte, die nicht mehr referenziert werden, werden automatisch recycelt. In Kap. 8 werden wir sehen, wie die Verwaltung des Heap-Speichers auch in C++ durch Abstrakte Datentypen unter Verwendung von Destruktoren und durch so genannte intelligente Zeiger vereinfacht werden kann.

**Tipp**

### Entwurfs-Regeln (Design Rules)

Bei der Entscheidung „Wert oder Referenz" sollten wir uns von folgenden Regeln leiten lassen:

- Im ersten Schritt können die Vorgaben von Java auch in C++ umgesetzt werden, d.h. Wertesemantik für Objekte elementarer Datentypen und Referenzsemantik für Objekte strukturierter Datentypen.

- Im zweiten Schritt können zur Verringerung des Fehlerrisikos (Reduktion der Komplexität) auch strukturierte Datentypen auf dem Programm-Stack angelegt werden (C++), wenn das Objekt nur von einem anderen Objekt benötigt wird.

- In C++ wird in der Regel kein Garbage Collector verwendet. Das bedeutet z.B., dass es nicht sinnvoll ist, einen Zeiger oder eine Referenz auf ein lokal in einer Funktion erzeugtes Objekt zurückzugeben, z.B. in der Form
  `Objekt* f(...) { Objekt* temp = new Object; ... return temp; }`
  oder in der Form
  `Objekt& f(...) { Objekt* temp = new Object; ... return *temp; }`
  So ein Programmierstil provoziert Speicherlecks.

- Beim Programmieren in C++ ist bei der Verwendung von Referenzsemantik besonders darauf zu achten, dass alle reservierten Heap-Objekte auch explizit, d.h. durch Verwenden der Operatoren **delete** und **delete[]**, wieder freigegeben werden.

Im Abschn. 4.5 wird das Thema durch zwei Beispiele vertieft.

## 4.4  Zeiger auf Funktionen

Zeiger auf Funktionen sind Datentypen *fortgeschrittener, aber nicht objektorientierter* Programmiertechnik. Diese Technik wird deshalb nicht von Java, aber z.B. von

Sprachen wie Pascal, Modula2, Oberon und C angeboten. In Kap. 9.2.1 werden Funktionszeiger aber für unsere Motivation der Objektorientierung eine große Rolle spielen, daher empfehlen wir auch dem Leser, der nur an Java interessiert ist, die Lektüre dieses Abschnitts.

Ein Zeiger auf eine Funktion kann auch wieder als Element in einem Array als Komponente in einer Struktur oder als Parameter einer Funktion verwendet werden. Damit ergeben sich interessante Anwendungsmöglichkeiten, die im Folgenden skizziert werden.

### Zeiger auf Funktionen in Arrays und Strukturen

Unter Verwendung von `typedef` lassen sich Datentypen als **Zeiger auf Funktionen** definieren, z.B.:

```
typedef void (*func1) (void);
```

Hier wurde der Typ `func1` (ein Zeiger auf eine Funktion ohne Parameter, die nichts zurückgibt) deklariert.

```
typedef int (*func2) (char*, int);
```

Hier wurde der Typ `func2` deklariert, d.h. ein Zeiger auf eine Funktion mit zwei Parametern (`char*` und `int`), die einen `int`-Wert zurückgibt.

```
typedef double (*func3) (double);
```

Hier wurde der Typ `func3` deklariert, d.h. ein Zeiger auf eine Funktion mit einem `double`-Parameter, die ebenfalls einen `double`-Wert zurückliefert.

Unter Verwendung dieser selbst definierten Typen können dann elementare und strukturierte Variablen definiert werden, z.B.:

```
func2 x, y, z;
func3 a[10];
struct {
  func1 f1;
  func2 f2;
  func3 f3;
} xyz;
```

Der folgende C++-Text 4.9 demonstriert die Verwendung von Arrays, deren Elemente Zeiger auf Funktionen sind.

C++ 4.9: Zeiger auf Funktionen, Beispiel

```
double f2(double x) {
  return x*x;}
double f3(double x) {
  return x*x*x;}
double f4(double x) {
  return x*x*x*x;}
double f5(double x) {
  return x*x*x*x*x;}

void vektorDemo() {
  typedef double (*func) (double);
  func liste[4] = { f2, f3, f4, f5 };
  for (int i=0; i<4; i++) {
    double y = liste[i](5);
    cout << y << endl;
  }
}
```

(WertRef/FunkZeiger/vektor.cpp)

Um Funktionszeiger zu definieren, sind Typdefinitionen mit `typedef` zwar nicht zwingend erforderlich – im obigen Programmtext hätte `liste` auch wie folgt definiert werden können –, allerdings erhöhen die Typdefinitionen erheblich die Lesbarkeit.

```
double (*liste[4])(double) = { f2, f3, f4, f5 };
```

Im C++-Text 4.10 wird die Verwendung von Strukturen, deren Komponenten Zeiger auf Funktionen sind, demonstriert.

C++ 4.10: Zeiger auf Funktionen, komplexes Beispiel

```
#include <iostream>                          struct {
using namespace std;                            int (*sum2) (int, int);
                                                int (*sum3) (int, int, int);
                                                int (*sum4) (int, int, int, int);
int fsum2(int a, int b)  {                   } xyz  = { fsum2, fsum3, fsum4 };
  return a+b;
}                                            void structDemo(void) {
int fsum3(int a, int b, int c) {                int i = xyz.sum2(1, 2);
  return a+b+c;                                  int j = xyz.sum3(1, 2, 3);
}                                               cout << i << " " << j << " "
int fsum4(int a, int b, int c, int d) {             << xyz.sum4(1, 2, 3, 4) << endl;
  return a+b+c+d;                            }
}
```

(WertRef/FunkZeiger/struktur.cpp)

### Zeiger auf Funktionen als Funktionsparameter

Eine fortgeschrittene und in vielen Fällen nützliche Programmiertechnik ist die Übergabe von Zeigern auf Funktionen als Funktionsparameter. Man schreibt z.B. eine Funktion zur Berechnung der Nullstelle einer anderen Funktion, die man dann als Parameter übergibt, z.B.

```
double nullstelle(double x1, double x2, double (*f) (double x));
/* . . . */
double x0 = nullstelle(6, 7, sin); /* x0 == 2 * pi */
```

Man übergibt der Funktion `nullstelle` je einen x-Wert links und rechts der Nullstelle und einen Zeiger auf die Funktion $f(x)$, für die die Bestimmung durchgeführt werden soll.

Ein anderes Beispiel, das in Listing 4.11 dargestellt ist, betrifft eine Sortierfunktion, die eine Liste nach verschiedenen Kriterien sortieren kann. Das jeweils gewünschte Ordnungskriterium wird ihr als aktueller Funktionsparameter übergeben:

- Die Liste wird nacheinander gemäß vier verschiedenen Kriterien sortiert.

- Dafür wird eine einzige Sortierfunktion `sort` verwendet!

- Das Ordnungskriterium wird jeweils über eine Funktion definiert, die zwei Einträge vergleicht.

- Diese Vergleichsfunktion wird der Funktion `sort` als Parameter `comp` (*d.h. compare*) übergeben.

C++ 4.11: Zeiger auf Funktionen, Beispiel Sortierung

```
#include <iostream>
#include <fstream> //Dateiausgabe
#include <cstring> //C-Stringfunktionen
using namespace std;

typedef struct {
  int matrNr;
  char name[12];
  int semester;
  int alter;
} Student;
typedef Student SList[100];

int cmp1 (Student a, Student b);
int cmp2 (Student a, Student b);
int cmp3 (Student a, Student b);
int cmp4 (Student a, Student b);

void sort(SList sl,
    int (*comp) (Student a, Student b));

void printList (ostream& f, SList sl);

void sortDemo() {
  ofstream aus("AUS", ios::out);

  SList li = { 8965123, "Meier", 9, 25,
               9215046, "Deng", 4, 22,
               8965122, "Schulz",9, 26,
               9167111, "Xyz", 5, 21,
               0,       " ", 0, 0
             };
  printList(aus, li);
  sort(li, cmp1); printList(aus, li);
  sort(li, cmp2); printList(aus, li);
  sort(li, cmp3); printList(aus, li);
  sort(li, cmp4); printList(aus, li);

  aus.close();
}
```

(WertRef/FunkZeiger/sort.cpp)

```
int cmp1 (Student a, Student b) {
  return a.matrNr - b.matrNr; }
int cmp2 (Student a, Student b) {
  return strcmp(a.name, b.name); }
int cmp3 (Student a, Student b) {
  return a.semester - b.semester; }
int cmp4 (Student a, Student b) {
  return a.alter - b.alter; }

void sort(SList sl,
    int (*comp) (Student a, Student b)) {
  bool flag;
  Student st;
  do {
    flag = false;
    for (int i=1; sl[i].alter!=0;i++) {
      int n = comp(sl[i-1], sl[i]);
      if (n > 0) {
        flag = true;
        st = sl[i-1];
        sl[i-1] = sl[i];
        sl[i] = st;
      }
    }
  }
  while (flag);
}

void printList(ostream& f, SList sl) {
  for (int i=0; sl[i].alter!=0;i++) {
    f << sl[i].matrNr << " "
      << sl[i].name << " "
      << sl[i].semester << " "
      << sl[i].alter << endl;
  }
  f << endl;
}
```

• Der Parameter comp hat die Form (den Typ): int (*comp) (Student, Student);, d.h. Zeiger auf eine Funktion, die ein int zurückliefert und zwei Parameter vom Typ Student erwartet.

Die Ausgabe des Programms in die Datei AUS ist:

```
8965123 Meier 9 25
9215046 Deng 4 22
8965122 Schulz 9 26
9167111 Xyz 5 21

8965122 Schulz 9 26
8965123 Meier 9 25
```

```
9167111 Xyz 5 21
9215046 Deng 4 22

9215046 Deng 4 22
8965123 Meier 9 25
8965122 Schulz 9 26
9167111 Xyz 5 21

9215046 Deng 4 22
9167111 Xyz 5 21
8965123 Meier 9 25
8965122 Schulz 9 26

9167111 Xyz 5 21
9215046 Deng 4 22
8965123 Meier 9 25
8965122 Schulz 9 26
```

Die hier benutzte Übergabe von *Zeigern auf Funktionen* als Funktionsparameter wurde als fortgeschrittene Programmiertechnik bezeichnet. Wir werden Funktionszeiger in Kap. 9.2.1 benutzen, um objektorientierte Konzepte einzuführen. Danach ist der direkte Umgang mit dem komplizierten Konstrukt des Funktionszeigers nicht mehr erforderlich, sondern die objektorientierte Sprache nimmt uns ganz wesentliche Arbeitsschritte ab.

## 4.5  Anwendungsbeispiele

Wir werden in diesem Abschnitt zunächst unsere Netzplanung verfeinern. Anschließend gehen wir am Beispiel von *linear verketteten Listen* auf das Thema *dynamische Datenstrukturen* ein, bei denen die Anzahl der speicherbaren Elemente dynamisch zur Laufzeit verändert wird.

### 4.5.1  Effizienzsteigerung der Netzplanung

Das Kap. 2 haben wir bzgl. des Netzplanungs-Beispiels mit einer sehr speicherintensiven Lösung beendet. Wir mussten von vornherein wissen, wie viele Vorgänge ein Netzplan maximal haben kann. Wir haben 100 gewählt, womit unser Programm Netzpläne mit mehr als 100 Vorgängen nicht mehr handhaben kann.

Um dieses Problem zu lösen, verwenden wir statt eines Arrays (linke Spalte des folgenden Listing) nun einen Zeiger auf Vorgänge (rechte Spalte) in der Struktur `Netz`:

```
struct Netz {                          struct Netz {
  int anzahl;                            int anzahl;
  Vorgang vorg[MAX]; // Knoten           Vorgang* vorg; // Knoten
  /* ... */                              /* ... */
};                                     };
```

Vor Benutzung des Zeigers `vorg` müssen wir allerdings noch Speicherplatz vom Laufzeitsystem mit dem Operator `new[]` anfordern. Dies geschieht am besten am Anfang der Funktion `initNetzplanAllg`. Am Ende eines jeden Tests wird der Heap-Speicher nicht mehr benötigt und daher mit dem Operator `delete[]` wieder freigegeben. Hierzu erstellen wir eine eigene Funktion `freigabeNetz`, die die Aufräumarbeiten für ein Netz übernimmt und am Ende eines Tests aufgerufen wird:

```
struct Netz {

/* ... */

void initNetzplanAllg(Netz* netz){
  netz->vorg = new Vorgang[netz->anzahl];
  for (int i=0; i < netz->anzahl; ++i) {
    initVorgang(&netz->vorg[i]);
    for (int j=0; j<netz->anzahl;++j)
      netz->nachf[i][j]=false;
  }
}
}
```

```
void freigabeNetz(Netz* netz){
  delete[] netz->vorg;
}
bool testFall1() {
  Netz netz;
  initNetzplanTest5(&netz);
  /* ... */
  freigabeNetz(&netz);
  return ok;
}
/* ... */
};
```

Ein weiteres Problem unserer bisherigen Netzimplementierung ist, dass wir jedes Mal ein sehr dünn besetztes zweidimensionales Array `nachf` anlegen (es sind nur wenige Einträge mit Wert `true` vorhanden), das in unserem Beispiel 10000 Werte enthält – eine enorme Speicherplatzverschwendung. Statt eines zweidimensionalen Arrays `nachf` im `Netz` verwenden wir deshalb in jedem `Vorgang` ein Array, das die Nachfolger des Vorgangs enthält, und ein weiteres Array, das die Vorgänger speichert. Natürlich speichern wir nicht die Vorgänge selbst, sondern einen Zeiger darauf. Eine Implementierung hiervon ist im linken Teil des folgenden Listings gezeigt:

```
struct Vorgang {
  double dauer;
  double fruehanf;
  double spaetend;
  Vorgang* vorgaenger[MAX];
  Vorgang* nachfolger[MAX];
};
```

```
struct Vorgang {
  double dauer, fruehanf, spaetend;
  Vorgang** vorgaenger;
  int anzVorg;
  Vorgang** nachfolger;
  int anzNachf;
};
```

In der Summe erzielen wir mit dieser Lösung aber keine Verbesserung. Wir würden jetzt für jeden Vorgang 2 * `MAX` Zeiger auf Vorgänge abspeichern, von denen aber nur wenige wirklich benötigt würden, d.h. maximal die Anzahl der Vorgänge im gesamten Netz. Da unsere Datenstruktur `Vorgang` aber für beliebige Netzgrößen verwendbar sein soll, greifen wir auf den gleichen *Trick* zurück wie oben beim `Netz`: Statt eines Zeiger-Arrays verwenden wir einen Zeiger auf die Zeiger, d.h. `nachfolger` ist vom Typ `Vorgang**` (siehe rechter Teil des Listings).

So richtig überzeugend ist diese Lösung aber immer noch nicht, da wir jetzt zwar *nur* noch 2 * `anzahl` Einträge haben, aber die meisten von ihnen werden auch hier gar nicht benötigt, da ja nicht jeder Vorgang ein Nachfolger von jedem anderen Knoten ist. Wir vergrößern die Arrays, auf die `vorgaenger` bzw. `nachfolger` verweisen, daher jeweils erst beim Einfügen eines neuen Vorgängers bzw. Nachfolgers. Hierzu

müssen wir dann jeweils auch die (aktuelle) Anzahl der Vorgänger bzw. Nachfolger
im Vorgang abspeichern.

Wir führen einen neuen Datentyp DynVorgangsArray ein, um die Zeiger auf die Vorgänge und die Anzahl der Vorgänge zusammenzufassen:

```
struct Vorgang; // Vorwaertsreferenz

struct DynVorgangsArray {
  Vorgang** array;
  int anz;
};
```

```
#include "DynVorgangsArray.h"

struct Vorgang {
  double dauer, fruehanf, spaetend;
  DynVorgangsArray vorgaenger;
  DynVorgangsArray nachfolger;
};
```

Entsprechend können wir nun das Array nachf aus Netz entfernen. Die Konstante MAX
wird damit nicht mehr benötigt. An allen Stellen, an denen bisher nachf verwendet
wurde, verwenden wird nun stattdessen die entsprechenden Arrays nachfolger und
vorgaenger aus Vorgang.

Statt direkt die Nachfolger-Beziehung im Array nachf einzutragen, verwenden
wir hierfür die neu zu implementierende Funktion setzeNachf. Die Benutzung
von setzeNachf zeigt das folgende Listing in der neuen Implementierung von
initNetzplanTest5:

```
void initNetzplanTest5(Netz* netz){
  /* .. */
  setzeNachf(netz, 0, 1);
  setzeNachf(netz, 0 ,2);
  /* .. */
}
```

Um einen Vorgang mit Namen vv als Nachfolger beim Vorgang vn einzutragen, delegiert das Netz diese Aufgabe an die Funktion setzeNachf mit zwei Vorgängen als
Parameter. Sie ruft zweimal die Funktion fuegeHinzu auf:

```
/** Vorgang Nr. vv wird als Nachfolger von Vorgang Nr. vn eingetragen. */
void setzeNachf(Netz* n, int vv, int vn) {
  setzeNachf(&(n->vorg[vv]),&(n->vorg[vn]));
}
void setzeNachf(Vorgang* vv, Vorgang* vn) {
  fuegeHinzu(vv->vorgaenger, vn); fuegeHinzu(vn->nachfolger, vv);
}
```

Die Funktion fuegeHinzu trägt einen Nachfolger oder Vorgänger in das sich dynamisch zur Laufzeit vergrößernde Array ein. Der Speicherplatz auf dem Heap, den
arr belegt, wird jeweils um einen Eintrag vergrößert, wie das folgende Listing zeigt:

```
void fuegeHinzu
    (DynVorgangsArray* arr, Vorgang* v) {
  // Speicherplatz fuer einen mehr
  Vorgang** tmp =
        new Vorgang*[arr->anz+1];
  // bisherigen Inhalt retten
  for (int i=0; i < arr->anz; ++i) {
    tmp[i] = arr->array[i];
  }
```

```
  // Neuen Eintrag eintragen
  tmp[arr->anz] = v;
  ++arr->anz;
  // bisherigen Speicher freigeben
  delete [] arr->array;
  // Zeiger umbiegen
  arr->array = tmp;
}
```

Nun müssen wir noch den lesenden Zugriff auf das Array `nachf` modifizieren, um dieses Array endgültig entfernen zu dürfen. Der linke Teil des folgenden Listings zeigt nochmals den bisherigen Zugriff und der rechte Teil die Ersetzung durch den Aufruf der neuen Funktion `istVorgVon`:

```
void berechneVorwaerts(int v, Netz *netz) {
  /* ... */
    if (netz->nachf[j][v]) {
      passeFruehanfAn(v1, &netz->vorg[j]);
  /* ... */
```

```
void berechneVorwaerts(int v, Netz *netz) {
  /* ... */
    if (istVorgVon(netz, j, v)){
      passeFruehanfAn(v1, &netz->vorg[j]);
  /* ... */
```

Der folgende Codeausschnitt zeigt die Implementierung der Funktion `istVorgVon`, die ihre Aufgabe wiederum an die Funktion `istElem` delegiert:

```
bool
  istVorgaengerVon(
      const Vorgang* vv,
      const Vorgang* vn )
{
  return istElem(vn, vv->vorgaenger);
}
```

```
bool istElem(const Vorgang* v,
            const DynVorgangsArray* arr) {
  for (int i=0; i < arr->anz; ++i) {
    if (arr->array[i] == v) { return true;}
  }
  return false;
}
```

Außerdem müssen wir noch die Initialisierung in den Klassen `Netz`, `Vorgang` und `DynVorgangsArray` anpassen:

```
/** Speicheranforderung für die Vorgaenge
auf dem Heap und anschließende
Initialisierung */

void initNetzplanAllg(Netz* netz){
  netz->vorg = new Vorgang[netz->anzahl];
  for (int i=0; i < netz->anzahl; ++i) {
    initVorgang(&netz->vorg[i]);
  }
}
```

```
void initVorgang(Vorgang* v) {
  init(v->vorgaenger);
  init(v->nachfolger);
  v->spaetend = 0; v->fruehanf = 0;
  v->dauer = 0;
}
void init(DynVorgangsArray* arr) {
  arr->anz = 0;
  arr->array = NULL;
}
```

Entsprechendes gilt für die Freigabe des Heap-Speichers:

```
void freigabeNetz(Netz* netz){
  for (int i=0; i < netz->anzahl; ++i) {
    freigeben(&netz->vorg[i]);
  }
  delete[] netz->vorg;
}
```

```
void freigeben(Vorgang* v) {
  freigeben(v->vorgaenger);
  freigeben(v->nachfolger); }
void freigeben(DynVorgangsArray* arr) {
  delete[] arr->array;
  arr->array = NULL; arr->anz = 0; }
```

## 4.5.2   Dynamische Datenstrukturen

Um Speicherplatz zu sparen, haben wir das Array der Vorgänger bzw. Nachfolger eines Vorgangs im Netzplanungsbeispiel dynamisch bei Bedarf vergrößert. Statt eines Arrays hätte man hierzu auch eine *linear verkettete Liste* verwenden können, die in diesem Abschnitt als Beispiel für verkettete Strukturen vorgestellt wird.

**Verkettete Strukturen (Listen, binäre Bäume und andere):** Als *dynamische Datenstrukturen* werden Datenstrukturen bezeichnet, die man wie folgt charakterisieren kann:

- Die Strukturen verändern sich hinsichtlich Größe und Form während ihrer Lebensdauer (Wachsen, Schrumpfen, ...).

- Der benötigte Speicherplatz wird auf dem *Programm-Heap* dynamisch verwaltet und dem aktuellen Bedarf angepasst.

- Die einzelnen Strukturelemente sind durch *Zeiger* (in C++) oder durch *Referenzen* (in Java) verknüpft.

Typische Beispiele für solche Strukturen sind *lineare Listen, binäre Bäume* und *Vielweg-Bäume*.

### Beispiel: Einfach verkettete Listen

**Definition eines Knotens:** Listen werden z.B. zur Verwaltung von Datensätzen verwendet, die jeweils aus einer Schlüsselinformation und irgendwelchen weiteren Daten bestehen. Jeder Datensatz wird in einem *Knoten (node)* abgelegt. Die Datensätze sind anwendungsspezifisch und werden hier außer Acht gelassen. Als einfachen Stellvertreter für einen beliebigen Datensatz wählen wir der Einfachheit halber ganze Zahlen und nennen sie `key`. Damit ergeben sich folgende Datendefinitionen als Basis für die weiteren Ausführungen:

```
struct Node {
  int key;
  Node* nxt;
};
// Verweis auf Node heißt NodeRef:
typedef Node* NodeRef;
```

```
public class Node {
  int key;
  Node nxt;
};
```

**Unterschiede zwischen Java und C++:** In C++ wird zwischen dem Datentyp des zu speichernden Datums (Typ `Node`) und dem Verweis darauf unterschieden (Typ `NodeRef` bzw. `Node*`). Java bezeichnet beides mit dem gleichen Typ `Node`. Aus dem Zusammenhang ergibt sich, ob man gerade das zu speichernde Datum im Heap-Speicher (z.B. bei `new`) oder die Referenz auf dem *Programm-Stack* meint, die in den Heap verweist.

**Wesentliche Operationen:** Wichtige Basisoperationen für das Arbeiten mit Listen sind folgende Funktionen:

- Generieren einer Liste (create);

- Auflösen einer Liste (dispose);

- Einfügen eines Knotens (insert);

- Löschen eines Knotens (delete).

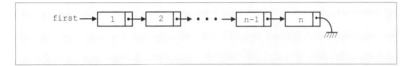

Bild 4.11: Generieren einer Liste

## Generieren einer Liste

Bild 4.11 zeigt eine verkettete Liste, die die Zahlen 1 bis n in aufsteigender Reihenfolge enthält. Der Code zum Generieren dieser Struktur ist so aufgebaut, dass zuerst das erste Element und dann in einer Schleife die Restliste erzeugt wird. Die Liste wird mit einem NULL-Zeiger bzw. einer null-Referenz abgeschlossen:

```
NodeRef first = new Node; first->key = 1;
NodeRef p = first;
for (int i=2; i < n+1; i++) {
    p->nxt = new Node;
    p = p->nxt; p->key = i;
}
p->nxt = NULL;
```

```
Node first = new Node(); first.key = 1;
Node p = first;
for (int i=2; i < n+1; i++) {
    p.nxt = new Node();
    p = p.nxt; p.key = i;
}
p.nxt = null;
```

Ist die Sonderbehandlung für das erste Element erforderlich, oder geht es auch einfacher? Es gibt eine einfachere Lösung, wenn man die Liste *rückwärts* generiert; es lohnt sich, darüber nachzudenken, warum die Sonderbehandlung hier entfällt:

```
NodeRef first = NULL;
for (int i=n; i >- 1; i--) {
    NodeRef q = new Node;
    q->nxt = first;
    first = q; first->key = i;
}
```

```
Node first = null;
for (int i=n; i >- 1; i--) {
    Node q = new Node();
    q.nxt = first;
    first = q; first.key = i;
}
```

## Auflösen einer Liste

Es sei first wieder der Zeiger auf den ersten Knoten einer Liste; siehe in Bild 4.11. In C++ wird die Liste durchlaufen und Knoten für Knoten explizit freigegeben. In Java reicht es, den Zeiger first auf den Wert null zu setzen, der Rest wird dann vom *Garbage Collector* erledigt, da die Liste dann nicht mehr referenziert wird:

```
while (first != NULL) {
    NodeRef hlp = first->nxt;
    delete first;
    first = hlp;
}
```

```
first = null;
```

Aber auch auf die Zuweisung first = null kann verzichtet werden, denn der Garbage Collector wird aktiv, wenn der Gültigkeitsbereich von first verlassen wird.

### Einfügen von Knoten mit Definition der Anforderungen und Tests

Wir wollen eine einfach verkettete Liste entwickeln, die mit den Funktionen *ein Element am Anfang einfügen* (insBeg) und *ein Element am Ende einfügen* (insEnd) ausgerüstet ist. Bevor wir mit der Implementierung der Liste im Detail fortfahren, wollen wir die Anforderungen zunächst weiter detaillieren. Dies geschieht am einfachsten, indem wir uns geeignete Tests überlegen.

- In eine leere Liste wird am Anfang die Zahl 5 eingetragen. Anschließend ergibt sich die Liste, die nur die 5 enthält.

- In eine Liste mit den Elementen 3, 5, 8 wird am Anfang eine 1 eingetragen. Anschließend ergibt sich die Liste 1, 3, 5, 8.

- In eine leere Liste wird am Ende die Zahl 5 eingetragen. Anschließend ergibt sich die Liste, die nur die 5 enthält.

- In eine Liste mit den Elementen 3, 5, 8 wird am Ende eine 1 eingetragen. Anschließend ergibt sich die Liste 3, 5, 8, 1.

Die in den Tests definierten Aktionen lassen sich verallgemeinern, um damit dann die beiden entsprechenden Funktionen insBeg und insEnd wie folgt zu spezifizieren:[6]

$$
\begin{aligned}
insBeg(<>,e) &\rightarrow <e> \\
insBeg(<e_1,...,e_n>,e_0) &\rightarrow <e_0,e_1,...,e_n> \\
insEnd(<>,e) &\rightarrow <e> \\
insEnd(<e_1,...,e_n>,e_{n+1}) &\rightarrow <e_1,...,e_n,e_{n+1}>
\end{aligned}
$$

Daraus lassen sich unmittelbar Testfunktionen ableiten. Eine der Testfunktionen ist beispielhaft in Listing 4.12 wiedergegeben, aber vorab sind noch einige grundsätzliche Überlegungen zur Implementierung zu beachten.

### Implementierung eines kleinen Listen-Programms

Wir könnten die Funktion insBeg mit der folgenden Schnittstelle implementieren:

```
void insBeg(NodeRef& st, int val);          void insBeg(Node st, int val);
```

Der Parameter st (für start) soll dann jeweils auf den Listenanfang verweisen. Allerdings ist beim Einfügen am Anfang der Liste der Listenanfang st auch zu modifizieren. Diese Lösung scheitert aber in Java, da wir st nicht selbst auch noch als Referenz an die Funktion insBeg übergeben können. Damit bliebe der Listenanfang nach Beendigung der Funktion immer noch der gleiche wie vor Ausführung der Funktion. Wir können den (möglicherweise veränderten) Listenanfang entweder als Rückgabewert liefern oder über den Referenzparameter wieder über eine Hilfsklasse simulieren.

---

[6]In spitzen Klammern geben wir die Elemente einer Liste an. <> bezeichnet die leere Liste, $<e_1,e_2>$ die Liste mit $e_1$ als erstem Element, gefolgt von $e_2$.

Wir führen daher einen neuen Datentyp `Liste` ein, der als einziges Attribut den Listenanfang vom Typ `NodeRef` bzw. `Node` enthält. Wir könnten den Datentyp aber auch noch um ein nützliches Attribut `anzahl` zum Zählen der Listenelemente ergänzen.

```cpp
struct Liste{
   NodeRef start;
};
```

```java
public class Liste{
   Node start;
}
```

Damit ergibt sich für das Einfügen am Listenanfang:

```cpp
/** val wird in die Liste li am
   Anfang eingefuegt.    */
void insBeg(Liste& li, int val) {
   NodeRef oldSt = li.start;
   li.start = new Node;
   li.start->key = val;
   li.start->nxt = oldSt;
}
```

```java
/** Einfuegen von val am Listenanfang */
public static void
         insBeg(Liste li, int val) {
   Node oldSt = li.start;
   li.start = new Node();
   li.start.key = val;
   li.start.nxt = oldSt;
}
```

In C++ muss der Parameter `li` ein Referenzparameter sein, da andernfalls beim Aufruf von `insBeg` eine Kopie vom Typ `Liste` auf dem *Programm-Stack* erstellt wird und dann lediglich das Attribut `start` der Kopie manipuliert wird. In Java dagegen werden von den komplexen Typen immer Verweise und niemals die Werte selbst auf dem Programm-Stack abgelegt. Die Implementierung einer Testfunktion ist in Listing 4.12 als Beispiel wiedergegeben. Dort werden neben `insBeg` noch die Funktionen `create` und `dispose` zum *Generieren einer Liste* bzw. zum *Auflösen einer Liste* verwendet, deren Realisierung in Listing 4.13 gezeigt wird.

C++/Java 4.12: Testfunktion `testInsBeg1` mit Hilfsfunktion `checkRes`

```cpp
/** Ueberpruefung, ob jedes Element in
der Liste li im Feld exp vorkommt. */
bool checkRes(int exp[], const Liste& li,
                      int count) {
   int i = 0; NodeRef start = li.start;
   while (start != NULL){
      if (exp[i++]!=start->key){
         return false;
      }
      start=start->nxt;
   }
   return i == count;
}
bool testInsBeg1(){
   Liste* lis = create();
   insBeg(*lis, 5);
   int expected[] = {5};
   bool res=checkRes(expected, *lis, 1);
   dispose(lis);
   return res;
}
```

(WertRef/ListClass/Test.cpp)

```java
/** Ueberpruefung, ob jedes Element in
der Liste li im Feld exp vorkommt. */
public static boolean
   checkRes(int[] exp, Liste li, int count) {
   int i=0; Node start = li.start;
   while (i < count && start!=null){
      if (exp[i++] != start.key) {
         return false;
      }
      start=start.nxt;
   }
   return true;
}
public static boolean testInsBeg1(){
   Liste lis = Liste.create();
   Liste.insBeg(lis, 5);
   int expected[] = {5};
   boolean res=checkRes(expected, lis, 1);
   return res;
}
```

(WertRef/ListClass/Test.java)

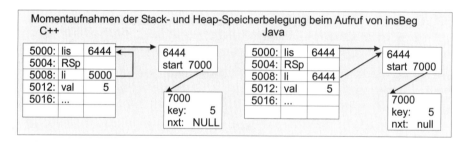

Bild 4.12: Stack- und Heap-Speicherbelegung bei Verwendung des Typs `Liste`

C++/Java 4.13: Funktionen `create` und `dispose`

```
/** Erzeugung einer Liste auf
dem Heap und Initialisierung. */
Liste* create() {
    Liste* li = new Liste;
    li->start = NULL;
    return li;
}
/** Freigabe aller Knoten der Liste sowie
der Liste selbst, auf die li zeigt. */
void dispose(Liste* li) {
    NodeRef lauf = li->start;
    while (lauf!=NULL) {
        NodeRef hlp = lauf->nxt;
// Freigabe des Listenknotens
        delete lauf;
        lauf = hlp;
    }
// Freigabe der Liste selbst
    delete li;
}
```
(WertRef/ListClass/Liste.cpp)

```
public static Liste create(){
    Liste li = new Liste();
    li.start = null;
    return li;
}

// dispose in Java nicht erforderlich
```
(WertRef/ListClass/Liste.java)

Bild 4.12 zeigt die zugehörige Speicherbelegung in der Funktion `insBeg`. Die unterschiedliche Realisierung der Indirektion einmal über den *Programm-Stack* und einmal über die kopierte Referenz, d.h. zwei gleiche Verweise auf den *Programm-Heap*, ist deutlich zu erkennen.

Wie bereits angedeutet, könnten wir in C++ auch auf den Hilfstyp `Liste` verzichten, wie die folgende Implementierung von `insBeg` zeigt:

```
void insBeg(NodeRef& st, int val) {
    NodeRef oldSt = st; st = new Node;
    st->key = val; st->nxt = oldSt; }
```

Wir erkennen, dass der Parameter `st` als Referenz an die Funktion `insBeg` übergeben wird, d.h. er wird als Ein- **und** Ausgangsparameter verwendet, denn der Listenbeginn ändert sich, wenn am Anfang ein Element eingefügt wird. `st` wird somit in jedem Fall geändert. Die Implementierung des Tests zeigt der folgende Code:

```
bool testInsBeg1(){
  NodeRef start=NULL;
  insBeg(start, 5);
  int expected[] = {5};
  return checkRes(expected, start, 1);
}
```

Bild 4.13 veranschaulicht nochmals die Speicherbelegung auf dem *Programm-Stack* und auf dem *Programm-Heap* beim Eintritt in die Funktion `insBeg` und am Ende.

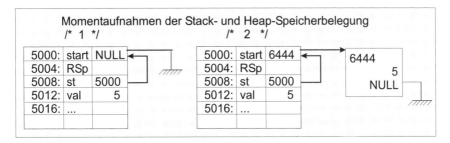

Bild 4.13: Stack- und Heap-Speicherbelegung beim Einfügen am Listenanfang

**Ausblick auf andere dynamische Datenstrukturen**

Das Spektrum der dynamischen Datenstrukturen ist breit, sie werden vielfach zur Implementierung von *Containern* verwendet, die wesentlicher Bestandteil der zu den Sprachen C++ und Java gehörenden Bibliotheken sind. Wichtige Beispiele für weitere dynamische Datenstrukturen, die z.B. in [30] ausführlich behandelt werden, sind:

- *Doppelt verkettete Listen*: Die im vorangehenden Beispiel behandelten einfach verketteten Listen können zu *doppelt verketteten Listen* erweitert werden, die sich dann leicht in beide Richtungen – vorwärts und rückwärts – durchlaufen lassen.

- *Sortierte Listen*: Listen eignen sich als *sortierte Listen* auch gut zum *Ordnen* von Datenbeständen, solange die Anzahl der Elemente nicht zu groß ist.

- *Bäume*: Zum Ordnen und Suchen in großen Datenbeständen sind z.B. *binäre Suchbäume*, sog. *AVL-Bäume* und *Vielweg-Bäume (B-Bäume)*, effizienter, wobei jede dieser Strukturen ihr spezielles Anwendungsspektrum hat.

## 4.5.3  Ein dynamischer Vektor

Es gibt viele dynamische Datenstrukturen, die sehr gebräuchlich und nützlich sind. Obwohl ein tiefes Verständnis, d.h. die Fähigkeit, diese Datenstrukturen selbst implementieren zu können, unerlässlich ist, kann der Entwickler doch auf eine Vielzahl von bereits existierenden Datenstrukturen zurückgreifen. Prominenteste Vertreter solcher Bibliotheken sind in C++ die sog. Standard Template Library (`www.sgi.com/tech/stl`) und das Java Collection Framework (`java.sun.com/docs/books/tutorial/index.html`). Beide sind Bestandteil der jeweiligen Sprache. Es gibt zahlreiche Bücher [30, 39, 57], die diese Bibliotheken vorstellen, wir wollen uns exemplarisch nur eine einzige Datenstruktur herauspicken, die wir in weiten Teilen bereits selbst implementiert haben: ein dynamisches Array.

Es kommt häufig vor, dass die Länge eines Arrays nicht von Anfang an bekannt ist. Auf Seite 85 haben wir gesehen, wie wir selbst (durch ein bisschen Programmierarbeit) die Arraygröße zur Laufzeit anpassen können. Sowohl C++ als auch Java bieten durch die Klasse `vector` bzw. `Vector` hier Unterstützung, wie das Beispiel im Listing 4.14 zeigt. Die Funktion `zerlegeInZiffern` zerlegt eine Zahl in ihre Ziffern und gibt die einzelnen Ziffern anschließend auf dem Bildschirm aus.

C++/Java 4.14: Beispiel für `vector` bzw. `Vector`

```cpp
#include <vector>

void zerlegeInZiffern(int zahl) {

    vector<int> vec;  // Vektor mit 0 Elem
    int tst = zahl;
    do {
        vec.push_back(tst % 10);
        tst /= 10;
    } while (tst != 0);

    cout << zahl << " = ";
    for (int i = vec.size(); i>0; --i) {
        cout << vec[i-1] << " ";
    }
}
```
(Funk/Klassen/VectorAnw.cpp)

```java
import java.util.Vector;

class VectorAnw {
static void zerlegeInZiffern(int zahl) {
    Vector vec=new Vector(0);//0 Elemente
    int tst = zahl;
    do {
        vec.addElement(new Integer(tst%10));
        tst /= 10;
    } while (tst != 0);

    System.out.print(zahl + " = ");
    for (int i = vec.size(); i>0; --i) {
        System.out.print(vec.elementAt(i-1)+" ");
    }
}
}
/* ... */
```
(Funk/Klassen/VectorAnw.java)

In C++ ist der Typ der Elemente (im Bsp. `int`), die im Array abgelegt werden sollen, anzugeben. In Java kann dies entfallen. In Java können gleichzeitig verschiedene Typen in dem Vektor abgelegt werden. Einfache Typen (hier `int`) müssen zuvor mit Hüllklassen in Objekte (hier `Integer`) gewandelt werden; siehe Abschn. 4.1.6. Aber auch in Java kann der Typ der Elemente, die im Vektor abgelegt werden dürfen, zur Compile-Zeit bereits festgelegt werden. Dies ist mit der Anweisung `Vector<X> v = new Vector<X>(0)` möglich. `X` darf dann wiederum kein einfacher Typ (z.B. nicht `int`) sein.

Der Zugriff auf einzelne Elemente des Vektors unterscheidet sich in C++ nicht vom Zugriff auf die normalen Arrays. Dies erfolgt in C++ mit dem Index-Operator `[]`. Diese Syntax steht in Java nicht zur Verfügung, weil in Java Operatoren nicht überladen werden können, für Details verweisen wir z.B. auf [30, Abschn. 8.10]. Statt des Index-Operators `[]` wird in Java `elementAt` verwendet. Sowohl der C++-`vector` als auch der Java-`Vector` stellen mit der Methode `size` eine Möglichkeit zur Ermittlung der aktuellen Anzahl der Elemente im Vektor zur Verfügung.

Die Syntax der Anweisung `vec.push_back(tst%10)` entspricht dem Aufruf einer Funktion über einen Funktionszeiger. Wir können uns damit die Methoden als Attribute vom Typ Funktionszeiger in der Struktur `vector` bzw. `Vector` vorstellen; siehe Abschn. 4.4. In Kap. 8 werden wir die Methoden noch im Detail vorstellen.

### Einige Methoden für C++- und Java- Vektor-Objekte
`vector<T> vec;` bzw. `Vector vec = new Vector();`

⊗ **C++:** `vec.push_back(elem);` **Java:** `vec.addElement(elem);`
*Fügt das übergebene Element* **elem** *hinten am Ende des Vektors an.*

⊗ **C++:** `vec[pos] = elem;` **Java:** `vec.setElementAt(elem, pos);`
*Fügt das Element* **elem** *an der Position* **pos** *ein. Der Vektor muss ausreichend groß sein, d.h. an der angegebenen Position muss bereits ein Element vorhanden sein, das überschrieben wird.*

⊗ **Java:** `vec.insertElementAt(elem, pos);`
*Fügt das übergebene Objekt an der Position* **pos** *ein. Befindet sich an der angegebenen Position bereits ein Element, werden alle Elemente ab der bisherigen Position* **pos** *um eine Position verschoben und erhalten somit einen um eins verschobenen Index. Eine vergleichbare Methode stellt der C++-vector nicht zur Verfügung.*

⊗ **C++:** `elem = vec.at(pos);` **Java:** `elem = vec.elementAt(pos);`
*Liefert das Element an der Position* **pos** *zurück. In C++ ist auch der Zugriff mit dem Operator [] (siehe oben) möglich. Im Unterschied zu at findet dann aber keine Prüfung statt, ob der Index im erlaubten Bereich zwischen 0 und* **size()** *- 1 liegt.*

⊗ **C++:** `n = vec.size();` **Java:** `n = vec.size();`
*Liefert die aktuelle Größe, d.h. wie viele Plätze für Elemente vorhanden sind.*

Neben den hier beschriebenen Methoden gibt es noch weitere, z.B. zum gezielten Entfernen von Elementen, zum Sortieren usw.; siehe hierzu auch C++-Kompendium [30, Abschn. 11.5.4 ff].

**Achtung:** In C++ ist der Rückgabetyp der Funktion size vom Typ `vector<T>::size_type`, der meist als `unsigned int` implementiert ist. Das kann zu Problemen führen, wie Listing 4.15 zeigt, denn der Wert der Laufvariablen j wird durch den vorzeichenlosen Typ nie negativ und somit nie kleiner als 0.

C++/Java 4.15: Probleme beim C++-Rückgabetyp von size möglich

```
vector<int> vec;
for (int i=0; i<5; ++i) {
    vec.push_back(i);
}
vector<int>::size_type j; // unsigned
/* Verhalten der folgenden Zeilen nicht def.,
    da j als unsigned nie negativ wird,
    siehe Hinweis 'Achtung' im Text */
for (j = vec.size()-1; j>=0; --j) {
    cout << vec[j] << " ";
}
```

```
Vector vec=new Vector(0);
for (int i = 0; i<5; ++i) {
    vec.addElement(new Integer(i));
}

/* Verhalten der folgenden Zeilen auch
    definiert, da size() int zuruckliefert. */
for (int j = vec.size()-1; j>-1; --j) {
    System.out.print(
        vec.elementAt(j) + " ");
}
```

(Funk/Klassen/VectorAnw.cpp)          (Funk/Klassen/VectorAnw.java)

## Anwendung auf die Netzplanung

Im Abschn. 4.5.1 haben wir zur Verbesserung der Speicherplatzeffizienz unserer Netzplanung die Struktur `DynVorgangsArray` eingeführt. Wir hätten auf diese Struktur verzichten können, wenn wir stattdessen die soeben vorgestellten Container `vector` bzw. `Vector` verwendet hätten; siehe Listing 4.16.

C++/Java 4.16: Struktur `Vorgang` mit `vector` bzw. `Vector`

```
struct Vorgang {
    double dauer;
    double fruehanf;
    double spaetend;
    vector<Vorgang*> vorgaenger;
    vector<Vorgang*> nachfolger;
};
```
(netzplanung/v3a-vector/Vorgang.h)

```
public class Vorgang {
    double dauer;
    double fruehanf;
    double spaetend;
    Vector<Vorgang> vorgaenger;
    Vector<Vorgang> nachfolger;
}
```
(netzplanung/v3a-vector/Vorgang.java)

Listing 4.17 zeigt die Funktion `initVorgang` zur Initialisierung der Attribute des Vorgangs. Die Funktion `freigeben` kann entfallen. Die in der C++-Bibliothek bzw. in Java vorhandenen Containertypen sorgen selbst für ein Aufräumen des Speichers. Wir werden in Abschn. 8.2.3 sehen, wie das jeweils in den beiden Sprachen realisiert ist. Die Funktion zum Einfügen von Nachfolgern eines Vorgangs `setzeNachf` lässt sich ebenfalls sehr einfach realisieren.

C++/Java 4.17: Funktion `initVorgang`

```
/** frühester Anfang und spätestes Ende des
Vorgangs werden mit 0 belegt und die Container
werden geleert (hier nicht erforderlich */
void initVorgang(Vorgang* v) {
    v->vorgaenger.clear();
    v->nachfolger.clear();
    v->fruehanf = 0;
    v->spaetend = 0;
    v->dauer = 0;
}

/** Vorgang vv wird als Vorgänger beim
Vorgang vn eingetragen und umgekehrt. */
void setzeNachf(Vorgang* vv, Vorgang* vn) {
    vv->vorgaenger.push_back(vn);
    vn->nachfolger.push_back(vv);
}
```
(netzplanung/v3a-vector/Vorgang.cpp)

```
/** frühester Anfang und spätestes Ende
    des Vorgangs werden mit 0 belegt.
    und zwei leere Container angelegt */
public void initVorgang(Vorgang v) {
    v.vorgaenger = new Vector<Vorgang>(0);
    v.nachfolger = new Vector<Vorgang>(0);
    v.fruehanf = 0;
    v.spaetend = 0;
    v.dauer = 0;
}
/** Vorgang vv wird als Vorgänger beim
Vorgang vn eingetragen und umgekehrt. */
public void setzeNachf
        (Vorgang vv, Vorgang vn) {
    vv.vorgaenger.addElement(vn);
    vn.nachfolger.addElement(vv);
}
```
(netzplanung/v3a-vector/Vorgang.java.sht)

Entsprechend können wir auch in der Klasse `Netz` den Container `vector` bzw. `Vector` verwenden, wie Listing 4.18 zeigt.

C++/Java 4.18: Struktur `Netz` mit `vector` bzw. `Vector`

```
struct Netz {
  double startzeit, endzeit;
  vector<Vorgang> vorg; // Knoten
};
```
(netzplanung/v3a-vector/Netz.h)

```
public class Netz {
  double startzeit, endzeit;
  Vector<Vorgang> vorg; // Knoten
  }
```
(netzplanung/v3a-vector/Netz.java)

Für weitere Details verweisen wir auf die vollständige Implementierung der Lösung auf unserer Homepage im Verzeichnis *netzplanung/v3a-vector*.

**www**

### Übungen

**Übung 4.5:** Erweitern Sie die Funktionalität der Liste. Implementieren Sie entsprechend `insBeg` die Funktion `insEnd` zum Einfügen eines Elements am Listenende. Implementieren Sie entsprechend `testInsBeg1` die noch fehlenden Tests `testInsBeg2`, `testInsEnd1` und `testInsEnd2`, sodass der folgende Code im Listing 4.19 lauffähig ist.

C++/Java 4.19: Hauptfunktion `main` zur Ausführung der Listentests

```
#include <iostream>
using namespace std;
#include "Test.h"
#include "Liste.h"

int main(){
  if (true == testInsBeg1() &&
    true == testInsBeg2() &&
    true == testInsEnd1() &&
    true == testInsEnd2() ) {
  cout << "Alle Tests erfolgreich.\n";
  }
  else {
  cout << "Tests gescheitert.\n";
  }
}
```
(WertRef/ListClass/main.cxx)

```
public class ListApp{

static public void main(String[] args){
  if (true == Test.testInsBeg1() &&
    true == Test.testInsBeg2() &&
    true == Test.testInsEnd1() &&
    true == Test.testInsEnd2() ) {
    System.out.println(
        "Alle Tests erfolgreich.");
  }
  else {
    System.out.println(
        "Tests gescheitert.");
  }
}
}
```
(WertRef/ListClass/ListApp.java)

## 4.6   Zusammenfassung

In diesem Kapitel geht es um die Verwaltung von Daten und um den Zugriff auf Daten im Arbeitsspeicher. In sicherheitskritischen C++-Anwendungen wird häufig durch firmen- oder projektspezifische Entwurfs-Regeln (Design Rules) festgelegt, dass auf die Nutzung von Objekten auf dem Heap-Speicher ganz zu verzichten ist. Zumindest in C++ ist damit aber noch keine Entscheidung gefallen, ob nun ein Wert oder eine

Referenz verwendet wird. Referenzen können auch auf Variablen (Objekte) auf dem Programm-Stack verweisen. Referenzen auf ein Objekt (Variable) sind immer dann sinnvoll, wenn es mehrere Nutzer von diesem Objekt gibt.

Dem Java-Entwickler sind in dieser Beziehung bereits viele Entscheidungen abgenommen, das Konzept ist klar und einfach:

- Elementare Daten werden auf dem Programm-Stack als Werte verwaltet;
- selbst definierte Daten (Objekte) werden per Referenz auf dem Programm-Heap verwaltet.

In C++ hat der Programmierer hingegen einen großen Entscheidungsspielraum:

- Daten, ob elementar oder selbst definiert, können generell entweder im Programm-Stack oder im Programm-Heap oder auch global vereinbart werden.
- Der Zugriff auf Daten im Programm-Heap erfolgt per Zeiger oder per Referenz (d.h. indirekt).
- Der Zugriff auf globale Daten und auf Daten im Programm-Stack erfolgt wahlweise per Wert (d.h. direkt) oder per Zeiger oder Referenz (d.h. indirekt).

Zwischen der Semantik von Referenzen in C++ und in Java besteht ein wesentlicher Unterschied: In C++ sind Referenzen[7] fest an ein Objekt gebunden, in Java dagegen kann eine Referenz zur Laufzeit jederzeit an ein anderes Objekt gebunden werden, d.h. sie verhält sich diesbezüglich wie ein Zeiger in C++.

Effiziente Datenstrukturen und Algorithmen sind ohne den Einsatz von Zeigern und Referenzen nicht denkbar, sie stellen somit einen sehr wichtigen Aspekt der Programmierung dar.

---

[7]Die C++-Referenzen im engeren Sinne, nicht die Zeiger, die im weiteren Sinne auch Referenzen sind.

# Kapitel 5

# Entwurf von Algorithmen

Umfangreiche Software ist in vielerlei Hinsicht komplex. Zum einen ist da die *Berechnungskomplexität*, die den Zeit- oder Speicherplatzaufwand abhängig von der Eingabe ausdrückt. Zum anderen kann, unabhängig von der *Berechnungskomplexität*, ein Algorithmus kompliziert sein, weil etwa viele Fallunterscheidungen oder komplizierte Datenstrukturen verwendet werden, deren korrektes Zusammenspiel erst die richtige Funktionalität liefert. Während die *Berechnungskomplexität* Hinweise auf das Wachstum der benötigten Rechenzeit und des Speicherbedarfs liefert, gibt die *Ablaufkomplexität* einen Hinweis auf die Verständlichkeit, Wartbarkeit, Fehleranfälligkeit, Testbarkeit etc. Beide Arten von Komplexität sollten möglichst gering sein, wenn wir Effizienz und Fehlerfreiheit anstreben. Für die Berechnungskomplexität verweisen wir auf die einschlägige Literatur zu Algorithmen und Datenstrukturen (z.B. [16, 25, 48, 53, 54]), in diesem Kapitel wollen wir uns vornehmlich der Ablaufkomplexität widmen.

Ein Algorithmus, der aus einer linearen Folge einfacher Anweisungen besteht, kann leicht verstanden werden, weil es nur eine Möglichkeit gibt, die Schritte auszuführen, die Ablaufkomplexität ist gering. Je mehr Schleifen und bedingte Anweisungen vorhanden sind, desto mehr Möglichkeiten gibt es, vom Anfang bis zum Ende des Algorithmus zu gelangen. Erst die Gesamtheit aller Abläufe macht den Algorithmus aus, seine Ablaufkomplexität ist infolgedessen hoch. Als ein Mittel zur Strukturierung stehen uns Funktionen zur Verfügung: Gliedern wir den komplizierten Algorithmus in sinnvolle Teilfunktionen auf, so bleibt von der ursprünglichen Funktion im Idealfall nur eine Sequenz von Funktionsaufrufen übrig. Die *Ablaufkomplexität* dieser Funktion ist damit gesunken – die des Algorithmus insgesamt nicht, weil die Schleifen und Anweisungen nur in Funktionen verlagert wurden. Dennoch ermöglicht diese Verlagerung einen einfacheren Zugang zum Algorithmus, wenn wir ihn Funktion für Funktion erschließen. Der Nutzen dieser Vorgehensweise kommt besonders zum Tragen, wenn wir nur verstehen müssen, was die einzelnen Teilfunktionen leisten, d.h. die genaue Funktionsweise in einem ersten Schritt ignorieren.

# 5.1  Spezifikation von Algorithmen

Es kann kein guter Stil sein, eine bestehende Funktion (bzw. den Algorithmus, den sie implementiert) vor der Wiederverwendung erst genau studieren zu müssen, um zu verstehen, welches Problem die Funktion löst. (Wir sprechen hier von nicht trivialen Algorithmen, die aus mehr als fünf Zeilen bestehen, andernfalls mag der Blick auf den Quellcode tatsächlich informativer sein als jede weitere Beschreibung.) Es ist wichtig zu wissen, dass es den *Aufrufer des Algorithmus* im Allgemeinen überhaupt nicht interessiert, *wie* der Algorithmus das Problem löst, sondern nur, welches Problem genau gelöst wird – und insbesondere ob der vorliegende Spezialfall abgedeckt ist. Die Spezifikation einer Funktion definiert genau, welche Aufgabe die Funktion leistet – wenn der Quelltext nicht mühevoll analysiert werden soll oder kann, dann ist eine Funktion ohne Spezifikation wertlos. Neben der Spezifikation gibt es meist eine Quelltextdokumentation, die beschreibt, *wie* der Algorithmus seine Lösung findet. Diese Dokumentation wird wichtig, wenn jemand einen Fehler korrigieren muss. In diesem Fall können wir davon ausgehen, dass der Leser sich intensiv mit dem Algorithmus auseinandersetzen wird. (Diesen Fall betrachten wir in Abschn. 5.4.) Im Regelfall will sich ein Entwickler nur möglichst rasch informieren, ob er den Algorithmus für sein Problem anwenden kann oder nicht.

Was ist für den Anwender einer Funktion wichtig? Was gehört in die Spezifikation? Mindestens folgende Punkte sollten enthalten sein:

- Kurze Klartext-Beschreibung der Funktionalität (*was*, nicht *wie*)

- Die Bedeutung aller Argumente der Funktion, eine klare Kennzeichnung von Rückgabewerten (das lässt sich im besten Fall durch die Typen der Argumente klären, bspw. indem in C++ reine Eingabeparameter als `const` deklariert sind).

- Unter welcher Bedingung funktioniert der Algorithmus erfolgreich (**Vorbedingung**)?

- Wenn der Algorithmus bei erfüllten Vorbedingungen aufgerufen wurde, was gilt dann nach Ausführung des Algorithmus (**Nachbedingung**)?

Da keine Details über die interne Funktionsweise des Algorithmus in der Spezifikation enthalten sind, ist es durchaus möglich und empfehlenswert, die Spezifikation *vor* der Implementierung zu schreiben.[1] Ein Beispiel für eine Spezifikation im Quelltext:

```
/**
 * Die Funktion berechnet den Schnittpunkt zweier Linien.
 *
 * @param a1 Der Anfangspunkt von Linie 1.
 * @param a2 Der Endpunkt von Linie 1.
 * @param b1 Der Anfangspunkt von Linie 2.
 * @param b2 Der Endpunkt von Linie 2.
 * @return (auf dem Heap erzeugter) Schnittpunkt von Linie 1 und 2.
 *
 * @pre Die Linien dürfen nicht parallel sein.
```

---

[1] Der richtige Platz für die Spezifikation ist in C++ die Header-Datei, da die Quellcode-Datei im Allg. nicht zur Verfügung steht. In Java sorgt das Werkzeug JavaDoc für die Extraktion und Bereitstellung der Dokumentation aus der Java-Quellcode-Datei, aber auch für C++ gibt es Werkzeuge, die die Dokumentation aus der Quellcode- **und** der Header-Datei extrahieren (z.B. Doxygen).

```
*  @post Der Rückgabewert stellt den Schnittpunkt dar, falls er existiert.
*        Sonst wird NULL geliefert.
*/
punkt* intersect(const punkt& a1,const punkt& a2,const punkt& b1, const punkt& b2);
```

Oft wird vergessen, die (besonders hilfreiche) Vorbedingung anzugeben. Stattdessen wird einfach verschwiegen, dass der Algorithmus unter bestimmten Umständen nicht korrekt funktioniert. Die Tatsache, dass ein Algorithmus nicht alle Fälle abdeckt, ist an sich kein Makel, wenn in der Spezifikation dieser Fall explizit ausgeschlossen wird. Die Kenntnis darüber ist aber Bedingung für die korrekte Anwendbarkeit des Algorithmus. Eine unsachgemäß aufgerufene Funktion produziert Fehler, die auf das Konto des Aufrufers gehen, aber oft dem Autor der Funktion angelastet werden. (Wie wir uns dagegen schützen können, behandelt Abschn. 6.1.1.)

## 5.2  Dokumentation mit *Doxygen* und *JavaDoc*

Eine Dokumentation im ASCII-Format der Quelltexte ist schon in ihrer äußeren Qualität nicht mit einer Software-Dokumentation vergleichbar, die mit einem Textverarbeitungssystem wie z.B. Word oder LATEX erstellt wurde. Abhilfe schaffen hier Software-Dokumentationswerkzeuge, welche zur automatischen Erzeugung von Dokumentationen aus dem Quellcode dienen. Gute Dokumentationswerkzeuge erlauben die Generierung von Dokumenten in unterschiedlichen Ausgabeformaten (z. B. Word, HTML oder LATEX). Das Software-Dokumentationswerkzeug *JavaDoc* ist sogar Bestandteil der Java-Distribution. *Doxygen* wurde von Dimitri van Heesch entwickelt und steht als freie Software unter der *GPL* zur Verfügung, siehe www.doxygen.org. Es kann neben C++ und Java auch aus Quelltexten anderer Programmiersprachen eine (sehr ansprechende) Dokumentation automatisch erstellen.

Voraussetzung für die Aufnahme einer Funktion in die Dokumentation durch JavaDoc bzw. Doxygen ist die Einleitung des Kommentars mit zwei Sternen in der ersten Kommentarzeile. Entsprechend sind wir in den vorangegangenen Kapiteln bisher immer bei der Beschreibung des *was* und *wie* einer Funktion vorgegangen. Durch spezielle Kürzel (z.B. @param für Funktionsparameter, @return: Funktionsrückgabewert, @pre: Vorbedingung, @post: Nachbedingung) im Quelltext können *JavaDoc* und *Doxygen* bei der Dokumentation unterstützt werden. Außerdem ist es möglich, einen zusammenfassenden Überblick über den Aufbau und die Elemente eines bereits existierenden Programms (verwendete Dateien, Funktionen, Variablen sowie deren Rolle im Programmablauf) zu erzeugen sowie die Code-Struktur auch aus undokumentiertem Quellcode zu extrahieren, z.B. include-Abhängigkeiten und Vererbungsabhängigkeiten. Da *Doxygen* und *JavaDoc* die Dokumentation direkt aus den Quellen extrahieren, ist es einfacher, Dokumentation und Quellcode konsistent zu halten, und die Dokumentation kann leicht in kurzen Zyklen automatisch aktualisiert und (bspw. über das Intranet) zur Verfügung gestellt werden.

# 5.3   Schrittweise Verfeinerung

## 5.3.1   Das Prinzip

Nachdem geklärt ist, was ein Algorithmus leisten soll, können wir uns an die Umsetzung wagen. Die Idee der **schrittweisen Verfeinerung** spricht genau die eingangs erwähnte Reduktion der *Ablaufkomplexität* an und ist eng mit der Formulierung von Algorithmen in so genanntem Pseudo-Code verknüpft. Eine Programmzeile *Weise m den kleinsten Wert aus dem Array a zu* ist kürzer und leichter zu verstehen als der entsprechende Quellcode. Im so genannten Pseudo-Code erlaubt man derartige Formulierungen, weil entweder sofort klar ist, wie der Text in eindeutige Anweisungen umzusetzen ist, oder aber weil man sich darüber erst später Gedanken machen will – die kurze, verbale Beschreibung dient quasi als Mini-Spezifikation für den Algorithmus, der an die Stelle des Textes treten muss. Bei der Entwicklung von Algorithmen ist dies eine hilfreiche Technik, um schnell einen ersten Entwurf auf abstrakter Ebene niederschreiben zu können. Schritt für Schritt wird der abstrakte Pseudo-Code dann durch detaillierten (Pseudo- oder Quell-)Code ersetzt, bis schließlich nur noch Quellcode übrig bleibt.

Betrachten wir dazu ein einfaches, illustrierendes Beispiel zur Bestimmung des Mittelwertes von Zahlen, die in einem Array gespeichert sind. Wir fassen Pseudo-Code in `<spitze Klammern>` ein, um ihn von normalen Anweisungen im Programm unterscheiden zu können. Dann können wir einen Algorithmus wie folgt in Pseudo-Code angeben:

```
<Summiere alle Elemente im Array a>
<Dividiere die Summe durch die Anzahl der Elemente>
```

Als nächsten Schritt verfeinern wir ein Stück Pseudo-Code, beispielsweise die Summation:

```
double sum=0;
<Für alle Elemente e des Arrays a> {sum += <Element e>}
```

Am Ende der Verfeinerung erhalten wir beispielsweise:

```
double sum = 0;
for (int i=0;i<a.length;++i) {sum += a[i];}
sum /= a.length;
```

Zuletzt ist von der ersten Pseudo-Code-Version nicht mehr viel zu erkennen. Das ist bedauerlich, weil die Pseudo-Code-Formulierung viel schneller verstanden werden kann als der reine Quelltext. Das gilt insbesondere, wenn es sich nicht mehr um ein so simples Beispiel handelt. Eine bessere Möglichkeit ist es daher, den Pseudo-Code zum Anlass zu nehmen, die Funktionalität in Funktionen aufzuteilen. Die Pseudo-Code-Zeile

```
<Summiere alle Elemente im Array a>
```

wird dann durch folgenden Funktionsaufruf ersetzt:

```
sum = summiereAlleElementeImArray(a);
```

Durch den Funktionsaufruf und den selbsterklärenden Namen bleibt die Struktur des Algorithmus besser durchschaubar. Diese Vorgehensweise kann nur wärmstens empfohlen werden, weil sie hilft, strukturiert und nachvollziehbar vorzugehen. Vielen Entwicklern ist das zu langwierig, sie müssen manchmal durch Programmierrichtlinien („Keine Funktion darf über mehr als eine Bildschirmseite gehen") *gezwungen* werden, komplexe Funktionalität in überschaubare Portionen aufzugliedern, damit auch andere später leicht Zugang zu dem Quellcode erhalten können. Aus Gründen der Nachvollziehbarkeit und damit der besseren Wartbarkeit sollten Sie dieses Strukturierungsmittel intensiv nutzen.

### 5.3.2  Fallstudie *Nimm-Spiel*

**Einführung**

Das *Nimm-Spiel* (auch *Nim-Spiel* und *Marienbad-Spiel* genannt) ist ein einfaches aber durchaus reizvolles kleines Zwei-Personen-Strategiespiel. Es werden – wie in Bild 5.1 dargestellt – vier Reihen mit je 1, 3, 5 bzw. 7 Streichhölzern (oder Münzen oder Ähnlichem) gelegt. Zwei Spieler entnehmen abwechselnd Hölzer, und zwar jeweils mindestens eins, maximal eine ganze Reihe. Bei jedem Zug dürfen Hölzer aus nur einer Reihe entnommen werden. Wer das letzte Streichholz entnimmt, der gewinnt.

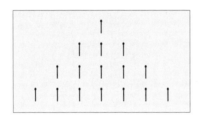

Bild 5.1: Anordnung der Hölzer beim *Nimm-Spiel*

Wir wollen das *Nimm-Spiel* auf dem Rechner implementieren, und zwar so, dass eine Person gegen den Rechner spielt. Dabei soll es dem Benutzer möglich sein, zwischen verschiedenen Spielstärken (z.B. *stark/mittel/schwach*) des Rechners zu wählen.

**Obere Programmebene**

Bei der Entwicklung der Implementierung verwenden wir wiederum die *schrittweise Verfeinerung*. Wir beginnen mit der oberen Ebene und formulieren das Programm unter Verwendung von C++- oder Java-Syntax sowie von verbalen Elementen, die zur Hervorhebung in spitze Klammern gefasst sind. Dabei gehen wir so vor, dass wir von vornherein durchaus auch *endgültigen Programmcode* verwenden. Wir erhalten dann z.B. folgenden Ansatz für die obere Programmebene:

<Nimm-Spiel>≡

```
<Spielregeln ausgeben>
do {
  <Ein Spiel durchfuehren>
}
while (<wiederholen>);
```

Auf dieser oberen Programmebene wird festgelegt, dass der Benutzer nach jedem
Spiel entscheidet, ob er jeweils ein weiteres Spiel durchführen möchte. Auf jeder
Ebene werden nur solche Variablen vereinbart, die dort auch verwendet werden, auf
dieser oberen Ebene benötigt man noch keine Variablen, bei den Verfeinerungen
werden dann Schritt für Schritt die jeweils dort benötigten Variablen eingeführt.

**Verfeinerungen**

Jede Ebene kann verbale Elemente enthalten, die dann jeweils wieder auf der nächsttieferen Ebene verfeinert werden. Dabei gibt es die Möglichkeit,

- entweder direkt zu verfeinern, d.h. den verfeinerten Programmcode direkt hinzu-
  schreiben,

- oder einen Funktionsaufruf zu formulieren und die entsprechende Funktion anschließend zu definieren.

Wir werden in diesem Beispiel für die Verfeinerungen überwiegend Funktionen verwenden, um auf diese Weise gleich eine klare Strukturierung zu erreichen.

**1. Verfeinerungsebene:**

Während der Ansatz auf der oberen Ebene noch sowohl der Syntax von C++ als
auch der von Java genügt, werden wir auf dieser Ebene teilweise sprachspezifisch
werden, insbesondere bedingt durch die unterschiedlichen Konstrukte für die Ein-
und Ausgabe in beiden Sprachen. Es gibt durchaus die Möglichkeit, Algorithmen
z.B. durch Verwenden von *Pseudo-Code* auch sprachunabhängig zu entwickeln und
darzustellen; siehe dazu z.B. [16]. Dieser Weg soll hier aber nicht beschritten werden,
wir verwenden stattdessen für dieses Beispiel die C++-Syntax.

<Spielregeln ausgeben>≡

```
spielregeln_ausgeben();
```

Das verbale Element wird durch den angegebenen Funktionsaufruf ersetzt. Diese Verfeinerung, die durch die angegebene Implementierung der Funktion realisiert wird,
beinhaltet lediglich eine Textausgabe zur kurzen Erläuterung der Spielregeln und
der Spielstärke des Computers für den Benutzer des Programms:

```
void spielregeln_ausgeben() {
  cout <<
  "Es werden vier Reihen je 1, 3, 5 bzw. 7 Hoelzern gelegt: \n\n" <<
  "       ! \n" <<
  "     ! ! ! \n" <<
  "   ! ! ! ! ! \n" <<
```

```
" ! ! ! ! ! ! ! \n\n" <<
"Zwei Spieler entn. abw. Hoelzer, und zwar jeweils mindestens 1, \n" <<
"maximal eine ganze Reihe. \n" <<
"Es darf jeweils nur aus einer Reihe entnommen werden. \n\n" <<
"Wer zuletzt entnimmt, gewinnt.\n\n" <<
"Sie koennen zwischen drei Spielstaerken des Computers waehlen:\n" <<
" 1 fuer schwach, 2 fuer zufallsgesteuert und 3 fuer stark.\n\n";
}
```

<Ein Spiel durchfuehren>≡

```
ein_spiel_durchfuehren();
```

Auch hier wird das verbale Element durch einen Funktionsaufruf ersetzt. Das folgende Listing zeigt die Implementierung der Funktion. Der Programmtext sollte selbsterklärend sein, was im Wesentlichen dadurch erreicht wird, dass wieder neue verbale Elemente eingeführt werden, deren Konkretisierung in der zweiten Verfeinerungsebene erfolgt.

```
void ein_spiel_durchfuehren() {
  <Anfangswerte setzen>
  <Spielstaerke des Computers definieren>
  <Anfaenger festlegen>

  do {
    <Hoelzer_Bild_ausgeben>
    <naechsten Zug machen>
  }
  while ( ! <fertig> );
  <Gewinner benennen>
}
```

Die Verbalisierungen

- <Hoelzer-Bild ausgeben>

- <naechsten Zug machen>

- <Gewinner benennen>

sorgen auch hier wieder dafür, dass die angegebene Funktion überschaubar bleibt, indem sie Details nach unten verlagern.

<wiederholen>≡

```
wiederholen()
```

Der Text <wiederholen> wird durch den Funktionsaufruf wiederholen() ersetzt. Die entsprechende Funktion wird so implementiert, dass sie den Benutzer fragt, ob er nochmals spielen möchte, bei der Eingabe von j für ja liefert die Funktion den Wert true, bei allen anderen Eingaben dagegen false:

```
bool wiederholen() {
  cout << "noch mal? ('j' fuer ja): ";
  char ch;
  cin >> ch;
  return ch == 'j';
}
```

## 2. Verfeinerungsebene:

Während wir auf der ersten Verfeinerungsebene nur Funktionen ohne Parameter verwenden, haben die Funktionen auf der zweiten Ebene Parameter. Wegen der Unterscheidung in C++ zwischen Werte- und Referenzparametern können sich dadurch weitere Unterschiede bei der Realisierung in C++ und in Java ergeben.

&lt;Anfangswerte setzen&gt;≡

```
const int anzahlReihen = 4;
int r[anzahlReihen+1];
r[1]=1; r[2]=3; r[3]=5; r[4]=7; // r[0] wird nicht verwendet
```

Die Hölzeranzahl in jeder Reihe wird in einem Array r abgespeichert, wobei das erste Arrayelement r[0] nicht verwendet wird.

&lt;Hoelzer-Bild ausgeben&gt;≡

```
hoelzer_bild_ausgeben(r, anzahlReihen);
```

Hier wird der aktuelle Spielstand in Form der Anordnung der Hölzer durch den Aufruf der Funktion auf dem Bildschirm dargestellt. Die Anordnung der Hölzer ist in dem aktuellen Parameter r abgelegt und wird der Funktion übergeben:

```
void hoelzer_bild_ausgeben(int r[], int anzahlReihen) {
  for (int reihe=1; reihe < anzahlReihen+1; ++reihe) {
    cout << reihe << ": ";
    for (int i=1; i < r[reihe]+1; ++i) cout << "!";
    cout << endl;
  } }
```

&lt;Spielstaerke des Computers definieren&gt;≡

```
cout << "\n---------- Spielbeginn -----------" << endl;
int spielstaerke; // 1: schwach; 2: zufallsgesteuert; 3: stark
do {
  cout << endl << "Spielstaerke des Computers? (1/2/3): ";
  cin >> spielstaerke;
}
while (spielstaerke < 1 || (spielstaerke > 3));
```

An dieser Stelle entscheiden wir uns für eine direkte Implementierung, d.h. wir verwenden keine Funktion.

&lt;Anfaenger festlegen&gt;≡

```
cout << endl << "Wollen Sie anfangen? ('j' fuer ja): ";
char ch;
cin >> ch;
int spieler;    // 1: Mensch; 2: Computer
if (ch=='j') spieler = 1; else spieler = 2;
```

Auch hier wird wieder direkt implementiert, ohne eine Funktion zu verwenden.

&lt;naechsten Zug durchfuehren&gt;≡

```
naechsten_zug_durchfuehren(r, spieler, spielstaerke);
```

Auf dieser Ebene wird entschieden, ob der Benutzer am Zuge ist oder der Computer, und je nach eingestellter Spielstärke wird im Falle eines Computerzuges weiter unterschieden:

- <simplen Computer-Zug ausfuehren>: Hier führt der Computer einen leicht vorhersehbaren Zug aus, ohne dabei eine Gewinnstrategie zu verfolgen.

- <Zufalls-Computer-Zug ausfuehren>: Auch hier wird keine Gewinnstrategie verfolgt, aber die Computerzüge sind nicht mehr vorhersehbar.

- <starken Computer-Zug ausfuehren>: Hier verfolgt der Computer eine Gewinnstrategie, d.h. er spielt optimal.

```
void naechsten_zug_durchfuehren(int r[], int& spieler, int spielstaerke) {
  if (spieler == 1) {
    spieler_zug(r);
  }
  else {
    switch (spielstaerke) {
      case 1: <simplen Computer-Zug ausfuehren>; break;
      case 2: <Zufalls-Computer-Zug ausfuehren>; break;
      case 3: <starken Computer-Zug ausfuehren>; break;
    }
  }
  spieler = spieler % 2 + 1; // naechsten Spieler bestimmen
}
```

<fertig>≡

```
r[1]==0 && r[2]==0 &&r[3]==0 && r[4]==0
```

Das Spiel ist fertig (beendet), wenn alle Hölzer entfernt sind.

<Gewinner benennen>≡

```
gewinner_benennen(spieler);
```

Anhand des übergebenen Wertes des aktuellen Parameters spieler wird der Gewinner festgestellt. Dabei ist zu beachten, dass der Wert an dieser Stelle den Spieler bezeichnet, der nicht mehr ziehen kann:

```
void gewinner_benennen(int spieler) {
  if (spieler == 2)
    cout << "Gratuliere, Sie haben gewonnen!" << endl << endl;
  else
    cout << "Hurra, ich habe gewonnen!" << endl << endl;
}
```

## 3. Verfeinerungsebene:

<Spieler-Zug ausfuehren>≡

```
spieler_zug(r, anzahlReihen);
```

Hier wird die Eingabe des Spielers durchgeführt und überprüft, ob der ausgewählte Zug gültig, d.h. in der ausgewählten Reihe `reihe` noch mindestens die gewählte Anzahl der Hölzer `weg` vorhanden ist. Im Falle einer fehlerhaften Eingabe wird eine entsprechende Meldung abgesetzt und der Benutzer erneut zur Eingabe aufgefordert. Im Falle einer korrekten Eingabe wird die interne Repräsentation der Hölzeranzahl aktualisiert.

```
void spieler_zug(int r[], int anzahlReihen) {
  bool ok;
  do {
    int reihe, weg;
    cout << "\nIhr Zug (reihe, weg): ";
    cin >> reihe >> weg;
    ok = reihe >= 1 && reihe <= anzahlReihen && weg > 0 && weg <= r[reihe];
    if (ok) r[reihe] -= weg; else cout << "falsche Eingabe!";
    cout << endl;
  }
  while (!ok);
}
```

<simplen Computer-Zug ausfuehren>≡

```
simpler_computer_zug(r);
```

Hier wird der Zug des Computers ermittelt. Die Strategie ist simpel: Es wird aus der nächsten, nicht leeren Reihe ein Holz entnommen:

```
void simpler_computer_zug(int r[]) {
  int reihe = 0;
  do { reihe++; } while (r[reihe]==0);
  int weg = 1;
  <Computer Zug Ausgabe>
}
```

<Zufalls-Computer-Zug ausfuehren>≡

```
zufalls_computer_zug(r);
```

Hier wird der Zug des Computers mit Hilfe eines Zufallsgenerators ermittelt: Es wird zunächst, wie im Falle der simplen Strategie, die nächste leere Reihe ermittelt, aus der dann zufallsgesteuert mindestens eins und maximal alle Hölzer entnommen werden. Dadurch wird die Vorgehensweise des Computers unvorhersehbar:

```
void zufalls_computer_zug(int r[]) {
  int reihe = 0;
  do { reihe++; } while (r[reihe]==0);
  int nHoelzer = r[reihe];
  int weg = rand() % nHoelzer + 1;
  <Computer Zug Ausgabe>
}
```

<starken Computer-Zug ausfuehren>≡

```
starker_computer_zug(r, anzahlReihen);
```

Hier soll der Computer optimal spielen, d.h. versuchen zu gewinnen. Die *optimale Zugstrategie* ist einfach zu formulieren:

- Notiere die Anzahl der Hölzer in den vier Reihen als Dualzahlen.

- Hinterlasse nach jedem Zug möglichst den Zustand *Alle Spaltensummen modulo 2 gleich 0*.

Die Strategie wird in Bild 5.2 an einem Beispiel erläutert:

- Wenn ein Spieler z.B. die im Bild links dargestellte Situation vorfindet, nimmt er drei Hölzer aus der vierten Reihe und hinterlässt seinem Gegenspieler damit eine Anordnung, mit der der Gegner nicht mehr gewinnen kann, wenn der Spieler selbst weiterhin optimal spielt! Die nächste Entnahme des Gegenspielers kann aus jeder Spalte maximal eine 1 entfernen (weil nur aus einer Zeile Hölzer genommen werden dürfen), sodass in der *modulo 2 Spaltensumme* dann eine 1 verbleibt. Eben weil die Spaltensumme nach dem Gegenspieler-Zug aber nicht nur aus Nullen bestehen wird, kann der Gegenspieler mit seinem Zug nicht gewinnen.

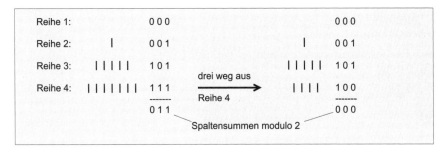

Bild 5.2: Erläuterung zur optimalen Strategie beim *Nimm-Spiel*

Die simple Realisierung sieht hier so aus, dass alle Reihen durchgesehen werden: Wird eine nichtleere Reihe gefunden, dann wird mit *<liegt Gewinnstellung vor>* für jede mögliche Entnahme (1, 2, ... Hölzer) geprüft, ob jeweils damit das Optimum erreicht wird. Sobald ein Optimum gefunden ist, wird dieser Zug durchgeführt und die Funktion verlassen. Im Falle, dass kein Optimum gefunden wurde, wird ein Zufalls-Computer-Zug durchgeführt:

```
void starker_computer_zug(int r[], int anzahlReihen) {
 bool ok;
 for (int reihe=1; reihe<=4; reihe++) {
  int hoelzer = r[reihe];
  if (hoelzer > 0) {
    for (int weg=1; weg<=hoelzer; weg++) {
     int r_temp[5] = {r[0], r[1], r[2], r[3], r[4]};
     r_temp[reihe] = r[reihe] - weg;
     ok = <liegt Gewinnstellung vor>;
     if (ok) {
      r[reihe] -= weg; <Computer Zug Ausgabe> return;
 }}}}
 <Zufalls-Computer-Zug ausfuehren>;
}
```

**4. Verfeinerungsebene:**

<Computer Zug Ausgabe>≡

```
cout << endl << "ich nehme " << weg << " Hoelzer aus Reihe " << reihe << endl << endl;
```

In dieser Verfeinerung wird direkt der Code ohne Aufruf einer Funktion eingefügt, da die Funktion nur eine Zeile enthalten würde. Es spricht aber auch nichts gegen die Implementierung der Verfeinerung durch eine Funktion.

<liegt Gewinnstellung vor>≡

```
liegt_gewinnstellung_vor(r, anzahlReihen);
```

Diese Funktion testet, ob die mit r übergebene Hölzeranordnung die genannte Forderung *Alle Spaltensummen modulo 2 gleich 0* erfüllt. Die Aufgabe könnte man z.B. so lösen, dass man die Hölzerzahlen der Reihen in Dualzahlen konvertiert, in einem Array ablegt und dann die *Spaltensummen modulo 2* rechnerisch ermittelt. Aber es geht viel einfacher:

- Die Hölzerzahlen – die ja rechnerintern binär abgelegt sind – werden per *Exklusiv-ODER* verknüpft.

- Wenn das Ergebnis der Verknüpfung den Wert *Null (0)* hat, dann liegt eine Gewinnstellung vor.

Die einfachste Art der Implementierung wäre demnach:

```
bool liegt_gewinnstellung_vor(int r[], int anzahlReihen) {
  return (r[1]^r[2]^r[3]^r[4]) == 0;
}
```

Um aber auch den zweiten Parameter zu verwenden und die Funktion damit gleich so zu fomulieren, dass die Anzahl der Reihen leicht geändert werden kann, wählen wir die folgende Implementicrung:

```
bool liegt_gewinnstellung_vor(int r[], int anzahlReihen) {
  int sum = 0;
  for (int reihe=1; reihe < anzahlReihen+1; ++reihe) {
    sum ^= r[reihe];
  }
  return sum == 0;
}
```

Bild 5.3 stellt die Struktur des Programms Nimm grafisch dar und zeigt die Aufrufstruktur der verwendeten Funktionen.

**www**   Das Listing 5.1 zeigt eine abstrahierte Form der Implementierung in C++, das vollständige Programm finden Sie auf unserer Homepage im Verzeichnis *Algo*. Das Listing zeigt insbesondere die Anordnung der Funktions*deklarationen* (d.h. der Prototypen) und der Funktions*definitionen* in dem C++-Programm.

In jeder Ebene stehen im Programmtext zunächst die *Deklarationen* der auf der jeweiligen Ebene verwendeten Funktionen und danach die *Definitionen* der Funktionen, die diese Ebene implementieren.

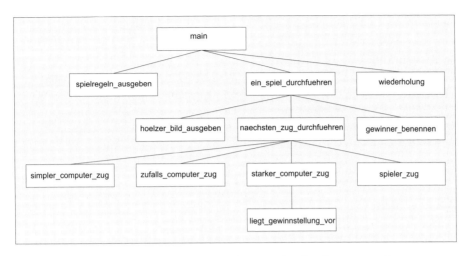

Bild 5.3: Aufrufstruktur der Funktionen für das Programm `Nimm`

C++ 5.1: Nimm-Programm, abstrahierte Darstellung

```cpp
#include <iostream>
#include <cstdlib>
using namespace std;


//————————Obere Ebene:————————

void spielregeln_ausgeben();
void ein_spiel_durchfuehren();
bool wiederholen();

int main() { ... }


//————1. Verfeinerungsebene:————————

void spielregeln_ausgeben() { ... }
void ein_spiel_durchfuehren() { ... }
bool wiederholen() { ... }

void naechsten_zug_durchfuehren
        (int r[], int& spieler, int spielstaerke,
        int anzahlReihen);
void hoelzer_bild_ausgeben
        (int r[], int anzahlReihen);
void gewinner_benennen(int spieler);


//————2. Verfeinerungsebene:————————

void spieler_zug(int r[], int anzahlReihen);
```

```cpp
void simpler_computer_zug(int r[]);
void zufalls_computer_zug(int r[]);
void starker_computer_zug
        (int r[], int anzahlReihen);

void hoelzer_bild_ausgeben
        (int r[], int anzahlReihen) { ... }
void naechsten_zug_durchfuehren
        (int r[], int& spieler, int spielstaerke,
        int anzahlReihen) { ... }
void gewinner_benennen(int spieler) { ... }


//————3. Verfeinerungsebene:————————

bool liegt_gewinnstellung_vor
        (int r[], int anzahlReihen);

void spieler_zug
        (int r[], int anzahlReihen) { ... }
void simpler_computer_zug(int r[]) { ... }
void zufalls_computer_zug(int r[]) { ... }
void starker_computer_zug
        (int r[], int anzahlReihen) { ... }


//————4. Verfeinerungsebene:————————

bool liegt_gewinnstellung_vor
        (int r[], int anzahlReihen) { ... }
```

(Algo/nimm.sht)

- Obere Ebene: `main` implementiert diese Ebene und verwendet dafür `spielregeln_ausgeben`, `ein_spiel_durchfuehren` und `wiederholen`, die in der ersten Verfeinerungsebene implementiert werden.

- Erste Verfeinerungsebene: `spielregeln_ausgeben`, `ein_spiel_durchfuehren` und `wiederholung` implementieren diese Ebene; die Funktion `ein_spiel_durchfuehren` verwendet dafür die Funktionen `naechsten_zug_durchfuehren`, `hoelzer_bild_ausgeben` und `gewinner_benennen`, die in der zweiten Verfeinerungsebene implementiert werden.

- usw.

### 5.3.3 Übungen

**Übung 5.1:** Für die Entwicklung des `Nimm-Spiel`-Programms nach der Methode der *schrittweisen Verfeinerung* wurde hier die C++-Syntax und -Semantik verwendet. Führen Sie die gleiche Entwicklung unter Verwendung der Java-Syntax und -Semantik durch, um auf diese Weise ein Java-Programm zu erhalten.

**Übung 5.2:** Modifizieren Sie die Entwicklung des `Nimm-Spiel`-Programms wie folgt: Der Spieler, der das letzte Holz wegnimmt, hat verloren!

**Übung 5.3:** Modifizieren Sie durch schrittweise Verfeinerung die Entwicklung des `Nimm-Spiel`-Programms wie folgt: Statt der vorgegebenen anfänglichen Hölzeranordnung kann eine beliebige gewählt werden (beliebig viele Reihen mit jeweils beliebig (auch unterschiedlich) vielen Hölzern), die vom Benutzer am Spielanfang interaktiv eingegeben wird.

## 5.4 Literate Programming

Wir haben durch schrittweise Verfeinerung Lösungen für unsere Probleme entwickelt. Nun muss im Rahmen von neuen Anforderungen der Quellcode eines anderen Projekts erweitert werden, wir müssen uns in fremden Quellcode einarbeiten. Wie bekommt man den schnellsten Zugang? Statt sich von Beginn an mit allen Details herumzuschlagen, möchten wir zunächst einen Überblick gewinnen: Wie sieht die grundsätzliche Idee zur Lösung aus? Mit diesem Wissen ist die Struktur des Programms viel leichter nachzuvollziehen. Leider ist die in einer separaten Textdatei vorliegende Dokumentation veraltet. Mit Hilfe des Quellcodes eine Übersicht über die Gesamtlösung zu erhalten, erweist sich aber als sehr mühsam. Wie kommt das?

Der Entwurf eines Algorithmus ist ein kreativer Prozess: Die intuitive Lösungsidee muss – wie beim Nimm-Spiel gezeigt – in endlich viele eindeutige Einzelschritte untergliedert werden, viele Einzelentscheidungen müssen gefällt werden, jede Entscheidung findet an unterschiedlichen Stellen im Code Berücksichtigung. In der entstandenen Quellcode-Datei ist die ursprüngliche Idee nur noch in Form von Fragmenten über den Quellcode verteilt, und dieser ist für den Compiler geschrieben, nicht für den Menschen.

Die Schlüsselbeobachtung beim *Literate Programming* ist, dass bei der Wartung von Software – wenn Algorithmen verstanden oder erklärt werden müssen – die Beschreibung der schrittweisen Verfeinerung, die zur Entwicklung des Quelltextes geführt hat, eine viel besser geeignete Quelle für das Verständnis von Code ist als die Quelltextdatei selbst. Diese Erkenntnis hatte Donald E. Knuth bereits vor 30 Jahren [34], als er den Begriff des **Literate Programming** für die Dokumentation von Quelltexten nach dem Prinzip der schrittweisen Verfeinerung schuf. Dabei wird in **nur einer Datei** gleichzeitig der (schrittweise verfeinerte) Quelltext **und** dessen Dokumentation abgelegt (in so genannten .web-Dateien). Kleine Werkzeuge erzeugen daraus einmal den Quellcode und einmal eine Dokumentation (z.B. im LATEX- oder HTML-Format).

Die Verfeinerung beim Literate Programming erfolgt nicht durch Löschen des Pseudo-Codes und Einfügen von Quelltext, sondern zur Dokumentation bleiben alle Zwischenstände bewahrt. Betrachten wir unser Mittelwert-Beispiel erneut: In eine Quelltextdatei notieren wir unsere erste Pseudo-Code-Version ganz ähnlich wie zuvor:

```
<<Berechne Mittelwert von Array a>>=
  <<Summiere alle Elemente im Array a>>
  <<Dividiere die Summe durch die Anzahl der Elemente>>
@
```

Die erste Zeile fasst den folgenden Pseudo-Code unter dem Namen „Berechne Mittelwert von Array a" zusammen. Ein derart bezeichnetes Code-Fragment wird auch **Chunk** genannt. Im Pseudo-Code selbst verwenden wir solche Code-Chunks, die wir im weiteren Verlauf noch definieren müssen. Wir setzen die Datei weiter fort:

```
<<Summiere alle Elemente im Array a>>=
  float sum = 0;
  for (int i=0;i<a.length;++i)
    <<Addiere Element a[i] zu sum>>
@
```

Sind alle Chunks definiert, kann durch Ersetzen der Chunk-Namen durch deren Definitionen der vollständige Quellcode generiert werden (Makrofunktionalität). Ein Chunk wird dabei immer unmittelbar vor seiner Definition dokumentiert. Dabei müssen Chunks nicht *in einem Stück* angegeben werden, sondern sie können beliebig verlängert werden (durch wiederholte <<Chunk>>=... Blöcke). Das erlaubt eine komfortable Erstellung und gleichzeitig detaillierte Erklärung des Quellcodes.

Das Listing 5.2 illustriert die Vorgehensweise noch einmal anhand des Quicksort-Algorithmus. Dem Algorithmus kann ein Array aus Zeigern auf beliebige Instanzen eines struct übergeben werden. Eine Vergleichsfunktion wird als Funktionszeiger (vgl. Abschn. 4.4) übergeben. Sie liefert negative (positive) Werte, wenn das erste Argument vor (nach) dem zweiten einsortiert werden muss. Damit ist es möglich, diese Quicksort-Implementierung für verschiedenste Datenstrukturen und/oder Sortier-Ordnungen zu benutzen, es muss nur jedes Mal eine geeignete Vergleichsfunktion übergeben werden. Aus dem Chunk ⟨qsort.h⟩ wird schließlich die Header-Datei und aus dem Chunk ⟨qsort.c⟩ die Quellcode-Datei erzeugt. Es ist auch möglich, mehrere Quellcode-Dateien in einer .web-Datei zu pflegen. Die Quelltextdatei folgt dabei der oben erläuterten Struktur.

Noweb/C++ 5.2: Noweb-Quellcode für eine Quicksort-Implementierung          (Algo/qsort.nw)

```
<<Quicksort Prototyp>>=
/**
 * Quicksort für beliebige Datenstrukturen.
 * @param a Array mit Zeigern auf die Daten—Instanzen
 * @param li linke Grenze des Sortierbereiches
 * @param re rechte Grenze des Sortierbereiches
 * @param comp Vergleichsfunktion für Datenstruktur
 * @post a[li] bis a[re] aufsteigend nach comp sortiert
 */
void qsort(void* a[], int li, int re, int (*comp)(void*,void*))
@
```

Nur wenn der Bereich li..re aus mehr als einem Element besteht, sortieren wir
das Array zunächst vor: In die linke (bzw. rechte) Hälfte kommen alle Werte,
die kleiner (bzw. größer) oder gleich dem Wert x sind. Die beiden Hälften
lassen wir dann (rekursiv) sortieren. Damit ist dann das ganze Array sortiert.

```
<<Quicksort Implementierung>>=
{
  if (re-li<=1) return;
  <<Wähle Pivot-Elemente x aus>>
  <<Teile a in zwei Hälften mit Indexbereich l..i und j..r>>
  qsort(a,li,j,comp);
  qsort(a,i,re,comp);
}
@
```

x ist das mittlere Element des aktuellen Sortierbereiches von a[li..re].

```
<<Wähle Pivot-Elemente x aus>>=
void* x = a[ (li+re)/2 ];
@
```

Die Aufteilung erfolgt in einem simultanen Durchlauf durch das Array von beiden Seiten. Der
Index i ist die von links, der Index j die von rechts aus erreichte Position. Der Durchlauf
ist beendet, wenn der linke Index i nicht mehr links vom rechten Index j liegt.

```
<<Teile a in zwei Hälften mit Indexbereich l..i und j..r>>=
int i = li, j = re;
do {
  <<Vorsortierung in a[i..j]>>
} while (i<j);
@
```

Für die Vorsortierung auf der linken Seite ist nichts zu tun, solange a[i] gemäß
Vergleichsfunktion comp vor x liegt. In dem Fall können wir die linke Grenze einfach
weiterschieben. Entsprechend die rechte Seite.

```
<<Vorsortierung in [[ a[i..j] ]]>>=
while ( (*comp)(a[i],x) < 0 ) ++i;
while ( (*comp)(x,a[j]) < 0 ) --j;
@
```

Können die Grenzen i und j nicht weiter verschoben werden, so liegt bei a[i] ein Wert
größer und bei a[j] ein Wert kleiner als x. Durch Vertauschen liegen die Werte dann auf
der richtigen Seite und die Grenzen können um eine Position weitergeschoben werden.

```
<<Vorsortierung in a[i..j]>>=
if (i<j) { void* t=a[j]; a[j]=a[i]; a[i]=t; ++i; --j; }
@
```

Damit sehen Header- und Quellcode-Datei wie folgt aus:

```
<<qsort.h>>=
<<Quicksort Prototyp>>;
@
<<qsort.c>>=
<<Quicksort Prototyp>>
<<Quicksort Implementierung>>
@
```

Den erzeugten Quellcode zeigt Listing 5.3, die erzeugte Dokumentation ist (aus-schnittsweise) in Bild 5.4 zu sehen. In diesem Beispiel haben wir zur Verdeutlichung der Idee die Verfeinerung sehr intensiv betrieben. So viele Einzelschritte wird man vielleicht nicht beschreiben wollen. Aber unabhängig vom Grad der Erfahrung ist diese Vorgehensweise äußerst nützlich zum Lösen selbst großer Probleme, die nur durch Zerlegung beherrschbar werden. Selbst wenn man glaubt, einen Algorithmus gedanklich voll durchdrungen zu haben, wäre es nicht das erste Mal, dass man beim Erklären (oder eben beim Beschreiben) erst merkt, dass man Fälle unterschlagen hat oder nicht vom allgemeinen Fall ausgegangen ist.

C++ 5.3: Durch Rückeinsetzen erhaltener Quellcode                    (Algo/qsort.c)

```
/**
 * Quicksort für beliebige Datenstrukturen.
 * @param a Array mit Zeigern auf die Daten—Instanzen
 * @param li linke Grenze des Sortierbereiches
 * @param re rechte Grenze des Sortierbereiches
 * @param comp Vergleichsfunktion für Datenstruktur
 * @post a[li] bis a[re] aufsteigend nach comp sortiert
 */
void qsort(void* a[], int li, int re, int (*comp)(void*,void*))
{
  if (re-li<=1) return;
  void* x = a[ (li+re)/2 ];
  int i = li, j = re;
  do {
    while ( (*comp)(a[i],x) < 0 ) ++i;
    while ( (*comp)(x,a[j]) < 0 ) --j;
    if (i<j) { void* t=a[j]; a[j]=a[i]; a[i]=t; ++i; --j; }
  } while (i<j);
  qsort(a,li,j,comp);
  qsort(a,i,re,comp);
}
```

Diese (leider unter hektischen Projektbedingungen selten durchgeführte) Methode der Quellcode-Dokumentation hat zahlreiche Vorteile:

- Inhaltlich zusammengehörige Dinge können auch gemeinsam dokumentiert wer-den. Dazu ein Beispiel: Die Notwendigkeit bestimmter include- oder import-Anweisungen ergibt sich aus der Verwendung bestimmter Funktionalität erst bei

⟨Quicksort Prototyp⟩≡
```
  /**
   * Quicksort für beliebige Datenstrukturen.
   * @param a Array mit Zeigern auf die Daten-Instanzen
   * @param li linke Grenze des Sortierbereiches
   * @param re rechte Grenze des Sortierbereiches
   * @param comp Vergleichsfunktion für Datenstruktur
   * @post a[li] bis a[re] aufsteigend nach comp sortiert
   */
  void qsort(void* a[], int li, int re, int (*comp)(void*,void*))
```

Nur wenn der Bereich li..re aus mehr als einem Element besteht, sortieren wir
das Array zunächst vor: In die linke (bzw. rechte) Hälfte kommen alle Werte,
die kleiner (bzw. größer) oder gleich dem Wert x sind. Die beiden Hälften lassen
wir (rekursiv) sortieren. Damit ist dann das ganze Array sortiert.

⟨Quicksort Implementierung⟩≡
```
  {
  if (re-li<=1) return;
  ⟨Wähle Pivot-Elemente x aus⟩
  ⟨Teile a in zwei Hälften mit Indexbereich l..i und j..r⟩
  qsort(a,li,j,comp);
  qsort(a,i,re,comp);
  }
```

x ist das mittlere Element des aktuellen Sortierbereiches von a[li..re].

⟨Wähle Pivot-Elemente x aus⟩≡
```
  void* x = a[ (li+re)/2 ];
```

Die Aufteilung erfolgt in einem simultanen Durchlauf durch das Array von
beiden Seiten. Der Index i ist die von links, der Index j die von rechts aus
erreichte Position. Der Durchlauf ist beendet, wenn der linke Index i nicht
mehr links vom rechten Index j liegt.

⟨Teile a in zwei Hälften mit Indexbereich l..i und j..r⟩≡
```
  int i = li, j = re;
  do {
  ⟨Vorsortierung in a[i..j]⟩
  } while (i<j);
```

Für die Vorsortierung auf der linken Seite ist nichts zu tun, solange a[i] gemäß
Vergleichsfunktion comp vor x liegt. In dem Fall können wir die linke Grenze
einfach weiterschieben. Entsprechend die rechte Seite.

⟨Vorsortierung in a[i..j]⟩≡
```
  while ( (*comp)(a[i],x) < 0 ) ++i;
  while ( (*comp)(x,a[j]) < 0 ) -j;
```

Bild 5.4: Die durch noweb und LaTeX erzeugte Dokumentation (Auszug)

der Erstellung des Quellcodes. Die `include`- oder `import`-Anweisungen stehen jedoch immer am Anfang einer Datei, wodurch der innere Zusammenhang zum Quelltext verlorengeht. Mit Literate Programming können wir nun einen Platzhalter am Anfang der Datei schaffen, den wir später, wenn die Notwendigkeit eines Imports gegeben ist, im Kontext ergänzen können.

<Mein Source>≡

```
<Include/Import Anweisungen>
<Meine Funktion>
```

Wenn wir bei der Implementierung der Funktion `f` den Datentyp `set` verwenden, für den wir eine gleichnamige Datei einbinden müssen, dann verfeinern wir nicht nur den Block `<Meine Funktion>`, sondern auch `<Include/Import Anweisungen>`:

<Meine Funktion>≡

```
void f() { ... }
```

<Include/Import Anweisungen>≡

```
#include <set>
```

Werden alle Chunks dieser Funktionalität später wieder gelöscht, fällt im Quelltext ganz automatisch auch die Verfeinerung von ⟨Include/Import Anweisungen⟩ weg. Der Ersetzungsmechanismus sorgt dafür, dass sich die relevanten Bestandteile auf verschiedene Stellen im Quelltext verteilen können. Für das Verständnis ist es hilfreich, diese Punkte aber im Zusammenhang zu sehen. Das ist mit klassischer Dokumentation im Quelltext nicht zu erreichen.

- Es gibt nur eine Quelle für die Header-, Source- und Dokumentationsdatei. Damit sinkt die Wahrscheinlichkeit, dass eine separate Dokumentation nur deshalb veraltet, weil es schlicht zu umständlich ist, bei jeder Änderung ein weiteres Dokument anzufassen, nach der entsprechenden Stelle zu suchen und dort schließlich die Änderungen einzupflegen. Da jedes Stück Quelltext direkt vor Ort dokumentiert wird, fällt es leichter, die Dokumentation aktuell zu halten. Quelltextdokumentationen werden damit zu lebenden Dokumenten, die jederzeit aus den `.web`-Dateien in aktueller Version erzeugt werden können.

- Richtig eingesetzt, kann der Ersetzungsmechanismus genutzt werden, um viele lästige Kleinigkeiten zu automatisieren, wie etwa das einheitliche Layout von Dateien, das automatische Einfügen der Copyright-Informationen etc.

Der Leser findet das Quicksort-Beispiel, das mit dem Werkzeug NOWEB erstellt wurde, im Begleitmaterial zum Buch. Die Software NOWEB selbst findet sich unter `www.eecs.harvard.edu/~nr/noweb/`. Aus der Datei `qsort.nw` (web-Datei) wird über das Kommando

```
noweave -latex qsort.nw
```

eine LaTeX-Textdatei erzeugt, über

```
noweave -html qsort.nw
```

eine HTML-Quelltextdokumentation und über

```
notangle -R'qsort.c' qsort.nw > qsort.cpp
```

der Quelltext. Der Parameter -R gibt dabei an, welcher Chunk aufgelöst und ausgegeben werden soll, ein Aufruf mit `-R'qsort.h'` liefert die vorgesehenen Zeilen für
die Header-Datei.

## 5.5  Algorithmen-Muster

Natürlich ist es das Ziel, einen Algorithmus so zu entwerfen, dass er möglichst oft
wiederverwendbar ist. Der Algorithmus wird in eine Funktion überführt, damit er
in unterschiedlichen Anwendungen unverändert zum Einsatz kommen kann. In manchen Fällen sind die Probleme aber so verschieden, dass sich die Reduktion auf den
gemeinsamen, wiederverwendbaren Kern auf einige verstreute Zeilen Programmtext
reduziert. Auch wenn es letztlich nur wenige Codezeilen sind, die identisch aussehen, so kann von einer höheren Warte aus die Idee zur Lösung und damit die grobe
Struktur des Programms identisch sein. In so einem Fall spricht man von einem
**Algorithmen-Muster**. Es handelt sich dabei um eine Art Lösungsweg-Strategie.

Einige dieser Muster wollen wir kurz vorstellen und voneinander abgrenzen. Die
Kenntnis der Muster hilft einerseits, wenn man sie als Schablone für neue Algorithmen ausprobiert (Muster als Ideengeber) und andererseits beim Verständnis eines
bestehenden Algorithmus, wenn man weiß, welches Muster zugrunde liegt (Reduktion der Ablaufkomplexität durch wiederkehrendes Vorgehen).

Um die Strategien miteinander vergleichen zu können, betrachten wir sie an einem
gemeinsamen Beispiel: Wir besuchen eine neue Stadt, deren Attraktionen wir uns
ansehen wollen. Jede Attraktion hat einen individuellen Spaßfaktor, der in Bild 5.5
mit Zahlen codiert ist (größere Zahlen sind besser). Von jeder Attraktion fahren
Busse (Pfeile) zu einer anderen Attraktion. Sie haben nur fünf Busfahrkarten (gültig für jeweils eine Station). Wir beginnen an der Attraktion mit der eingekreisten
Marke. Welche Busse sollen wir wählen? Jeder versucht natürlich, das meiste aus
dem Besuch herauszuholen, geht dabei aber anders vor.

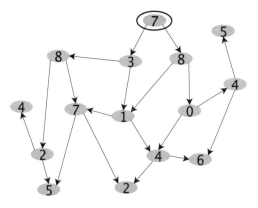

Bild 5.5: Attraktionen und Busfahrten in der Stadt

In diesem speziellen Beispiel gehen von jeder Station zwei Buslinien ab. Wir können die erreichbaren Stationen in einer Pyramiden- oder Dreieckform notieren, bei der der Startpunkt die Spitze des Dreiecks ist und sich die Alternativen diagonal nach links oder rechts unten ergeben (siehe Bild 5.6). Das Beispiel wurde gezielt so gewählt, damit es diese leicht verständliche Struktur bekommt, sie ist aber natürlich keine notwendige Voraussetzung für den Einsatz der Muster. Wenn wir auf der fünften Ebene des Dreiecks angekommen sind, sind die Fahrscheine verbraucht. So gesehen ist es das Ziel, einen Pfad von der Spitze des Dreiecks zur Grundlinie zu finden, deren Unterhaltungswert (Summe der Ziffern) möglichst groß wird. Für die fett abgedruckte Route in Bild 5.6 wird der Unterhaltungswert maximal (Summe 30).

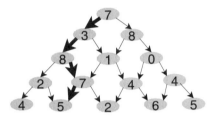

Bild 5.6: Mit fünf Fahrten erreichbare Attraktionen

Listing 5.4 zeigt die Codierung des Dreiecks in einem (quadratischen) Array, wobei nur eine Hälfte belegt ist. Der Zugriff `data[y][x]` liefert die Bewertung der $x$-ten Attraktion in Zeile $y$. Von einer Position $(x, y)$ führen die beiden möglichen Folgezüge nach $(x, y + 1)$ und $(x + 1, y + 1)$, sofern wir nicht das Ende des Dreiecks erreicht haben (`y==size-1`, weil die Zählung bei 0 beginnt).

C++/Java 5.4: Backtracking-Ansatz

```
int data[size][size] =
    { {  7  ,0,0,0,0},
      {  3,8  ,0,0,0},
      {  8,1,0  ,0,0},
      {  2,7,4,4  ,0},
      {4,5,2,6,5   } };
```
(Algo/muster.c)

```
static int[][] data = new int[][]
    { {  7  ,0,0,0,0},
      {  3,8  ,0,0,0},
      {  8,1,0  ,0,0},
      {  2,7,4,4  ,0},
      {4,5,2,6,5   } };
```
(Algo/Muster.java)

Die Spezifikation der folgenden Algorithmen könnte wie folgt aussehen:

```
/**
 * Bestimmt eine (möglichst hohe) Summe von Werten (aus dem Array data),
 * die ausgehend von Position (x,y) auf dem Weg zur Zeile y=size−1
 * erreicht werden kann. Mögliche Züge von (x,y) gehen stets nur nach
 * (x,y+1) oder (x+1,y+1). Der Wert einer erreichten Position (x,y)
 * findet sich in data[y][x].
 *
 * @param data size∗size−Matrix mit nicht−negativen Attraktionswerten je Position
 * @param x Startposition
 * @param y Startposition
 * @return durch Algorithmus erreichte Punktsumme
 * @pre Position liegt im Dreieck, d.h. x <= y und y < size−1
```

```
 * @post Punktesumme >= 0
 */
```

Im Folgenden wird das Ergebnis je nach Algorithmus über den Rückgabewert oder einen call by reference-Parameter geliefert.

## 5.5.1  Gierige Algorithmen

Bei **gierigen Algorithmen** (greedy) wird unter den offensichtlichen Alternativen diejenige ausgewählt, die vom aktuellen Zustand aus den maximalen Gewinn verspricht. In unserem Beispiel heißt das: Unter den nächsten erreichbaren Stationen (eine Haltestelle weiter) wird diejenige ausgewählt, die den größeren Unterhaltungswert hat. Damit erhalten wir die durch dickere Pfeile markierte (offensichtlich nicht optimale) Lösung in Bild 5.7 (Summe 28).

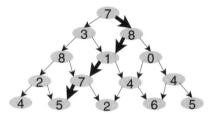

Bild 5.7: Gewählter Pfad des gierigen Algorithmus.

Gierige Verfahren fällen Entscheidungen immer endgültig und lokal (hier: Auswahl aus nur zwei Alternativen) und sind damit im Allgemeinen sehr schnell. Bei dieser Strategie wird weder vorausschauend geplant, noch wird eine Entscheidung, die sich als schlecht herausstellt, zurückgenommen. Damit kann am Ende eine nicht-optimale Lösung entstehen. Die Umsetzung der Problemlösung durch ein gieriges Verfahren ist in Listing 5.5 dargestellt.

C++/Java 5.5: Gieriger Ansatz

```cpp
int greedy(const int data[][5],int x,int y) {

  int sum=0;
  while (y<size-1) {
    sum += data[y][x];
    ++y;
    if ((x<=y) && (data[y][x]<data[y][x+1]))
      x = x+1; // rechte Alternative besser
  }
  return sum + data[y][x];
}
```

(Algo/muster.c)

```java
public static
int greedy(int[][] data,int x,int y) {

  int sum=0;
  while (y<size-1) {
    sum += data[y][x];
    ++y;
    if ((x<=y) && (data[y][x]<data[y][x+1]))
      x = x+1; // rechte Alternative besser
  }
  return sum + data[y][x];
}
```

(Algo/Muster.java)

Ein weiteres klassisches Beispiel für einen *gierigen Algorithmus* ist die Auszahlung von Wechselgeld in Münzen, wobei die Anzahl der Münzen minimiert werden soll. Wieder besteht das Problem aus der wiederholten Auswahl einer Alternative (Münze), bis die Wechselgeldsumme erreicht ist. Nehmen wir an, 14 Cent sind auszuzahlen, und uns stehen die üblichen Cent-Münzen mit Beträgen von 10, 5, 2 und 1 Cent zur Verfügung. Ein *gieriger Algorithmus* wählt unter den Münzen, deren Betrag kleiner als der Restbetrag ist, immer die größte aus. Das sind bei 14 Cent die Münzen 10, 2, 2. Man kann zeigen, dass bei dieser speziellen Menge von Alternativen der gierige Algorithmus immer die minimale Anzahl von Münzen liefert. Dass Optimalität aber keine garantierte Eigenschaft von gierigen Algorithmen ist, haben wir oben schon gesehen und sehen es auch hier, wenn wir die Alternativen verändern: Gäbe es die Cent-Beträge 12, 7 und 1, würde der gierige Algorithmus eine 12-Cent- und zwei 1-Cent-Münzen wählen, obwohl die optimale Lösung die Wahl zweier 7-Cent-Münzen gewesen wäre!

### 5.5.2 Backtracking

Die Strategie **Backtracking** beruht auf einer systematischen Aufzählung aller möglichen Lösungen eines Problems. Ist die Menge der möglichen Lösungen endlich, so ist damit auf jeden Fall garantiert, dass die gesuchte Lösung gefunden wird, sofern sie existiert. Eine Lösung in unserem Beispiel entspricht einem Pfad der Länge 5, beginnend an der Spitze des Dreiecks. Eine Lösung wird sukzessive aufgebaut, indem alle möglichen nächsten Schritte ausprobiert werden und damit die Lösung schrittweise vervollständigt wird. Beim Backtracking geschieht der Aufbau der Lösung nicht explizit, sondern implizit über rekursive Funktionsaufrufe.

In Pseudo-Code lässt sich der *Backtracking-Algorithmus* in allgemeiner Form wie folgt formulieren:

```
<Backtracking>≡
  void backtrack(<PartielleLösung> lsg) {
    if <lsg ist Lösung> {
      <Verarbeite Lösung>
      return;
    }
    forall <Erweiterungen e der bisherigen Lösung lsg> {
      backtrack(e);
    }
  }
```

Übertragen auf unser Beispiel, erhalten wir den Code aus Listing 5.6. Die partielle Lösung (auch Konfiguration genannt) besteht hier aus dem bereits gegangenen Pfad bis zur aktuellen Position und der erzielten Wertsumme. Da der Algorithmus rekursiv arbeitet, ist der Pfad in den lokalen Variablen der einzelnen Funktionsaufrufe codiert (und damit auf dem Stack gespeichert). Das Vorliegen einer Lösung (d.h. eines Pfades mit fünf Stationen) erkennen wir am Erreichen der letzten Ebene im Dreieck. Die Verarbeitung der Lösung besteht aus der evtl. Übernahme der Summe als neues Maximum.

C++/Java 5.6: Backtracking-Ansatz

```
void backtrack(const int data[][5],
              int x,int y,int sum,int& mx){
  if (y==size) {
    if (sum>mx) mx=sum;
    return;
  }

  backtrack(data,x,y+1,sum+data[y][x],mx);
  backtrack(data,x+1,y+1,sum+data[y][x],mx);
}
```

(Algo/muster.c)

```
public static
void backtrack(int[][] data,int x,int y,
              int sum,IntRef mx) {
  if (y==size) {
    if (sum>mx.value) mx.value=sum;
    return;
  }

  backtrack(data,x,y+1,sum+data[y][x],mx);
  backtrack(data,x+1,y+1,sum+data[y][x],mx);
}
```

(Algo/Muster.java)

Der zweite Schritt, die Erweiterung der bisherigen Lösung, besteht aus den möglichen Fortsetzungen, d.h. der Fortsetzung bei Position $(x, y+1)$ oder $(x+1, y+1)$, je nachdem, ob wir uns schon ganz rechts im Dreieck befinden oder nicht, den dritten Teil der Konfiguration (die Wertsumme) ermitteln wir aus der bisherigen Wertsumme plus dem Wert der aktuellen Position.

Wie funktioniert der Algorithmus? Bild 5.8 zeigt den Aufrufbaum der Funktion backtrack: Von der ersten Konfiguration $(0, 0, 0)$ wird zunächst der linke Nachfolger $(0, 1, 7)$ ausgewählt. In diesem Aufruf von backtrack wird wiederum zunächst der linke Nachfolger $(0, 2, 10)$ ausgewählt. Kommen wir in der letzten Aufrufebene an, speichern wir die Wertsumme der ersten Lösung $(7 \to 3 \to 8 \to 2 \to 4)$ in mx. Eine Rekursionsstufe höher wird dann die zweite Alternative ausprobiert $(7 \to 3 \to 8 \to 2 \to 5)$. Auf diese Weise wird durch die rekursiven Aufrufe der gesamte Suchraum abgedeckt.

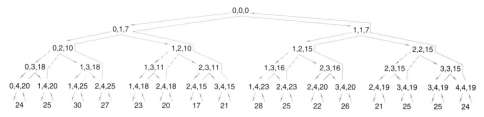

Bild 5.8: Baum der rekursiven Aufrufe. Jeder Knoten stellt die Konfiguration beim Aufruf dar $(x, y, sum)$. In der letzten Ebene wurde aus Platzgründen nur die Punktsumme angegeben.

Der Vorteil des Backtracking ist, dass eine optimale Lösung gefunden werden kann, allerdings nur unter erheblichem Zeitaufwand, weil sehr viele Kombinationen *ausprobiert* werden. Daher gibt es zahlreiche Varianten des Backtracking:

- Für realistische Probleme liegt der Schlüssel in einer geschickten Einschränkung der auswählbaren Alternativen und einer Vermeidung von Doppelauswertungen. Wenn wir z.B. wüssten, dass ab einer bestimmten Position keine Lösung (oder keine bessere Lösung) gefunden werden kann, dann könnten wir diesen Zweig rekursiver Aufrufe ignorieren. Man spricht dann von einem **branch and bound**-Verfahren [43].

- Statt alle Lösungen zu suchen, kann nach der ersten Lösung abgebrochen werden.

- Die rekursive Variante implementiert eine Tiefensuche, hier können alternative Strategien verwendet werden, wie zum Beispiel Breitensuche oder Bestensuche (Knoten werden bewertet, die besten Knoten werden zuerst verfolgt). Um den Aufwand zu minimieren, können auch nur die $k$ besten Knoten (Beamsearch) oder nur die $k$ ersten Rekursionsebenen untersucht werden.

### 5.5.3   Divide & Conquer

Auch die Strategie **Divide & Conquer** (Teile und Herrsche) beruht auf Rekursion: Das Problem wird auf mehrere **identische kleinere** Probleme zurückgeführt, deren Lösungen zu der Gesamtlösung kombiniert werden.

In Pseudo-Code lässt sich der *Divide & Conquer-Algorithmus* in allgemeiner Form wie folgt formulieren:

```
<Divide And Conquer>≡
  void divideAndConquer(<Problem> p) {
    if <P ist direkt lösbar> {
      <Löse das Problem direkt>
    } else {
      <Teile das Problem in n kleinere, identische Teilprobleme pᵢ>
      forall <Teilprobleme pᵢ>: divideAndConquer(<Teilprobleme pᵢ>)
      <Füge die Teillösungen zu pᵢ zur Gesamtlösung von p zusammen>
    }
  }
```

Für unser Beispiel ergibt sich der in Listing 5.7 abgebildete Quellcode:

C++/Java 5.7: Divide & Conquer-Ansatz

```
int divconq(const int data[][5],int x,int y){
  if (y==size-1) // einfacher Fall
    return data[y][x];

  else // Zusammensetzung der Lösung
    return data[y][x] +
      max(divconq(data,x+1,y+1),
        divconq(data,x,y+1));
}
```

```
public static
int divconq(int[][] data,int x,int y) {
  if (y==size-1) // einfacher Fall
    return data[y][x];

  else // Zusammensetzung der Lösung
    return data[y][x] + Math.max(
      divconq(data,x+1,y+1),
      divconq(data,x,y+1));
}
```

(Algo/muster.c)                                    (Algo/Muster.java)

Der Algorithmus bestimmt zu den Dreiecks-Koordinaten $(x, y)$ die maximale Punktsumme, die auf einem Pfad zur fünften Ebene erreicht werden kann. Die einfachen Fälle, in denen die Lösung direkt angegeben werden kann, liegen vor, wenn die angegebenen Koordinaten bereits in der fünften Ebene liegen (y==size-1), denn dann sind die Spaßpunkte bei $(x, y)$ die Einzigen, die erzielt werden können.

Die Zerlegung des Problems und die Kombination der Lösungen findet sich dann in den folgenden Zeilen: Sind wir an einer beliebigen Position $(x, y)$, dann ergibt sich die maximale Wertsumme von $(x, y)$ bis zur fünften Ebene aus dem Punktwert bei $(x, y)$ und dem Maximum der Punktsumme, die von $(x, y + 1)$ und $(x + 1, y + 1)$ ausgehend erzielt werden kann. Letztere Punktsummen erhalten wir durch rekursiven Aufruf der Funktion selbst, wir erhalten daher die Rekursionsgleichung:

$$divconq(x, y) = punkte(x, y) + \max\{divconq(x, y + 1), divconq(x + 1, y + 1)\}$$

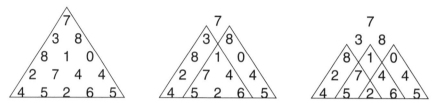

Bild 5.9: Redundante Berechnungen in der Divide & Conquer-Lösung und Reduktion der Redundanz (rechts)

Der Baum der rekursiven Aufrufe ist in diesem Fall dem des Backtracking sehr ähnlich (vgl. Bild 5.8), letztlich werden wieder alle Pfade von der Wurzel zu den Blättern rekursiv aufgezählt. Während das Ziel des Backtracking-Algorithmus explizit in der Aufzählung aller möglichen Pfade bestand, interessiert uns hier nur eine geeignete Rekursionsgleichung, die die gewünschte Wertsumme möglichst effizient bestimmt. Daher fällt uns jetzt auf, dass wir einige Teile des Dreiecks mehrfach berechnen. Die eigentliche Aufgabe ist die Bestimmung der maximalen Wertsumme eines Pfades von der Spitze zur letzten Ebene innerhalb des Dreiecks (Bild 5.9, links). Im Divide & Conquer-Ansatz führen wir dies über die Rekursionsformel auf die Berechnung der maximalen Wertsumme zweier kleinerer Dreiecke zurück (Bild 5.9, Mitte). Diese beiden Aufrufe teilen ihre Dreiecke wiederum in zwei Teile, wobei die Wertsumme im mittleren Dreieck doppelt bestimmt wird (Bild 5.9, rechts). Diese Redundanz kostet Rechenzeit. Es fällt uns aber leicht, diese Beobachtung auszunutzen: Statt die Berechnung der Wertsumme für das große Dreieck (links) auf zwei Dreiecke (Mitte) zurückzuführen, benutzen wir direkt die drei Dreiecke (rechts). Dabei können wir sicherstellen, dass das mittlere Dreieck nur einmalig berechnet wird. Es ergibt sich der Quellcode in Listing 5.8.

Diese Modifikation reduziert den Anteil redundanter Berechnungen und beschleunigt so den Algorithmus, macht ihn aber noch nicht redundanzfrei (auch die neuen Dreiecke haben wieder gemeinsame Teildreiecke).

Es finden sich sehr viele Beispiele für effiziente *Divide & Conquer-Algorithmen* in der Literatur (zum Beispiel Sortierverfahren (Mergesort, Quicksort), Matrix-Multiplikation, schnelle Fourier-Transformation etc.), die alle gemeinsam haben, dass die Aufteilung in identische Teilprobleme und die Zusammenführung zur Gesamtlösung **redundanzfrei** erfolgt.

C++/Java 5.8: Zweite Version des Divide & Conquer-Ansatzes

```cpp
int divconq2(const int data[][5],int x,int y){
  // Einfache Fälle
  if (y==size-1) // letzte Ebene
    return data[y][x];
  else if (y==size-2) // vorletzte Ebene
    return data[y][x]+
      max(data[y+1][x],data[y+1][x+1]);
  else { // Zusammensetzung der Lösung
    int left  = divconq2(data,x  ,y+2);
    int mid   = divconq2(data,x+1,y+2);
    int right = divconq2(data,x+2,y+2);
    return data[y][x] +
      max(data[y+1][x]+max(left,mid),
        data[y+1][x+1]+max(mid,right));
  } }
```

(Algo/muster.c)

```java
public static
int divconq2(int[][] data,int x,int y) {
  // Einfache Fälle
  if (y==size-1) // letzte Ebene
    return data[y][x];
  else if (y==size-2) // vorletzte Ebene
    return data[y][x]+
      Math.max(data[y+1][x],data[y+1][x+1]);
  else { // Zusammensetzung der Lösung
    int left  = divconq2(data,x  ,y+2);
    int mid   = divconq2(data,x+1,y+2);
    int right = divconq2(data,x+2,y+2);
    return data[y][x] + Math.max(
      data[y+1][x]+Math.max(left,mid),
      data[y+1][x+1]+Math.max(mid,right) );
  } }
```

(Algo/Muster.java)

## 5.5.4  Dynamische Programmierung

Wir haben bei der Verbesserung des ersten *Divide & Conquer-Algorithmus* versucht, die Effizienz eines Algorithmus durch Reduktion von redundanten Berechnungen zu steigern. Bei der **dynamischen Programmierung** ist die Grundidee, einmal erfolgte Berechnungen zu speichern und auf diesen Wert zurückzugreifen, sollte der Wert noch einmal benötigt werden. Dies erfordert eine Art Tabelle, in der für jede Parameter-Konfiguration einer bestehenden Divide & Conquer-Lösung das Ergebnis abgespeichert werden kann. Statt den Funktionswert jedes Mal neu zu berechnen, kann er nach einmaliger Berechnung aus der Tabelle abgelesen werden.

Um den zusätzlichen Speicherplatz für die Tabelle einzusparen, lassen sich die Berechnungen auch direkt in der Original-Datenstruktur speichern. Dabei muss dann darauf geachtet werden, dass der ursprüngliche Inhalt und die Funktionsergebnisse sauber unterschieden werden, damit es zu keiner Vermischung kommt.

C++/Java 5.9: Dynamic Programming-Ansatz

```cpp
int dynpro(int data[][5]) {
  for (int y=size-2;y>=0;--y)
    for (int x=0;x<=y;++x)
      data[y][x] += max( data[y+1][x],
              data[y+1][x+1] );
  return data[0][0];
}
```

(Algo/muster.c)

```java
public static int dynpro(int[][] data) {
  for (int y=size-2;y>=0;--y)
    for (int x=0;x<=y;++x)
      data[y][x] += Math.max( data[y+1][x],
                data[y+1][x+1] );
  return data[0][0];
}
```

(Algo/Muster.java)

In unserer Beispielaufgabe lässt sich das leicht erreichen, indem die Pfadsummen zeilenweise von unten nach oben im Dreieck berechnet werden: Auf jeden Wert in einer Zeile wird das Maximum der beiden (bereits akkumulierten) Werte links und rechts in der Zeile darunter aufsummiert. Sind wir auf diese Weise in der obersten

Zeile des Dreiecks angelangt, enthält die Dreieckspitze die gesuchte Wertsumme. Listing 5.9 zeigt das Beispiel im Quellcode.

Bei der dynamischen Programmierung erfolgt die Formulierung des Algorithmus in einem gewissen Sinne *rückwärts*: Die Funktionsaufrufe, die bei der Divide & Conquer-Lösung ganz unten im Aufrufbaum stehen, werden als Erstes berechnet (die *einfachen* Fälle). Danach werden schrittweise die komplizierteren Fälle bestimmt.

## 5.6   Anwendung in der Netzplanung

Wir wollen in diesem Abschnitt auf den noch offenen Fall des fehlgeschlagenen Tests aus Kap. 1 zurückkehren. Eine einfache Umbenennung der Vorgänge (bzw. eine Änderung in der Reihenfolge ihrer Anmeldung) hatte zu einem Fehlschlag geführt: Melden wir die Vorgänge in der Reihenfolge V1, V2, V3, V4, V5 an, so erhalten wir das richtige Ergebnis, bei der Reihenfolge V4, V5, V1, V2, V3 erhalten wir falsche Ergebnisse.

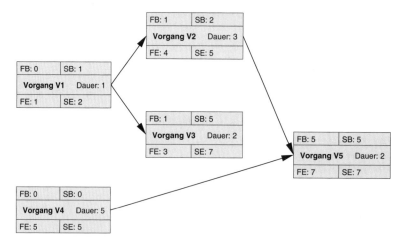

Bild 5.10: Der Netzplan aus Kap. 1

Was ändert sich durch die Vertauschung der Vorgänge? Sie werden in der Reihenfolge ihrer Anmeldung beim Netz abgespeichert und bei der Vorwärts- und Rückwärtsrechnung in dieser Reihenfolge durchlaufen. Für die Vorwärtsrechnung ist es erforderlich, dass für *alle Vorgänger* eines Vorgangs bereits die spätesten Anfangszeiten ermittelt wurden (frühester Anfang des Nachfolgers benötigt frühestes Ende aller Vorgänger). Das wurde durch die Software aber nicht überprüft, wir hatten bisher vielmehr nur Glück, dass die Reihenfolge durch den Benutzer richtig angegeben wurde.

Nun haben wir zwei Möglichkeiten: Entweder wir verpflichten den Anwender, die Netzplanung so zu bedienen, dass immer zuerst alle Vorgänger eines Vorgangs abgelegt werden (Einschränkung durch Änderung der Spezifikation, Verschärfung der Vorbedingung), oder wir berücksichtigen das Reihenfolgeproblem selbst (Erweiterung der Funktionalität). Mit dem ersten Vorschlag wird die Schnittstelle zur Bedienung sehr kompliziert, daher wird die zweite Option gewählt.

Somit müssen die Vorgänge in einer anderen Reihenfolge verarbeitet werden. Ein Weg könnte die Umsortierung der Vorgänge sein, den wir aber wieder aufgrund einfacher Schnittstellen verwerfen: Eine Umsortierung macht es für den Anwender völlig unkalkulierbar, wo er den an der i-ten Stelle eingefügten Vorgang nach der Sortierung wiederfindet. Stattdessen ergänzen wir die Struktur `Netz` um ein Attribut `reihenfolge` (`int reihenfolge[MAX]`).

Dann soll uns `reihenfolge[i]` den Index des Vorgangs liefern, den wir an i-ter Stelle in der Vorwärtsrechnung verarbeiten. Überall, wo wir in einer Schleife über `vorg[i]` iterieren, laufen wir nun über `vorg[reihenfolge[i]]`. Entsprechend wird bei der Rückwärtsrechnung das Array der `anzahl` Vorgänge in umgekehrter Reihenfolge durchlaufen, sodass `reihenfolge[anzahl-1]` angibt, welcher Vorgang bei der Rückwärtsrechnung als Erstes betrachtet wird; siehe Listing 5.10. Damit ist die Vorwärts- und Rückwärtsrechnung schnell angepasst: In der Funktion `plane` wird nun jeweils nicht der Vorgang Nr. i direkt übergeben, sondern der Vorgang Nr. `netz->reihenfolge[i]`. Es bleibt aber noch die Aufgabe, das `reihenfolge`-Array korrekt zu belegen (Funktion `bestimmeReihenfolge`).

C++ 5.10: Funktion `plane` ruft `bestimmeReihenfolge` auf

```
/** 'Berechnet' den Plan und liefert true,
wenn er durchfuehrbar ist          */
bool plane(Netz *netz) {
  bestimmeReihenfolge(netz);
  for (int i=0; i < netz->anzahl; ++i) {
    int v = netz->reihenfolge[i];
    berechneVorwaerts(v, netz);
  }
  for (int j=netz->anzahl-1; j>-1; --j) {
    int v = netz->reihenfolge[j];
    berechneRueckwaerts(v, netz);
  }
  return istDurchfuehrbar(netz);
}
```

(netzplanung/v3b-algorithmen/Netzplanung.cpp)

Die Ordnung der Vorgänge, sodass alle Vorgänger vor dem Vorgang selbst erscheinen, nennt man **topologische Sortierung**. Können uns die Algorithmen-Muster bei der Suche nach einer Lösung für dieses Problem helfen?

- **gieriger Algorithmus:** Wie könnte eine lokale, gierige Entscheidung bei diesem Problem aussehen? Da wir hier einem Vorgang keine unmittelbaren Kosten zuordnen, ist nicht unmittelbar klar, was unter einer gierigen Auswahl verstanden werden könnte. Betrachten wir die Verflechtungen der Vorgänge untereinander als das kritische Maß, so sind einfache Knoten zu bevorzugen. Völlig unkritisch sind solche Knoten, die keine (noch nicht bearbeiteten) Vorgänger haben. Ein Algorithmus könnte *gierig* einen unkritischen Knoten nach dem anderen auswählen. Dazu betrachten wir die Menge $M$ aller Vorgänge und wählen denjenigen aus, der innerhalb von $M$ überhaupt keine Vorgänger mehr besitzt, d.h. alle seine Vorgänger sind als fertig markiert. Ist so ein Vorgang gefunden, gelangt er in den ersten freien Index des `reihenfolge`-Arrays und wird aus $M$ entfernt. Anschließend wiederholen wir unsere gierige Auswahl. Die Lösung in Listing 5.11 geht in diese Richtung: Das Array `fertig` speichert in `fertig[i]`, ob ein Vorgang aus der

Menge $M$ schon entfernt wurde (die Menge $M$ ist die Menge der Vorgänge, für die `fertig[i]==false` gilt).

C++ 5.11: Iterative Lösung für Funktion `bestimmeReihenfolge`

```
int nxtVorgang(
    const Netz*netz, const bool fertig[]) {
  for (int i=0; i<netz->anzahl;++i){
    if ((false == fertig[i]) &&
       (alleVorgaengerFertig(netz,i,fertig))){
      return i;
    }
  } // for i
  cerr << "Fehler" << endl;
  return -1;
}
```

```
void bestimmeReihenfolge(Netz* netz) {
  bool fertig[MAX];
  initTopoSort(netz, fertig);
  int pos=0;
  do {
    int nxt=nxtVorgang(netz, fertig);
    netz->reihenfolge[pos]=nxt;
    fertig[nxt]=true;
    ++pos;
  } while (pos < netz->anzahl);
}
```

(netzplanung/v3b-algorithmen/Netzplanung.cpp)

Ob diese Lösung nun wirklich eine lokale Lösung ist, darüber lässt sich streiten: Nur um herauszufinden, welche Vorgänge keine Vorgänger in $M$ mehr haben, müssen wir alle Kanten im Vorgangsgraphen betrachten. Letztlich ist aber entscheidend, dass uns die Verfolgung der Strategie einen funktionierenden Algorithmus beschert.

- **Backtracking:** Ein Backtracking-Algorithmus könnte alle möglichen Reihenfolgen aufzählen. Ein Lösungs-Kandidat wird dann daraufhin überprüft, ob er die Bedingungen der topologischen Sortierung auch einhält. Dieser Ansatz wäre allerdings sehr aufwändig, da die Anzahl der Reihenfolgen exponentiell mit der Anzahl der Vorgänge wächst.

- **Divide & Conquer:** Einem Divide & Conquer-Algorithmus liegt eine Rekursions-Gleichung zu Grunde. Die Lösung könnte für dieses Problem wie folgt aussehen: Jeder Vorgang bekommt einen Index, die Indizes von Vorgängern sollen immer kleiner sein als der Index des Nachfolgers. Wenn $depth(v)$ der Index des Vorgangs $v$ ist, dann gilt

$$depth(v) = \max\{depth(w) \mid w \text{ ist Vorgänger von } v\} + 1.$$

Dann ist der Index eines Vorgangs $v$ immer um eins größer als der größte Index aller Nachfolger. Hat ein Vorgang $v$ *keinen* Vorgänger, so ist sein Index $depth(v) = 0$. Damit gibt $depth(v)$ die *Tiefe* des Vorgangs oder die maximale Anzahl von Vorgängern des Vorgangs an. Bei der Vorwärts-/Rückwärtsrechnung könnten dann zuerst alle Vorgänge mit $depth(v) = 0$, dann alle Vorgänge mit $depth(v) = 1$ usw. bestimmt werden.

- **Dynamische Programmierung:** Der Nachteil der rekursiven Divide & Conquer-Lösung ist, dass in langen Vorgangsketten sehr viele redundante Berechnungen auftreten. Es liegt nahe, den einmal berechneten Index $depth(v)$ zwischenzuspeichern.
  Ein oft verwendeter Trick bei der dynamischen Programmierung ist, den nach bisherigem Stand gültigen Indexwert abzuspeichern, diesen aber später zu korrigieren, sollte sich dieser im weiteren Verlauf als falsch herausstellen. In unserem

Beispielproblem kann das wie folgt geschehen: Wir beginnen die Vergabe der Positionsnummern bei den einfachen Fällen, d.h. jenen ohne Vorgänger (hier: V4 erhält Positionswert 0). Die nächsteinfacheren Vorgänge sind dann potenziell die Nachfolger der betrachteten Vorgänge: V5 erhält (zunächst) den Index 1. V5 hat keine Nachfolger und die Betrachtung der von V4 aus erreichbaren Vorgänge ist beendet. Als weiterer Vorgang ohne Vorgänger steht V1 an (V1 erhält Index 0). Die Nachfolger V2 und V3 erhalten den Index 1. V5 als Nachfolger von V2 muss einen um eins höheren Index als V2 haben, wodurch der bisherige Index 1 nun durch eine 2 ersetzt wird. Damit wird die Tiefe des Knotens von 1 auf 2 korrigiert und alle Vorgänge mit geringerer Tiefe (V2, V3) müssen vor V5 bearbeitet werden. Am Ende des Durchlaufs ist die Tiefe aller Vorgänge korrekt bestimmt.

Die besprochenen Ansätze über $depth(v)$ haben die Tiefe des Knotens bestimmt, Knoten in der gleichen Tiefe können in beliebiger Reihenfolge abgearbeitet werden. Wir können für sie *irgendeine* Reihenfolge festlegen.

Listing 5.12 zeigt eine Lösung, die diesen Schritt gleich mit erledigt: Beginnend bei den Knoten ohne Vorgänger werden alle Knoten mit einem Index versehen, sofern sie nicht selbst Vorgänger haben, die noch keinen Index zugewiesen bekommen haben. Wenn wir an so einen Knoten kommen, brechen wir die Betrachtung dieses und aller nachfolgenden Vorgänge einfach ab – wir wissen ja, dass wir später dessen (bisher unbearbeiteten) Vorgänger noch betrachten werden und dann an diesen Knoten (als dessen Nachfolger) erneut einen Index vergeben können.

C++ 5.12: Rekursive Lösung für Funktion `bestimmeReihenfolge`

```cpp
int ordneEin(Netz *netz,
        int index,int pos, bool fertig[]) {
    // Wenn nicht alle Vorgaenger positioniert,
    // ignorieren wir vorerst Vorgang Nr. index;
    // er wird beruecksichtigt, wenn der
    // unbearbeitete Vorgaenger dran ist.
    if (!alleVorgaengerFertig(netz,index,fertig))
        return pos; // Abbruch

    // Alle Vorgaenger von Vorg. Nr. index bereits
    // positioniert, ==> index naechster Vorgang
    netz->reihenfolge[pos]=index;
    fertig[index]=true;
    ++pos;
    // rekursiv alle Nachfolger einordnen
    for (int j=0; j<netz->anzahl; ++j) {
        if ((fertig[j]==false)&&
            (netz->nachf[index][j]== true)) {
                pos = ordneEin(netz,j,pos,fertig);
        } }
    return pos;
}

void bestimmeReihenfolge(Netz* netz) {
    bool fertig[MAX];
    initTopoSort(netz, fertig);
    int pos=0;
    for (int i=0; i<netz->anzahl; ++i) {
        if (hatKeineVorgaenger(netz,i,fertig)){
            pos=ordneEin(netz,i,pos,fertig);
        } }
    if (pos!=netz->anzahl) {
        cerr << "Fehler!\n";
    }
}
```

(netzplanung/v3b-algorithmen/Netzplanung.cpp)

Bei unserem Beispiel beginnen wir wieder mit V4. Weil V4 keine unbearbeiteten Vorgänger hat, können wir an V4 einen festen Index (=0) vergeben. Wir betrachten nun den Nachfolger V5 von V4, den wir potenziell als Nächstes bearbeiten könnten. Da er aber einen Vorgänger V2 besitzt, der noch keinen Index zugewiesen bekommen hat, brechen wir die Index-Vergabe für V5 (und alle Nachfolger, sofern vorhanden) ab. Den nächsten freien Index (=1) erhält nun der nächste Vorgang ohne Nachfolger, das ist Vorgang V1. Dessen Nachfolger (V3, V2) erhalten nun die nächsten freien Indizes 2, 3. Bei der anschließenden Betrachtung der Nachfolger von V2 kommen wir zum zweiten Mal zum Vorgang V5. Da dieses Mal alle Vorgänger von V5 (V2, V4) bereits einen Index erhalten haben, können wir auch V5 einen Index zuweisen (=4).

Diese Lösung übernehmen wir für unsere weitere Netzplanung. Damit bleiben die Vorgänge in der ursprünglichen Reihenfolge gespeichert, bei der Vorwärts- und Rückwärtsiteration benutzen wir aber die Reihenfolge, die wir durch den Algorithmus in Listing 5.12 bestimmen.

## 5.7  Zusammenfassung

Während sich beim *Ein-Personen-Projekt* aus der Verwendung einer Funktion durch *andere Entwickler* gar kein Problem ergeben kann, wird die korrekte Anwendung von fremden Funktionen zur Voraussetzung für die erfolgreiche Entwicklung im Team: Wenn Autor und Anwender einer Funktion verschiedene Vorstellungen davon haben, was die Funktion leistet, so ist die Zusammenarbeit zum Scheitern verurteilt! Die vielen Missverständnisse im normalen Sprachgebrauch mögen als Indiz dafür dienen, wie schwer es sein kann, für ein deckungsgleiches Verständnis zu sorgen. Dem Neuling unterläuft dabei außerdem häufig der Fehler, dass er das Interesse an der *Verwendung* der Funktion (*Was macht die Funktion?*) mit dem Interesse an der *Problemlösung* verwechselt (*Wie wird das Problem gelöst?*). Natürlich klärt letztere Frage auch erstere, aber der Lösungsweg ist im Allgemeinen deutlich schwieriger zu vermitteln als nur das Problem allein. Die Spezifikation über Vor- und Nachbedingungen hilft, sich hierbei auf das Wesentliche zu beschränken.

Während mancher Entwickler sich vielleicht rühmt, ein komplexes Problem mit besonders wenig Zeilen Code gelöst zu haben, und vielleicht sein Ansehen dadurch verbessert sieht, dass kein anderer den Code nachzuvollziehen in der Lage ist, sind die gesuchten Eigenschaften eines Team-Entwicklers etwas anderer Natur: Aspekte wie Personalfluktuation im Team, Fehlerbehebung in Abwesenheit des ursprünglichen Entwicklers oder gemeinsame Code-Verantwortung erfordern es, auch komplexe Probleme möglichst nachvollziehbar zu lösen. Dies wird erreicht, indem eine Lösung schrittweise aufgebaut wird, z.B. durch Aufteilung des Problems in Teilprobleme und Lösung der Teilprobleme durch Funktionen mit selbsterklärenden Namen (Faustregel: Die Funktionen sollten hinreichend kleine Aufgaben bewältigen, der Code sollte auf eine Bildschirmseite passen). Der Quellcode wird dadurch verständlicher und damit besser zu warten.

Im Idealfall ist aber nicht nur der Quelltext „sprechend", sondern es existiert auch eine Dokumentation der Problemlösung auf *abstrakter* Ebene, die ein Top-down-Verständnis der Lösung ermöglicht statt ein Bottom-up-Reverse-Engineering zu erfordern. Der Transfer der Lösungsidee wird unterstützt, wenn Bezug auf Algorithmenmuster genommen werden kann, weil dann die Struktur der Lösung nicht weiter erörtert werden muss, sondern gleich die problemspezifischen Punkte detailliert werden können.

# Kapitel 6

# Fehlersuche und -behandlung

In diesem Kapitel geht es um Maßnahmen, die wir ergreifen können, um die Fehlersuche bei *unerwarteten Fehlern* zu verkürzen (Abschn. 6.1 und 6.2). Dazu besprechen wir sowohl Mittel, die wir bereits *vor* dem Eintreten des Fehlers nutzen können, um ihn rasch zu erkennen, als auch Techniken, die uns *nach* Eintritt eines Fehlers bei einer Diagnose unterstützen.

Aber gleichgültig, wie viel Mühe wir uns auch geben, alle Fehler werden wir nicht verhindern können. Oft müssen wir Fehlfunktionen geradezu einkalkulieren, bspw. einen vollen Hauptspeicher, unerlaubte Funktionsargumente oder nicht auffindbare Dateien. Auf diese Fehler müssen wir *vorbereitet* sein, ihre Behandlung wird uns daher in Abschn. 6.3 beschäftigen.

## 6.1   Strategien für die Fehlersuche

Ein realistischer Albtraum: Mehrere 1000 Zeilen Code, die Sie noch nie gesehen haben, die unter bestimmten Umständen abstürzen – und Sie sollen den Fehler finden und korrigieren. Wie gehen Sie vor?

Wissenschaftlich formuliert, läuft die Fehlersuche in fünf Schritten ab [63]:

1. Hypothese erstellen (*wenn lediglich die Vorgangsnamen im Programm verändert werden und damit (nur) der Zeitpunkt der Berechnung der verschiedenen frühesten und spätesten Endzeitpunkte, hat das keinen Einfluss auf das Ergebnis*);

2. Vorhersage (*Die Tests sind nach wie vor durchführbar und es wird* `Alle Tests erfolgreich!` *auf dem Bildschirm ausgegeben*);

3. Experiment durchführen (*Es werden die gezeigten Änderungen im Programm vorgenommen, sodass sich die Umbenennung der Vorgänge ergibt*);

4. Beobachtung (*Die Bildschirmausgabe ist* `Tests fehlgeschlagen!`);

5. Folgerungen für die Hypothese (*In diesem Fall ist die Hypothese zu verwerfen, und damit hängt das Ergebnis von der Reihenfolge ab, in der die Vorgänge präsentiert werden*).

Nun wiederholt sich der Ablauf. Die erste Hypothese war noch einfach zu bilden, nun benötigen wir eine Hypothese für die Ursache des Fehlschlags. Dabei versuchen wir natürlich nicht, den Grund für den Fehler exakt zu erraten, sondern nähern uns dem Problem an, indem wir mit allgemeinen Hypothesen beginnen (*Es hat etwas mit diesem Modul zu tun*) und sie im weiteren Verlauf verfeinern (*Es liegt an der Initialisierung der Datenstruktur X in Funktion f dieses Moduls*). Wenn wir beim Generieren der Hypothesen schlecht sind, durchlaufen wir diese Schritte viele Male.

Drei Dinge machen die Fehlersuche kompliziert:

- **Lokalisierung:** Wo man den Fehler beobachtet, liegt selten die Ursache, da der Fehler meistens nicht sofort zu einem Absturz führt, sondern das Programm läuft eine ganze Weile weiter, bis durch eine scheinbar harmlose Operation ein Fehlverhalten offenbart wird.

- **Code-Komplexität:** Der Umfang und die Komplexität des Codes ist hoch – und der Fehler könnte überall sein.

- **Problem-Komplexität:** Viele Verarbeitungsschritte des Programms können erforderlich sein, ehe der Fehler endlich auftritt. Diese Schritte müssen mit einem Debugger (evtl. auch mehrfach) durchlaufen werden.

Dieser vielschichtigen Problematik begegnet man nur durch ein ganze Reihe von (zum Teil präventiven) Maßnahmen.

Der erste Punkt betrifft die rasche **Lokalisierung von Fehlern**: Wenn ein Fehler aufgetreten ist, wollen wir diesen Umstand so schnell wie möglich erkennen – und nicht aus Nebeneffekten erraten müssen. Je mehr wir über den Fehler wissen, desto leichter fällt das Aufstellen guter Hypothesen für den Grund des Fehlers. An dieser Stelle hilft der intensive Einsatz von Zusicherungen und Invarianten, die wir in Abschn. 6.1.1 besprechen.

Der zweite Punkt spricht die **Komplexität des Codes** an. Wenn wir uns eine binäre Funktion vorstellen, die zehn (binäre) Eingangsvariablen und eine (binäre) Ausgabe besitzt, dann gibt es potenziell $2^{10} = 1024$ verschiedene Testfälle, die zu prüfen sind. Wenn die Realisierung der Funktion aber aus Bausteinen für Konjunktion, Disjunktion und Negation aufgebaut ist, kann jede dieser viel einfacheren Komponenten mit wenig Aufwand getestet werden (je 4 bzw. 2 Testfälle). Funktionieren diese Grundbausteine, kann der Fehler in der Gesamtfunktion *nur noch* in der Verschaltung der Grundfunktionen liegen. Ein Fehler in der Verschaltung äußert sich in der Regel aber nicht nur in einem der 1024 Testfälle, sondern in mehreren. Wenn wir sicherstellen, dass die kleineren, leichter zu testenden Bausteine funktionieren, dann wird ein Fehler in deren Komposition folglich leichter zu entlarven sein. Als Konsequenz sollten nicht nur das Gesamtsystem, sondern bereits die kleineren Einheiten getestet werden (Unit-Tests). Wir werden darauf in Abschn. 6.1.2 zurückkommen.

Der dritte Punkt betrifft die Eingabe selbst, d.h. die **Komplexität der Fehlersituation**. In einer Folge von 100 Kommandos, nach denen ein Absturz erfolgte, können sicher einige Kommandos weggelassen werden, sodass der Fehler immer noch auftritt. Die Fehlersuche wird vereinfacht, wenn die Eingabe so weit reduziert werden kann, dass jede verbleibende Eingabe zwingend für das Auftreten des Fehlers notwendig ist. Diesen Aspekt beleuchten wir in Abschn. 6.1.3.

## 6.1.1    Frühwarnungen durch Zusicherungen

In diesem Abschnitt behandeln wir eine sehr einfache Strategie: Bei der Erkennung eines Fehlerzustandes brechen wir das Programm einfach ab. (Solche Programme werden **robuste Programme** genannt.) Diese radikale Vorgehensweise mag nicht besonders elegant erscheinen, wirkt aber sehr effektiv bei der **Lokalisierung** des Fehlers – denn nun erlauben wir es dem fehlerhaften Programmzustand nicht, durch Nebeneffekte noch weitere unerklärliche Phänomene zu generieren, sondern haben gleich die Quelle allen Übels gefunden.

Eine Spezifikation einer Funktion (vgl. Seite 110) ist nicht nur nützlich, wenn wir jemandem mitteilen möchten, welche Funktionalität wir von ihm erwarten. Viele Fehler enstehen, weil eine Funktion für einen (Sonder-) Fall aufgerufen wird, der ursprünglich gar nicht vorgesehen war. Wenn wir die Vorbedingung aus der Spezifikation vor der Ausführung einer Funktion überprüfen, können wir solche Fälle erkennen.

Weitere Fälle, in denen wir Fehler leicht erkennen können, sind **Invarianten**. Invarianten sind unveränderliche Tatsachen; so handelt es sich bspw. bei (1<=month)&&(month<=12) um eine Daten-Invariante, weil eine gültige Monatsangabe immer zwischen 1 und 12 liegt. Schleifen-Invarianten sind Bedingungen, die in allen Schleifendurchläufen wahr bleiben, so darf sich etwa die Anzahl der Listenelemente beim Sortieren einer Liste nicht verändern.

C++/Java 6.1: Fehlererkennung mit Zusicherungen

```cpp
#include <cassert>
int kWoche(int ta, int mo) {
  assert(ta>=1 && ta<=31 &&
       mo>=1 && mo<=12);
  return 1 + ((mo-1) * 30 + ta) / 7;
}
void test1(){
    cout << "KW: "<< kWoche(2,1) << endl;
    cout <<"KW: "<< kWoche(14,44)<< endl;
    cout << "KW: "<< kWoche(2,1) << endl;
}
```

(Funk/Ausnahme/Assert.cpp)

```java
public class Assert{
static public int
            kWoche(int ta, int mo) {
  assert ta>=1 && ta<=31 &&
      mo>=1 && mo<=12 : "Falsches Datum";
  return 1 + ((mo-1) * 30 + ta) / 7;
  }
public static void main(String[] args){
  System.out.println("KW "+kWoche(2, 1));
  System.out.println("KW "+kWoche(14,44));
  System.out.println("KW "+kWoche(2, 1));
  }
}
```

(Funk/Ausnahme/Assert.java)

Man nennt solche Bedingungen, die an bestimmten Stellen im Code wahr sein müssen, auch **Zusicherungen**. In C++ gibt es das Konstrukt assert(...), um solche Zusicherungen in den Code aufzunehmen. (Dazu muss <cassert> eingebunden werden.) In Java gehört assert zur Sprache. Wird der an assert übergebene Boolesche

Ausdruck zur Laufzeit zu `false` ausgewertet, wird das Programm beendet (C++) oder eine Ausnahme geworfen (Java, Ausnahmen behandeln wir im folgenden Abschn. 6.3). Das Listing 6.1 demonstriert die Verwendung von `assert`; dabei wird hier vereinfachend angenommen, dass jeder Monat genau 30 Tage hat.

Nachdem mit `assert` erstmals ein Ausdruck mit Wert `false` ermittelt wird, werden einige Lokalisierungs-Informationen an den Anwender übergeben. Das C++-Beispiel könnte z.B. zur folgenden Ausgabe führen (die genaue Fehlermeldung hängt jedoch vom verwendeten C++-Compiler ab):

```
KW: 1
Assertion failed: ta>=1 && ta<=31 && mo>=1 && mo<=12,
file assert.cpp, line 8
```

Das entsprechende Java-Programm meldet z.B.:

```
KW 1
Exception in thread "main" java.lang.AssertionError: Falsches Datum
        at Assert.kWoche(Assert.java:9)
        at Assert.main(Assert.java:14)
```

Die verletzte Bedingung wird in Java nicht ausgegeben, sondern nur der Text nach dem Doppelpunkt. Text und Doppelpunkt dürfen auch weggelassen werden.

**Tipp**  Eine viel verwendete Strategie besteht darin, die Überprüfungen mit `assert` nur im Testbetrieb zu verwenden und sie im Normalbetrieb auszuschalten. Hierzu muss in C++ vor dem Einbinden von `<cassert>` der Makroname `NDEBUG` definiert werden. In Java wird das Programm ohne die Interpreter-Option `-ea` (für *enable assertions*) aufgerufen. In Java sind die Überprüfungen somit standardmäßig abgeschaltet und in C++ eingeschaltet.[1]

## 6.1.2  Unit-Tests

Dass Tests maßgeblich zur frühen Erkennung von Fehlern beitragen, ist spätestens seit der Lektüre von Kap. 1 bekannt. Mit dem Begriff *Unit-Test* ist ein Test von *Software-Einheiten* oder -Bausteinen gemeint – im Gegensatz zum Test der Software als Ganzes (Komponententest). Während die korrekte Funktionalität des Gesamtsystems auch ein Endnutzer testen könnte, sind die einzelnen Software-Bausteine nicht direkt zugänglich und können nur vom Entwicklerteam selbst getestet werden. Die wichtigsten Punkte, die wir im Zusammenhang mit Tests bereits erwähnt haben, seien hier noch einmal kurz zusammengefasst:

- Damit Tests nach einer Änderung **automatisch** ausgeführt werden können (sog. **Regressionstests**), müssen sie (wie normaler Code) implementiert werden und

---

[1]Zusicherungen per `assert` gehören erst seit Java 1.4 zur Sprache. Deshalb müssen die Zusicherungen auch für den Compiler zunächst mit `-source 1.4` aktiviert werden. Das Programm wird deshalb mit

```
javac -source 1.4 Assert.java
```

übersetzt. Anschließend kann es ausgeführt werden mit:

```
java -ea Assert
```

– ganz wichtig – selbst entscheiden, ob ein Fehlerfall vorliegt oder nicht (keine *Sichtprüfung* durch den Programmierer mehr).

- **Tests** werden **gegen Schnittstellen** geschrieben, damit sich die Realisierung hinter der Schnittstelle komplett ändern kann, ohne dass unser Testcode neu geschrieben werden muss. Das heißt, dass der Testcode bspw. nur die Header-Datei kennt, nicht aber irgendwelche internen (globalen) Statusvariablen des Moduls, die in der Schnittstelle (Header) nicht aufgeführt sind.

- Es ist eine gute Idee, die Tests zuerst zu schreiben, noch bevor die Schnittstelle **Tipp** endgültig verabschiedet wird. In diesem sog. **test-first**-Ansatz merken wir frühzeitig, wenn der Schnittstelle wichtige Elemente fehlen, um sie überhaupt testen zu können. Unterlaufen beim Design der Schnittstelle solche Fehler, können wir den vorigen Punkt nicht erfüllen – und eine spätere Änderung der Schnittstelle ist immer aufwändiger als eine Korrektur *vor* der Implementierung.

Je dichter das Netz von Tests für kleinere Software-Bausteine, desto unwahrscheinlicher wird es, dass Fehler des Gesamtsystems erst beim Endnutzer auffallen. Durch die Popularität des *extreme Programming* (ein Vorgehensmodell zur Software-Entwicklung; siehe folgendes Kap. 7) sind eine ganze Reihe von Test-Suiten entwickelt worden (*JUnit* für Java, *CppUnit* für C++, u.v.a.m.)[2]. Diese Werkzeuge unterstützen den Entwickler bei wiederkehrenden Routinearbeiten, wenn er viele Tests schreibt und diese periodisch ablaufen lassen will.

Als Beispiel betrachten wir einen *JUnit*-Test für eine Funktion, die die reelle (größere) Lösung einer quadratischen Gleichung $x^2 + p \cdot x + q = 0$ berechnet, sofern es sie gibt. Der Quelltext zu dieser Funktion ist im folgenden Listing links zu sehen. Auf der rechten Seite befindet sich die Test-Suite, die alle Testfälle zusammenfasst. In diesem Fall haben wir nur eine einzige Klasse mit Testfällen (`QuadTest`). Wären es mehrere, wäre die Zeile `suite.addTestSuite(QuadTest.class)`, entsprechend angepasst, mehrfach einzufügen. Alle Funktionen,[3] die mit `public void test...` beginnen, werden dann automatisch bei Ausführung der Test-Suite ausgeführt. Hauptaufgabe eines Tests ist es, Soll- und Ist-Werte zu vergleichen. Diese Vergleiche werden bei *JUnit* durch verschiedene `assertEquals`-Aufrufe ausgeführt. Im Beispiel vergleichen wir im ersten Fall den erwarteten Wert 3.0 mit der Lösung, die uns der Funktionsaufruf `Quad.f(-5,6)` liefert. Weichen die Werte um mehr als die angegebene Genauigkeit von 0.001 (Kompensation etwaiger Rundungsfehler) voneinander ab, so gilt das als Fehlschlag des Tests. *JUnit* protokolliert und zählt die Fehler, stellt sie grafisch dar und ermöglicht anschließend die Navigation durch alle Tests.

---

[2] *JUnit* (`http://www.junit.org`) ist in der Entwicklungsumgebung Eclipse bereits fest integriert (`http://www.eclipse.org`). Informationen zu *CppUnit* finden sich unter `http://cppunit.sourceforge.net/cppunit-wiki`.

[3] Der aufmerksame Leser wird bemerken, dass hier das Schlüsselwort **static** bei der Funktion `testQuad` fehlt. Wir werden diesen Umstand in Kap. 8 erklären, bei der Benutzung ändert sich für den Moment nichts.

```
public class Quad {
  /**
   * Liefert größere Lösung von x^2+px+q=0,
   * Existenz vorausgesetzt.
   */
  static double f(double p,double q) {
    double w,l;
    p = -p/2.0;
    w = p*p - q;
    assert w>=0:"Lösbarkeit vorausgesetzt";
    l=p+Math.sqrt(w);
    return l;
  }
}
```

```
import junit.framework.Test;
public class AllTests {
  public static Test suite() {
    TestSuite suite = new TestSuite("Tests");
    suite.addTestSuite(QuadTest.class);
    return suite;
  }
}
```

```
import junit.framework.TestCase;
public class QuadTest extends TestCase {
  public void testQuad() {
    assertEquals(3,Quad.f(-5,6),0.001);
    assertEquals(2,Quad.f(0,-4),0.001);
  }
}
```

Durch eine enge Integration in die Entwicklungsumgebung (integrated development environment (IDE)) werden dem Entwickler alle automatisierbaren Schritte abgenommen, sodass die Organisation und Einrichtung der Tests möglichst wenig Overhead bedeutet. Für weiterführende Informationen verweisen wir den Leser auf die zahlreichen Online-Quellen.

### 6.1.3  Problemvereinfachung

Wenn eine Funktion fehlerhaft ist, dann produziert sie den Fehler selten bei jedem Aufruf, sondern nur in bestimmten Situationen, z.B. bei bestimmten Argumentkonstellationen. Die Bedingungen, unter denen der Fehler auftritt, genau zu kennen, hilft bei der Erkennung der Fehlerursache sehr. Wenn die Eingabe in eine Funktion unterschiedlich lang sein kann (z.B. ein Array oder eine Liste), dann nähert man sich dem Kern des Fehlers umso leichter, je kürzer und damit einfacher die Eingabe ist. Das folgende C++-Programm erfüllt keine sinnvolle Funktion. Es dient uns nur zu Demonstrationszwecken. Die Funktion, die uns den Fehler liefert, ist in diesem Fall der C++-Compiler selbst. Wir erhalten je nach verwendetem Compiler und vorhandener Laufzeitumgebung z.B. folgende Meldung:

```
line 11: Error: multiple types in one declaration
```

Mit einem geübten Auge und etwas Erfahrung wird schnell klar, was den Compiler stört, aber für den Anfänger ist es schwer, aus dieser Meldung die richtigen Schlüsse zu ziehen. Der Compiler gibt Zeile 11 als Fehlerursache an (Markierung ***), aber wir wissen nicht, was wir in dieser Zeile falsch gemacht haben sollen. In diesem einfachen Beispiel ist die Eingabe (der Quelltext) nicht sehr lang, aber in realistischen Situationen wird der Quelltext viel größer sein. Ohne eine Idee, wo der Fehler liegt, können wir versuchen, Teile der Eingabe zu löschen: Verschwindet dabei der Fehler, muss die Ursache im gelöschten Teil zu suchen sein. Wenn wir z.B. Zeile 15 löschen (Markierung **), tritt der Fehler weiterhin auf, an dieser Zeile lag es also nicht.

```
class MyClass {                         class MyClass {
public:
  void funk2() { double d=44.2; }
}                                       }

class YourClass {                       class YourClass {
  int i;
public:
  void funk1() { int i=44; }
};                    // ***           };

int main() {                            int main() {
  MyClass *c = new MyClass();
  c->funk2();         // **
  return 0;                               return 0;
}                                       }
```

Nun ist es mühsam, alle Zeilen einzeln zu entfernen. Stattdessen können wir versuchen, die Eingabe in größeren Teilen zu bearbeiten: Entfernen wir alle Code-Zeilen aus main, so bleibt der Fehler dennoch erhalten. Selbst wenn wir alle Anweisungen aus beiden Klassen löschen (im Beispiel rechte Spalte), besteht der Fehler fort. Entfernen wir im nächsten Schritt die Klasse YourClass komplett, bleibt der Fehler, entfernen wir hingegen MyClass, so verschwindet er. Also musste der Rest von MyClass die Ursache für den Fehler enthalten. Bei einer derart reduzierten Klasse ist es nun einfach, den Grund zu finden: Das abschließende Semikolon wurde vergessen.

Diese Strategie beim Umgang mit dem Compiler kann man ebenso bei der Vereinfachung der Eingabe durchführen, die eine Funktion zum Absturz oder zu einer Fehlfunktion bringt (z.B. Sortierfunktion sortiert Array nicht richtig). Durch Reduktion der Eingabe und Beobachtung, unter welchen Umständen die Funktion weiterhin abstürzt, kann man eine minimale Eingabe konstruieren, die den Fehler noch produziert. Für diese Art des **delta debugging** (Analyse der Eingabe-Unterschiede bei verschiedenen Aufrufen) gibt es ebenfalls Werkzeug-Unterstützung, wir verweisen den Leser hierzu auf [63].

## 6.2   Ablaufverfolgung durch Logging

Ist der Fehler durch Tests erkannt oder durch Zusicherungen lokalisiert worden, müssen die genauen Ursachen herausgefunden werden. Den Prozess der Fehlersuche (Debugging) unterstützen moderne Entwicklungsumgebungen (IDE) meist sehr gut durch interaktive Debugger. Wird auf verschiedenen Plattformen gleichzeitig gearbeitet, stehen sie aber nicht immer konsistent zur Verfügung. Manchmal müssen auch mehrere Informationen zusammengesucht werden, was sich in einer Debugger-Sitzung dann langwierig gestalten kann. Sehr häufig wird man Ausgabeanweisungen in sein Programm einfügen, um überhaupt erst einmal herauszufinden, in welcher Funktion das Programm abgestürzt ist bzw. in welcher Funktion das Programm sich zum ersten Mal nicht entsprechend den Erwartungen verhalten hat.

Der Code sieht anschließend vielleicht wie folgt aus:

```
void funk1() {
  cout << "funk1 betreten";
  int i=44;
  /*... */
  cout << "i ist " << i;
  funk2();
  /*... */
  cout << "funk1 verlassen";
}
```

```
public static void funk2() {
  System.out.println("funk2 betreten");
  double d=44.2;
  /*... */
  System.out.println("d ist "+d);

  /*... */
  System.out.println("funk2 verlassen");
}
```

Nun wird man die Software erneut übersetzen, vielleicht noch weitere Ausgabe-Kommandos hinzufügen usw., um das Problem immer weiter einzukreisen. Nachdem der Fehler behoben ist, wird man den Code wieder bereinigen, indem die Debug-Ausgaben entfernt werden. Später – bei der Suche nach der Ursache eines anderen Problems – werden die gleichen Debug-Ausgaben vielleicht abermals eingefügt und wieder gelöscht. Um das wiederholte Löschen und Einfügen etwas praktikabler zu gestalten, existieren Software-Bibliotheken.

### 6.2.1  Debugging-Support durch *LogTrace* und *Log4J*

Mit den hier vorgestellten Bibliotheken können die Debug-Ausgaben im Code verbleiben. Sie können ohne erneute Übersetzung durch eine Konfigurationsdatei aus- und wieder eingeschaltet werden. Beim Programmstart wird aus einer ASCII-Datei ausgelesen, welche Ausgaben in der Log-Ausgabe enthalten sein sollen. *LogTrace* (für

**www**    C++, auf den Webseiten zum Buch) arbeitet mit einer so genannten Id-Datei: Jede Ausgabe bekommt einen String (als Id) zugeordnet. Es erfolgen nur Ausgaben, deren Ids in der Konfigurationsdatei vorkommen. Selten ist es sinnvoll, für jede Ausgabe

**Tipp**    eine neue Id zu vergeben. Praktischer ist es, die Ausgaben bspw. klassenweise ein- und abschalten zu können. Mit *Log4J* (für Java, siehe www.log4j.org, seit Java 1.4 auch in leicht veränderter Form im Sprachumfang von Java vorhanden) legt man typischerweise für jede Klasse eine **Logger**-Variable an, über die dann die Ausgaben dieser Klasse erfolgen. Wieder regelt eine Konfigurationsdatei (property-Datei), für welche Klassen eine Ausgabe erfolgen soll.

Ein Beispiel soll dies verdeutlichen. Der obige Quellcode (je eine Funktion mit *Log-Trace* und *Log4J*) sieht dann wie folgt aus:

```
void funk1() {
  LOG_FUNCTION("Nsp", "funk1", "");
  int i=44;
  /*... */
  TRACE("i ist " << i );
  funk2();
  /*... */
}
```

```
public static void funk2() {
  logger.entering("MyClass","funk2");
  double d=44.2;
  /*... */
  logger.info("d ist "+d);
  /*... */
  logger.exiting("MyClass","funk2");
}
```

Wenn die Konfigurationsdatei den String Nsp oder funkt1 bzw. MyClass enthält, so enthält die Log-Datei beim Betreten der Funktion funk1 bzw. funk2 eine Zeile, die den Eintritt in die Funktion und eine Zeile, die das Verlassen der Funktion markiert. *LogTrace* liefert die letztere Ausgabe automatisch, unabhängig davon, wie viele `return`-Anweisungen die Funktion enthält bzw. ob die Funktion durch eine Ausnahme abgebrochen wird. Wenn somit die Funktion irgendwie verlassen wird, so kann man sicher sein, dass dies auch in der Log-Datei vermerkt ist. In diesem Abschnitt stellen wir nur die Funktionalität des `LOG_FUNCTION`-Kommandos vor. Im Abschn. 8.2.6 werden wir im Zusammenhang mit Konstruktoren und Destruktoren dann lernen, wie man `LOG_FUNCTION` in C++ selbst realisieren könnte. Spätestens dort wird auch klar werden, warum *Log4J* den Service der automatischen Protokollierung des Verlassens der Funktion nicht bieten kann; hier muss die Meldung durch einen `exiting`-Aufruf explizit erzeugt werden.[4]

Das *LogTrace*-Kommando `TRACE` entspricht im Wesentlichen der Ausgabe über z.B. `cout`. Demgegenüber steht der Aufruf von `logger.info(...)` bei *Log4J*. `TRACE` erzeugt allerdings nur eine Ausgabe, wenn beim letzten Aufruf von `LOG_FUNCTION`[5] eine Ausgabe erfolgte, d.h. die entsprechenden Ids in der Id-Datei gesetzt sind.

Bei *Log4J* wird die Ausgabe nicht durch das umschließende `entering`/`exiting`-Paar bestimmt, sondern durch die Variable `logger`, die wie folgt angelegt werden kann:

```
protected static Logger logger = Logger.getLogger("MyClass");
```

Das Argument der `getLogger(..)`-Funktion entspricht einer Id bei *LogTrace*.

Enthielte die Konfigurationsdatei somit z.B. den String `Nsp` und `MyClass`, so wären alle Debug-Ausgaben aktiviert und der Inhalt der Trace-Datei folgender:

```
> func "Nsp::funk1()"            <YourClass.funk1>
  i ist 44                         i ist 44
  > func "Nsp::funk2()"            <MyClass.funk2>
    d ist 44.2                       d ist 44.2
  < func "Nsp::funk2()"           </MyClass.funk2>
< func "Nsp::funk1()"            </YourClass.funk1>
```

Würde die Steuerdatei nur den String `MyClass` enthalten, wären die Ausgaben in Funktion `funk1` entsprechend deaktiviert und der Inhalt der Trace-Datei weniger umfangreich:

```
> func "Nsp::funk2()"            <MyClass.funk2>
  d ist 44.2                       d ist 44.2
< func "Nsp::funk2()"            </MyClass.funk2>
```

Genau wie man Einrückungen zur Strukturierung eines Programms und zur Verbesserung der Lesbarkeit einsetzt, strukturiert auch *LogTrace* seine Ausgaben durch Einrückungen. Jedes `LOG_FUNCTION`-Kommando führt zu einer weiteren Einrückung um drei Leerzeichen. Beim Verlassen des Gültigkeitsbereichs des `LOG_FUNCTION`-Kommandos (Verlassen der Funktion) wird entsprechend wieder ausgerückt. *Log4J* rückt nicht entsprechend der Aufruftiefe ein, kann aber um die-

---

[4]Die Erzeugung dieser Ein- und Austritts-Meldungen kann durch aspektorientierte Programmierung, die uns in diesem Buch aber nicht weiter beschäftigen soll, fast völlig automatisch generiert werden. Java-Entwicklern sei [8] empfohlen.

[5]bzw. `LOG_METHOD`, `LOG_CONSTRUCTOR`, `LOG_DESTRUCTOR` oder `LOG_BLOCK`

ses Feature ergänzt werden. Ein Beispiel finden Sie auf der Webseite zum Buch

**www** (`bsp/Debug/LogDemo.java`).

Um die Funktionalität der *LogTrace*-Bibliothek nutzen zu können, muss die Header-Datei `logtrace.h` eingebunden und das Programm mit dem Makro `LOGTRACE_DEBUG` übersetzt werden. [6] Wird ohne Makro `LOGTRACE_DEBUG` übersetzt, werden alle *Log-Trace*-Makros zu leeren Anweisungen und erzeugen damit (fast) keinen Laufzeit-Overhead mehr, d.h. das Programm wird so übersetzt, als ob die Ausgaben für *LogTrace* nicht existent wären. *LogTrace* ist im Namensraum `logtrace` vereinbart. Daher muss jede Datei, die die *LogTrace*-Kommandos verwenden will, noch die Anweisung `using namespace logtrace;` enthalten (vgl. auch folgendes Listing). *LogTrace* muss einmalig zu Beginn des Programms durch das Kommando `LOGTRACE_INIT` initialisiert werden.

```cpp
#include "logtrace.h"
using namespace logtrace;

int main() {
  // Angabe Log-Datei und Id-Datei
  LOGTRACE_INIT("netz.log","netz.ids");
  LOG_FUNCTION("Nsp", "main", "");
  /*...*/
  return 0;
  }
```

```java
import java.util.logging.Logger;

class MyClass {
protected static Logger logger =
  Logger.getLogger(MyClass.class.getName());

public static void funk1() {
  logger.entering("YourClass","funk1");
  /*...*/
  logger.exiting("YourClass","funk1");
  }
}
```

Ein *Log4J*-ähnlicher Logging-Mechanismus ist in Java fest eingebaut, sodass keine weitere Bibliothek erforderlich ist. Allenfalls müssen die entsprechenden Klassen aus dem Paket `java.util.logging` importiert werden. In welche Log-Datei die Ausgabe erfolgen und wie detailliert Log-Meldungen ausgegeben werden sollen, steht in einer sog. Property-Datei, z.B. `log.properties`. Eine Zeile `MyClass.level=WARNING` bedeutet, dass der mit `MyClass` initialisierte Logger nur Meldungen ausgeben soll, deren Dringlichkeit wenigstens die Stufe „Warnung" erreicht. Weitere Stufen, die *Log4J* unterscheidet, sind bspw. Info, Error und Fatal. Die Konfigurationsdatei muss zur Ausführung des Programms durch eine Kommandozeilenoption `-Djava.util.logging.config.file=log.properties` bekanntgegeben werden. Es emp-

**www** fiehlt sich, mit dem Beispiel (`bsp/Debug/LogDemo.java`) ein wenig zu experimentieren.

## 6.2.2  Eine Debugging-Sitzung in der Netzplanung

Wir werden nun das Logging-Werkzeug zur Fehlersuche in der Netzplanung einsetzen, aufgrund der Ähnlichkeit beider Ansätze aber nur den C++-Code zeigen. Eine Java-Sitzung mit *Log4J* sieht ganz entsprechend aus. Wir gehen von dem Code im

---

[6]Der gesamte Code muss mit den Präprozessor-Anweisungen `#define HAVE_CONFIG_H` und `#define LOGTRACE_DEBUG` übersetzt werden. Außerdem muss sich das Verzeichnis `liblogtrace/logtrace` im Include-Pfad befinden. Bei Verwendung der gcc-Compiler-Serie ist z.B. die folgende Anweisung zur Übersetzung erforderlich:

`g++ -DHAVE_CONFIG_H -DLOGTRACE_DEBUG -I../liblogtrace/logtrace`

Abschn. 4.5.1 aus, wo wir allerdings *aus Versehen* einige Änderungen durchgeführt haben, wie sie bei der Heap-Speicherverwaltung durch den Benutzer typisch sind. Nach dem Starten unseres Programms erhalten wir eine Fehlermeldung. Danach bricht unser Programm mit einem Laufzeitfehler ab, der je nach verwendetem Compiler an unterschiedlichen Stellen auftreten wird.

Kaum noch eine früheste bzw. späteste Zeit stimmt mit den Erwartungen überein. Da wir nun systematisch Logging verwenden wollen, ergänzen wir jede unserer Funktionen zunächst um die entsprechenden Anweisungen zur Erzeugung von Funktionseintritts- und -austrittsmeldungen.

C++ 6.2: Verwendung der *LogTrace*-Bibliothek

```
#include "logtrace.h"                        /** Freigabe des Heapspeichers */
using namespace logtrace;                    void freigeben(DynVorgangsArray* arr) {
                                               LOG_FUNCTION("DVA","freigeben","");
                                               delete[] arr->array;
/** Initialisierung von Zeiger und Anzahl */   arr->array = NULL;
void init(DynVorgangsArray* arr) {             arr->anz = 0;
  LOG_FUNCTION("DVA", "init", "");           }
  arr->anz = 0;
  arr->array = NULL;
}
```

(netzplanung/v3a-ZeigerWerteLogTrace/DynVorgangsArrayFeh.cpp)

Als Ids bieten sich Modul/Klassen- und Funktionsnamen an. Führt man das Programm nun mit der *LogTrace*-Bibliothek aus, erhält man bei Angabe aller Ids in der Id-Datei in etwa die folgende Ausgabe:

```
> func "::main()"                                > func "Netz::setzeNachf()"
  > func "Test::testFall1()"                        > func "Vg::setzeNachf()"
    > func "Test::initNetzplanTest5()"                 > func "DVA::fuegeHinzu()"
      > func "Netz::initNetzplanAllg()"                < func "DVA::fuegeHinzu()"
        > func "Vg::initVorgang()"                     > func "DVA::fuegeHinzu()"
          > func "DVA::init()"                         < func "DVA::fuegeHinzu()"
          < func "DVA::init()"                       < func "Vg::setzeNachf()"
          > func "DVA::init()"                      < func "Netz::setzeNachf()"
          < func "DVA::init()"                      > func "Netz::setzeNachf()"
                                                       > func "Vg::setzeNachf()"
...                                                      > func "DVA::fuegeHinzu()"
```

Wir erkennen daran, dass das Programm beim dritten Aufruf der Funktion `fuegeHinzu` abbricht. Warum das Programm allerdings abbricht, kann man daraus kaum schließen.

Wir lassen uns in der Funktion `setzeNachf` in der Datei `Netz.cpp` zusätzlich noch die Vorgangsnummern ausgeben, indem wir dort die folgende `TRACE`-Anweisung ergänzen: `TRACE("vv=" <<vv << " vn=" << vn);` Nochmalige Ausführung des Programms ergibt damit:

```
...
        > func "Netz::setzeNachf()"                    < func "Vg::setzeNachf()"
          vv=0 vn=1                                   < func "Netz::setzeNachf()"
          > func "Vg::setzeNachf()"                   > func "Netz::setzeNachf()"
            > func "DVA::fuegeHinzu()"                   vv=0 vn=2
            < func "DVA::fuegeHinzu()"                   > func "Vg::setzeNachf()"
            > func "DVA::fuegeHinzu()"                     > func "DVA::fuegeHinzu()"
            < func "DVA::fuegeHinzu()"
```

Beim zweiten Einfügen eines Nachfolgers im Vorgang Nr. 0 bricht fuegeHinzu ab.
Wir sehen uns deshalb den Code der Funktion fuegeHinzu etwas detaillierter an und
ermitteln, was beim zweiten Einfügen anders verläuft als beim ersten.

```
void fuegeHinzu                                // Neuen Eintrag eintragen
  (DynVorgangsArray* arr, Vorgang* v) {        tmp[arr->anz] = v;
  LOG_FUNCTION("DVA","fuegeHinzu","");         // bisherigen Speicher freigeben
  Vorgang** tmp = new Vorgang*[arr->anz];      delete[] arr->array;
  // bisherigen Inhalt retten                  // Zeiger umbiegen
  for (int i=0; i < arr->anz; ++i) {           arr->array = tmp;
    tmp[i] = arr->array[i];                  }
  }
}
```

Beim zweiten Aufruf für eine Instanz von DynVorgangsArray wird zusätzlich Speicher
freigegeben. Beim ersten Mal enthält der Zeiger arr->array noch den Wert NULL.
Um sicherzugehen, dass die delete-Anweisung auch tatsächlich zum Absturz führt
(unsere *Hypothese*, siehe Abschn. 6.1), fügen wir die beiden Anweisungen TRACE("Vor
delete"); und TRACE("Nach delete"); dem Code hinzu. Die abermalige Ausführung
des Programms (das *Experiment*) bestätigt unseren Verdacht. Der Text „Vor delete"
ist noch in der Trace-Datei zu finden, der entsprechende Text „Nach delete" aber
nicht (die *Beobachtung*).

Beim zweiten Aufruf der Funktion fuegeHinzu sollte der Zeiger arr->array aber
auf den Heap-Speicher verweisen, der beim ersten Aufruf durch die new-Anweisung
erzeugt wird. Wie und warum kann dies fehlschlagen? Beim ersten Aufruf hat
das Attribut arr->anz den Wert 0. Durch die Anweisung Vorgang** tmp = new
Vorgang*[arr->anz]; werden dann allerdings 0 Byte angefordert, weil + 1 vergessen wurde. Korrekt müsste die Anweisung somit lauten:

```
        Vorgang** tmp = new Vorgang* [arr->anz + 1];
```

Führt man das Programm mit dieser Korrektur aus, bricht das Programm nicht
mehr ab. Allerdings erhalten wir nun die Fehlermeldung, dass die Tests fehlerhaft
abgelaufen sind. Der zweite Test scheitert. Damit wird der dritte Test gar nicht erst
ausgeführt. Bei genauerem Hinsehen stellen wir auch noch fest, dass die Ausgabe des
ersten Tests (linke Seite) nicht den Erwartungen (rechte Seite) im folgenden Listing
entspricht:

```
V1: [FA, FE]: [0, 1], [SA, SE]: [29, 30]      V1: [FA, FE]: [0, 1], [SA, SE]: [24, 25]
V2: [FA, FE]: [0, 3], [SA, SE]: [27, 30]      V2: [FA, FE]: [1, 4], [SA, SE]: [25, 28]
V3: [FA, FE]: [0, 2], [SA, SE]: [28, 30]      V3: [FA, FE]: [1, 3], [SA, SE]: [28, 30]
V4: [FA, FE]: [0, 5], [SA, SE]: [25, 30]      V4: [FA, FE]: [0, 5], [SA, SE]: [23, 28]
V5: [FA, FE]: [0, 2], [SA, SE]: [28, 30]      V5: [FA, FE]: [5, 7], [SA, SE]: [28, 30]
```

Pro Test enthält die Trace-Datei über 400 Zeilen Text. Wir können damit allerdings noch wenig anfangen und benötigen statt nur einer Protokollierung der Funktionsaufrufe auch eine Protokollierung von weiteren Funktionszwischenergebnissen. Aber was sollen wir protokollieren?

Um dies entscheiden zu können, benötigen wir einen Verdacht (eine Hypothese), wo der Fehler liegen könnte. Ein Blick auf die obige Ausgabe zeigt, dass die Berechnung des frühesten Anfangszeitpunktes immer dann falsch ist, wenn der Vorgang einen Vorgänger wie z.B. beim zweiten Vorgang hat. Deshalb fügen wir entsprechend dem folgenden Listing unserem Code zwei TRACE-Anweisungen hinzu:

```
void berechneVorwaerts(int v, Netz *netz) {      void passeFruehanfAn(
  LOG_FUNCTION("Netz",                                   Vorgang* v, const Vorgang* vv){
    "berechneVorwaerts", "");                      LOG_FUNCTION("Vg",
  Vorgang* v1=&(netz->vorg[v]);                       "passeFruehanfAn", "");
  v1->fruehanf = netz->startzeit;                  TRACE("FA "<< vv->fruehanf
  for (int j=0; j < netz->anzahl; ++j){               << ", Dauer " << vv->dauer);
    TRACE("V."<<j <<" Vorgaenger " << v);          double fe = vv->fruehanf + vv->dauer;
    if (istVorgVon(netz, j, v)){                   if (fe > v->fruehanf) {
      passeFruehanfAn(v1, &netz->vorg[j]);           v->fruehanf =fe;
} } }                                            }}
```

Ein Blick in die Ausgabedatei mag zunächst überraschen. Sie zeigt uns jedenfalls, dass die Funktion passeFruehanfAn niemals aufgerufen wird:

```
...                                              V.1 Vorgaenger 1
  > func "Netz::berechneVorwaerts()"             > func "Netz::istVorgVon()"
    V.0 Vorgaenger 1                                 > func "Vg::istVorgaengerVon()"
    > func "Netz::istVorgVon()"                        > func "DVA::istElem()"
      > func "Vg::istVorgaengerVon()"                  < func "DVA::istElem()"
        > func "DVA::istElem()"                     < func "Vg::istVorgaengerVon()"
        < func "DVA::istElem()"                   < func "Netz::istVorgVon()"
      < func "Vg::istVorgaengerVon()"             V.2 Vorgaenger 1
    < func "Netz::istVorgVon()"           ...
```

Dies ist nur möglich, wenn die Funktion istVorgaengerVon bzw. istElem immer false zurückliefert. Wir lassen uns deshalb zusätzlich die Anzahl der Elemente in der Funktion istElem ausgeben:

```
bool istElem(const Vorgang* v,
        const DynVorgangsArray* arr) {
  LOG_FUNCTION("DVA","istElem","");
  TRACE("Anzahl: " << arr->anz);
  for (int i=0; i < arr->anz; ++i) {
    if (arr->array[i] == v) {
      return true;
  } }
  return false;
}
```

```
> func "Vg::istVorgaengerVon()"
  > func "DVA::istElem()"
    Anzahl: 0
  < func "DVA::istElem()"
< func "Vg::istVorgaengerVon()"

  > func "DVA::istElem()"
    Anzahl: 0
  < func "DVA::istElem()"
```

...

Jedes Mal ist die Anzahl der Elemente 0. Wie kann das sein? In welcher Funktion wird die Anzahl gesetzt? Dies ist wiederum die Funktion fuegeHinzu, die vorhin schon den Fehler enthielt. Ein nochmaliger Blick auf das Listing der Funktion fuegeHinzu auf Seite 152 zeigt, dass das Attribut arr->anz nie erhöht wird. Dies wird nun am Ende der Funktion korrigiert mit der Anweisung ++ arr->anz; der korrekte Code wurde bereits im Listing auf Seite 96 gezeigt.

Wenn wir diese Korrektur durchführen, laufen wieder alle Tests erfolgreich. Die Sitzung ist beendet, wir können alle Ids entfernen oder die Log-Level heraufsetzen, aber den Code unangetastet lassen. Falls sich später ein neues Problem an dieser Stelle ergibt, reaktivieren wir die Meldungen dann mit minimalem Aufwand.

### 6.2.3  Heap-Speicherlecksuche mit *LogTrace*

**C++**

C++-Entwickler müssen den Heap selbst aufräumen, d.h., es ist immer zu überprüfen, ob wir mit new belegten Heap-Speicher auch mit delete wieder freigegeben haben. Hierzu können wir ebenfalls *LogTrace* verwenden, z.B. könnten wir dem Code vor jedem new-Aufruf ein TRACE("new")-Kommando und entsprechend bei jedem delete-Aufruf ein TRACE("delete")-Kommando hinzufügen. Anschließend würden wir in der Trace-Datei die new- und delete-Ausgaben zählen. Wenn es nicht gleich viele wären, könnten wir einigermaßen sicher sein, dass wir noch nicht den gesamten Heap-Speicher aufgeräumt haben.

Wie bereits erwähnt, erfolgen Ausgaben über TRACE nur, wenn die Ids der umschließenden LOG_FUNCTION-Aufrufe gesetzt sind. Um davon nicht abhängig zu sein, gibt es das TRACE_ID-Kommando, z.B. TRACE_ID("DELETE", "delete"); Die Ausgabe des TRACE_ID-Kommandos hängt nur davon ab, ob der erste Parameterstring des Kommandos sich in der Id-Datei befindet oder nicht. Bis auf diesen zusätzlichen Parameter entspricht TRACE_ID aber dem TRACE-Kommando.

Wir müssen nicht einmal selbst die Anzahl der jeweiligen Ausgaben in der Trace-Datei zählen. Am Ende der Trace-Datei ist nämlich für jede Id angegeben, wie oft diese Id zu einer Ausgabe in die Trace-Datei führte. Wenn wir nun noch beachten, dass wir häufig das delete-Kommando für einen NULL-Zeiger aufrufen und hier kein Speicher an das Laufzeitsystem zurückgegeben wird, sodass dann keine Ausgabe in die Trace-Datei erfolgen darf, dann können wir *LogTrace* auch zur Suche nach Speicherlecks einsetzen.

In unserem Beispiel müssen wir entsprechende `TRACE_ID`-Aufrufe in die Dateien
`Netz.cpp` und `DynVorgangsArray.cpp` einfügen.

```cpp
void initNetzplanAllg(Netz* netz){
  LOG_FUNCTION("Netz",
    "initNetzplanAllg", "");
  TRACE_ID("NEW", "new");
  netz->vorg = new Vorgang[netz->anzahl];
  for (int i=0; i < netz->anzahl; ++i) {
    initVorgang(&netz->vorg[i]);
  }
}
```

```cpp
void freigabeNetz(Netz* netz){
  LOG_FUNCTION("Netz",
    "freigabeNetz", "");
  for (int i=0; i < netz->anzahl; ++i) {
    freigeben(&netz->vorg[i]);
  }
  if (NULL != netz->vorg) {
    TRACE_ID("DELETE", "delete");
    delete[] netz->vorg;
  }
}
```

Wir erhalten dann z.B. bei Ausführung unseres Netzplanungsprogramms mit den
drei Tests die folgende Ausgabe:

```
> idusage
        DELETE/27          DVA/234          NEW/27          Netz/204
          Test/6           Vg/230           main/1
< idusage
```

27-mal wurde Speicher angefordert und genauso oft wieder freigegeben. Außerdem
erkennen wir, dass *LogTrace* für alle eingeschalteten Ids am Ende ausgibt, wie oft
sie während des Programmlaufs vorgefunden wurden. Wir können natürlich auch
bei der Anforderung und Freigabe des Heap-Speichers in den Dateien `Netz.cpp` und
`DynVorgangsArray.cpp` unterschiedliche Ids verwenden. Wir wüssten dann bei einer
Abweichung der Summen gleich, welche Datei bzw. welches Modul dafür wahrscheinlich verantwortlich wäre.

# 6.3   Fehler- und Ausnahmebehandlung

Insbesondere bei der Entwicklung professioneller Produkte muss angestrebt werden,
*fehlertolerante* Software zu entwickeln. Das bedeutet: Die Software darf keine falschen
Ergebnisse liefern und sollte keinesfalls *unkontrolliert abstürzen*, sondern schlimms-
tenfalls mit einer definierten, aber brauchbaren Meldung terminieren. Das ist ein
sehr hoher Anspruch, der nicht leicht erfüllt werden kann: Im Programm müssen
alle möglichen Fehler- und Ausnahmesituationen behandelt werden.

An dieser Stelle sollen kurz die bekanntesten klassischen Strategien zur Reaktion auf
Fehler- und Ausnahmesituationen skizziert werden, die natürlich auch kombiniert
werden können. Die Grenzen zwischen *Fehler* und *Ausnahme* sind fließend, beide
Begriffe werden im Folgenden weitgehend synonym verwendet.

## 6.3.1  Fehler-Return-Codes und Statusvariable

Eine einfache Strategie der Fehlerbehandlung ist die Codierung des Fehlers im Rückgabewert der Funktion. Hier wird die Fehlerbehandlung der aufrufenden Funktion
überlassen, z.B.

```
int kWoche(int ta, int mo, int& kw) {

    if (ta < 1 || ta > 31) {return 1;}
    else if (mo < 1 || mo > 12) {return 2;}
    kw = 1 + ((mo-1) * 30 + ta) / 7;
    return 0;
}
```

```
static public
    int kWoche(int ta, int mo, int kw[]) {
    if (ta < 1 || ta > 31) {return 1;}
    else if (mo < 1 || mo > 12) {return 2;}
    kw[0] = 1 + ((mo-1) * 30 + ta) / 7;
    return 0;
}
```

Durch den Rückgabewert werden ein fehlerfreier Durchlauf (Wert 0), eine falsche
Tag-Angabe (Wert 1) oder Monats-Angabe (Wert 2) angedeutet. Die im Erfolgsfall
berechnete Kalenderwoche wird im Referenzparameter kw zurückgegeben. Fehlercode
und Ergebnis lassen sich alternativ aber auch zu einem Funktionswert kombinieren:

```
int kWoche2(int ta, int mo) {

    if (ta < 1 || ta > 31) {return -1;}
    else if (mo < 1 || mo > 12) {return -2;}
    return 1 + ((mo-1) * 30 + ta) / 7;
}
```

```
static public
    int kWoche2(int ta, int mo) {
    if (ta < 1 || ta > 31) {return -1;}
    else if (mo < 1 || mo > 12) {return -2;}
    return 1 + ((mo-1) * 30 + ta) / 7;
}
```

Listing 6.3 zeigt ein einfaches Beispiel, das die dreizeilige Ausgabe „2, Fehler bei
kWoche(14,44), 1" erzeugt. Durch Analyse des Rückgabewertes wird der Fehler identifiziert. In vielen Fällen kann aber erst in einer höheren Aufrufebene konkret auf den
Fehler reagiert werden. Ist bspw. eine Datei bereits vorhanden, so ist meistens nur
außerhalb der Funktion zu entscheiden, ob die Datei einfach überschrieben werden
darf, etwa weil es sich um eine vom Programm verwaltete, temporäre Datei handelt, oder ob lieber beim Benutzer nachgefragt werden soll, weil er den Dateinamen
ausgewählt hat. Deshalb wird die Fehlerursache (Datei existiert schon, Speicherme-
dium voll usw.) von Aufrufebene zu Aufrufebene (transformiert und) weitergereicht
– ein Vorgehen, das nicht nur aufwändig, sondern auch fehleranfällig und vor allem
unübersichtlich ist.

### Modulglobale Statusvariable

Eine andere Möglichkeit besteht im Einsatz einer Statusvariablen, die von mehreren
Funktionen gleichermaßen benutzt wird. Bei dieser Strategie setzt jede Funktion
eine (modulglobale) Statusvariable auf einen entsprechenden Wert, der unmittelbar
nach Ausführung der Funktion analysiert werden kann. Auch hier besteht wieder
das Problem, dass der Status ggf. mehrfach transformiert werden muss, da eine
Fehlerbehandlung erst auf höheren Ebenen möglich ist.

C++/Java 6.3: Kombination von Funktionswert und Return-Code

```cpp
void test3(){
    int kw = kWoche2(8, 1);
    if (kw > 0) {
        cout << kw << endl;
    }
    else {
        cout<<"Fehler bei kWoche(8,1)\n";
    }
    kw = kWoche2(14, 44);
    if (kw > 0) {
        cout << kw << endl;
    }
    else {
        cout<<"Fehler bei kWoche(14,44)\n";
    }
    kw = kWoche2(2, 1);
    if (kw > 0) {
        cout << kw << endl;
    }
    else {
        cout<<"Fehler bei kWoche(2,1)\n";
    }
}
```

```java
static public void test3(){
    int kw = kWoche2(8, 1);
    if (0<kw) {
        System.out.println(kw);
    }
    else {System.out.println
            ("Fehler bei kWoche2(8,1)");
    }
    kw = kWoche2(14, 44);
    if (0<kw) {
        System.out.println(kw);
    }
    else {System.out.println
            ("Fehler bei kWoche2(14,44)");
    }
    kw = kWoche2(2, 1);
    if (0<kw) {
        System.out.println(kw);
    }
    else {System.out.println
            ("Fehler bei kWoche2(2,1)");
    }
}
```

(Funk/Ausnahme/FunkWert.cpp)                     (Funk/Ausnahme/FunkWert.java)

```cpp
enum Error {OK, DatumFehler /* ... */ };
Error status;

int kWoche(int ta, int mo) /* ... */
int kTag(int ta, int mo) /* ... */
```

```java
public class StatusVar{
    enum ErrorStatus {
        OK, DatumFehler /* ... */; };
    ErrorStatus error;
    static public
        int kWoche(int ta, int mo){/* ... */};
    static public
        int kTag(int ta, int mo) {/* ... */};
};
```

## 6.3.2   Ausnahmebehandlung – Das Konzept

Die bisher vorgestellten Ansätze sind aber weit von einer konsistenten Strategie der Fehlerbehandlung entfernt. Das Konzept der Ausnahmebehandlung (Exception Handling) versucht hier, die Lücke zu schließen, indem es Sprachmittel einführt, die die Behandlung von Fehlern und anderen Ausnahmen syntaktisch **und** semantisch unterstützen.

Ziel ist in erster Linie die Entwicklung fehlertoleranter Software, d.h. bei Auftreten eines Fehlers wird das Programm nicht einfach beendet oder stürzt gar ab, sondern reagiert angemessen auf den Fehler (bzw. die Ausnahmesituation), sodass es im Anschluss korrekt weiterarbeiten kann. Wichtig ist, dass hierbei der Code für den Normalfall vom Code für den Ausnahmefall getrennt wird. Die klassische Integration der Fehlerbehandlung in den normalen Code führt zur Unübersichtlichkeit.

C++/Java 6.4: Veranschaulichung der Programmierung mit Exceptions

```cpp
int kWo(int ta, int mo)
              throw(int) {
  if (ta < 1 || ta > 31) {
    throw int(-1);
  }
  if (mo < 1 || mo > 12) {
    throw int(-2);
  }
  return 1 + ((mo-1) * 30 + ta) / 7;
}


void test4() {
  try {
    cout << "KW: "<< kWo(2,1) <<"\n";
  }
  catch (int e) {
    cout << "Fehler " << e <<"\n";
  }
  try {
    cout << "KW: "<< kWo(14,44) <<"\n";
  }
  catch (int e) {
    cout << "Fehler " << e <<"\n";
  }
  try {
    cout << "KW: "<< kWo(2,1) <<"\n";
  }
  catch (int e) {
    cout << "Fehler " << e <<"\n";
  }

  cout << "Fortsetzung\n";
}
```

(Funk/Ausnahme/Exceptions.cpp)

```java
public class Exceptions{
static public int kWo(int ta, int mo)
              throws TagFehler, MonatFehler {
  if (ta < 1 || ta > 31) {
    throw new TagFehler();
  }
  if (mo < 1 || mo > 12) {
    throw new MonatFehler();
  }
  return 1 + ((mo-1) * 30 + ta) / 7;
}

public static void test4(){
  try {
    System.out.println("KW: " + kWo(1,44));
  }
  catch (TagFehler f) {
    System.out.println("Ungueltiger Tag.");
  }
  catch (MonatFehler f) {
    System.out.println("Ungueltiger Monat.");
  }
  try {
    System.out.println("KW: "+kWo(32,2));
  }
  catch (Exception e) {
    System.out.println("Fehler " + e);
  }

  System.out.println("Fortsetzung");
}
public static void main(String[] args){
  test4();
```

(Funk/Ausnahme/Exceptions.java)

Das wesentliche Problem besteht darin, dass Fehlererkennung (z.B. Datei nicht gefunden), Fehlerursache (z.B. Datei wurde gelöscht) und Fehlerbehandlung (Datei vom Backup einspielen) in der Regel auf unterschiedlichen Programmebenen und in unterschiedlichen Modulen liegen.

Listing 6.4 zeigt eine erste einfache Anwendung der Programmierung mit Exceptions. Code, auf dessen Ausnahmen wir geeignet reagieren wollen, schließen wir in einem try-Block ein. Die Reaktion auf eine etwaige Ausnahmesituation erfolgt in einem oder mehreren catch-Blöcken. Die Ausgabe der beiden Programme ist jeweils:

```
KW: 1
Fehler: -2
KW: 1
Fortsetzung
```

Nach der *Behandlung* der Ausnahme wird das Programm fortgesetzt.

Wird innerhalb eines `try`-Blocks oder aus einem darin aufgerufenen Block keine Ausnahme geworfen, werden die Ausnahme-Handler (`catch`-Blöcke) ignoriert und der `try`-Block verhält sich wie ein normaler Block.

Eine Unzulänglichkeit der Fehlercodes war, dass `int`-Werte nicht sehr informativ sind und eine genauere Fehlerursache oder -beschreibung nicht enthalten können. Bei Ausnahmen können wir beliebige Informationsmengen zu Strukturen zusammenfassen (Fehlertypen). Ein Fehlerobjekt wird durch `throw new Fehlertyp(..)` instanziiert und geworfen. Unterschiedliche Fehlerobjekte können durch jeweils unterschiedliche `catch (Fehlertyp e) { ... }`-Blöcke behandelt werden. Dabei ist „`Fehlertyp e`" wie der Parameter einer Funktion zu sehen, die einen Fehler dieses Typs behandelt. Damit können wir Fehlermeldungen beliebig informativ gestalten, wodurch die Fehlerbehandlung in höheren Aufrufebenen vereinfacht wird.

In C++ können Objekte beliebiger Typen geworfen werden. Für Java müssen die Fehlerobjekte bestimmte Bedingungen erfüllen, deren genaue Bedeutung wir erst in Kap. 9 klären werden. Für den Moment wollen wir uns mit zwei Beispielen für Fehlertypen zufriedengeben:

```
public class TagFehler extends Exception {
};
```

```
public class MonatFehler extends Exception {
};
```

Es kann ein Fehlertyp für alle Fehler verwendet werden, wie im C++-Beispiel in Listing 6.4. Im Java-Teil verwenden wir die beiden unterschiedlichen Fehlertypen für Tag- und Monatfehler. Diese können getrennt behandelt werden, wie im ersten Fall (Aufruf `kWo(1,44)`), oder auch zusammengefasst, wie im zweiten Fall (Aufruf `kWo(32,2)`) durch Verwendung des *Oberbegriffs* für alle Fehlertypen (*Exception*).

Falls ein geworfenes Ausnahmeobjekt keinem der in einer `catch`-Anweisung spezifizierten Typen entspricht, wird die Funktion sofort verlassen. Passt auch in der aufrufenden Funktion kein Typ einer dortigen `catch`-Anweisung oder ist überhaupt keine `catch`-Anweisung vorhanden, wird auch hier die Kontrolle wiederum an den Aufrufer übergeben. Wenn eine Ausnahme geworfen, aber nirgends gefangen wird, d.h. auch in `main` passt kein Typ einer `catch`-Anweisung, wird in C++ die Funktion `terminate` aufgerufen. Normalerweise wird hierdurch dann `abort` aufgerufen und damit das Programm beendet.

In Java müssen Ausnahmen, die in einer Funktion direkt oder indirekt durch Aufruf anderer Funktionen ausgelöst werden können, entweder in einem `catch`-Block gefangen werden, oder, wie im rechten Teil von Listing 6.4 gezeigt, im Kopf der betreffenden Funktion muss eine entsprechende `throws`-Klausel vorhanden sein. Dadurch zeigt die Funktion an, dass sie eine bestimmte Ausnahme oder mehrere nicht selbst behandelt, sondern diese an die aufrufende Funktion weitergibt. In Java ist die Angabe der nicht selbst behandelten Ausnahmen zwingend erforderlich. In C++ gebietet es *nur* die Lesbarkeit und Wartbarkeit des Programms. Wird eine Java-Ausnahme auch in der `main`-Funktion nicht gefangen, wird eine Laufzeitfehlermeldung ausgegeben, da das Ausnahmeobjekt an den Java-Interpreter übergeben wird, d.h. an die äußerste Aufrufebene. Der Compiler stellt sicher, dass die betreffende `main`-Funktion dann eine `throws`-Klausel enthält.

**Tipp**

**Tipp** Daher sollte in C++ zumindest die Hauptfunktion `main` eine `catch(...)`-Anweisung (mit den drei Aufzählungspunkten) enthalten, wodurch alle Ausnahmen spätestens in `main` gefangen werden. In Java sollte in `main` ein `catch (Exception e)`-Block benutzt werden.

Weitere Einzelheiten zum Exception-Handling-Konzept finden sich in Abschn. 8.4.

### 6.3.3  Testen der verschiedenen Fehlerbehandlungsstrategien

In den letzten Abschnitten haben wir verschiedene Fehlerbehandlungsstrategien kennengelernt, die sich vor allem in ihrer Leistungsfähigkeit, aber auch in ihrer Implementierungskomplexität unterscheiden. Wie testen wir nun aber unsere Fehlerbehandlungsstrategien? Wir können die zu testenden Funktionen natürlich mit fehlerhaften Eingabedaten aufrufen und prüfen, ob die beobachteten Ausgaben mit den Erwartungen übereinstimmen. In Abschn. 6.1.2 haben wir aber bereits gesehen, dass wir nach Möglichkeit automatisch ablaufende Tests mit Booleschen Ergebnissen anstreben sollten. Andernfalls ist die Reproduzierbarkeit nicht einfach möglich, und als Konsequenz erfolgt das Testen nur sehr selten.

#### Test der Fehler-Return-Codes bei Funktionen

Um zu testen, ob Funktionen, die mit falschen Parameterkombinationen aufgerufen wurden, einen Fehlercode zurückgeben, werden einige nicht sinnvolle Parameterkombinationen zusammengestellt, und die Funktion wird damit aufgerufen. Es wird jeweils überprüft, ob der Rückgabewert der Funktion der erwartete Fehler-Return-Code ist:

```cpp
bool fehlerReturnCodesTest() {
  return
    // falscher Monat
    ( (kWoche2(31, 13) == -2) &&
    // falscher Tag
    (kWoche2(33, 4) == -1) &&
    // korrekter Aufruf
    (kWoche2(16, 5) >= 0) );
}
```

```java
boolean fehlerReturnCodesTest() {
  return
    // falscher Monat
    ( (kWoche2(31, 13) == -2) &&
    // falscher Tag
    (kWoche2(33, 4) == -1) &&
    // korrekter Aufruf
    (kWoche2(16, 5) >= 0) );
}
```

#### Test der modulglobalen Statusvariablen

Ganz entsprechend kann getestet werden, ob im Fehlerfall die modulglobale Statusvariable den richtigen Wert enthält. Hierbei muss beachtet werden, dass der Wert der modulglobalen Statusvariablen vor Aufruf der Funktion einen definierten anderen Wert besitzt; siehe hierzu das folgende Listing:

```
bool modulglobaleVariableTest() {
    status = OK;
    kWoche(31, 13);
    bool test = (DatumFehler == status);
    /* ...*/
    status = DatumFehler;
    kWoche(16, 5);
    return (OK == status) && test;
}
```

```
static public
    boolean modulglobaleVariableTest() {
    status = OK;
    kWoche(31, 13);
    boolean test = (DatumFehler == status);
    /* ...*/
    status = DatumFehler;
    kWoche(16, 5);
    return (OK == status) && test;
}
```

## Test der Ausnahmebehandlung

Wenn wir das Ausnahmekonzept zur Fehlerbehandlung verwenden, erwarten wir im Fehlerfall eine Ausnahme. Der Test erwartet somit, in den `catch`-Zweig hineinzugelangen. Ist das nicht der Fall, ist der Test folglich gescheitert, wie das Listing 6.5. zeigt.

C++/Java 6.5: Testen der Ausnahmebehandlung

```
bool ausnahmebehandlungTest() {
    bool test;
    try {
        try {
            kWo(31, 13);
            test = false;
        }
        catch (int ex) {
            test = (-2 == ex);
        }
        /* ... */
        // korrekter Aufruf
        kWo(16, 5);
        // bei Auftreten einer Ausnahme
        // wird sie bei catch (...) gefangen
    }
    catch (...) {
        test = false;
    }
    return test;
}
```

(Funk/Ausnahme/mainTest.cpp)

```
public static
    boolean ausnahmebehandlungTest() {
    boolean test;
    try {
        try {
            kWo(31, 13);
            test = false;
        }
        catch (IntThrow ex) {
            test = (-2 == ex.val);
        }
        /* ... */
        // korrekter Aufruf
        kWo(16, 5);
        // bei Auftreten einer Ausnahme wird
        // sie bei catch (Throwable t) gefangen
    }
    catch (Throwable t) {
        test = false;
    }
    return test;
}
```

(Funk/Ausnahme/mainTest.java)

## Test der Verwendung von assert

Wir haben uns den Test der Fehlerbehandlung durch Programmabbruch durch Aufruf von `assert` bis zum Schluss aufgespart, weil ein Programmabbruch am schwierigsten zu testen ist – zumindest automatisch. Wenn das Programm erst einmal abgebrochen ist, ist es unwiderruflich beendet und kann damit selbst nichts mehr überprüfen. Wir erhalten vor dem endgültigen Abbruch zwar noch eine entsprechende Fehlermeldung, aber dann wird das Programm beendet.

Wir könnten die Ausgabe des Programms in eine Datei umlenken und anschließend mit einem anderen Programm den Inhalt der Datei mit dem erwarteten Inhalt vergleichen. Dieses Vorgehen ist verglichen mit den anderen Fehlerbehandlungsstrategien aber nicht gerade elegant. In Java gibt es allerdings eine elegante Strategie. Der Aufruf von `assert` löst hier nämlich eine Ausnahme vom Typ `Error` aus. Diese können wir mit einem `try ... catch`-Block fangen.

```
static public int
            kWoche(int ta, int mo) {
  assert ta>=1 && ta<=31 &&
      mo>=1 && mo<=12 : "Falsches Datum";
  return 1 + ((mo-1) * 30 + ta) / 7;
  }
```

```
public static boolean assertTest() {
  boolean test;
  try {
    kWoche(31, 13); test = false;
    }
  catch (Error ex) { test = true; }
    /* ... */
  return test;
  }
```

In C++ führt das Scheitern eines `assert`-Aufrufs zu einem Programmabbruch, genauer zu einem Aufruf der Systemfunktion `abort`. Deshalb sollten wir in C++ nicht `assert` aufrufen, sondern uns ein eigenes `assert` (z.B. `myAssert`) implementieren.

```
void myAssert(bool assertion) {
  if (! assertion) { throw int(-1); }
  }
```

Nun wird wiederum eine Ausnahme erzeugt, die wir, wie im vorigen Unterabschnitt beim Test der Ausnahmebehandlung gezeigt, testen können. Wenn die Ausnahme nicht gefangen wird, was wahrscheinlich außerhalb der Tests der Fall sein wird, sorgt die C++-Laufzeitumgebung dafür, dass die Funktion `terminate` aufgerufen wird und damit zum Programmabbruch führt. Durch Verwendung von `myAssert` haben wir aber überhaupt erst die Möglichkeit, weniger drastisch als mit einem Programmabbruch zu reagieren.

Die in [57, Abschn. 24.3.7.2] vorgeschlagene Lösung ist noch etwas eleganter. Statt immer nur `int`-Variablen zu werfen, kann der Schablonenfunktion `myAssert` der Ausnahmetyp übergeben werden; siehe Beispielanwendung im Listing 6.6.

```
template <typename Ex, typename A>
void myAssert(A assertion) {
  if (! assertion) { throw Ex(); }
  }
/* ..*/
myAssert<MyExcept>( a < b );
myAssert<int>( p != NULL );
```

## 6.3.4  Netzplanung mit Ausnahmebehandlung

Wir wollen nun noch zeigen, wie wir das Konzept der Ausnahmebehandlung sinnvoll im Rahmen der Netzplanung einsetzen können. Wir haben Kap. 1 damit beendet,

C++ 6.6: Testen von Zusicherungen in C++

```cpp
template <typename Ex, typename A>
inline void myAssert(A assertion) {
    if (! assertion) {
        throw Ex();
    }
}


int kWoche4(int ta, int mo) {
    myAssert<int>
        (ta>=1 && ta<=31 &&
         mo>=1 && mo<=12);

    return 1 + ((mo-1) * 30 + ta) / 7;
}
```

(Funk/Ausnahme/mainTest.cpp)

```cpp
bool assertTest() {
    bool test;
    try {
        try {
            kWoche4(31, 13);
            test = false;
        }
        catch (int ) {
            test = true;
        }
        /* ... */
        // korrekter Aufruf
        kWoche4(16, 5);
        // bei Auftreten einer Ausnahme
        // wird sie bei catch (...) gefangen
    }
    catch (...) {
        test = false;
    }
    return test;
}
```

(Funk/Ausnahme/mainTest.cpp)

dass wir in unserer Implementierung einen Fehler feststellten, wenn wir die Vorgänge in beliebiger Reihenfolge durchliefen.

In Kap. 5 haben wir zwar das Problem gelöst, wollen hier aber trotzdem in der Lage sein, unsortierte Netzpläne zu erkennen. Das Problem tritt immer bei der Vorwärtsrechnung auf, wenn wir einen Vorgänger eines Vorgangs betrachten, dessen frühester Anfang selbst noch nicht bestimmt ist. Außerdem tritt es bei der Rückwärtsplanung auf, wenn wir den spätesten Endzeitpunkt eines Vorgangs bestimmen wollen, der einen Nachfolger besitzt, dessen spätester Endzeitpunkt selbst noch nicht bestimmt ist.

Wir initialisieren deshalb in der Funktion `initNetzplanAllg` den frühesten Anfang und das späteste Ende eines Vorgangs jeweils mit -1. Ist nun beim lesenden Zugriff auf eines dieser Attribute immer noch ein negativer Wert darin abgespeichert, wissen wir, dass wir die Vorgänge in falscher Reihenfolge durchlaufen haben. Wir werfen eine Ausnahme; siehe Listing 6.7. In der Funktion `plane` verwenden wir beispielhaft `myAssert` bzw. `assert`, um zu überprüfen, ob die Anzahl der Vorgänge größer 0 ist.

Listing 6.8 zeigt die zugehörigen Tests.

C++/Java 6.7: berechneVorwaerts und plane mit Fehlerbehandlung

```cpp
void berechneVorwaerts(int v, Netz* netz) {
  Vorgang* v1=&(netz->vorg[v]);
  v1->fruehanf = netz->startzeit;
  for (int j=0;j < netz->anzahl; ++j)
    if (netz->nachf[j][v]) {
      Vorgang* vv = &(netz->vorg[j]);
      if (vv->fruehanf < 0.0) {
        throw string("berechneVorwaerts: "
          "keine topologische Sortierung");
        }
      double fe = vv->fruehanf+vv->dauer;
      if (fe > v1->fruehanf) {
        v1->fruehanf =fe;
} } }


bool plane(Netz *netz) {
  myAssert<string>(netz->anzahl > 0);
  for (int i=0; i < netz->anzahl; ++i) {
    berechneVorwaerts(i, netz);
  }
  for (int j=netz->anzahl-1; j>-1; --j) {
    berechneRueckwaerts(j, netz);
  }
  return istDurchfuehrbar(netz);
}
```

(netzplanung/v3c-Exceptions/Netzplanung.cpp)

```java
static void berechneVorwaerts
 (int v, Netz netz) throws Exception {
  Vorgang v1= netz.vorg[v];
  v1.fruehanf = netz.startzeit;
  for (int j=0;j < netz.anzahl; ++j)
    if (netz.nachf[j][v]) {
      Vorgang vv = netz.vorg[j];
      if (vv.fruehanf < 0.0) {
        throw new Exception(
          "berechneVorwaerts: keine" +
          " topologische Sortierung");
        }
      double fe = vv.fruehanf+vv.dauer;
      if (fe > v1.fruehanf) {
        v1.fruehanf =fe;
} } }


static boolean plane(Netz netz) {
  assert netz->anzahl > 0 : "anzahl <=0";
  for (int i=0; i < netz.anzahl; ++i) {
    berechneVorwaerts(i, netz);
  }
  for (int j=netz.anzahl-1; j>-1; --j) {
    berechneRueckwaerts(j, netz);
  }
  return istDurchfuehrbar(netz);
}
```

(netzplanung/v3c-Exceptions/Netzplanung.java)

C++/Java 6.8: Test der Fehlerbehandlung von berechneVorwaerts und plane

```cpp
bool testFallNoSort() {
  Netz netz;
  netz.startzeit= 0; netz.endzeit = 7;
  bool erg=false;
  initNetzplanTest5NoSort(&netz);
  try { plane(&netz); }
  catch (string& ) { erg = true; }
  ausgabeNetzplan(&netz);
  return erg;
}


bool testFallLeeresNetz() {
  Netz netz; netz.anzahl = 0;
  bool erg=false;
  try { plane(&netz); }
  catch (string& ) { erg = true; }
  return erg;
}
```

(netzplanung/v3c-Exceptions/Netzplanung.cpp)

```java
static boolean testFallNoSort() {
  Netz netz;
  netz.startzeit= 0; netz.endzeit = 7;
  boolean erg=false;
  initNetzplanTest5NoSort(netz);
  try { plane(netz); }
  catch (Exception ) { erg = true; }
  ausgabeNetzplan(netz);
  return erg;
}


static boolean testFallLeeresNetz() {
  Netz netz; netz.anzahl = 0;
  boolean erg=false;
  try {plane(netz);}
  catch (Error ) { erg = true;}
  return erg;
}
```

(netzplanung/v3c-Exceptions/Netzplanung.java)

## 6.3.5  Übungen

**Übung 6.1:** Implementieren Sie eine Funktion

```
double durchBer(int n, const int array[]);        double durchBer(int n, final int array[]);
```

die den Durchschnitt eines Arrays `array` mit n positiven Elementen berechnet, d.h. den Durchschnitt der Elemente. Implementieren Sie die Funktion mehrfach, indem Sie jeweils eine andere in diesem Kapitel angesprochene Fehlerbehandlungsstrategie verwenden. Schreiben Sie jeweils eine entsprechende *Anwendung* (*Testprogramm*) für die unterschiedlichen Durchschnittsberechnungen.

**Übung 6.2:** Das folgende Java-Programm arbeitet nicht korrekt. Es soll den Be-  **Java**
nutzer nach dem Namen fragen und sich diesen in einem Array merken. In mehreren
Runden versucht das Programm, den Namen des (wechselnden) Benutzers anhand
der gemerkten Namen zu erraten. Nach `MAX` Runden beendet sich das Programm.
Finden Sie die Fehler heraus und korrigieren Sie diese.

```java
import java.util.Scanner;

public class NamenRaten {
public static void verraten(String[] namen,int anzahl) {
  System.out.println("Verrate mir Deinen Namen!");
  namen[++anzahl] = s.next();
}
public static void main(String[] args) {
  final int MAX = 5;
  String namen[] = new String[MAX];
  Scanner s = new Scanner(System.in);

  int anzahl = 0;
  verraten(namen,anzahl);

  while (anzahl<MAX) {
    System.out.println("Ich rate Deinen Namen!");
    int j=0;
    boolean ok = true;
    while (!ok && j<anzahl) {
      System.out.println("Heisst Du "+namen[j]);
      String antwort = s.next();
      ok = (antwort.equals("ja"));
      ++anzahl;
    }
    if (!ok) {
      System.out.println("Ich gebe auf.");
      verraten(namen,anzahl);
    } else {
      System.out.println("Gut! Ich will nochmal!");
} } }
}
```

## 6.4 Zusammenfassung

Fehler sind schnell passiert, aber oft nur in einem langwierigen Prozess zu entfernen. Es lohnt sich, etwas Zeit im Vorfeld zu investieren, um die künftig noch zu erwartenden Fehler schneller beseitigen zu können. In diesem Kapitel haben wir als stärkste *Waffen* gegen den Fehlerteufel Zusicherungen, Tests, Logging und Eingabe-Vereinfachung identifiziert. Ihre intensive Nutzung ist in größeren Projekten unerlässlich.

Nicht immer ist die Tatsache, dass die Ausführung eines Programms nicht korrekt beendet werden konnte, auf einen Programmierfehler zurückzuführen. Einige Ausnahme-Situationen lassen sich vorhersehen und erfordern eine Berücksichtigung im Programmfluss – so soll der Nutzer, wenn sich eine Datei nicht öffnen lässt, das Programm nicht neu starten müssen, sondern seinen Tippfehler korrigieren dürfen. Wir haben Exceptions als besten Ansatz kennengelernt, die Meldung einer Ausnahmesituation von ihrer Behandlung zu trennen, ohne viel administrativen Aufwand für den Transport des Fehlerreports vom Enstehungs- zum Behandlungsort treiben zu müssen.

Abschließend ist folgende Bemerkung angebracht: Debugging ist zeitaufwändig und frustrierend, gerade für Anfänger. Aber es hat auch einen hohen Lerneffekt! Wer seine Programme selbst entwanzen kann, gewinnt Erfahrungen, wie sich typische Fehler äußern und wo sie gerne auftreten. Selbst wenn wir so nicht verhindern, dass uns derselbe Fehler ein weiteres Mal unterläuft, so finden wir ihn beim zweiten Mal doch schneller. Nicht unterschätzen sollte man auch das persönliche Gespräch: Wenn der Entwickler die Problematik einem Kollegen *erklärt*, lösen sich erstaunlich häufig Denkblockaden, ohne dass überhaupt eine Reaktion des Kollegen nötig gewesen wäre.

# Kapitel 7

# Software-Entwicklung im Team

Wer zuverlässig und wiederholbar qualitativ hochwertige Software zu entwickeln beabsichtigt, benötigt hierfür einen geeigneten Entwicklungsprozess. Zunächst beschreiben wir in Abschn. 7.1, was wir unter einem Software-Entwicklungsprozess und unter Projektmanagement verstehen wollen. Dann stellen wir in Abschn. 7.2 ein leichtgewichtiges, so genanntes agiles Vorgehensmodell vor, nämlich *extreme Programming* (abgekürzt XP) und gehen im Abschn. 7.3 auf die Bedeutung von Design, Testen und Dokumentation im Zusammenhang mit agiler Software-Entwicklung ein. XP ist jedoch eher für kleine Projekte mit bis zu 10 Teammitgliedern geeignet als für größere Projekte mit Hunderten von Entwicklern. In Abschn. 7.4 diskutieren wir die zusätzlichen Probleme, die sich für größere Projektgruppen ergeben. Abschn. 7.5 geht auf Unterstützungsprozesse für das Management von Software-Projekten ein, d.h. auf Versions- und Konfigurationsmanagemen sowie auf den organisierten Umgang mit Fehlern und Risiken. Im Abschn. 7.6 stellen wir mit RUP (*Rational Unified Process*) und dem V-Modell Vorgehensmodelle vor, die sich bei größeren Projekten bereits erfolgreich bewährt haben.

Wir werden in diesem Kapitel damit weniger konkret sein als in den vorangegangenen, in denen wir Sprachelemente von Java und C++ vorstellten. Stattdessen werden wir Erfahrungswissen weitergeben und keine *unumstößlichen* Fakten auflisten können. Wir hoffen jedoch, dass der Leser hiervon als Teammitglied profitieren kann und zumindest einige der Fallstricke kennenlernt, in die man sich verheddern kann.

## 7.1 Management von Software-Projekten

Zum Projektmanagement gehört wesentlich mehr als einen Netzplan aufzustellen. Wir gehen in diesem Abschnitt daher auf das Management von Software-Projekten und auf Vorgehensmodelle dafür ein.

### 7.1.1  Software-Projektmanagement

Projekte sind Aufgaben, Vorhaben und Aufträge, die wesentlich durch die folgenden Merkmale gekennzeichnet sind: klare Aufgabenstellung, zeitliche Befristung, limitiertes Budget, hohe Komplexität, Innovation und die Notwendigkeit interdisziplinärer Zusammenarbeit.

Aufgabe des *Projektmanagements* ist es, das angestrebte Ziel, d.h. das Projektergebnis, und den Weg dorthin in seiner Komplexität gemäß den vier Projektvariablen Kosten, Qualität, Zeit(-dauer) und Umfang der zu realisierenden Anforderungen ganzheitlich zu analysieren, konsistent zu beschreiben und vor allem konsequent zu verfolgen. Jedes Projekt hat einen definierten Anfang und ein definiertes Ende mit einem festgelegten Ergebnis. Jedem Projektteilnehmer wird seine Aufgabe zugewiesen, sodass alle Beteiligten wissen, was zu einem definierten Zeitpunkt auf sie zukommt [49]. Es muss gewährleistet sein, dass zu jedem Zeitpunkt während des Projektes feststellbar ist, welchen Status das Projekt derzeit in Bezug auf die vier Projektvariablen hat und welche Prognosen hierfür möglich sind.

Die Netzplantechnik ist nicht der Kern des Projektmanagements (nur das Kernbeispiel dieses Buches) und die bloße Anwendung ist schon gar nicht Projektmanagement; im Bündel der Projektmanagementmethoden spielt die Netzplantechnik nur eine untergeordnete Rolle. Erforderlich ist ein ganzheitlicher Systemansatz, der alle internen und externen Einflussfaktoren berücksichtigt. Das Grundraster des Projektes ist deshalb der so genannte *Projektstrukturplan*.

Der Projektstrukturplan gliedert das Projekt hierarchisch in Hauptarbeitspakete, Arbeitspakete, Unterarbeitspakete usw. In der Arbeitspaketbeschreibung sind jeweils im Detail die zu erledigenden Arbeitsschritte, ihre Voraussetzungen, Randbedingungen und Ergebnisse beschrieben. Arbeitspakete werden Verantwortlichen zugeordnet. Die Arbeitsvorgänge werden durch Angabe von (geschätzter) Vorgangsdauer und Zeitaufwand ergänzt und durch Anordnungsbeziehungen in eine Reihenfolge gebracht. Aus diesen Angaben können neben einem Netzplan die Kosten für das Projekt und ein Personaleinsatzplan abgeleitet werden.

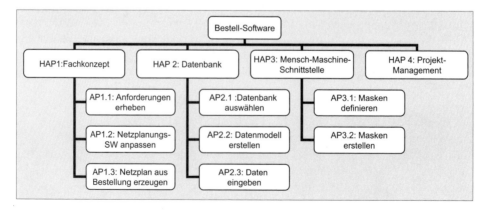

Bild 7.1: Beispiel für einen Projektstrukturplan

Bild 7.1 zeigt beispielhaft einen Projektstrukturplan für die Entwicklung einer Bestell-Software. Das Projekt ist neben dem Projektmanagement in drei weitere Hauptarbeitspakete (HAP) unterteilt, die sich ihrerseits wieder in zwei bzw. drei Arbeitspakete (AP) unterteilen. Auf Unterarbeitspakete wurde hier verzichtet.

Bild 7.2 zeigt ein mögliches Gantt-Diagramm des Hauptarbeitspaketes *Datenbank*. Für jedes Arbeitspaket sind grafisch der Anfang und das Ende dargestellt. Außerdem sind die Meilensteine separat angegeben oder Arbeitspaketen zugeordnet.

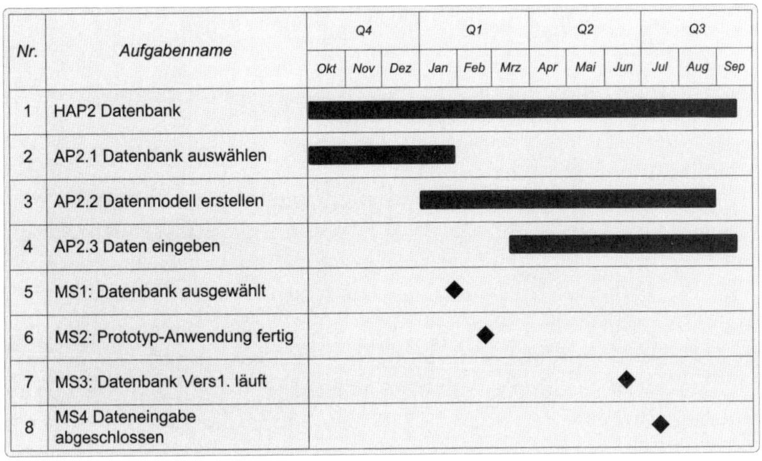

Bild 7.2: Gantt-Diagramm des Hauptarbeitspaketes *Datenbank*

Doch trotz aller Planung im Vorfeld ist das Einzige, was man über den erstellten Plan weiß, dass er so niemals eintreffen wird. Deshalb gehört zum Projektmanagement der ständige Vergleich von Soll und Ist. Prinzipiell können alle Aufgaben des Projektmanagements ganz ohne jede Projektmanagements-Unterstützungs-Software erfolgen (quasi *mit Papier und Bleistift*). Tools können die Durchführung jedoch teilweise erleichtern. Man sollte ihre Bedeutung aber nicht überschätzen. Die Probleme liegen meist nicht im Bereich der Verarbeitung der administrativen Projektdaten, sondern vor allem im Bereich der Festlegung der Projektziele, in der planerischen Aufgabenstrukturierung, in der Güte der Aufwands- und Kostenschätzung, aber vor allem in den zwischenmenschlichen Beziehungen und in der Kommunikation im Projekt [61].

Zur Software-Entwicklung gehört somit wesentlich mehr als die Erstellung eines guten Designs und die Erstellung von Code. Zusätzlich zur Entwicklung bedarf es des Managements, der Qualitätssicherung und der Wartung und Pflege der Software. Bild 7.3 stellt diese Abhängigkeiten grafisch dar [4].

Wie wir gesehen haben, erfolgt die Entwicklung der Software nicht von selbst, sondern ein Projektmanagement ist erforderlich, um den Entwicklungsprozess zu planen, zu leiten und zu kontrollieren. Die Sicherstellung einer geforderten Software-Qualität ist Aufgabe der Qualitätssicherung (QS), deren Maßnahmen zum einen vom Mana-

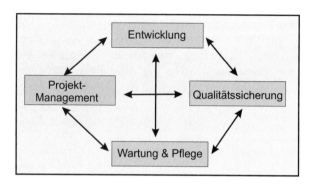

Bild 7.3: Gegenseitige Beeinflussung der Teildisziplinen der Software-Technik

gement durch die organisatorische Zuordnung beinflusst werden und zum anderen
durch die Entwicklung selbst, indem geeignete Methoden, Werkzeuge und Programmiersprachen etc. verwendet werden. Nach der Produktentwicklung hat die Wartung
die Aufgabe, Fehlverhalten zu beseitigen. Die Pflege versucht, das System an geänderte Randbedingungen und neue Anforderungen anzupassen. Hierbei werden die
Auswirkungen einer guten bzw. schlechten Produktqualität sofort spürbar. Wartung
& Pflege finden meist nach Abschluss des einen Projektes statt, beeinflussen dann
aber das nächste Projekt, da die Ausführenden häufig die gleichen Entwickler sind.

## 7.1.2  Vorgehensmodelle der Software-Entwicklung

Ein Vorgehensmodell zur Software-Entwicklung (auch als Software-Lebenszyklus bezeichnet) ist ein ausgefeilter Plan mit zeitlichen und sachlichen Vorgaben. Es legt
die Reihenfolge einzelner Schritte mit ihren jeweiligen Ergebnissen fest und regelt
detailliert, **wer wann was** in einem Projekt zu tun hat. Es dient zur Steuerung
der Software-Entwicklung von der Konzeption bis zum Einsatz im Betrieb inklusive der im Betrieb anfallenden Änderungen einer Software. Das Vorgehensmodell
gestaltet die Software-Entwicklung übersichtlicher und erleichtert die Beherrschung
der Komplexität.

Ein Vorgehensmodell unterteilt den Entwicklungsprozess in überschaubare, zeitlich
und inhaltlich begrenzte Aktivitäten, deren Ergebnisse einzelne Teilprodukte sind.
Die Aktivitäten werden zu Phasen (z.B. Analyse, Design, Implementierung, Fehlersuche, Test) zusammengefasst und diese dann – evtl. mit geringen Modifikationen –
einmal (z.B. Wasserfallmodell) oder mehrmals durchlaufen (z.B. Spiralmodell). Bei
mehrmaligen Durchläufen erfolgt eine iterative (d.h. wiederholte) Verfeinerung der
einzelnen Software-Komponenten. Wir werden sehen, dass es ein einziges, optima-
les Vorgehensmodell nicht geben kann. Es hängt in jedem Fall von der zu lösenden
Aufgabe (vom Projekt), aber auch von den beteiligten Personen (vom Team) ab. Je
statischer und eindimensionaler die Betrachtungsweise allerdings ist, desto weniger
hat sie in der Regel mit der Praxis der Software-Entwicklung zu tun.

Vorgehensmodelle unterscheiden sich wesentlich in ihrem Detaillierungsgrad. IBMs
Rational Unified Process (RUP) gibt den an der Entwicklung Beteiligten konkrete
Arbeitsanweisungen an die Hand (siehe Abschn. 7.6). Die agile Software-Entwicklung
(Abschn. 7.2) lässt dem einzelnen Entwickler mehr Freiheiten und versucht, Verwal-
tungsaspekte eher zurücktreten zu lassen.

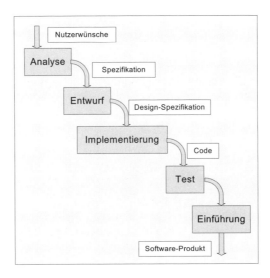

Bild 7.4: Software-Entwicklung nach dem Wasserfallmodell

Eines der ältesten Modelle ist das so genannte *Wasserfallmodell* (siehe Bild 7.4), das
eine starre Abfolge der einzelnen Phasen annimmt. Dabei gehen die Phasenergeb-
nisse immer als bindende Vorgaben in die nächsttiefere Phase ein. Jede Phase hat
wohldefinierte Start- und Endpunkte mit eindeutig definierten Ergebnissen.

In der *Analyse* werden die Anforderungen an das zu erstellende Produkt aus Sicht des
Auftraggebers in einem *Lastenheft* formuliert (daher spricht man auch von Anforderungsanalyse). Es umfasst die Ziele, Einsatzbereiche, den Funktionsumfang und
die Leistungsansprüche an die Software. Der Auftragnehmer ergänzt das Lastenheft im Gegenzug zum *Pflichtenheft*, das das Produkt spezifiziert, das er erstellen
wird. Diese Dokumente sind in Textform wenig formal, es steht das *Was*, aber nicht
das *Wie* im Vordergrund: Der Auftraggeber muss das Pflichtenheft nachvollziehen
können, da es als Vertragsgrundlage dient. Als solches müssen die formulierten Anforderungen aber auch nachprüfbar sein, damit keine Uneinigkeit über die Erfüllung
des Pflichtenheftes entsteht. Zur weiteren Lektüre sei dem Leser hier [47] empfohlen.

Auf die Analyse folgt der *Entwurf* (engl. *Design*), der den Aufbau oder die *Architektur* des Software-Systems grob festlegt, also die Funktionalität auf einzelne
Software-Bausteine aufteilt und ihr Zusammenspiel klärt. Die einzelnen Bausteine
werden nun formaler als im Pflichtenheft spezifiziert (vgl. Spezifikation einer Funktion, Abschn. 5.1), damit sie einem Entwickler als Grundlage für die Implementierung
dienen können. Wie komplexe Funktionalität realisiert werden soll, wird bereits im

Entwurf dargestellt, damit der Entwickler bei der Implementierung hier keinen Spielraum für Fehlinterpretationen mehr hat.

Der Systementwurf dient dann als Basis für die nachfolgende Phase der *Implementierung*. Nach Abschluss der Implementierung wird im *Test* überprüft, ob die Implementierung konform zur Spezifikation im Entwurf verlaufen ist. Im Erfolgsfall kann dann in der letzten Phase das Produkt beim Auftraggeber eingeführt werden.

Die Anwendung des Wasserfallmodells setzt voraus, dass sich die Anforderungen in der Planungsphase relativ präzise beschreiben lassen. Erweiterungen des einfachen Modells erlauben deshalb ein schrittweises Zurückgehen zur Vorgängerphase, sofern in der aktuellen Phase etwas schieflaufen sollte. Bemerkt man bei der Implementierung einen Fehler, so kann dies eine Änderung im Design oder sogar in der Spezifikation bedingen. Weiterentwicklungen wie das Spiralmodell sehen hingegen Iterationen vor, d.h. ein und derselbe Arbeitsschritt wird mehrmals durchlaufen und die Ergebnisse des Arbeitsschrittes pro Durchlauf verfeinert und verbessert.

Vielfach weiß der Kunde (Nutzer) zu Beginn und auch am Ende der Analysephase noch gar nicht genau, was ihm am besten helfen kann ([47] spricht von „Hellsehen für Fortgeschrittene“). Erst wenn er ein lauffähiges System vorliegen hat und damit erste Erfahrungen sammeln kann, ist er in der Lage, seine Anforderungen mehr und mehr zu konkretisieren. Wenn dann allerdings bereits drei Jahre Entwicklungszeit verstrichen sind, haben sowohl Kunde als auch Entwickler ein Problem.

Genau hier versuchen die im nächsten Abschnitt vorgestellten agilen Methoden anzusetzen.

## 7.2  Agile Software-Entwicklung

### 7.2.1  Einleitung

Tom DeMarco vergleicht in dem Vorwort zum Buch von Kent Beck und Martin Fowler [7] die Geschichte des Krieges mit der Geschichte der Software-Entwicklung und kommt zu dem Schluss, dass die Geschichte des Krieges und die der Software-Entwicklung ein Pendel seien, das zwischen den relativen Vorteilen der Panzerung und der Mobilität hin und her schwinge:

> *Den Rittern in ihren schimmernden Rüstungen war es möglich, jeden ungepanzerten Ritter zu dominieren. Aber sie waren für die schnellen, nahezu unbekleideten berittenen Kämpfer, die mit Dschingis Khan und seinen Mongolen durch die Lande zogen, keine Herausforderung. Die leichte Kavallerie hingegen war verloren, als Panzer aufkamen, und diese wiederum waren für die leichtfüßigen palästinensischen Jugendlichen mit Sagger-Raketen leichte Beute. Mit der Maginot-Linie spekulierten die Franzosen darauf, dass das Pendel wieder auf die Seite der Panzerung geschwungen war. Das war aber nicht der Fall, denn die Deutschen umgingen sie einfach.*

In der Software-Entwicklung haben wir in den 80er und 90er Jahren immer dickere Panzer aufgebaut. Der Prozess der Software-Entwicklung stand im Vordergrund. Wenn etwas schiefging, wurde zunächst die Frage gestellt, welche Elemente man dem Prozess (Vorgehensmodell) noch hinzufügen müsste, um das Problem beim nächsten Mal möglichst vermeiden zu können. Die Prozessmodelle wurden hierdurch allerdings immer schwergewichtiger. Wenn wir ehrlich sind, kommt es in der Software-Entwicklung fast nur noch auf eines an: möglichst schnell ein Produkt auszuliefern. *Dummerweise* muss der Kunde hiermit auch noch etwas anfangen können.

Hier setzen nun die Prozessmodelle der agilen Software-Entwicklung an, deren bekanntester Vertreter zweifellos *extreme Programming* (abgekürzt XP) ist. XP geht auf Kent Beck zurück, der das erste Buch zu dem Thema veröffentlichte [6]. Parallel dazu wurden verschiedene andere, so genannte leichtgewichtige Prozessmodelle, entwickelt, z.B. *Crystal Methodologies* (`www.crystalmethodologies.org`), *Adaptive Software Development* (`www.adaptived.com`) und *Scrum* (`www.controlchaos.org`). Im Jahr 2001 einigten sich die Vertreter der verschiedenen Prozessmodelle im *Agilen Manifest* auf einen gemeinsamen Nenner (siehe auch `www.agilealliance.org`), wobei es aber derzeit keine wirklichen Bestrebungen gibt, diese zu einem gemeinsamen Prozess auszubauen.

## 7.2.2 Extreme Programming (XP)

*Extreme Programming* (XP) wurde Ende der 90er Jahre von Kent Beck erfolgreich innerhalb eines Projektes bei Chrysler eingesetzt [6]. Es beruht auf allgemein in der Software-Entwickler-Gemeinde akzeptierten Prinzipien. Allerdings werden sie in XP nicht nur *ein bisschen* eingesetzt, sondern *alle Regler werden voll aufgedreht*, daher der Name:

- Von Code-Reviews ist bekannt, dass sie ein sehr positives Kosten-Nutzen-Verhältnis aufweisen [18]. Warum also nicht durch paarweises Programmieren ständig Reviews durchführen?

- Wenn Testen zur Qualitätsverbesserung der Software beiträgt, warum sollen dann nicht jeder Entwickler und der Kunde (durch Akzeptanztests) ständig testen?

- Ein gutes Design der Software ist wichtig. Deshalb sollte jeder Entwickler durch Refactoring täglich zur Designverbesserung beitragen.

- Da einfache Systeme besser zu warten sind, ist die Komplexität des Systemdesigns ein entscheidendes Gütekriterium. Wenn alternative gute Designs zur Auswahl stehen, wird das einfachste gewählt.

- Da Integration und Integrationstests wichtig sind, sollte im Idealfall mehrmals am Tag integriert und getestet werden.

- Häufige Fertigstellungen von jeweils lauffähigen Versionen sind anzustreben. Deshalb sollte die Iteration zur Erstellung einer Version sehr, sehr kurz sein – Stunden oder Tage, nicht Wochen oder gar Monate. Das ermöglicht es, dem Kunden häufig aktualisierte Versionen (so genannte Releases) zu übergeben.

Wenn die Regler hierdurch vielleicht teilweise etwas zu weit aufgedreht wurden, so hat Kent Beck zumindest eine sehr lebhafte Diskussion angestoßen.

## 7.2.3  Die Werte und Prinzipien von XP

XP basiert auf vier einfachen Werten: Einfachheit (engl. *simplicity*), Kommunikation (engl. *communication*), Rückkopplung (engl. *feedback*) und Mut (engl. *courage*). Einfache Lösungen, Feedback und Kommunikation erfordern eine Menge Mut. Es gehört Mut dazu, festgetrampelte Pfade zu verlassen und damit etwas zu verändern. Es ist unwahrscheinlich, dass man kritisiert wird, wenn man ein großes, teures Werkzeug einsetzt, oder genau so vorgegangen ist wie große namhafte Firmen. Mut ist erforderlich, um mit den Teammitgliedern direkt zu kommunizieren und Feedback zu geben und vor allem auch anzunehmen. Es kann nämlich auch bedeuten, dass man selber einen Fehler oder Unwissenheit eingestehen muss.

Die vier Werte von XP sind allerdings noch zu vage, um alleine schon konkrete Hilfen für die tägliche Software-Entwicklung zu bieten. Was ein Entwickler noch als simpel empfindet, mag der andere schon als komplex ansehen. Hier greifen die Prinzipien ein, die schon etwas konkreter sind. Es gibt fünf zentrale und einige weniger zentrale Prinzipien [6]:

1. *Unmittelbares Feedback*:
   Aus der Lernpsychologie weiß man, dass die Zeit zwischen einer Aktion (Stimulus) und der zugehörigen Reaktion kurz sein muss, damit der Lernerfolg groß ist. Entsprechend ist es in der Software-Entwicklung wichtig, dass man häufig Feedback auf seine Design-Entscheidungen bekommt und somit im Falle einer Fehlentscheidung nicht zu lange in die falsche Richtung entwickelt.

2. *Einfachheit anstreben*:
   Das Streben nach Einfachheit scheint zunächst das Gegenteil von dem zu sein, was viele Informatiker und Entwickler über Jahre hinweg gelernt haben: Allgemeine Lösungen finden, vorausschauend entwickeln, Anforderungen und Änderungen der Anforderungen vorwegnehmen usw. Aber gerade durch einfache Lösungen sind wir bestens auf die Zukunft vorbereitet. Sie sind leichter zu verstehen und damit schneller änderbar. Da wir schlichtweg nicht wissen, welche Anforderungen künftig erfüllt werden müssen, hat es keinen Sinn, hier zu spekulieren und damit Aufwand zu investieren. Es wird somit keine Technologie auf Vorrat entwickelt, sondern es gilt: *Erst verwenden, dann wieder verwenden*.

3. *Inkrementelle (kleine) Veränderungen*:
   Jede große Funktionserweiterung bzw. jede Änderung ist in eine Folge von kleinen Schritten zu unterteilen, weil man die Auswirkungen großer Schritte und insbesondere deren Dauer nur schwer abschätzen kann. Man erhält dann erst sehr spät ein Feedback, ob die getroffenen Annahmen bzgl. Zeitaufwand und Zielerreichung (weitgehend) zutreffend waren. Frühzeitiges Feedback dagegen erhöht die Wahrscheinlichkeit, eine Sackgasse bzw. falsche Anfangsannahmen frühzeitiger zu erkennen, verglichen mit der Durchführung der Veränderung in einem (großen) Schritt ohne häufiges Feedback.

4. *Veränderung wollen*: Veränderungen erzeugen zwar Arbeit, tragen aber zur Verbesserung des Systems bei. Neue (geänderte) Anforderungen geben dem Kunden ein System, mit dem er besser arbeiten kann. Änderungen am Design (Refactoring) führen zu besser wartbarem Code. Deshalb sind Veränderungen etwas Positives.

5. *Qualitätsarbeit*: Bei der Planung von Software-Projekten spielen vier Variablen eine Rolle – die *Kosten*, die *Software-Qualität*, die *Zeit*(-dauer) des Projektes und der *Umfang* der zu realisierenden Anforderungen. Man kann versuchen, jede Variable konstant zu halten. Hält man aber drei von ihnen konstant, ist auch der Wert der vierten konstant. Die Qualität ist dabei eigentlich keine freie Variable. Tolerierbar sind hier nur die Werte *sehr gut* und *exzellent*. Wenn man zulässt, dass die Qualität sinkt, hat man eventuell kurzfristig einen Geschwindigkeitsvorteil, was sich aber sehr schnell rächt, denn eine schlechte Qualität führt unweigerlich zu einer Verlangsamung während der weiteren Entwicklung. Allerdings dürfen die Entwickler nicht ihre eigenen Qualitätsmaßstäbe mit denen der Anwender verwechseln. Und hier sind wir wieder beim ersten Punkt. Schnelles Feedback der Anwender gibt eine Antwort auf die Qualität der Software.

## 7.2.4 Die Basistechniken von XP

Konkret wird *extreme Programming* aber erst durch 12 Basistechniken, die die Werte und Prinzipien unterstützen. Die Wirksamkeit der Basistechniken und damit von XP insgesamt beruht auf der Annahme einer flachen Aufwandskurve, d.h. der Aufwand zur Realisierung einer Anforderung ist (weitgehend) unabhängig vom Zeitpunkt der Umsetzung; siehe Bild 7.5. Damit entfällt der Zwang, bereits alle Anforderungen bei Beginn der Implementierungsphase zu kennen. Im Gegensatz dazu gehen traditionelle Entwicklungsansätze von einer steilen (exponentiellen) Aufwandskurve aus, d.h. je später eine Anforderung nach dem Projektstart erstellt wird, desto größer wird dann deren Realisierungsaufwand angenommen. Somit wäre eine vollständige Erhebung aller Anforderungen zu Projektbeginn vor Beginn der Implementierungsphase anzustreben.

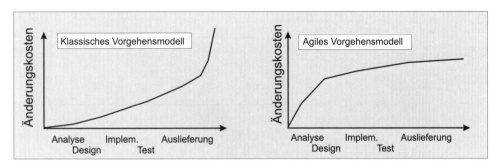

Bild 7.5: Änderungskosten während der Software-Entwicklungsphasen

Im klassischen Vorgehensmodell geht man somit davon aus, dass die Lösung eines Problems während der Analysephase z.B. noch mit 1000 Euro zu Buche schlägt, während nach der Auslieferung hierfür bereits die zehnfache Summe erforderlich ist. Agile Vorgehensmodelle stellen nicht in Frage, dass eine spätere Lösung teurer wird als eine Lösung zum jetzigen Zeitpunkt. Sie zweifeln aber an, dass eine wirkliche Lösung zu einem frühen Zeitpunkt schon möglich ist. Wenn eine Entscheidung heute 1000 Euro kostet und in einem halben Jahr 1500 Euro, aber die Wahrscheinlichkeit, dass ich mich in einem halben Jahr genauso entscheide, nur bei 50% liegt, ist es günstiger, die Entscheidung zunächst zu verschieben.

Die 12 Basistechniken von XP werden im Folgenden vorgestellt.

### Kunde vor Ort

Der Kunde erstellt zu Projektbeginn kein dickes Pflichtenheft, das die kompletten Anforderungen an das System bereits am Projektanfang *haarklein* enthält. Stattdessen beschreibt der Kunde das zu entwickelnde System durch so genannte *user stories*. Dies sind kleine Geschichten aus Sicht des Anwenders, die beschreiben, wie sich das System in einer bestimmten Situation verhalten soll. Weiterhin gehört der Kunde/Anwender zum Team und steht damit während der Programmierung für Fragen (im Idealfall) immer zur Verfügung.

Alle Projektbeteiligten müssen lernen, dass sie keine hellseherischen Fähigkeiten besitzen. Man kann nicht alle Anforderungen am Anfang des Projektes kennen. Der Erfolg des Projektes wird vom Kunden definiert – und nur vom ihm. Es nützt nichts, wenn sich die Entwickler darauf berufen, dass der Kunde gestern noch eine andere Meinung vertreten hat. Umgekehrt muss sich die Kundenseite aber auch darüber klar sein, dass Änderungen nie kostenlos sind. Sie kosten entweder zusätzlich Zeit oder gehen zu Lasten anderer Funktionalitäten. Dies gilt insbesondere für die so genannten *Festpreisprojekte*.

Wenn man nicht für einen einzelnen Kunden, sondern Massensoftware entwickelt, sollte man bedenken, dass die Konzentration auf einen (virtuellen) Kunden in der Regel zu besseren Ergebnissen führt als der Versuch, die Wünsche aller möglichen Kunden gleichzeitig zu befriedigen.

### Planungsspiel

Beim *Planungsspiel* sitzen Entwickler und Kunde ca. alle drei Wochen zusammen und planen nach festgelegten *Spielregeln* die nächste Iteration bzw. das nächste Release: Der Kunde unterbreitet Vorschläge für Funktionserweiterungen (user stories). Diese werden diskutiert und priorisiert. Die Entwickler untergliedern die Funktionserweiterungen in einzelne Arbeitspakete und schätzen den dafür erforderlichen Aufwand meist in so genannten *idealen Tagen*. Das ist der Aufwand, der erwartet wird, wenn man ohne Unterbrechung an dieser Aufgabe arbeiten könnte. Die Schätzungen sollten in der Regel zunächst von dem Entwickler erfolgen, der auch die Aufgabe bearbeiten wird. Der Aufwand für eine Aufgabe sollte im Bereich von ein bis zwei idealen Tagen liegen.

Aus dem geschätzten Aufwand für die einzelnen Aufgaben kann der Aufwand für die einzelnen Funktionserweiterungen abgeleitet werden. Mit Kenntnis der einzelnen Kosten werden die Prioritäten nochmals angepasst. Es werden die user stories mit der höchsten Priorität in die aktuelle Iteration übernommen, wobei hieraus nicht mehr Aufgaben resultieren dürfen, als Entwicklerkapazität zur Verfügung steht. Die Priorisierung und Aufwandsschätzung wird so lange wiederholt, bis ein Gleichgewicht erreicht ist.

Weitere Details zum Planungsspiel finden sich im Abschn. 7.2.5, wo wir es auf unser Netzplanungsbeispiel anwenden. In manchen Unternehmen wird der Begriff *Planungsspiel* allerdings nicht so gern verwendet. Hier werden dann besser *Planungsbesprechungen* oder *Planungsworkshops* durchgeführt.

### Kurze Releasezyklen

Bei der Projektplanung werden normalerweise die Kosten und die Qualität konstant gehalten. Die Versuchung ist dann sehr groß, die Variable „Umfang" ein Stück zu vergrößern und noch ein Stück ... Die hieraus resultierenden Auswirkungen auf die Zeit sind schwer abschätzbar. Die wirklichen Folgen erkennt man erst am Ende des Projektes. Deshalb muss man das Projekt alle paar Wochen beenden, d.h. ein neues Release mit erweitertem Funktionsumfang an den Kunden übergeben.

Die Iterationen und Release-Zyklen sollten als so genannte *Timeboxen* betrachtet werden, d.h., es gibt keine Möglichkeit, einen Zyklus zu verlängern oder zu verkürzen. Das Team wird lernen, dass dadurch die Zeitschätzungen immer besser werden, wobei eine Genauigkeit von 80% schon ganz gut ist.

### Testen

Eine Funktion existiert so lange nicht, bis sie durch einen (automatisch ablaufenden) Test abprüfbar ist. Zu unterscheiden sind *Komponenten-* und *Akzeptanztests*. Letztere werden auch *Funktionstests* genannt. Sie werden unter Mitwirkung des Kunden erstellt und ersetzen damit in XP die Systemspezifikation. Komponententests werden von den Entwicklern allein erstellt und dienen zum Testen der einzelnen Klassen und Funktionen im Code (vgl. Abschn. 6.1.2).

Die Tests werden gesammelt, gepflegt und müssen vor einer Code-Integration zu 100% erfolgreich durchlaufen. Es bietet sich an, die Testausführung zu automatisieren. Wie wir bereits in den vorangegangenen Kapiteln gesehen haben, erfordert gerade die Erstellung der Tests vor der Implementierung sehr viel Disziplin von den Entwicklern. Aber der Aufwand lohnt sich, denn Code ohne Tests ist fehlerhafter als getesteter Code.

### Einfaches Design

*Make it as simple as possible, but not simpler.*                    (Albert Einstein)

Software-Design werden wir zwar im Detail erst in Kap. 10 behandeln. Trotzdem
haben wir auch an dieser Stelle bereits ein erstes Gefühl für gutes oder schlechtes
Design erhalten: Zusammengehörige Daten sollten zu Strukturen zusammengefasst
werden, globale Variablen sind zu vermeiden, Module oder Bibliotheken sollten hierarchisch und nicht zyklisch voneinander abhängen, usw.

Es sollte immer das Einfachste realisiert werden, das gerade noch funktioniert. Heute
nicht etwas für übermorgen entwickeln, sondern allerhöchstens für morgen, d.h. kein
Design auf Vorrat. Konkret bedeutet dies z.B., dass nur die Methoden einer Klasse
zu implementieren sind, die schon jetzt wirklich gebraucht werden (nur `insertList`,
wenn man `eraseList` aktuell nicht braucht). Das Problem mit dem Design auf Vorrat
ist, dass dieser Code aktuell nicht benötigt wird und damit vom Anwender nicht
getestet wird. Außerdem muss bei jeder Anpassung des Designs (siehe *Refactoring*)
dieser bisher nicht benötigte (tote) Code mit angepasst werden. *Make it run, make
it right, make it fast* – und zwar in dieser Reihenfolge.

Einfaches Design bedeutet aber nicht, dass einfach nur *drauflos programmiert* wird.
Stattdessen besitzt gutes Design weiterhin einen hohen Stellenwert. Es wird aber kein
großes, allumfassendes Design zu Beginn der Software-Entwicklung erstellt und dann
jegliches Design für beendet erklärt. Stattdessen wird von jedem die Bereitschaft
erwartet, schlechtes Design abzustellen, wenn man es erkennt.

### Refaktorisierung (Refactoring)

Refaktorisieren bedeutet, das Design des bereits existierenden Codes zu verbessern,
ohne dessen Verhalten zu ändern. Wichtig ist, Hemmungen zu überwinden, dass
man Arbeitskraft zur Verfügung stellt, die erst einmal nichts Produktives (keine neue
Funktionalität) schafft. Allerdings ist Refactoring ohne automatisch ablaufende Tests
ein aussichtsloses Unterfangen. Bevor man mit dem Refactoring eines Codesegments
beginnt, muss man daher zunächst sicherstellen, dass es für die betreffenden Stellen
auch wirklich Tests gibt.

Der Java-Entwickler wird beim Refactoring sprachbedingt besser unterstützt als der
C++-Entwickler. Es gibt viele Java-Tools (so genannte *Refactoring-Browser*), die
bestimmte Refaktorisierungen (fast) automatisch durchführen.

Erste Hinweise auf Code-Abschnitte, die überarbeitet werden sollten, wurden bereits
bei der Basistechnik des *Einfachen Designs* genannt. Wir werden Designaspekte in
Zusammenhang mit Beziehungen zwischen Klassen in Kap. 10 vertiefen. Weitere
Hinweise zum Refactoring und wie man es zweckmäßigerweise durchführen sollte,
liefert das Standardwerk zum Refactoring von Martin Fowler [22] und seine Webseite
`www.refactoring.com`.

## Programmieren in Paaren

Diese Technik ist auch unter dem Begriff „*Zwei Leute – ein Bildschirm*" bekannt und bedeutet, dass keine Zeile Code geschrieben werden sollte, ohne dass zwei Paar Augen auf den Bildschirm gerichtet sind. Die Partner wechseln sich an der Tastatur ab. Außerdem rotieren die Programmierpartner ebenfalls, sodass nicht ständig die gleichen Partner zusammenarbeiten. Die Vorteile dieser auf den ersten Blick produktivitätssenkenden Technik sind eine höhere Codequalität, eine größere Produktivität durch mehr Spaß und konzentrierteres Arbeiten sowie vor allem eine bessere Wissensverbreitung innerhalb des Teams.

## Gemeinsame Verantwortlichkeit

Jeder im Projekt darf zu jeder Zeit alle Quelltexte und Dokumente ändern, was automatisch ablaufende Tests zur Bewahrung vorhandener Funktionalitäten voraussetzt. Alle erstellten Quelltexte und Dokumente gehören keinem Einzelnen, sondern dem gesamten Team. Die Technik funktioniert am besten, wenn die Projektmitglieder im Wesentlichen die gleichen Qualifikationen haben. Teammitglieder mit Wissensvorsprüngen in einzelnen Gebieten bilden die anderen aus.

Richtig angewendet, erleichtert *gemeinsame Verantwortung* die Integration von Teilzeitkräften und von Mitarbeitern, die in mehreren Projekten gleichzeitig arbeiten müssen. Die Teammitglieder müssen nicht auf die Fertigstellung durch andere warten, sondern können es selbst übernehmen. Wer einen Fehler entdeckt, sollte ihn nach Möglichkeit auch gleich beheben. Die Suche nach dem Urheber ist aufwändig und vor allem unnötig.

Zusammen mit *Programmieren in Paaren* senkt *gemeinsame Verantwortung* erheblich den so genannten *Truck Faktor* des Projektes. Mit *Truck Faktor* wird scherzhaft die Wahrscheinlichkeit bezeichnet, dass ein Projekt scheitert, wenn ein bestimmter Mitarbeiter von einem Truck überrollt werden sollte und damit sein alleiniges Wissen für die anderen nicht mehr zur Verfügung steht.

*Gemeinsame Verantwortung* darf allerdings niemals mit *nicht vorhandener Verantwortlichkeit* (engl. *no ownership*) verwechselt werden.

## Fortlaufende Integration

Die Funktionserweiterungen werden sobald wie möglich (fortlaufend) in das Gesamtsystem integriert. Angestrebt ist, dass jeder Entwickler mindestens einmal am Tag seine Arbeit in das Gesamtsystem integriert. Umgekehrt ist aber auch sicherzustellen, dass der einzelne Entwickler Codeänderungen der anderen Entwickler in seiner Entwicklungsumgebung nachführt, damit er nicht Aufwand in die Fehlersuche bzw. Verbesserung von bereits veralteten Versionen investiert. Unabdingbar ist hier ein Versionsverwaltungssystem; siehe Abschn. 7.5.2.

**Programmierstandards**

Ein Programmierstandard legt u.a. die äußere Form des Quelltextes fest. Er bestimmt beispielsweise, wie einzurücken ist und wie geschweifte Klammern zu setzen sind. Diese einfachen Dinge können jedoch im Normalfall von einer Programmierumgebung bereits erzwungen werden bzw. sie kann die Quelltexte so umformatieren, dass letztere dem Standard entsprechen.

Programmierstandards gewährleisten, dass die Quelltexte des Teams einheitlich aussehen. Sie sind somit unabdingbar für das Funktionieren der Basistechniken *Programmieren in Paaren* und *gemeinsame Verantwortung*, damit sich jeder Entwickler in jedem Quellcode zurechtfinden kann. Ein Programmierstandard ist dann erfolgreich umgesetzt, wenn man am Aussehen des Quellcodes nicht mehr erkennen kann, wer der Autor ist.

**Tipp**  Die Programmierstandards sollten nicht zu umfangreich sein. Umfassen sie mehr als zehn Seiten, besteht die Gefahr, dass sie nicht gelesen und damit auch nicht umgesetzt werden.

Für Java gibt es Programmierstandards von Sun Microsystems; siehe z.B. [35, Anh. D], für C++ existieren verschiedene, z.B. vom Institut für Flugführung des Deutschen Zentrums für Luft- und Raumfahrt e.V. [26]. Falls in Ihrer Organisation noch keine Programmierstandards existieren, verlieren Sie nicht zu viel Zeit mit endlosen **Tipp**  Diskussionen über Ihren Programmierstandard. Verwenden Sie stattdessen einen der vielen existierenden. Werfen Sie zur Not eine Münze und passen Sie nach ca. drei Monaten den Standard an. In der Regel werden Sie allerdings feststellen, dass kaum Anpassungen notwendig sind, wenn man sich erst einmal daran gewöhnt hat, einen Programmierstandard zu verwenden, und die Vorteile erkannt hat.

**40-Stunden-Woche**

Zur Förderung einer nachhaltigen Entwicklung gehört es, eine hohe reproduzierbare und damit vorhersagbare Entwicklungsgeschwindigkeit des Teams über einen längeren Zeitraum aufrechtzuerhalten. Überstunden sind hier kontraproduktiv. Deshalb muss gewährleistet werden, dass der Arbeitsaufwand zur verfügbaren Zeit passt und die Zeitplanung keine Träumerei ist, die beim kleinsten Rückschlag wie ein Kartenhaus in sich zusammenfällt. Qualitativ hochwertige Software birgt weniger Überraschungen, wodurch die Zeitplanung weniger anfällig wird.

**Metapher**

Metaphern sollen in XP zu einem gewissen Teil die Software-Architektur ersetzen. Sie sind bildliche Vorstellungen des zu entwickelnden Systems und sollen es allen Beteiligten (Kunde, Programmierer, Manager) erleichtern, die grundlegenden Bestandteile und deren Beziehungen zu verstehen. In einem Helpdesk System z.B. kann als Metapher die Vorstellung verwendet werden, dass jede Anfrage (*Hilferuf*) ein Element in einer Warteschlange darstellt, dass es mehrere miteinander verknüpfte Warteschlangen gibt und dass für jede Warteschlange ein Team von Mitarbeitern verantwortlich ist. Da Metaphern bildliche Vorstellungen vom zu entwickelnden System sind, unterstützen sie die Vereinfachung von Systemen [35, Abschn. 2.3]. Die Metapher-Basistechnik hat sich nicht vollständig durchgesetzt, neuerdings wird sie bei der Aufzählung der XP-Basistechniken oft nicht mehr erwähnt.

**Zusammenspiel der Basistechniken**

Bei der Vorstellung der verschiedenen Basistechniken haben wir bereits ihre Abhängigkeiten voneinander angedeutet. Wir wollen aber nochmals betonen, dass die Wirksamkeit von XP auf dem Zusammenspiel aller Basistechniken beruht: *Einfaches Design* ist nur durch ständiges *Refactoring* möglich. *Refactoring* verlangt umgekehrt nach genügend *Tests*. Die *Programmierung in Paaren* sorgt für die nötige Disziplin, dass die Tests auch wirklich vor Erstellung der Funktionalität erstellt werden. Bild 7.6 veranschaulicht die komplexen Abhängigkeitsbeziehungen. Eine Verbindung zwischen zwei Techniken bedeutet, dass sie sich gegenseitig beeinflussen bzw. erst ermöglichen. Kent Beck geht sogar davon aus, dass mit 80-prozentiger Umsetzung der XP-Techniken erst 20% des möglichen Effektes erzielt wird, d.h. XP ist **entweder ganz oder gar nicht** anzuwenden!

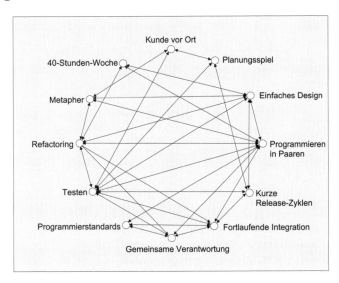

Bild 7.6: Gegenseitige Beeinflussung der XP-Basistechniken

## 7.2.5   XP auf die Netzplantechnik angewendet

Wir zeigen im Folgenden, wie die Weiterentwicklung unserer Netzplanungs-Software mit *eXtreme Programming* aussehen könnte. Wir gehen davon aus, dass wir unsere Netzplanungs-Software bereits in Funktionen ohne globale Variablen unterteilt haben (Listings 2.18 und 2.19 im Abschn. 2.2.3). Der Kunde wünscht nun, nicht nur Netzpläne mit den Vorgängen V1 bis V5 eingeben zu können, sondern beliebige Netzpläne. Die Abhängigkeiten der einzelnen Vorgänge sollen grafisch eingegeben und die Vorgänge mit ihren Abhängigkeiten in einer Datenbank abgelegt werden können.

Wir gehen in diesem Beispiel von den folgenden Kundenanforderungen aus, wobei die Reihenfolge bereits die Kundenprioritäten zu Beginn des Planungsspiels widerspiegeln:

1. Mensch-Maschine-Schnittstelle zur Ein- und Ausgabe der Netzpläne erstellen;

2. Auswahl eines Datenbank-Herstellers und Erstellen des Datenmodells;

3. Ablage der Netzpläne in der Datenbank;

4. Berechnung beliebiger Netzpläne;

5. Einlesen der Netzpläne aus der Datenbank.

Die Entwickler überzeugen den Kunden, dass es besser ist, zunächst die Berechnung beliebiger Netzpläne zu ermöglichen, bevor mit den anderen Kundenwünschen fortgefahren wird. Die Anforderungen werden auf so genannten *Story-Cards* notiert. Hier lassen sich aber keine pauschalen Empfehlungen geben, was wirklich auf eine Story-Card gehört und was nicht. Das Team muss hier zusammen mit den Kunden Erfahrungen sammeln. Neben der Beschreibung der Anforderung können auf einer Story-Card die folgenden Informationen notiert werden: Titel, Datum, Autor, Art der Karte (fachliche Anforderung, technische Anforderung, Refactoring, Fehlerbehebung), Akzeptanztest, verantwortlicher Entwickler, geschätzter und tatsächlicher Aufwand, Datum der Fertigstellung [35, Abschn. 2.2.2].

Tabelle 7.1: Beispiel für eine Story-Card

| Datum: 28.02.2007 | Kurzbeschreibung: Grafische Eingabe der Netzpläne |
|---|---|
| Autor: Michael & Stefan | Art: fachliche Anforderung |
| **Beschreibung:** In eine Eingabemaske können die Vorgänge mit ihren Namen und Dauern eingegeben werden. Die Vorgänge werden als Rechtecke und Abhängigkeiten durch Linien grafisch visualisiert, sodass Vorgänger-Nachfolger-Beziehungen per Mausklick eingegeben werden können. Wenn erforderlich, werden die Vorgänge auf dem Bildschirm automatisch umgeordnet, sodass möglichst wenig Kreuzungen entstehen (Auto-Layout). Nach der Berechnung des Netzplans werden frühester Anfang und spätestes Ende des Netzplans in der Grafik eingeblendet. | |
| **Akzeptanztests:** Ein Netzplan entsprechend Bild 1.1 wird vom Benutzer eingegeben und das Ergebnis der Berechnung in der Grafik des Netzplans dargestellt. | |
| geschätzter Aufwand: 5 | Entwickler: MH + PH |
| Fertiggestellt am: 7.03.2007 | tatsächlicher Aufwand: 9 |

Die Tabelle 7.1 zeigt eine mögliche Story-Card für die Erstellung der Mensch-Maschine-Schnittstelle. Entsprechend können während des Planungsspiels Story-Cards für die weiteren Kundenwünsche erstellt werden. Die Entwickler haben dann die Aufgabe, den Aufwand zur Realisierung der einzelnen Kundenanforderungen zu schätzen. Wenn das nicht möglich ist, sollte man versuchen, eine Story-Card in mehrere zu unterteilen. Im Beispiel könnte man z.B. die Auto-Layout-Funktionalität herausnehmen oder die grafische Darstellung des Planungsergebnisses.

Die Story-Cards werden anschließend in so genannte *Task-Cards* heruntergebrochen. Dies sind die zu erledigenden Aufgaben aus Entwicklersicht. Task-Cards können neben heruntergebrochenen Story-Cards auch technische Anforderungen enthalten, die für die Kunden unwichtig und meist auch nicht verständlich sind.

Wir könnten die Story-Card aus Tabelle 7.1 z.B. in die folgenden technischen Anforderungen bzw. Task-Cards unterteilen:

- Vorgänge mit ihren Namen und Dauern in Eingabemaske eingeben;
- Grafische Visualisierung der Vorgänge als Rechtecke;
- Eingabe der Vorgänger-Nachfolger-Beziehungen per Mausklick;
- Auto-Layout der Vorgänge;
- Grafische Ausgabe der Berechnung des Netzplans.

Technische Anforderungen auf Task-Cards wären z.B.:

- Refactoring: Zusammenfassung von Variablen zu Strukturen oder Klassen (`Vorgang` und `Netz`) (siehe Abschn. 2.3.3);
- Refactoring: Aufteilung des Codes auf verschiedene Dateien z.B. für Tests und für `Netz` und `Vorgang` (siehe Abschn. 3.1.2);
- Refactoring: Verwendung von Referenzsemantik, sodass eine variable Anzahl von Vorgängen möglich ist (siehe Abschn. 4.5.1);
- Beseitigung des Fehlers in der Funktion `plane`, sodass die Vorgänge in beliebiger Reihenfolge eingegeben werden dürfen und nicht verlangt wird, dass Vorgänge ohne Nachfolger zuletzt eingegeben werden müssen (siehe Abschn. 5.6).

Die Task-Cards, die hier nur kurz angedeutet wurden, sind ähnlich wie Tabelle 7.1 auf separaten Task-Cards zu notieren, d.h. für jede Aufgabe ist auch eine separate Aufwandsschätzung abzugeben.

Die Aufwandsschätzungen helfen dann zusammen mit den Prioritäten zu entscheiden, welche Kundenwünsche in der aktuellen Iteration realisiert werden sollen und welche nicht. Die Iterationen sind als Timeboxes anzusehen, d.h. die Dauer wird nicht dem Umfang der Story-Cards angepasst, sondern die Anzahl der zu realisierenden Story-Cards muss der Dauer der Iteration angepasst werden.

### Aufwandsschätzung

Bei der Schätzung des Aufwands ist zu beachten, dass alle Schätzer die gleiche Einheit benutzen. Insbesondere ist es wichtig zu wissen, ob Personentage oder Paartage gemeint sind. Vielfach wird auch vorgeschlagen, in abstrakten Größen zu schätzen, z.B. in Gummibärchen [35]. Beim Schätzen kommt es nicht so sehr auf die absolute Größe an, sondern auf die relative. Wenn eine Aufgabe einen Aufwand von 2 erhält und eine andere einen Aufwand von 4, so ist damit gemeint, dass Letztere auf den doppelten Aufwand geschätzt wird. Wie kann man nun aber wissen, wie viele Aufgaben man in einer Iteration schafft, wenn man in abstrakten Einheiten schätzt? Kent Beck [7] schlägt hierzu die Technik des *Wetters von gestern* vor. Wenn in der letzten Iteration 100 Entwicklertage zur Verfügung standen und Aufgaben im Umfang von 30 Gummibärchen erledigt wurden, dann können in der aktuellen Iteration, die 120 Entwicklertage umfassen möge, Aufgaben im Umfang von 36 Gummibärchen $(120/100 \cdot 30)$ erledigt werden.

Bei einer Schätzung in Tagen tendieren die Entwickler dazu, in idealen Tagen zu schätzen, d.h. es wird angenommen, dass man keine anderen Aufgaben zu erledigen hat: keine Besprechungen, keine Telefonate, keinen E-Mail-Verkehr, keine außerplanmäßigen kurzen Unterbrechungen durch Vorgesetzte, keine Programmfehler, keine Debuggingzeit ... Wenn man in idealen Tagen die Aufgaben schätzt, kann man am Ende der Iteration daraus einen so genannten *Load-Faktor* berechnen. Das ist der Quotient aus der Summe der erledigten Aufgaben in idealen Tagen dividiert durch die Gesamtzahl der Entwicklertage in der Iteration. In vielen Unternehmen liegt dieser Load-Faktor zwischen 0,3 und 0,2 [35], wenn er denn gemessen wird. Das legt den Schluss nahe, dass 80% der Zeit mit unproduktiven Aufgaben quasi *vertrödelt* wird. Ganz so ist es aber nicht, denn in dieser Zeit finden neben Pausen auch Besprechungen statt, wird anderen Programmierern bei der Fehlersuche geholfen, wird Fortbildung betrieben[1]... Trotzdem kann sich der Aufwand zur Ermittlung dieser vermeintlich unproduktiven Zeiten lohnen, um die wirklich unproduktive Zeit zu reduzieren.

Stark beeinflusst ist der Load Factor auch durch den Schätzfehler für den Aufwand einer Aufgabe in idealen Tagen. Wird z.B. für jede Aufgabe jeweils der doppelte Aufwand angenommen, verdoppelt sich automatisch auch der Load Factor. Der Load Factor ist zwar mit großen Unsicherheiten behaftet, allerdings weist er personenabhängig von Iteration zu Iteration in etwa den gleichen Fehler auf (*Wetter von gestern*).

### Priorisierung der Aufgaben

Tabelle 7.2 zeigt eine angenommene Aufwandsschätzung in Paartagen für unsere Aufgaben auf den Task-Cards bzw. Story-Cards, für die noch keine weitere Unterteilung erfolgt ist. Eine weitere Unterteilung ist z.B. immer dann sinnvoll, wenn absehbar ist, dass die Story- oder Task-Card den zur Verfügung stehenden Aufwand der aktuellen Iteration sprengen könnte. Sind die Aufgaben allerdings für die aktuelle Iteration ohnehin nicht eingeplant, ist eine Unterteilung zum jetzigen Zeitpunkt wenig sinnvoll. Wir gehen von 40 Entwickler-Paartagen (acht Entwickler je zwei

---

[1]Hiermit ist z.B. das Lesen von Zeitschriften gemeint. Eine mehrtägige Fortbildung würde von der Anzahl der Entwicklertage, die für die Iteration zur Verfügung stehen, von vornherein abgezogen.

Wochen mit fünf Arbeitstagen) und einen Load-Faktor von 40% aus, d.h. in der aktuellen Iterationen können wir Aufgaben im Umfang von ca. 16 idealen Paartagen erledigen.

Tabelle 7.2: Aufwandsschätzung für Aufgaben aus der Netzplanung

| Prio | Aufgabe | Aufwand | verschieben |
|------|---------|---------|-------------|
| 1 | Vorgänge eingeben | 2 | ja |
| 1 | Grafische Visualisierung | 3 | ja |
| 1 | Strukturen verwenden | 3 | ja |
| 2 | Eingabe der Vorgänger-Nachfolger-Bez. | 2 | ja |
| 2 | Aufteilung auf Dateien | 3 | ja |
| 3 | Referenzsemantik verwenden | 2 | ja |
| 3 | Reihenfolgefehler beseitigen | 2 | ja |
| 4 | Auto-Layout der Vorgänge | 3 | nein |
| 4 | Grafische Ausgabe der Berechnung | 3 | nein |
| 5 | Leere Datenbank integrieren | 6 | nein |
| 6 | Netzpläne in Datenbank ablegen | 2 | nein |
| 6 | Netzpläne aus Datenbank auslesen | 4 | nein |

Deshalb übernehmen wir die ersten sieben Aufgaben im Umfang von 17 Paartagen aus der Tabelle in die aktuelle Iteration. Wenn wir schneller sind, können wir uns auch noch um die automatische Layout-Erstellung kümmern, ansonsten muss dessen Bearbeitung bis zur nächsten Iteration warten, wobei sich natürlich bis dahin die Prioritäten und Kundenwünsche wieder anders gestalten können. Aktuell konzentrieren wir uns aus heutiger Sicht auf die wichtigsten Kundenwünsche. Bei der Aufgabenpriorisierung sollte man bedenken, dass es dem Kunden wenig hilft, wenn am Ende einer Iteration zwar viele Aufgaben erledigt sind, aber die Erledigung dieser Aufgaben keinen seiner Wünsche vollständig erfüllt, d.h. Aufgaben, die zur Abarbeitung einer Story-Card führen, sind zu bevorzugen. Dies gilt noch stärker für eine Iteration, die mit einer Release-Freigabe endet.

Bei der Zeitschätzung ist zu berücksichtigen, dass jeweils die Erstellung eines automatisch ablaufenden Tests in den genannten Zeiten berücksichtigt sein muss. Ist das nicht der Fall, muss die Testerstellung als eigene Aufgabe ausgewiesen werden. Die Testerstellung kann auch nicht in die nächste Iteration verschoben werden, da sie vor der Implementierung der zu testenden Funktionalität erfolgt, was wiederum einfaches Design erleichtert.

## 7.2.6   Projektmanagement in agilen Software-Projekten

Auch im Rahmen agiler Software-Entwicklung sollte ein grober Plan existieren, wo das Projekt in einem Jahr stehen soll. Dieser Plan wird aber nicht so detailliert ausfallen müssen wie die Planung der aktuellen Iteration. Aber selbst die Planung der aktuellen Iteration stellt nur einen *Wunsch* dar – er wird wahrscheinlich niemals genau so in Erfüllung gehen. Deshalb kommt der Aufgabenverfolgung (dem so genannten Tracking) hier eine zentrale Bedeutung zu. Bewährt haben sich tägliche Kurzbesprechungen des Teams von ca. 10 Minuten Dauer (auch *Besprechungen im Stehen* genannt). Hier sollten die verantwortlichen Entwickler für jede Aufgabe kurz den Stand schildern, insbesondere sollten jeweils die folgenden Fragen beantwortet werden: Wie viel Zeit in idealen Tagen hat die Aufgabe bereits in Anspruch genommen? Wie viel Zeit wird die Aufgabe noch in Anspruch nehmen? Gibt es Probleme, z.B. neue Aufgaben aufgrund von festgestellten Fehlern? Hierfür wird keine ausgefeilte Projektmanagement-Software benötigt, sondern es genügt eine einfache Tabelle (siehe Tabelle 7.3) oder eine Notation auf den Task-Cards.

Tabelle 7.3: Verfolgung des Projektfortschritts bei agiler Software-Entwicklung

| Bearbeiter | Aufgabe | Aufwand | | | Stand |
|---|---|---|---|---|---|
| | | G | V | Rest | |
| MH + PH | Vorgänge eingeben | 2 | 0 | 2 | nicht begonnen |
| MH + VK | Grafische Visualisierung | 3 | 4 | 0 | fertig |
| AA + FM | Strukturen verwenden | 3 | 1.5 | 2.5 | 2 Tests scheitern |
| FM + PP | Eing. der Vorg.-Nachf.-Bez. | 2 | 1 | 3 | 3 Tests fertig |
| PP + HH | Aufteilung auf Dateien | 3 | 1 | 0.5 | 1 Test fehlt |
| HH + MH | Referenzsemantik verwenden | 2 | 1.5 | 0.5 | 2 Tests fehlen |
| AA + PP | Reihenfolgefehler beseitigen | 2 | 0.5 | 2 | Tests fertig |
| | Summe | 17 | | 10.5 | Rest: 62,5% |
| | Rest ideale Tage | 20 | | | d.h. 50% |

Die Spalte „G" gibt den ursprünglich geplanten Aufwand an, Spalte „V" wie viele Paartage daran bereits gearbeitet wurde, und Spalte „Rest" den geschätzten Restaufwand zur Erledigung der Aufgabe aus heutiger Sicht.

Das Beispiel in Tabelle 7.3 zeigt uns, dass wir bereits 50% der Zeit der Iteration verbraucht haben, aber noch 62,5 % der Aufgaben übrig geblieben sind. Hier sollte überlegt werden, ob weniger dringende Aufgaben zurückgestellt werden können bzw. müssen.

### 7.2.7 Übungen

**Übung 7.1:** Welche Besonderheit gibt es beim so genannten *Wasserfallmodell* gegenüber einem iterativen Vorgehensmodell zur Software-Entwicklung?

**Übung 7.2:** Geben Sie die ursprünglichen 12 Basistechniken von eXtreme Programming an. Beschreiben Sie zwei davon ganz kurz (ca. 2 Sätze).

**Übung 7.3:** Durch welche anderen Basistechniken von XP wird die Basistechnik *gemeinsame Verantwortung* überhaupt positiv unterstützt?

**Übung 7.4:** Was spricht dafür, eine Iteration an einem Dienstag und nicht an einem Montag zu beginnen?

**Übung 7.5:** Was bedeutet die Technik des *Wetters von gestern* in Bezug auf die Aufwandsschätzung einer Aufgabe?

**Übung 7.6:** Das Team hat sich in der letzten Iteration (Dauer 40 ideale Tage) Aufgaben im Umfang von 20 idealen Tagen vorgenommen. Hiervon wurden Aufgaben im Umfang von 2 idealen Tagen nicht erledigt. Zusätzlich wurden ungeplante Aufgaben im Umfang von 6 idealen Tagen erledigt. Berechnen Sie den Load Factor.

Die neue Iteration dauert 50 ideale Tage. Wie viele Aufgaben (Angabe in idealen Tagen) sollte sich das Team vornehmen, wenn der Load Factor der letzten Iteration als Entscheidungsgrundlage verwendet wird?

**Übung 7.7:** Welche andere Basistechnik von eXtreme Programming ermöglicht es, dass man auf ein Design des gesamten Systems zu Beginn der Software-Entwicklung weitgehend verzichten kann? Begründen Sie kurz.

**Übung 7.8:** Erklären Sie kurz und knapp: Was ist *Refactoring*?

**Übung 7.9:** Erklären Sie kurz und knapp die XP-Basistechnik *gemeinsame Verantwortung*.

**Übung 7.10:** Was ist die Basis-Voraussetzung, damit ein Refactoring erfolgreich durchgeführt werden kann?

**Übung 7.11:** Welche Vorteile ergeben sich, wenn man die Tests noch vor Beginn der Implementierung der eigentlichen Funktionalität spezifiziert?

# 7.3  Design, Testen und Dokumentation unter XP

In diesem Abschnitt betrachten wir die Phasen Design, Testen und Dokumentation speziell unter dem Gesichtspunkt der agilen Software-Entwicklung.

## 7.3.1  Design und agile Software-Entwicklung

Häufig wird agile Software-Entwicklung mit einem Verzicht auf Design gleichgesetzt – eine Befürchtung, die allerdings unbegründet ist. Im Unterschied zum Wasserfallmodell ist Design in der agilen Software-Entwicklung aber kein einmaliger Vorgang. Design gehört zum täglichen Brot jedes Entwicklers, allerdings sind Designen, Implementieren und Testen parallele Aktivitäten.

Wenn es hilfreich ist, sollten zur Kommunikation des Designs auch Bilder verwendet werden. Nicht umsonst gilt, dass ein Bild mehr als 1000 Worte sagt (siehe UML-Diagramme in Abschn. 8.2.2 und 9.3.3). Bilder können erste Hinweise auf ein zu komplexes Design liefern. Eine Skizze ist insbesondere am Whiteboard schnell erstellt. Sie hat allerdings den Nachteil, dass sie allein kein Feedback darüber liefert, ob der Test erfolgreich läuft oder nicht. In der Regel gilt aber, dass Bilder nur Modelle (Abstraktionen) des Quellcodes sind, die ziemlich bald ihren Zweck erfüllt haben und dann auch weggeworfen werden sollten.

Hiermit ist aber keine Verteufelung von CASE-Tools (CASE = Computer Aided Software Engineering) gemeint, die eine komplette Spezifizierung des Systems vor Beginn der Implementierung versprechen. Sie sind aber auch nichts anderes als Programmiersprachen mit vor allem grafischen Sprachelementen, die teilweise sehr mächtig sind. Wenn die Spezifikation des kompletten Systems zu Beginn weitgehend möglich ist, sollte man auf diese Hilfen zurückgreifen. Allerdings sollten wir durch Werkzeuge nicht gezwungen werden, mehrere Repräsentationen der gleichen Information zu behalten oder gar zu pflegen. Nichts ist allerdings dagegen einzuwenden, wenn man die eine Repräsentation aus der anderen automatisch erstellen kann (wie im Fall der Dokumentationswerkzeuge aus Abschn. 5.2).

## 7.3.2  Testen und agile Software-Entwicklung

Ein Blick auf Bild 7.6 führt uns nochmals vor Augen, dass *Testen* eine der zentralen Aktivitäten in der agilen Software-Entwicklung ist. Wenn wir uns nur auf eine Basistechnik von XP beschränken müssten, so würden wir das *Testen* wählen, d.h. insbesondere die Definition und Erstellung der Tests noch **vor** der Implementierung der Funktionalität selbst.

Wir erhalten damit zum einen eine formale und eindeutige Beschreibung der zu erstellenden Funktionalität, zum anderen können wir stets von Neuem überprüfen, ob die Software auch noch die bisherige Funktionalität beinhaltet. In den sequenziellen Prozessmodellen wie z.B. dem Wasserfallmodell erfolgt das Testen erst am Ende des Projektes und wird dann oft stiefmütterlich behandelt bzw. entfällt aus Zeitgründen (fast) komplett. Wenn Tests erst am Ende der Entwicklung erstellt werden, braucht sie eigentlich niemand mehr. Durch Tests, die frühzeitig existieren, werden Änderungen dagegen erleichtert. Tests zeigen, ob und inwiefern eine Änderung Einfluss auf das bisherige Verhalten des Systems hat; siehe auch [19, Kap. 2]. Wir würden daher die am Ende von Abschn. 7.2.4 zitierte Aussage von Kent Beck modifizieren: Ohne die XP-Basistechnik des *Testens* erreicht man nicht einmal 20% des möglichen Effektes, verglichen mit der vollständigen Umsetzung aller 12 Basistechniken.

## 7.3.3  Dokumentation und agile Software-Entwicklung

Agilen Prozessen wird häufig unterstellt, jegliche Dokumentation zu verteufeln. Dies ist aber falsch und würde auch völlig über das Ziel hinausschießen. Vielmehr hinterfragen agile Prozesse alle Dokumente sehr kritisch, d.h. sie stellen sie zunächst in Frage, was aber nicht bedeutet, dass die Fragen dann jeweils mit „überflüssiges Dokument" beantwortet werden.

Dokumente sind in *normalen Projekten* meist aus zwei Gründen erwünscht:

1. Zum Wissenstransfer zwischen Kunden und Entwicklern und umgekehrt. In der Regel ist die zu diesem Zweck erstellte Dokumentation allerdings meistens ungeeignet, da sie unvollständig und häufig auch noch veraltet ist.

2. Zum Wissenstransfer zwischen den jetzigen Entwicklern und (möglichen) künftigen Entwicklern. Hier hofft man, dass man durch die Dokumentation im Unternehmen vorhandenes Wissen von erfahrenen Mitarbeitern auf Neulinge übertragen kann, und zwar auch dann, wenn Erstere schon lange nicht mehr im Unternehmen sind. Allerdings ist dies meist auch nur ein frommer Wunsch. Die Gründe sind die gleichen wie beim Wissenstransfer zwischen Kunden und Entwicklern: Die Dokumentation ist selten vollständig und häufig veraltet.

Die Gefahr unvollständiger und veralteter Dokumentation lässt sich minimieren, wenn Dokumentation und Quellcode möglichst nahe zusammenliegen, d.h. möglichst in einer Datei stehen. Eine Möglichkeit wurde hierzu mit *Literate Programming* im Abschn. 5.4 vorgestellt. Eine andere Möglichkeit ist, die Dokumentation z.B. durch Kommentare in den Quellcode zu integrieren. Damit ist sichergestellt, dass sich die Dokumentation immer in Reichweite desjenigen befindet, der mit dem Programm umgeht. Dann ist auch die Wahrscheinlichkeit größer, dass sowohl Quellcode als auch Dokumentation konsistent zueinander angepasst werden. Hierauf wurde schon von Brooks [10] in den 70er-Jahren hingewiesen. Wenn zur Anpassung der Dokumentation allerdings ein separates Textverarbeitungssystem gestartet werden muss, wird die Anpassung der Dokumentation meist auf *morgen* und dann auf *übermorgen* verschoben.

Dokumentation erfüllt allerdings noch einen anderen Zweck. Sie hilft, die Gedanken zu ordnen. Wir haben in den vorangegangenen Kapiteln gesehen, dass es hilfreich ist, zunächst in natürlicher Sprache zu beschreiben, was eine Methode oder Klasse machen soll. Anschließend erfolgt dann eine Beschreibung des „Wie", weil man nichts bauen kann, was man nicht beschreiben kann.

Beim *Programmieren in Paaren* verliert dieser Gesichtspunkt allerdings etwas an Bedeutung. Bevor man anfängt zu programmieren, wird man immer das Problem und die Lösung mit seinem Partner diskutieren. Wenn man hier etwas nicht mit Worten beschreiben kann, wird der Partner schon einschreiten.

Die automatische Erstellung eines Dokuments hat natürlich ihre Grenzen. Hiermit kann lediglich eine andere Sicht auf den Quellcode erzeugt werden, aber was nicht bereits im Quellcode vorhanden ist, kann auch nicht daraus extrahiert werden.

Sinnvoll ist es daher, wenn man nach Abschluss eines größeren Entwicklungsschrittes, z.B. nach Fertigstellung eines Releases, quasi *einige Meter zurückgeht* und aus der Entfernung auf die fertige Software blickt. Wenn man dann mit wenigen Worten (maximal zwei Seiten Fließtext) beschreiben kann, welchen Zweck die Software erfüllt und wie dies erfolgt, hat man zwei Fliegen mit einer Klappe erschlagen. Zum einen hat man für Neulinge einen guten Einstieg in die Software erstellt, und zum anderen ist die Wahrscheinlichkeit groß, ein einfaches, nicht zu komplexes Design gewählt zu haben. Gelingt die kurze Zusammenfassung nicht, so hat man einen Hinweis, dass ein *Refactoring* angebracht ist. Nach Abschluss eines Releases muss man natürlich nicht jedes Mal ein neues Einstiegsdokument erstellen. Idealerweise ist das bisherige noch aktuell oder muss lediglich geringfügig angepasst werden.

## 7.4  Agile Software-Entwicklung in großen Projekten?

Im Jahre 2001 hat eine Gruppe von Vertretern der verschiedenen Prozessmodelle, die so genannte *agile Allianz*, das *Agile Manifest* formuliert. Bisherige Erfahrungen mit XP gehen davon aus, dass XP ab einer Teamgröße von ca. 10 Personen nicht mehr effizient durchführbar ist. Die Autoren des Agilen Manifests haben sich aber zum Ziel gesetzt, die agilen Methoden auch für größere Projekte nutzbar zu machen, d.h. die Methoden sollen *skalierbar* sein.

### 7.4.1  Kriterien agiler Prozesse

Das *Agile Manifest* basiert auf den folgenden vier zentralen Aussagen, die mit den vier Werten von XP verglichen werden können:

> 1. *Personen und Kommunikation* sind wichtiger als *Prozesse und Tools*.
>
> 2. *Lauffähige Software* ist wichtiger als eine *umfassende Dokumentation*.
>
> 3. *Zusammenarbeit mit dem Kunden* ist wichtiger als *Vertragsverhandlungen*.
>
> 4. *Reaktion auf Veränderungen* ist wichtiger als die *strikte Planbefolgung*.

Man beachte die absichtliche Formulierung mit „wichtiger als", d.h. die weniger wichtigen Werte werden somit nicht in Frage gestellt, sondern haben im Zweifelsfall weniger Gewicht.

Das *Agile Manifest* wird nicht so konkret wie extreme Programming, und agile Prozesse liegen derzeit voll im Trend, sodass es kein Wunder ist, wenn viele Leute behaupten, einen agilen Prozess zu befolgen. Andererseits will das *Agile Manifest* gerade keinen Prozess im Detail vorgeben, sondern lediglich ein Rahmensystem sein, in dem jedes Team seinen eigenen zu ihm passenden agilen Prozess definieren und anpassen kann. Jedes Team sollte sich dann aber in Anlehnung an [19, Kap. 2] kritisch mit den folgenden Fragen auseinandersetzen:

- Können die Projektmitglieder den Prozess einfach verändern, oder sind dazu etliche unnötige Hürden zu überwinden (Stichwort: *Personen und Kommunikation* sind wichtiger als *Prozesse und Tools*)?

- Kennen alle Projektmitglieder den Zweck von jedem zu erstellenden Dokument, und wie trägt dies zum Ziel bei, ständig ein lauffähiges System zu haben? Falls diese Frage nicht sofort zu beantworten ist, ist das Dokument wahrscheinlich überflüssig (Stichwort: *Lauffähige Software* ist wichtiger als eine *umfassende Dokumentation*).

- Kennen die Projektmitglieder ihre Kunden bzw. einen Kundenvertreter? Wer dient bei Fragen als Ansprechpartner auf Kundenseite? Kennt der Kundenvertreter sein Fachgebiet und kann Entscheidungen für den wirklichen Kunden treffen (Stichwort: *Zusammenarbeit mit dem Kunden* ist wichtiger als *Vertragsverhandlungen*)?

- Wie wird mit geänderten Anforderungen umgegangen? Wird versucht, diese wegzudiskutieren? Ist man auf diese Änderungen vorbereitet, oder führt dies zu einem massiven Umbau des Systems? Erlaubt es der Vertrag, flexibel mit geänderten Anforderungen umzugehen (Stichwort: *Reaktion auf Veränderungen* ist wichtiger als die *strikte Planbefolgung*)?

## 7.4.2 Besondere Probleme größerer Software-Projekte

Die Autoren des Agilen Manifests haben sich zwar zum Ziel gesetzt, agile Vorgehensmodelle wie XP auch in großen und ganz großen Software-Projekten erfolgreich einzusetzen. Bisher kann man hier aber noch nicht wirklich von einem Durchbruch sprechen. Wir werden im Folgenden kurz beschreiben, warum die Skalierung auf größere Projekte zumindest eine sehr große Herausforderung darstellt.

### Kurze Release-Zyklen

Gerade bei größeren Projekten kann der Aufwand für eine Auslieferung sehr hoch sein. Bürokratie ist zumeist die Hauptursache. Hier müssen Kunden und Entwickler ansetzen, ansonsten werden vor allem große Teams sehr schnell dazu tendieren, nur einmal am Projektende Software auszuliefern. Wenn die Iterationen zu kurz erscheinen, um eine neue Funktionalität fertigzustellen, kann man *ausnahmsweise* zulassen, dass sich die Entwicklung über zwei Iterationen verteilt. In der Regel sollte man aber versuchen, die Funktion in Teilfunktionen zu unterteilen, denn je größer das Team ist, desto kürzer sollten die Auslieferungszyklen sein. Wenn ein größeres Team längere Zeit in die falsche Richtung entwickelt, ist der Schaden viel größer als bei einem kleinen Team.

### Flüsterpost-Effekt

Gefährlich ist, wenn (wie häufig in großen Firmen üblich) die Entwickler nicht als angemessene Ansprechpartner für die Fachexperten betrachtet werden. Es gibt dann eigene Abteilungen für den direkten Kontakt mit dem Kunden. Die Entwickler erhalten kein direktes Feedback, und sie erhalten die Kundenwünsche nur noch gefiltert: Der Kunde liefert nicht die Informationen, die die Entwickler wirklich benötigen, bzw. die Fachabteilungen für den Kundenkontakt geben diese nicht weiter, weil sie absichtlich oder unabsichtlich andere Schwergewichte setzen (*Flüsterpost-Effekt*).

### Kontrolle statt Vertrauen

Gerade große Unternehmen tendieren dazu, sich in eine Hierarchie einzelner Abteilungen und Unterabteilungen aufzusplitten, mit dem Zweck, sich gegenseitig zu kontrollieren (*Vertrauen ist gut, Kontrolle ist besser*). Auch XP fördert mit der *paarweisen Programmierung*, dem Testen etc. die gegenseitige Kontrolle. Hier ist der Hauptzweck aber die gegenseitige Unterstützung.

## Kommunikation von Angesicht zu Angesicht

Die Kommunikation von Angesicht zu Angesicht ist die effizienteste Methode, um Informationen innerhalb einer kleinen Gruppe und vor allem zwischen einzelnen Teammitgliedern auszutauschen. Hierzu sollten verschiedene Möglichkeiten installiert sein, z.B. regelmäßige tägliche Kurzbesprechungen, Kaffeerunden, wechselnde Teams. Die Arbeitsräume der Teammitglieder müssen hierzu möglichst nahe beieinander liegen.

In größeren Teams ist es sehr unrealistisch, alle Teammitglieder zusammenzubringen. 100 Entwickler in einem Raum mag ganz nett sein, um eine Weihnachtsfeier durchzuführen, aber effektive Diskussionen sind dann nicht mehr möglich. Das wird noch erschwert, wenn die verschiedenen Entwickler ihren Arbeitsplatz an verschiedenen Standorten in verschiedenen Ländern in unterschiedlichen Zeitzonen haben.

## Integrationsaufwand

In größeren Projekten ist die Integration ein nicht zu unterschätzendes Problem. Man geht davon aus, dass mindestens 10% der Entwicklungszeit für die Integration benötigt wird. Bei einem Projekt mit 30 Personen sind somit ständig drei Entwickler mit der Integration beschäftigt [19]!

## Einfachheit wird nicht angestrebt

Je größer das Team, desto größer die Gefahr, sich am Anfang zu sehr auf die Erstellung eines Frameworks oder der Infrastruktur zu konzentrieren. Man tappt sehr leicht in die Falle, sich zu sehr mit Verallgemeinerungen zu beschäftigen als mit lauffähiger Software, die Kundenwünsche erfüllt.

## Unternehmensweite Vorgehensmodelle

Ein Unternehmen sollte nicht versuchen, einen unternehmensweiten sehr detaillierten Entwicklungsprozess vorzugeben und dies dann auch noch als Projektunterstützung zu verkaufen. Stattdessen sollte jedes Team sich seinen eigenen Entwicklungsprozess aus den Vorgaben des Unternehmens zusammenstellen (Tailoring) und diesen in regelmäßigen Abständen anpassen. Jedes Team und jedes Projekt ist anders. Deshalb sollte jedes Team entscheiden dürfen, wie es seine Aufgaben am besten erledigen kann. Menschen und ihre Kommunikation miteinander sind in jedem Fall wichtiger als Tools und die strikte Befolgung von vorgegebenen Prozessen. Ein Unternehmen, das dies respektiert, vertraut seiner wichtigsten Ressource – den Mitarbeitern.

Viele Projekte scheitern aber auch, weil die falschen Personen die falschen Positionen einnehmen. Daher gehört zur Team-Reflexion (Retrospektive) auch, dass Personen in regelmäßigen Abständen ihre Aufgaben und Rollen überprüfen und ggf. anpassen.

# 7.5 Projektmanagement-Hilfsmittel

In den folgenden Abschnitten gehen wir auf den Umgang mit Risiken im Projektverlauf, das Versions- und Konfigurationsmanagement sowie die Problematik der Verfolgung von aufgetretenen Fehlern ein.

## 7.5.1 Risikomanagement

Ergänzend zur Planung der Aufgaben gehört zum Projektmanagement ein konsequentes *Risikomanagement*, das alle inhaltlichen und administrativen Risiken bereits im Vorfeld aufzudecken und einer Entscheidung zuzuführen versucht, d.h. es wird frühzeitig **aktiv** nach möglichen Risiken gesucht. In der Praxis wird Risikomanagement leider häufig nur als Krisenmanagement betrieben, d.h. wenn es zu spät ist. Um dies zu verhindern, ist es wichtig, dass Risikoanalyse und Risikomanagement frühzeitig beginnen und periodisch/permanent wiederholt werden. Wir geben im Folgenden in Anlehnung an [60] einen kurzen Überblick über Risikomanagement.

*Projektrisiken* sind mögliche Ereignisse oder Situationen mit negativen Auswirkungen auf das Projektergebnis insgesamt oder auf beliebige Plangrößen oder Ereignisse, die neue, unvorhergesehene und schädliche Aspekte aufwerfen können. *Risikomanagement* ist das Erkennen und Umgehen einer Bedrohung aus Risikopotenzialen in Form von Abwehr, Ausweichen oder Minderung negativer Auswirkungen. Projektrisiken sind bestimmt durch die Faktoren:

- Wahrscheinlichkeit des Eintretens des Risikos und

- Tragweite (möglicher Schaden) beim Eintreten des Risikos.

Risikomanagement setzt immer eine Planung mit Soll-Zuständen voraus. Risiken sind Abweichungen, die bei der Planung und Kalkulation wegen nicht berücksichtigter Umstände zusätzlich eintreten, d.h. sachlich bisher nicht eingeplant waren.

Risikopotenziale sind meist schon vor Projektbeginn existent und erkennbar. Sie haben ihre Ursachen häufig in einer ungenügenden Projektorganisation, z.B. unklare Aufgabenstellung, mangelnde Planung, Verzögerung von Entscheidungen, schleppender Start und unzureichende Überwachung, sich ändernde Prioritäten oder Ressortegoismen und Teamstreitigkeiten.

Schon in der Vorbereitungsphase des Projekts ist es wichtig, Risiken zu erkennen, die auch zu der Entscheidung führen können, auf eine Angebotsphase zu verzichten, d.h. zu einem Projektabbruch. In dieser Phase sollte ein detaillierter Überblick über Einzelrisiken und Gegenmaßnahmen erstellt werden. Spätere Mängel werden häufig in dieser Phase ausgelöst durch unscharfe Vertragsformulierungen, offene Punkte, deren Klärung in spätere Projektphasen verlagert wird, und durch Scheinkonsens.

Ziel des Risikomanagements **während** der Projektabwicklung ist es, neue Risiken zu erkennen und zu beschreiben, beschriebene Risiken zu präzisieren und zu vermeiden, die Wahrscheinlichkeit des Eintretens zu mindern, deren Tragweite zu verringern und nicht mehr bestehende Risiken aus der Betrachtung zu entlassen.

**Risikoanalyse**

Die Risikoanalyse ist unterteilt in die Risikoidentifikation (Risiken erkennen), Risikoklassifikation (Risiken bewerten) und Risikodokumentation (Risiken beschreiben). Die Risikocheckliste aus [60] in Tabelle 7.4 kann als Richtschnur verwendet werden, um sicherzugehen, nichts zu vergessen.

Tabelle 7.4: Checkliste zur Risikoanalyse

1. Allgemeines und Projektübergreifendes
   - Sind die Projektziele genau definiert?
   - Ist das Projekt sorgfältig geplant?
   - Sind die Ansätze generell realistisch?
2. Technische Realisierbarkeit und Projektergebnisse
   - Ist die Machbarkeit gewährleistet?
   - Welche Fehler können auftreten?
3. Vorgehensweise und Hilfsmittel als Risiko
   - Werden Hilfsmittel und Vorgehensweisen wie geplant wirken?
   - Werden sie zur fraglichen Zeit verfügbar sein?
   - Mit welcher Art von Ausfällen muss gerechnet werden?
4. Kaufmännische Aspekte
   - Kann es Zahlungsausfälle geben?
   - Bestehen Währungs- und Preissteigerungsrisiken?
5. Personelle Aspekte
   - Ist das Personal zur geplanten Zeit verfügbar?
   - Hat das Personal das erforderliche Know-how?
   - Muss neues bzw. fremdes Personal eingesetzt werden?
   - Sind Spannungen zwischen Team-Mitgliedern bekannt?

Die Dokumentation der Risikoanalyse sollte folgende Punkte beinhalten:
- Kurzbeschreibung des Risikos,
- Ursache(n) des Risikos,
- Zeitpunkte, zu denen Ursachen und Eintreten von Risiken zu erwarten sind,
- mögliche Tragweite in Bezug auf Kosten, Termine, Ergebnisqualität usw.,
- Auftretenswahrscheinlichkeit (qualitativ),
- mögliche Gegenmaßnahmen.

Das Beispiel zur Entwicklung der Datenbank aus dem vorigen Abschnitt mag das Vorgehen der Risikoanalyse nochmals verdeutlichen:

**Risikobeschreibung:** Im Arbeitspaket AP2.2 wird das Datenmodell mit der in AP2.1 ausgewählten Datenbank umgesetzt. Ohne diese Datenbank-Anbindung wird das gesamte Projekt scheitern. **Risikoursache:** Bisher liegt keine praktische Erfahrung bei den Mitarbeitern mit dieser Datenbank vor. **Zeitpunkt:** Spätestens vier Wochen nach Beginn von AP2.2 wird erkennbar sein, ob die Mitarbeiter mit der ausgewählten Projektdatenbank zurechtkommen. **Tragweite:** Eine Verzögerung gefährdet den Endtermin bzw. kann ein Scheitern des gesamten Projektes zur Folge haben. Eine Vergabe nach außen verteuert das Projekt um 20000 Euro. **Wahrscheinlichkeit:** kleiner als 30 %. **Gegenmaßnahmen:** Zwei Mitarbeiter werden unmittelbar nach Auswahl der Datenbank eine Schulung beim Hersteller besuchen. Der Meilenstein M2 einen Monat nach Beginn des AP2.2 mit einer Prototyp-Anwendung der Datenbank ermöglicht es, die Datenmodellierung noch rechtzeitig nach außen vergeben zu können.

Die Dokumentation sollte möglichst in standardisierter Form erfolgen. Risiken, deren Tragweite sehr unterschiedlich sein kann, sollten differenziert nach der durchschnittlichen (mid-case) und der höchsten vorstellbaren (worst-case) Tragweite betrachtet werden. So kann die Entscheidung gefällt werden, existenzbedrohende Risiken zu verlagern (z.B. durch Versicherungen), Risiken mit geringerer Tragweite aber im weiteren Projektverlauf zu handhaben und zu beherrschen.

In der agilen Software-Entwicklung hat das Risikomanagement zu Beginn des Projektes eine nicht so zentrale Rolle. Das Entwicklungsrisiko wird als unvermeidlich angesehen, und es wird versucht, es während der Iterationen aktiv zu managen. Die klassischen Ansätze versuchen mit den in diesem Abschnitt beschriebenen Methoden, das Entwicklungsrisiko von vornherein so weit wie möglich auszuschließen.

## 7.5.2   Versionskontrolle und Konfigurationsmanagement

Das *Konfigurationsmanagement* umfasst vor allem die Einrichtung einer Versions- und einer Release-Verwaltung. *Versionsverwaltung* bedeutet, dass alle relevanten Dokumente und Programmbestandteile mit ihrem jeweiligen Änderungsstand archiviert und dokumentiert werden. Normalerweise erfolgt das werkzeugunterstützt. Die Versionsverwaltung liefert jederzeit einen Überblick der aktuellen Versionen aller Dateien. Jeder Entwickler ist somit in der Lage, die aktuelle Version von jeder Datei des Projektes auf seinem Arbeitsplatz einzuspielen, d.h. es wird nicht versehentlich mit veralteten Dateien gearbeitet. Bei Bedarf kann z.B. zur Fehleranalyse mit älteren Versionen verglichen werden. Weiterhin bietet sich die Möglichkeit, zwischen den Versionen einer Datei zu unterscheiden, die sich in verschiedenen Phasen der Software-Entwicklung befinden, z.B. Version 2.2.1 befindet sich in der Entwicklung, Version 2.1 im Systemtest und Version 1.9 beim Kunden Meier, während Kunde Müller noch mit Version 1.4.1 arbeitet.

Die Software beim Kunden geht aber nicht nur aus einer Quellcode- oder Konfigurationsdatei hervor, sondern besteht aus einer Vielzahl von Dateien, d.h. bei Kunde Müller läuft Version 1.4 der Datei `Netz.cpp` und die Version 1.9 von `Test.cpp` usw. Hierfür benötigt man die *Release-Verwaltung*, damit die einzelnen Releases (Auslieferungsstände) der Anwendung dokumentiert und verwaltet werden können. Ein Release dokumentiert die Versionsnummern aller Dateien, die benötigt werden, um das System zu einem bestimmten Zeitpunkt ausliefern zu können, d.h. das Release 1.4.1 beim Kunden Müller beinhaltet z.B. die Version 1.9 der Datei `Test.cpp` und die Version 1.4 von `Netz.cpp`. Die Release-Verwaltung ermöglicht es, dass bei Bedarf auf einen älteren Release-Stand zurückgegriffen werden kann, wenn sich z.B. ein neues Release als fehlerhaft erweist, oder um den Zustand, der beim Kunden Müller vorliegt, für die Reproduktion eines bei Müller aufgetretenen Fehlers wiederherzustellen.

Ein Versionsverwaltungssystem verwendet normalerweise ein so genanntes *Repository* zur Speicherung aller Dateien des Projektes. Die traditionelle Arbeitsweise eines Versionsverwaltungssystems ist *lock-modify-write*, auch *pessimistische Versionskontrolle* genannt: Einzelne Dateien werden vor einer Änderung durch den Benutzer im Repository gesperrt und nach Abschluss der Änderung wieder freigegeben. Während sie gesperrt sind, verhindert das System Änderungen durch andere Benutzer. Bekanntester und ältester Vertreter dieser Arbeitsweise ist das Revision Control System (kurz: RCS, siehe `www.gnu.org/software/rcs/rcs.html`).

Alternativ dazu gibt es die *copy-modify-merge*-Arbeitsweise, auch *optimistische Versionskontrolle* genannt. Hierbei lässt das Versionsverwaltungssystem gleichzeitige Änderungen mehrerer Benutzer an einer Datei zu. Die verschiedenen Änderungen werden (soweit möglich) automatisch zusammengeführt (*merge*). Somit wird die Arbeit des Entwicklers wesentlich erleichtert, da Änderungen nicht im Voraus angekündigt werden müssen. Bekanntester Vertreter ist das *Concurrent Versions System* (kurz: CVS, siehe `www.nongnu.org/cvs`) bzw. dessen Weiterentwicklung *subversion* (kurz: SVN; siehe `subversion.tigris.org`).

Um Speicherplatz einzusparen, werden nicht alle Versionen einer Datei komplett im Repository abgelegt, sondern lediglich die erste Version, von den anderen Versionen werden nur die Unterschiede zur Vorgänger- bzw. Nachfolger-Version (so genannte *Deltas*) gespeichert.

Zusätzlich zur Speicherung der verschiedenen Versionen einer Datei und der Dateiversionen, die zu einem Release gehören, bedingt ein erfolgreiches Konfigurationsmanagement in einem größeren Projekt, dass alle konfigurationsspezifischen Festlegungen des Projektes im so genannten *Konfigurationsmanagement-Plan* dokumentiert werden. Hierin sollten u.a. die folgenden Punkte festgelegt sein:

- Beschreibung der Entwicklungsumgebung (Compiler-Einstellungen, Versionsnummern von Fremd-Software, benötigte Klassenbibliotheken, ...);
- Beschreibung der benötigten Testumgebung;
- Beschreibung der Entwicklungsumgebung (z.B. Eclipse unter Linux) Laufzeitumgebung (z.B. SUSE Linux 12.x auf Standard PCs);
- verwendete Versionsverwaltung.

### 7.5.3 Fehlermanagement

Feedback vom Anwender ist immer wertvoll, es liegt aber in der Natur des Menschen, dass er sich nicht einfach nur meldet, um mitzuteilen, dass die Applikation gut läuft. Hat der Anwender keine Zeitnot, so werden manchmal sogar kleinere Bugs umgangen, sodass es gar keine Rückmeldung gibt. Erst in Drucksituationen (wichtige Funktion fällt aus, Ergebnisse müssen rasch vorliegen) meldet sich der Anwender dann. So kommt es, dass Rückmeldungen oft in einer etwas angespannten Situation erfolgen und der Kundenkontakt eher gefürchtet als geschätzt wird (verursacht kurzfristig viel Arbeit, bringt Abläufe durcheinander). Auch für den Anwender, der sich im Fachchinesisch der Entwickler nicht auskennt, ist dieser Kontakt nicht immer nur positiv. Er *hört förmlich*, wie das Gegenüber am Telefon die Augenbrauen hochzieht, wenn er sich nicht fachlich korrekt ausdrückt oder nur unpräzise Angaben machen kann. Dabei ist ein hilfreicher Fehlerreport *Arbeit*, die der Anwender eher nicht in seinem direkten Aufgabenbereich sieht. Gelingt es hingegen, den Anwender zum Feedback zu ermuntern, so kann dies wesentlich zur Qualitätsverbesserung beitragen. Das gilt besonders für die agile Vorgehensweise, weil die Anwendung bereits in frühen Versionen ausgeliefert wird (*release early, release often*) – so gibt es nach kurzer Zeit eine Vielzahl von Rückmeldungen über das System (echte Fehler, Präferenzen, Erweiterungen etc.).

Der erste Ansatz, dieses Feedback zu organisieren, ist eine Problemliste, in der sequentiell alle Rückmeldungen eingetragen werden. Je größer die Anzahl der Entwickler und der bereits bekannten (und behobenen) Probleme, desto eher versagt diese Vorgehensweise. Zu einem Problem gilt es eine Vielzahl von Meldungen zu organisieren: sie können sich auf unterschiedliche Versionen der Software beziehen, auf unterschiedliche Zeitpunkte, auf frühere (als behoben angenommene) Fehler etc. Manchmal ist eine Fehlermeldung allein nicht ausreichend, um den Fehler genau lokalisieren zu können. Spätestens hier bietet sich die Pflege und Verfolgung aller Meldungen über ein separates System zum Fehlermanagement wie BUGZILLA an (siehe `www.bugzilla.org` bzw. [63]).

Die *Zielscheibe* bei der Fehlerbehebung zeigt Bild 7.7:

- Eine neu eingehende Fehlermeldung ist zunächst unbestätigt. Die Meldung bekommt eine laufende Nummer und muss zur Prüfung vorgesehen werden.

- Die Prüfung ergibt entweder, dass es sich um ein neues Problem oder um ein bekanntes, bereits behobenes Problem handelt.

- Neue Probleme werden einem Entwickler zugeordnet, der sich um die Behebung kümmert.

- Das Problem gilt als behoben, wenn es sich als kein echtes Problem herausstellt (Fehlinterpretation) oder als Fehler erkannt und beseitigt wurde. Möglich ist auch, dass eine Behebung des Problems derzeit nicht möglich oder gewünscht ist. Der ungünstigste Fall ist allerdings gegeben, wenn es dem Entwickler nicht gelingt, den Fehler zu reproduzieren. Dann ist das Problem zwar nicht behoben, aber die Bearbeitung notgedrungen dennoch abgeschlossen. Spätere Fehlermeldungen, die

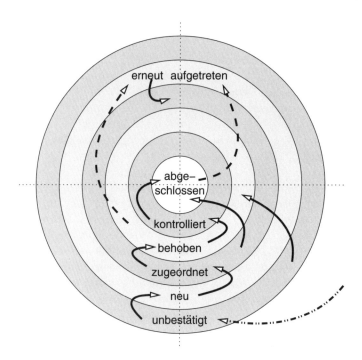

Bild 7.7: Zielscheibe Fehlerbehebung.

sich auf dasselbe Problem beziehen, mögen dann weitere Informationen liefern, die zur Lösung beitragen.

- Nach der Behebung des Problems wird vor der Auslieferung noch einmal kontrolliert, ob der Fehler jetzt beseitigt ist und keine neuen Fehler verursacht wurden (Durchlaufen aller Tests). Die Tatsache, dass dieses Problem vorher nicht erkannt wurde, deutet auf eine Lücke in der Testabdeckung hin. Gegebenenfalls werden neue Tests hinzugefügt, damit in späteren Releases derselbe Fehler nicht mehr unerkannt bleiben kann.

- Sind alle Tests positiv, ist die Meldung abgearbeitet.

Mit einer organisierten Erfassung der Fehler steigt die Qualität des Entwicklungsprozesses als Ganzes. Nicht nur die kontrollierte Erfassung von Feedback (standardisierter Web-Fragebogen) wird erleichtert, auch die Beantwortung typischer Fragen: Was ist der aktuelle Stand der Bearbeitung des Problems? Wer arbeitet daran? Gibt es einen Bugfix? Welche Historie hat dieser Fehler? Ferner kann eine Dokumentation der erkannten (und möglicherweise behobenen) Fehler auf Basis der Fehlerdatenbank erstellt werden, sodass sich der Anwender über Fehler informieren kann (bevor er sich die Mühe mit einem Fehlerreport macht).

Der frühe Einsatz eines solchen *Bugtracking-Systems* kann aber auch zur Verwaltung der sich parallel entwickelnden Anforderung dienen (typisch für agile Projekte). In den Abläufen unterscheidet sich die Fehlerbeseitigung von der Erweiterung des Funktionsumfangs nur marginal, allenfalls die Bezeichnungen variieren (neue Fehlermeldung vs. neue Anforderung).

## 7.6 Vorgehensmodelle für größere Projekte

Agile Vorgehensmodelle sind zwar derzeit in aller Munde. Trotzdem sind sie nicht für jeden Entwickler geeignet, und ab einer gewissen Projektgröße scheinen sie zumindest derzeit nicht skalierbar zu sein. Hier wollen das *V-Modell* oder der *Rational Unified Process* von IBM (kurz *RUP*) Lösungen aufzeigen.

### 7.6.1 Das V-Modell

Das V-Modell ist eine abstrakte, umfassende Projektmanagement-Struktur für die Software-Entwicklung. Sein Name leitet sich aus der V-förmigen Darstellung der Projektelemente ab; siehe Bild 7.8. Von oben nach unten, d.h. von der *Analyse* zu den *Funktionen* und schließlich zur *Implementierung*, nimmt der Detaillierungsgrad zu, und von der *Implementierung* bis zur *Evaluierung* wird es wieder abstrakter. Jeder Entwicklungsphase auf der linken Seite ist auf der rechten Seite eine entsprechende Test- bzw. Prüfphase zugeordnet.

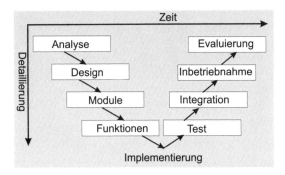

Bild 7.8: Software-Entwicklung nach dem V-Modell

Auf der x-Achse wird die Zeit dargestellt. Es beginnt mit der *Analyse*, daran schließt sich das *Design* an usw. Nach der Implementierung folgt der *Test* der *Funktionen*. Die Funktionen werden in Module integriert (*Integration*) und getestet. Bei der *Inbetriebnahme* des ganzen Systems wird das Design geprüft. Man spricht hier auch von *Verifikation*. Während der *Evaluierung*, auch als *Validierung* bezeichnet, werden Analyseergebnisse zum Gegenstand der Prüfung. Bei der Verifikation des Systems erhält man somit Antworten auf die Frage: *Haben wir das **System richtig** gebaut?*, während die Validierung die Frage beantwortet: *Haben wir das **richtige System** gebaut?*

Das erste V-Modell wurde 1986 in Deutschland entwickelt. Zunächst war es für IT-Projekte der öffentlichen Hand vorgesehen, längst wird es aber auch in der Privatwirtschaft eingesetzt.

Um dem rasanten Fortschritt der Software-Technik Rechnung zu tragen, haben das Bundesverteidigungs- und das Bundesinnenministerium 2002 verschiedene Firmen und Universitäten mit der Überarbeitung des V-Modells beauftragt. Herausgekommen ist das V-Modell XT, ein 700-Seiten-Werk; siehe `www.v-modell-xt.de`. Die Bedienungsanleitung des V-Modell XT umfasst allerdings nur knapp 80 Seiten, der Rest ist eher als Nachschlagewerk gedacht. Im neuen V-Modell XT sind die einzelnen Projektphasen nicht mehr kaskadenartig wie beim Wasserfallmodell (siehe Seite 171) zu durchlaufen. Es ist nach dem Baukastenprinzip konzipiert, und es gehört ein inkrementelles und iteratives Vorgehen dazu. *XT* steht hier für *eXtreme Tailoring* – *XP* lässt grüßen, wobei Tailoring die Anpassung an die projektspezifischen Bedürfnisse bezeichnet.

Das V-Modell XT regelt neben den Produkten und Aktivitäten nun auch die Rollen, insbesondere auch das Verhältnis zwischen Auftragnehmer und Auftraggeber. Wie *XP* räumt das V-Modell XT mit der Vorstellung auf, dass mit dem Abschluss eines *wasserdichten* Vertrages für den Kunden die Aufgabe erledigt sei.

## 7.6.2   Der *Rational Unified Process* (RUP)

Der *Rational Unified Process* (RUP) ist ein Vorgehensmodell zur Software-Entwicklung, das von der Firma Rational entwickelt wurde. Rational gehört jetzt zum IBM-Konzern, der RUP und die zugehörige Software weiterentwickelt, siehe `www-306.ibm.com/software/awdtools/rup`. RUP fußt auf zwei Grundbausteinen: zum einen auf der Unified Modeling Language (UML) als Notationssprache (siehe Abschn. 8.2.2 und 9.3.3) und zum anderen auf verschiedenen Perspektiven, die sich allesamt um die Anwendungsszenarien ranken.

Der RUP war möglich geworden, als sich die bekanntesten Verfechter der objektorientierten Programmierung, Grady Booch, Ivar Jacobson und James Rumbaugh, in den 90er Jahren auf ein einheitliches Notationssystem einigen konnten. Als Resultat dieser Bemühungen entstand parallel zum RUP die UML [9, 64].

Im Gegensatz zum Wasserfallmodell sieht RUP wie XP eine inkrementell-iterative Vorgehensweise vor. Neben der Architektur stellt es Anwendungsfälle in den Mittelpunkt des Planungsprozesses. Wenn möglich, wird versucht, schon sehr früh ein lauffähiges Grundsystem zu erstellen.

Im seinem statischen Teil legt der RUP grundlegende Arbeitsschritte fest. Kernarbeitsschritte sind:

- Geschäftsprozessmodellierung (engl. *business modeling*),
- Anforderungsanalyse (engl. *requirements*),
- Analyse & Design,
- Implementierung,

- Test und

- Auslieferung (engl. *deployment*).

Zusätzliche unterstützende Arbeitsschritte sind:

- Konfigurations- und Änderungsmanagement (engl. *configuration & change management*),

- Projektmanagement und

- Infrastruktur (engl. *environment*).

Daneben gibt es im RUP die vier Phasen *Konzeption, Ausarbeitung (Entwurf), Konstruktion* und *Übergabe (Übergang)*, die die dynamischen Aspekte abbilden. Jeder der obigen Arbeitsschritte kommt hier mehr oder weniger intensiv zur Anwendung, siehe Bild 7.9. Am Ende einer Phase, die zumeist selbst mehrere Iterationen durchläuft und somit inkrementelles Vorgehen unterstützt, hat RUP definierte Meilensteine vorgesehen, die das Resultat der Phase festlegen:

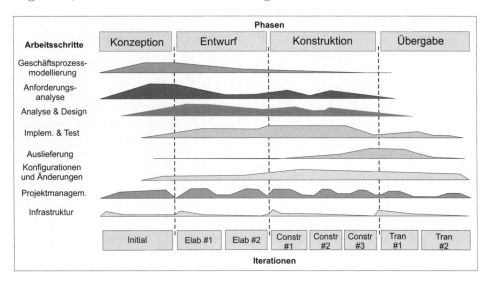

Bild 7.9: Zeitlicher Verlauf der RUP-Arbeitsschritte und -Phasen

- Konzeptionsphase (engl. *inception*): Am Ende liegt als Meilenstein eine Vision inklusive eines rudimentären Anwendungsfallmodells vor (engl. *lifecycle objectives milestone*). Die Anwendungsfälle definieren funktionale Anforderungen an das zu entwickelnde Produkt. In dieser ersten Phase erfolgt die Festlegung der Entwicklungsziele und Systemgrenzen, die initiale Planung und Ressourcenabschätzung, die Risikoanalyse und die Festlegung einer ersten Grobarchitektur.

- Analyse- und Entwurfsphase (engl. *elaboration*): Am Ende liegt als Meilenstein ein Architekturprototyp mit einem detaillierten Anwendungsfallmodell vor (engl. *lifecycle architecture milestone*). Die Phase dient der genauen Problemanalyse und Projektplanung, insbesondere der Planung der folgenden Phase, der Konstruktionsphase. Die größten Risiken werden eliminiert und eine Feinarchitektur erstellt.

- Konstruktionsphase (engl. *construction*): Am Ende liegt als Meilenstein ein Entwurfsmodell und ein Beta-Release der Software vor (engl. *initial operational capability milestone*). Diese Phase dient somit zur Implementierung und zum Test, sodass man ein lauffähiges Produkt erhält. Außer in sehr überschaubaren Projekten mit klar umrissenen Risiken und Aufgaben durchläuft die Konstruktionsphase mehrere Iterationen. Die Realisierung sämtlicher Anwendungsfälle in einer einzigen Konstruktionsiteration – auch *Grand Design* genannt – gilt nicht nur im RUP als überholt.

- Übergabephase (engl. *transition*): Am Ende liegt als Meilenstein ein Release in Produktionsqualität vor (engl. *product release milestone*). Das Endprodukt wird dem Anwender übergeben, damit er überprüfen kann, inwieweit es bereits seinen Erwartungen entspricht bzw. welche Probleme noch zu lösen sind. Notwendige Änderungen können in dieser Phase nochmals eingebracht werden. Diese Phase umfasst die Erstellung von Handbüchern und Installationsskripten genauso wie die von Abnahmetests.

Bild 7.9 (aus [56]) stellt den Zusammenhang zwischen Arbeitsschritten und den Phasen des RUP-Vorgehensmodells grafisch dar. Man sieht den zeitlichen Verlauf der Belastung durch die Arbeitsschritte in den einzelnen Phasen.

Das Risikomanagement (Abschn. 7.5.1) ist im RUP zwar kein expliziter Arbeitsschritt, hat aber trotzdem eine zentrale Bedeutung innerhalb des *Projektmanagements*. Aber auch der iterative Ansatz dient dem frühzeitigen systematischen Ausräumen von Risikofaktoren, indem man dadurch z.B. rechtzeitig feststellen kann, ob die Kernarchitektur des Systems überhaupt für das angestrebte Lastverhalten geeignet ist.

Der Vorteil von RUP ist gleichzeitig auch einer der Nachteile: seine Mächtigkeit. Es bedarf einiger Erfahrungen und eines entsprechenden Aufwands, um das Prozess-Framework für ein konkretes Projekt anzupassen. So lassen sich die meisten Basistechniken von XP (Abschn. 7.2.4) ebenfalls problemlos im RUP abbilden. RUP verwendet *Refactoring* und die *Gemeinsame Verantwortung* allerdings nur mit Vorbehalt.

Für kleinere Projekte bis ca. sechs Entwickler gibt es eine abgespeckte Variante des RUP, die als *OpenUP* oder *RUP light* bezeichnet wird. Sie enthält nur ca. 15 Prozent des ursprünglichen Rahmenwerks.

## 7.7  Zusammenfassung

Wir haben in diesem Kapitel gesehen, dass zum erfolgreichen Projektmanagement eine ausreichende Planung mit klaren Vorgaben gehört, d.h. die Verantwortlichkeiten müssen geregelt sein. Genauso wichtig wie die Planung zu Beginn ist allerdings die Planverfolgung und ggf. die Plananpassung.

Vorgehensmodelle geben einen Rahmen vor, in dem ein Projekt geordnet ablaufen kann. Sie geben einen Leitfaden für die Systementwicklung und fördern die projektbegleitende Dokumentation. Dies wirkt sich in der Regel positiv auf die Qualität des gesamten Systems aus bzw. erlaubt eine genaue Rekonstruktion des Entwicklungsprozesses und der zugrunde liegenden Entscheidungen. Allerdings ist der Projekterfolg und nicht das Vorgehensmodell das primäre Ziel.

Das verwendete Vorgehensmodell – ob nun agil (Abschn. 7.2) oder eher *klassisch* (Abschn. 7.6) ist nicht entscheidend. Primär kommt es darauf an, überhaupt ein Vorgehensmodell zu verwenden und dieses auch hinreichend gut zu verstehen. Die Erstellung hochwertiger Software fordert vor allem sehr viel Disziplin und die Befolgung der eigenen Regeln gerade dann, wenn es mal nicht *so glatt läuft*.

Agile Prozesse werden derzeit in der Gemeinde der Software-Entwickler kontrovers diskutiert. Befürworter von wohl dokumentierten Vorgehensmodellen und großen langlebigen Software-Projekten sehen in den agilen Methoden den Abgesang auf die Grundprinzipien des Software Engineerings. Viele Software-Entwickler dagegen hoffen, durch die agilen Methoden endlich von dickleibigen Pflichtenheften und aufwändigen, aber unrealistischen Projektplänen befreit zu werden. Die Wahrheit wird wie üblich irgendwo dazwischen liegen und stark vom Anwendungskontext abhängen. Agile Software-Entwicklung bedeutet aber keineswegs, sich vor den Rechner zu setzen und *einfach drauflos zu programmieren*.

Agile Prozesse und insbesondere XP sind sicherlich nicht für jedes Projekt geeignet. Wir denken hier an sicherheitskritische Software z.B. im Bereich der Raumfahrt. Die hier eingesetzte Software läuft zumeist nur einmalig, d.h. **alle** Anforderungen müssen gleich beim ersten Einsatz bekannt und korrekt implementiert sein. Auch nicht jeder Entwickler ist für ein XP-Team geeignet. Kommunikation ist ganz entscheidend. Teammitglieder müssen bereit sein, Feedback zu geben, aber vor allem auch anzunehmen. Es ist nicht jedermanns Sache, in einem Team zu arbeiten, das die gemeinsame Verantwortung praktiziert. Damit ist XP für diese Entwickler nicht das geeignete Prozessmodell. Das müssen dann beide Seiten akzeptieren, genauso wie es Menschen gibt, die vor 16 Uhr nicht richtig produktiv werden, dafür aber bis spät in die Nacht arbeiten.

Die agilen Methoden und hier speziell eXtreme Programming haben in den letzten Jahren eine Lawine losgetreten. XP scheint aber (zumindest derzeit) ab einer Projektgröße von ca. 10 Personen ausgereizt zu sein. Das Agile Manifest mag diese Grenze noch ein wenig weiter nach oben verschieben. Für die Abwicklung sehr großer Projekte oder für Projekte, in denen die Software-Entwicklung nicht den Löwenanteil des Entwicklungsaufwands ausmacht, behalten die traditionellen Methoden (wie RUP oder V-Modell) – die von den agilen Methoden meist als *schwergewichtig* abklassifiziert werden – nach wie vor ihre Berechtigung.

Trotzdem haben die agilen Methoden insbesondere bei kleineren Projekten – und die meisten Projekte sind kleine Projekte – sehr viel bewegt, und wenn es nur die Tatsache ist, dass man sich auch hier erstmals mit der Etablierung eines wiederholbaren Software-Entwicklungsprozesses auseinandergesetzt hat. Natürlich gilt auch bei den agilen Methoden, dass es wenig nützt zu behaupten, nach einem bestimmten Prozessmodell vorzugehen. Man muss es gerade hier auch leben, und hierzu gehört dessen ständige Weiterentwicklung.

Agile Prozesse verlangen dem Team und damit dem einzelnen Entwickler insbesondere bei den so genannten *soft skills* sehr viel ab. Die Teammitglieder sollen selbstkritisch, lernfähig und -bereit sowie kooperativ sein. Vor allem müssen sie aber die eigenen Interessen gegenüber denen des gesamten Teams zurückstellen können. Wenn diese Fähigkeiten nicht zu einem großen Teil gegeben sind, ist ein agiler Prozess für dieses Team bei diesem Projekt nicht geeignet. Der Projektleiter muss dies frühzeitig erkennen und wird dann dazu übergehen müssen (zumindest für einzelne Teammitglieder), in sich abgeschlossene Aufgabenpakete nach klassischem Vorgehen mit klaren Verantwortlichkeiten und Zuständigkeiten für jeden Einzelnen zu definieren. Einen Teil der Gruppe agil zu führen und den Rest klassisch, kann hier somit eine Lösung sein. Die agil geführte Gruppe sollte allerdings die Mehrheit stellen, oder ihre gemeinsame Aufgabe muss von den übrigen klar abgegrenzt werden können.

Die Heterogenität einer Gruppe vereinfacht die Projektleitung natürlich nicht, aber die Vielzahl unterschiedlicher Charaktere wird es immer mit sich bringen, unterschiedliche Interessen und Fähigkeiten zu integrieren, aber auch für den gemeinsamen Projekterfolg sinnvoll einzusetzen.

# Kapitel 8

# Abstrakte Datentypen: Einheit von Daten und Funktionalität

In diesem Kapitel werden wir die fundamentale Bedeutung von Schnittstellen kennenlernen und untersuchen, wie sie sauber umgesetzt werden können. Die Lösung besteht in so genannten *abstrakten Datentypen*, die wir zunächst *von Hand* in einer prozeduralen Sprache (C) umsetzen. Mit diesem Verständnis ist die Übertragung auf die Konzepte objektorientierter Sprachen nur noch ein kleiner Schritt.

## 8.1 Die Bedeutung von Schnittstellen

### 8.1.1 Kapselung von Komplexität

Bei komplexen Software-Systemen sind unzählige große und kleine Entscheidungen zu treffen, die direkt oder indirekt Einfluss auf den Erfolg haben. Man sagt, dass selbst ein geschulter Mensch niemals mehr als fünf bis sieben Dinge gleichzeitig verfolgen und berücksichtigen kann, für mehr sind die Wahrnehmung und das menschliche Gehirn nicht ausgelegt. Wenn die menschlichen Fähigkeiten derart beschränkt sind, ist der Komplexität von Systemen eine Art natürliche Grenze gesetzt, könnte man meinen. Dass dem nicht so ist, erleben wir im Alltag immer wieder. Ein Auto ist (heute mehr denn je) ein komplexes System – aber trotzdem benutzen wir es tagtäglich, ohne uns Gedanken über seine Komplexität zu machen. Mehr noch: Wir können in fast jeden beliebigen Pkw einsteigen und unabhängig vom Hersteller oder vom Fahrzeugtyp das Auto fahren!

Der Schlüssel dazu liegt offensichtlich in der standardisierten Bedienung: Wir müssen nichts von Verbrennungsmotoren, Schaltgetrieben oder Katalysatoren verstehen, um ein Auto bedienen zu können. Es reichen einige Pedale, Lenkrad und Zündschlüssel. Diese *Schnittstelle* verbirgt die Komplexität vor dem Bediener. Dieses Prinzip funktioniert im Alltag tausendfach (Radio, Fernseher, Funkuhr, Kaffeemaschine, ...) und ist auch der Schlüssel für die Bewältigung der Komplexität großer Software-Systeme.

Wir können also Komplexität reduzieren, indem wir komplexe Sachverhalte hinter einer einfachen Schnittstelle verbergen. Im Beispiel der Netzplanung können wir vor dem Anwender beispielsweise verbergen, dass für eine Planung eine Vorwärts- und eine Rückwärtsberechnung erforderlich sind. Auch die Art und Weise, wie wir den Netzgraphen intern im Speicher halten, spielt für die korrekte Anwendung der Netzplanung keine Rolle.

Durch Schnittstellen reduzieren wir nicht nur die Komplexität für den Bediener (hier: den Kollegen, mit dem wir gemeinsam Software entwickeln), sondern standardisieren auch die Bedienung und erreichen damit noch einen anderen, wichtigen Punkt: Standardisierte Teile sind leichter austauschbar. Wenn Ihre Kaffeemaschine nicht richtig arbeitet (weil sie defekt ist, zu langsam kocht, der Kaffee nicht richtig schmeckt), können Sie sich einfach eine neue Maschine besorgen und die alte ersetzen. Der Austausch vollzieht sich dank einheitlicher Schnittstelle reibungslos.

Wenn wir in der Praxis Software entwickeln, dann wählen wir in dem Moment, in dem wir einen Datentyp benötigen, diejenige Implementierung aus, die uns zum Zeitpunkt der Auswahl am geeignetsten scheint. Wir können bei einem Start-up-Unternehmen etwa davon ausgehen, dass wir niemals mehr als 100 Kunden speichern müssen und entscheiden uns daher für eine Implementierung einer Kundenverwaltung über ein Array. Später kann sich die Annahme aber als falsch herausstellen. Was ist nun zu tun? Wenn sich der Zugriff auf das Array im ganzen Programm widerspiegelt (wie in der Netzplanung in Kap. 1), dann zieht der Austausch einen großen Änderungsaufwand nach sich. Wenn wir aber eine *saubere Schnittstelle* für die Kundenverwaltung erstellt haben, die von der Art der Speicherung abstrahiert, dann schreiben wir einfach eine neue Kundenverwaltung, die eine beliebige Anzahl von Kunden verwalten kann, halten die Schnittstelle ein und können die Software leicht austauschen.

Der Haken bei der Sache ist, dass der erste Entwurf einer Schnittstelle vielleicht nicht der beste ist, was wir aber erst beim Austausch merken. Die Bedienung eines Autos ist heute zwar weitestgehend standardisiert, war im ersten *Ford T* aber sicher noch anders als heutzutage. Muss eine Schnittstelle geändert werden, verlieren wir alle Vorteile: alle Kunden müssen umlernen bzw. alle Stellen im Code, wo wir die Schnittstelle benutzen, müssen mühsam von Hand geändert werden – bei Software ein fehleranfälliger Prozess.

> **Schnittstellen** reduzieren Komplexität und erleichtern den reibungslosen Austausch von Software-Bausteinen (wobei der typische Fall darin besteht, einen fehlerhaften oder ineffizienten gegen einen besseren Software-Baustein auszutauschen). Ihre Definition will aber wohl überlegt sein, nachträgliche Änderungen an Schnittstellen schmälern die Kosten/Nutzenbilanz erheblich.

Wie aber sieht eine gute Schnittstelle aus?

## 8.1.2 Datenkapselung: Abstrakte Datentypen

Potenziell ist alles, was öffentlich zugänglich ist, Bestandteil der Schnittstelle (vielleicht decken deshalb immer mehr Autohersteller den Motorraum mit einem großen Plastikdeckel ab). Betrachten wir einmal eine Alternativ-Implementierung der Netzplanung: Jedes Vorgang-Objekt ist selbst dafür verantwortlich, welche Vorgänger und Nachfolger er hat (also Adjazenzlisten statt Adjazenzmatrix). In die Schnittstelle gehören dann Funktionen zum Erzeugen eines Vorgang-Objektes, zum Hinzufügen von Nachfolgern und zur Abfrage der Vorgangsdauer.

Wir erklären diesen Teil zur *öffentlichen* Schnittstelle, indem wir ihn in die Header-Datei schreiben. Während es legitim ist, in einer Header-Datei Datenstrukturen zu definieren, so ist doch unmittelbar klar, dass wir damit ein Implementierungsdetail der Umsetzung verraten. Betrachten wir den Inhalt der Header-Datei als verbindlichen *Vertrag*, an den wir uns langfristig halten wollen, so liefern wir somit eine Zusage, uns an diese Datenstrukturen dauerhaft zu binden.

```
typedef struct {
    Vorgang* nachfolger[];
    int anzNachfolger;
    double dauer;
} Vorgang;

Vorgang* erzeugeVorgang(double d);
void addNachfolger(Vorgang*);
Vorgang* getNachfolger(int nr);
...
```

Ist das problematisch? Dieser Einblick in die Implementierung ermöglicht dem Nutzer eine direkte Eingriffsmöglichkeit in unsere Datenstrukturen. Warum sollten wir verhindern, dass die verwendeten Datenstrukturen so offengelegt werden, wie in diesem Beispiel? Wenn unsere Schnittstelle eine bestimmte Funktionalität nicht bietet, so hat die Offenlegung der Datenstrukturen doch den Vorteil, dass der Nutzer diese Funktionalität selbst „nachrüsten" kann, allerdings nur deshalb, weil er den Aufbau der Datenstrukturen kennt.

Dieser Vorteil wird unter dem Gesichtspunkt der Austauschbarkeit aber eben zu einem Nachteil: Denn nun ist der Datentyp-spezifische Code nicht mehr zentral an einer Stelle gesammelt, sondern über viele Stellen verstreut. Eine später notwendig gewordene Änderung hat nicht nur lokale Auswirkungen auf alle Dateien, die diese Schnittstelle implementieren, sondern wir müssen potenziell *den ganzen Code des Projektes* nach Zugriffen auf die Datenstrukturen durchforsten, den Code nachvollziehen und ggf. notwendige Anpassungen vornehmen. Der Vorteil der einfachen Austauschbarkeit wird somit leichtfertig vergeben.

Nehmen wir für unser Beispiel an, dass nach einiger Zeit zum Vorgang eine Funktionalität getVorgaenger hinzukommen soll. Im Gegensatz zur *Änderung von Funktionen* in der Schnittstelle ist die *Hinzunahme von neuen Funktionen* zu einer Schnittstelle als ein unkritischer Schritt anzusehen, weil daraus kein Änderungsbedarf außerhalb des Datentyps entsteht. Wenn wir nun die Funktion getVorgaenger implementieren, könnten wir auf die Idee kommen, den Vorgang selbst auch um eine Vorgängerliste zu erweitern:

```
typedef struct {
  Vorgang* nachfolger[];
  int anzNachfolger;
  Vorgang* vorgaenger[];
  int anzVorgaenger;
  double dauer;
} Vorgang;
```

Das neue Vorgänger-Array können wir trotzdem allein mit Hilfe der Funktion addNachfolger aktuell halten (wir gehen im Beispiel vereinfachend davon aus, dass die Arrays immer ausreichend groß sind):

```
void addNachfolger(Vorgang *dieser,Vorgang *nachf) {
  dieser->nachfolger[anzNachfolger]=nachf; ++anzNachfolger;
  nachf->vorgaenger[nachf->anzVorgaenger]=dieser; ++(nachf->anzVorgaenger);
}
```

Was geschieht aber, wenn in der Zwischenzeit jemand – unter Ausnutzung der offengelegten Datenstrukturen – eine Funktion *„lösche alle Nachfolger mit einer Dauer kleiner eine Stunde"* geschrieben hat? Aus der Schnittstelle sind keine Elemente entfernt oder verändert worden, daher wird der Code noch übersetzt, es gibt keine Fehlermeldung. Weil sich aber die *interne Repräsentation* eines Vorgangs geändert hat (wir führen nun zusätzlich eine Vorgängerliste), überführt der externe Code unsere Vorgänge nun in einen inkonsistenten Zustand. Alle Nachfolger mit einer Dauer kleiner als eine Stunde sind zwar aus den Nachfolger-Arrays entfernt, aber in den Vorgänger-Arrays sind sie noch enthalten! Während das Hinzufügen neuer Funktionen (unter Beibehaltung aller alten Funktionen in Syntax und Semantik) in Schnittstellen unproblematisch ist, gilt dies offensichtlich **nicht** für Datenstrukturen. Darum sollte die Repräsentation nicht offengelegt werden, damit kein Anwender überhaupt die Möglichkeit hat, die Repräsentation auszunutzen.

Ein **abstrakter Datentyp** besteht aus einer öffentlichen Schnittstellendefinition (Syntax) und der Spezifikation der Bedeutung der Funktionen (Semantik), alle Implementierungsdetails (insbesondere Datenstrukturen) bleiben verborgen *(Geheimnisprinzip,* engl.: *information hiding).* Als Konsequenz müssen Änderungen an Daten immer über Funktionen erfolgen (so genannte getter- und setter-Funktionen zum Lesen und Schreiben von Attributen). Damit wird es im Gegensatz zur Bekanntgabe der Datenstrukturen nun auch möglich, den Lese- und Schreibzugriff auf einzelne Daten (etwa durch den Wegfall einer set-Methode) getrennt zu regeln.

Weil nur über Funktionen auf die Daten zugegriffen wird, ist ein abstrakter Datentyp implementierungsneutral und kann auch mehrfach in verschiedener Gestalt (polymorph) umgesetzt werden (siehe Kap. 9). Offenbar kommt der Klärung der Semantik bei abstrakten Datentypen eine besondere Rolle zu: Notfalls konnten wir bisher immer in die Implementierung einer Funktion schauen, um zu verstehen, was sie macht. Bei abstrakten Datentypen ist es dagegen wichtig, die Semantik unabhängig von einer Implementierung festzulegen, denn eine konkrete Implementierung legt im Allgemeinen viele Details fest, die nicht unbedingt Anforderungen an den Datentyp darstellen. Es muss *ohne eine Referenzimplementierung* möglich sein, über die Korrektheit einer Datentyp-Implementierung zu entscheiden. Dies wird uns in Abschn. 8.2.5 noch näher beschäftigen.

Eigenschaften guter Schnittstellen sind:

- Sie enthalten keine Datenstrukturen.

- Sie sind *schmal*, d.h., sie bestehen aus so wenig Funktionen wie möglich (was sie einfacher durchschaubar macht und Komplexität reduziert).

- Sie enthalten Funktionen mit klarer Bedeutung – zu viele Fälle mit einer Funktion erschlagen zu wollen, ist gefährlich: wird etwas übersehen und eine Änderung ist nötig, so ist das *teurer* als das Hinzufügen einer neuen Funktion.

- Sie sind nicht zu sehr auf eine bestimmte Art der Implementierung ausgerichtet, sondern orientieren sich nur am Bedarf des Schnittstellen-Nutzers. (Beispiel: Wenn in der Schnittstelle ohne zwingenden Grund der wahlfreie Zugriff auf das $n$-te Element gefordert ist, benachteiligt das z.B. Listen gegenüber Arrays.)

### Netzplanung mit abstrakten Datentypen

Wie können wir mit den Mitteln einer prozeduralen Sprache überhaupt abstrakte Datentypen realisieren? Dazu müssen wir in C nichts weiter tun, als die Definition des Datentyps `Vorgang` aus der Header-Datei in die Quellcode-Datei zu verschieben. Damit die in der Header-Datei verbleibenden Funktionsprototypen weiterhin vom Compiler akzeptiert werden, müssen wir eine so genannte Vorwärtsdeklaration des `struct Vorgang` vornehmen, d.h., wir geben bekannt, dass es ein `struct Vorgang` gibt, geben aber nicht vor, wie es aussieht. Listing 8.1 und 8.2 zeigen, was in den Header-Dateien von `Vorgang` und `Netz` sichtbar bleibt.

C/C++ 8.1: Schnittstelle Vorgang, H-Datei    (netzplanung/v4-adt/Vorgang.h)

```
typedef struct Vorgangsdaten Vorgang;

Vorgang* erzeugeVorgang(double d);
double getDauer(const Vorgang* v);
double getFruehAnf(const Vorgang* v);
double getSpaetEnd(const Vorgang* v);
void zerstoereVorgang(Vorgang *v);
```

Ein Zugriff des Benutzers auf die Daten unter Umgehung der Zugriffsfunktionen kann mit dieser Lösung verhindert werden. Sogar die Instanziierung eines Vorgangs unter Umgehung eines Aufrufs der Funktion `erzeugeVorgang` ist unterbunden, weil nach dem Einbinden der Header-Datei der Compiler die Größe einer Variablen vom Typ `Vorgang` nicht kennt und den Versuch einer Speicherallokation für `Vorgang` mit einer entsprechenden Fehlermeldung quittiert.

C/C++ 8.2: Schnittstelle `Netz`, Header-Datei          (netzplanung/v4-adt/Netz.h)

```cpp
typedef struct Netzdaten Netz;

Netz* erzeugeNetz(double startzeit, double endzeit);
Netz* fuegeHinzu(Netz* n, Vorgang *v);
Netz* setzeNachfolger(Netz *n, const Vorgang *v, const Vorgang *w);
Vorgang* getVorgang(const Netz*, int i);
bool plane(Netz *n);
void zerstoereNetz(Netz *n);
```

Es fällt auf, dass wir in der Schnittstelle keine Funktion vorgesehen haben, die das *Setzen des frühesten Anfangszeitpunktes* eines Vorgangs ermöglicht. Dies ist mit Bedacht geschehen, weil nur die Netzplanung selbst (über die Funktion `plane`) das Setzen dieser Werte vornehmen soll. Dem Anwender soll es nicht möglich sein, die Planungswerte zu *verändern*. Nichtsdestotrotz werden wir, wie in Listing 8.3 gezeigt, in der Source-Datei eine Funktion `setFruehAnf` vorsehen, die für den internen Gebrauch durch Netzplanungs-Funktionen gedacht ist. Diese Funktion ist kein Bestandteil der öffentlichen Schnittstelle, aber Teil des Vertrages zwischen den eng kooperierenden Datentypen `Vorgang` und `Netz`. In der Source-Datei werden die Vorgangs-Funktionen implementiert, und dort wird auch die Definition der Datenstruktur `Vorgang` durch Implementierung von `Vorgangsdaten` nachgeholt:

C/C++ 8.3: Implementierung `Vorgang`, Quellcode-Datei

```cpp
struct Vorgangsdaten {
  double dauer, fruehanf, spaetend;
  int id;
};

/** Neuen Vorgang mit Dauer d anlegen. */
Vorgang* erzeugeVorgang(double d) {
  Vorgang *v = new Vorgang();
  v->dauer = d;
  v->id = -1;
  return v;
}
```

```cpp
/** Einfache Zugriffsfunktionen */
double getDauer(const Vorgang* v) {
  return v->dauer; }
double getFruehAnf(const Vorgang* v) {
  return v->fruehanf; }
void setFruehAnf(Vorgang* v, double fa) {
  v->fruehanf=fa; }
double getSpaetEnd(const Vorgang* v) {
  return v->spaetend; }
void setSpaetEnd(Vorgang* v, double se) {
  v->spaetend=se; }
int getId(const Vorgang* v) {
  return v->id; }
void setId(Vorgang* v, int id) {
  v->id=id; }
void zerstoereVorgang(Vorgang* v) {
  delete v; v=NULL; }
```

Bei der Realisierung des Vorgangs haben wir nicht den obigen Ansatz (jeden Vorgang seine Nachfolger selbst speichern zu lassen) verfolgt, sondern bleiben dichter an der bereits bekannten Realisierung. Allerdings haben wir ein neues Attribut im `Vorgang` eingeführt, das Attribut `id` (vgl. Listing 8.3). Wir haben als eine Eigenschaft guter Schnittstellen hervorgehoben, dass sie nicht viel über die Realisierung selbst verraten. In bisherigen Realisierungen der Netzplanung haben wir die Vorgänger/Nachfolger-Beziehung direkt in der Adjazenzmatrix des Netzgraphen eingetragen. Das könnten wir natürlich beibehalten, aber dazu müsste der Anwender wissen, welche laufende Nummer ein `Vorgang` in der Adjazenzmatrix hat. Damit bürden wir dem Anwender

der Netzplanung zusätzliche (Buchführungs-)Arbeit auf, die Bedienung wird komplexer. Besser ist es, wenn wir dieses Detail ebenfalls verbergen, d.h. mehr Komplexität kapseln.

Dazu benutzen wir die id im Vorgang: Beim Hinzufügen eines Vorgangs zu einem Netz vergeben wir dem Vorgang eine laufende Nummer. Beim *Verschalten* der Nachfolger über die Funktion setNachfolger erwarten wir nur Referenzen auf Vorgänge, d.h. wir muten dem Anwender nicht auch noch zu, die korrespondierenden laufenden Nummern zu den Vorgängen zu kennen. In die Adjazenzmatrix tragen wir dann an der richtigen Stelle die Verbindung ein, indem wir die beteiligten Vorgänge nach ihren laufenden Nummern fragen. Das Attribut id im Vorgang ist nur dem Zusammenspiel zwischen Vorgang und Netz und einer guten Schnittstelle geschuldet, was in diesem Fall Ausdruck der engen Kopplung beider Datentypen ist. (Eine alternative Lösung wäre die Implementierung über Adjazenzlisten gewesen.)

Listing 8.4 zeigt die Implementierung zu der Schnittstelle in Listing 8.2.

C/C++ 8.4: Implementierung Netz, Quellcode-Datei

```
struct Netzdaten {
  double startzeit,endzeit;
  int anzahl;
  Vorgang *vorg[MAX]; // Knoten
  bool nachf[MAX][MAX];// Adjazenzmatrix
  int reihenfolge[MAX];
};

/** Neues Netz mit Start-/Endzeit anlegen */
Netz* erzeugeNetz(double sz,double ez) {
  int i,j;
  Netz *n = new Netz();
  n->startzeit = sz;
  n->endzeit = ez;
  n->anzahl = 0;
  for (i=0;i<MAX;++i) {
    for (j=0;j<MAX;++j) {
      n->nachf[i][j]=false;
    }}
  for (i=0;i<MAX;++i) n->reihenfolge[i]=i;
  return n;
}
/** Knoten #i aus Netz zurueckliefern. */
Vorgang* getVorgang(const Netz* n, int i){
  return n->vorg[i];
}
```

```
/** Knoten v zu Netz netz hinzufügen. Ein
Vorg. darf nur einem Netz zugeordnet sein.*/
Netz* fuegeHinzu(Netz* netz,Vorgang *v) {
  if (getId(v)!=-1)
    cout << "Fehler!";
  setId(v,netz->anzahl);
  netz->vorg[getId(v)]=v;
  netz->anzahl++;
  netz->reihenfolge[getId(v)]=getId(v);
  return netz;
}

/** Angabe einer Vorgaenger-Nachfolger
-Beziehung im Netz n. */
Netz* setzeNachfolger(Netz *n,
      const Vorgang *v, const Vorgang *w){
  n->nachf[getId(v)][getId(w)]=true;
  return n;
}

/** Loeschen des Netzes. */
void zerstoereNetz(Netz* n) {
  delete n; n=NULL;
  }
```

## 8.2   Klassen als abstrakte Datentypen

Die Datenkapselung und der Zugriff über Schnittstellenfunktionen ist ein wesentlicher Bestandteil objektorientierter Programmierung. In gewissem Sinne haben wir in den Listings 8.1–8.4 in einer prozeduralen Sprache Code objektorientiert umgesetzt. Moderne objektorientierte Sprachen unterstützen eine Umsetzung in diesem

Sinne durch leicht erweiterte Funktionalität. Eine **Klasse** ist zunächst nichts weiter als ein `struct`, in dem neben den Variablen (nun Attribute genannt) auch gleich die Funktionen der Schnittstelle (nun Methoden genannt) deklariert werden können. Damit wird die inhaltliche Zusammengehörigkeit der Methoden zur Datenstruktur (nunmehr *Klasse*) deutlich gemacht, Daten und Funktionen bilden eine Einheit.

Zunächst leisten objektorientierte Sprachen einen Dienst bei der Tipparbeit. Betrachten wir einmal die Funktionen zur Datenstruktur `Vorgang` in Listing 8.2: Sie haben alle als erstes Argument eine Variable vom Typ `Vorgang*`, das den *aktuellen* `Vorgang` referenziert, auf den sich die Funktionalität bezieht. Dieses erste Argument ist offenbar bei allen Funktionen, die sich auf eine bestimmte Vorgangsinstanz beziehen, notwendig. Daher kann der Compiler das Notieren dieses ersten Arguments selbst übernehmen. Beim Aufruf der Funktion müssen wir die Referenz auf den Vorgang aber natürlich mit angeben, sonst weiß die Funktion nicht, auf welche Datenstruktur sich der Aufruf bezieht. Damit wir nun aber nicht bei Funktionsdeklaration und -aufruf unterschiedliche Signaturen haben (bei Deklaration ohne, bei Aufruf mit erstem `Vorgang*`-Argument), wurde bei objektorientierten Sprachen die Schreibweise für den Aufruf von Methoden gegenüber dem Aufruf von Funktionen geändert: Bei einem gegebenen Zeiger auf einen `Vorgang` v verschieben wir das erste Argument *vor* den Funktionsaufruf. Statt

```
double d = getDauer(v);
```

schreiben wir

```
double d = v.getDauer();     oder     double d = v->getDauer();
```

Und zwar benutzen wir in Java immer die linke Syntax, in C++ analog zum Zugriff auf `struct`'s bei Wertesemantik die linke, bei Zeigersemantik die rechte Syntax. In allen Fällen wird für den Vorgang v (oder den von v referenzierten Vorgang) die Methode `getDauer` aufgerufen. (Man beachte die Ähnlichkeit mit dem Aufruf einer Funktion, die als Funktionszeiger `getDauer` in einer Struktur v gespeichert ist, vgl. Abschn. 4.4.)

Um in den Methoden trotzdem auf dieses automatisch eingefügte Argument zugreifen zu können, müssen wir dessen Namen kennen. Hier hat sich in beiden Sprachen `this` als Name durchgesetzt. Aus der Anweisung `return v->dauer` der `getDauer`-Funktion wird die Anweisung `return this->dauer` der `getDauer`-Methode.

## 8.2.1  Sichtbarkeit

Wir haben am Beispiel von `Vorgang` und `Netz` gesehen, dass es drei verschiedene Arten von Funktionen gibt, wenn es um ihre *Sichtbarkeit nach außen* geht. Dafür gibt es beim Arbeiten mit Klassen in C++ und in Java jeweils eine klare sprachliche Unterstützung, wie sie in Listing 8.5 am Beispiel der Klasse `Vorgang` zum Ausdruck kommt.

Zunächst haben wir **öffentliche** Methoden: Das sind alle Methoden, die Bestandteil des (abstrakten) Datentyps sind, über die der Anwender (ohne Kenntnis der Repräsentation) mit dem Datentyp umgehen soll. In einer objektorientierten Sprache

C++/Java 8.5: Eine Vorgangs-Klasse

```cpp
class Vorgang {
 private:
  double dauer,fruehanf,spaetend;
  int id;


 public:
  Vorgang(double d);
  ~Vorgang();
  double getDauer() const;
  double getFruehAnf() const;
  double getSpaetEnd() const;

 private:
  void setFruehAnf(double fa);
  void setSpaetEnd(double se);
  int getId() const;
  void setId(int id);


 friend class Netz;
};
```

(netzplanung/v4-adt-cpp/Vorgang.h)

```java
class Vorgang {
  private double dauer,fruehanf,spaetend;
  private int id;

  public Vorgang(double d) {
   dauer = d; id = -1; }
  public double getDauer() {
   return dauer; }
  public double getFruehAnf() {
    return fruehanf; }
  public double getSpaetEnd() {
    return spaetend; }

  protected void setFruehAnf(double fa) {
    fruehanf=fa; }
  protected void setSpaetEnd(double se) {
    spaetend=se; }
  protected int getId() {return id;}
  protected void setId(int id) {this.id=id;}
};
```

(netzplanung/v4-adt-java/Vorgang.java)

kann man Elemente einer Klasse (Attribute wie Methoden) mit dem Schlüsselwort **public** als öffentlich deklarieren. Ist ein Element öffentlich deklariert, kann jeder darauf zugreifen (d.h. Methoden aufrufen, Attribute lesen oder schreiben).

Wir haben auch gesehen, dass es **nicht-öffentliche** oder **interne** Elemente (Methoden oder Daten) gibt, zum Beispiel die Methoden zur Vorwärts- oder Rückwärtsrechnung beim Netz. Diese Methoden wurden eingeführt, um die Durchführung der Planung gemäß schrittweiser Verfeinerung sauber zu strukturieren, aber von außen sollen sie nicht aufgerufen werden. Sie sind nur für den internen Gebrauch bestimmt, dienen u.a. der besseren Nachvollziehbarkeit des Quelltextes. Solche Elemente (Attribute wie Methoden) werden in objektorientierten Sprachen mit dem Schlüsselwort **private** gekennzeichnet. Wir wissen bereits: Im Sinne von abstrakten Datentypen sollten *immer alle Attribute privat deklariert werden*!    **Tipp**

Und dann gab es noch eine dritte Art von Methoden im Listing 8.5, deren Existenz sich dadurch begründet, dass manche Datenstrukturen enger miteinander zusammenarbeiten als andere (sog. starke Kopplung). Die Datentypen Vorgang und Netz können wir unabhängig voneinander als abstrakte Datentypen auffassen. Das ergibt Sinn, wenn wir in der Lage sein wollen, die interne Repräsentation des einen Datentyps unabhängig vom anderen Datentyp zu ändern. Dann dürfen wir aber auf Attribute der Datentypen nur über öffentliche Zugriffsfunktionen zugreifen. Wir hatten uns entschieden, allen Vorgängen, die an einem Netz beteiligt sind, eine laufende Nummer zu geben. Die Intention ist, dass diese Nummer vom Datentyp Netz gesetzt wird, sobald ein Vorgang dem Netz hinzugefügt wird. Wir wollen aber auf keinen Fall, dass jemand anderes als der Datentyp Netz diese Nummer verändert, weil dann die Konsistenz und damit das reibungslose Zusammenspiel der Datentypen nicht mehr gewährleistet ist. Hier haben wir Methoden, die wir **besonders schüt-**

**zen** müssen, damit sie nur von ausgewählten Datentypen benutzt werden können. Die Lösung dieses Problems ist je nach Programmiersprache unterschiedlich, in Java wird sie durch die Organisation von zusammenarbeitenden Klassen in Paketen und dem Schlüsselwort **protected** gelöst, in C++ durch *befreundete Klassen* (**friend**).

Tabelle 8.1: Wer darf auf Attribute und Funktionen zugreifen?

|  | C++ | Java |
|---|---|---|
| **public** | Zugriff von überall möglich | Zugriff von überall möglich |
| **protected** | Zugriff nur aus abgeleiteten Klassen (vgl. Kap. 9) | Zugriff für alle Klassen im gleichen Paket und abgeleitete Klassen auch in anderen Paketen |
| **private** | Zugriff nur aus derselben Klasse | Zugriff nur aus derselben Klasse |
| **friend** | Ist eine Klasse explizit als **friend** deklariert worden, darf sie auch auf **protected**- und **private**-Elemente zugreifen. | Java kennt kein **friend**-Konstrukt, alle Klassen im gleichen Paket sind *befreundet* und erlauben Zugriff auf der Ebene von **protected**. |

Während in Java die Sichtbarkeit für jedes Attribut und jede Methode neu notiert wird, gilt in C++ die notierte Sichtbarkeit, bis etwas anderes gefordert wird. Im Listing 8.5 sind jeweils alle Attribute privat, nur einige Methoden sind öffentlich, die anderen sind entweder protected (Java), oder es sind befreundete Klassen angegeben (C++).

Wenngleich niemand auf die verwendeten Datenstrukturen zugreifen kann (private), so sind sie im Beispiel doch bekannt – und das widerspricht dem Geheimnisprinzip, auch wenn der Effekt, den wir vermeiden wollten, nun nicht mehr auftreten kann. Es besteht auch die Möglichkeit, diese Informationen zunächst noch nicht preiszugeben und später erst Klassen bereitzustellen, die die tatsächlichen Implementierungen der Funktionen vorhalten (und ggf. mit eigenen Attributen und Methoden ergänzen), vgl. dazu Kap. 9. Ansonsten enthält die Header-Datei nur die Schnittstellen-Definition, die Methoden werden in der Source-Datei implementiert. Java kennt keine Unterscheidung in Header- und Source-Datei. Aber die Möglichkeit, Schnittstellen zu definieren, war den Java-Entwicklern sogar ein eigenes Schlüsselwort wert: **interface**. Die Schreibweise ist identisch mit der von Klassen, nur dass in einem Interface automatisch nur öffentliche Methoden deklariert werden können und keine Attribute.

Der in der Klasse `Vorgang` (siehe Listing 8.5) enthaltene Konstruktor `Vorgang(double d)` sowie der Destruktor (nur C++) `~Vorgang(double d)` entsprechen den Funktionen `Vorgang* erzeugeVorgang(double d)` bzw. `void zerstoereVorgang(double d)` der prozeduralen Lösung.

Das Listing 8.6 zeigt, wie die Schnittstelle IVorgang[1] definiert wird, die aus drei Methoden besteht. Man sagt, die Vorgangsklasse *implementiert* die Schnittstelle, wenn sie für alle Schnittstellen-Methoden Realisierungen bereitstellt. Dies wird zum Ausdruck gebracht (und danach vom Compiler überprüft), indem nach dem Klassennamen die Schlüsselworte implements IVorgang folgen.

Java 8.6: Eine Klasse implementiert eine Schnittstelle IVorgang

```
interface IVorgang {
 double getDauer();
 double getFruehAnf();
 double getSpaetEnd();
};
```
(netzplanung/v4-adt-java/IVorgang.java)

```
class Vorgang implements IVorgang {
 private double dauer,fruehanf,spaetend;
 private int id;

 public Vorgang(double d) {dauer=d; id=-1;}
 public double getDauer() { return dauer; }
 public double getFruehAnf() { ... }
 public double getSpaetEnd() { ... }
  . . .
}
```
(netzplanung/v4-adt-java/VorgangImplVorgang.java)

Auf den ersten Blick mag diese Aufteilung der Trennung in Header- und Source-Datei ähneln, aber der Unterschied ist deutlich: Die Schnittstelle wird hier völlig unabhängig von der Klasse definiert, die diese Schnittstelle implementiert. In der Variante Header/Source-Datei stand nur die Schnittstelle einer bestimmten Klasse. Wir werden uns mit diesem Unterschied in Kap. 9 intensiv beschäftigen.

## 8.2.2   UML-Modelle der Programmstruktur

Wenn wir durch abstrakte Datentypen Implementierungsdetails verbergen und nur noch sachlich notwendige Funktionalität betrachten, dann können wir auf einer viel allgemeineren Ebene über Software sprechen. Um eine solche Diskussion zu vereinfachen, wurden diverse grafische Darstellungen erfunden, die in der *Unified Modeling Language* (UML) zusammengefasst sind. Die UML ist durch die Zusammenführung von drei verschiedenen Ansätzen zur objektorientierten Modellierung entstanden, deren Väter die sog. *drei Amigos* sind: Grady Booch, Ivar Jacobson und James Rumbaugh. Die UML ist in der *OMG Unified Modeling Language Specification* (OMG: Object Management Group) formal standardisiert und kann kostenlos über das Internet bezogen werden (www.uml.org).

### UML-Klassendiagramme

Der wichtigste und meistverwendete Teil der UML ist sicher das *Klassendiagramm* zur Modellierung der statischen Programmstruktur. Damit werden die im Programm definierten Klassen sowie die Beziehungen zwischen den Klassen dargestellt:

---

[1]Der führende Buchstabe „I" vor Vorgang soll bereits im Namen andeuten, dass es sich um ein Interface handelt.

- Klassendiagramme (class diagrams) modellieren die statische Struktur der Software, indem sie die Klassen und die Beziehungen zwischen den Klassen spezifizieren.

Entwicklungswerkzeuge für das Arbeiten mit UML-Diagrammen werden von verschiedenen Herstellern angeboten. Sie unterstützen nicht nur das Erzeugen und Modifizieren von Diagrammen, sondern auch die Codegenerierung und die Erzeugung von Diagrammen aus Code *(reverse engineering)*.

### Modellierung von Klassen

Bild 8.1 enthält vier UML-Modelle der Klasse Vorgang mit verschiedenen Abstraktionsgraden. Das rechte Modell hat den höchsten Abstraktionsgrad, es besteht aus nur einem Rechteck mit dem Namen der Klasse. Das linke Modell enthält die meisten Details. Im oberen Teil steht der Name der Klasse, im mittleren Teil stehen die Datendefinitionen und im unteren Teil die Deklarationen der Methoden. Vor jeder Deklaration ist ein Symbol angegeben, das die Sichtbarkeit definiert: + für *public*, − für *private* und # für *protected*. Das zweite Modell von links verzichtet auf die Angaben der Signaturen bei den Deklarationen der Methoden, und beim dritten Modell von links wird auf die Angabe der Attribute verzichtet.

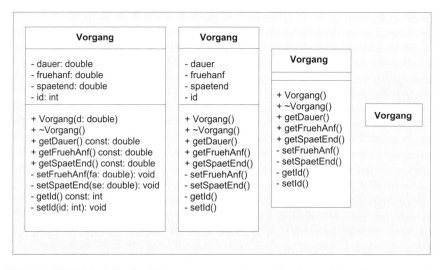

Bild 8.1: UML-Modelle der Klasse Vorgang mit verschiedenen Detaillierungsgraden

Die Syntax der Deklarationen unterscheidet sich etwas von der C++- und Java-Syntax, sie soll ja im Prinzip sprachunabhängig sein. Die Syntax der Deklarationen, die formal exakt in der UML-Beschreibung festgelegt ist, soll hier nicht weiter erörtert werden, sie ist für jeden Programmierer leicht lesbar, und bei der Erstellung von UML-konformen Modellen hilft dann das entsprechende Entwicklungswerkzeug. Beim Erstellen von Klassendiagrammen ohne die Verwendung von Werkzeugen spricht natürlich nichts dagegen, die Java- oder C++-Syntax zu verwenden.

Beginnen wird man jedes Modell mit einem geringen Detaillierungsgrad, vielleicht werden nur Klassen mit ihren Namen wie rechts im Bild aufgeführt. Mit fortschreitender Modellierung kommen die Details hinzu. Wenn die Genauigkeit der linken Darstellungen erreicht wurde, dann können auch sprachspezifische Details auftreten. In diesem Beispiel betrifft das bspw. den Destruktor, der in Java entfällt, oder die beiden Methoden `getID()` und `setID()`, die in Java die Sichtbarkeit `protected` (#) erhalten würden.

### Modellierung von Beziehungen zwischen Klassen

**Assoziationen zwischen Klassen:** Die Klassen für sich genommen bieten noch relativ wenig Information. Wichtig für das Systemverständnis ist das Zusammenwirken der Klassen, ihre Beziehungen oder *Assoziationen* untereinander. Es gibt viele Möglichkeiten, wie zwei Klassen zueinander stehen können: Ein Netz *hat einen* Erzeuger oder eine grafische Darstellung (*benutzt*- oder *hat ein*-Beziehung), es *ist zusammengesetzt* aus mehreren Vorgängen (*Teil/Ganzes*-Beziehung), wobei wir mehrere Vorgangsarten unterscheiden könnten (ein Transportvorgang *ist ein* Vorgang, auch ein Produktionsvorgang *ist ein* Vorgang usw.). Für jede dieser Beziehungsarten gibt es eine andere grafische Notation. Diese Beziehungen lassen sich meistens bereits auf sachlicher Ebene finden, losgelöst von einer Umsetzung in einer Programmiersprache.

**Aggregation, Komposition:** Bei der *Teil/Ganzes*-Beziehung unterscheidet die UML zwei Fälle, die *Aggregation* und die *Komposition*, je nachdem, ob die Teile exklusiv zum Ganzen gehören (Komposition) oder nicht (Aggregation). Eine exklusive Zugehörigkeit liegt vor, wenn das Teil nur maximal einem Ganzen zugehören kann und in seinem Lebenszyklus an das Ganze gebunden ist (d.h., ein Teil kann nicht ohne das Ganze existieren, seine Lebensdauer endet spätestens mit der Lebensdauer des Ganzen). Aus fachlicher Sicht ist die Unterscheidung zwischen Aggregation und Komposition eher schwierig, der Unterschied wird im Kontext der Umsetzung deutlicher.

Bild 8.2 zeigt die UML-Darstellung für die drei Formen der *benutzt*-Beziehung. Ist im Detail noch nicht klar, ob eine Beziehung eine *Komposition* oder *Aggregation* darstellt, so kann die *Assoziation* als Oberbegriff verwendet werden.

Eine *Komposition* ist eine starke Bindung, in C++ wird sie z.B. so umgesetzt, dass eine oder mehrere Instanzen der benutzten Klasse als Attribut in der benutzenden Klasse (als Werte) vorhanden sind. Im Beispiel sind das Instanzen der Klasse `Vorgang` in der Klasse `Netz`. Im UML-Diagramm wird dafür die ausgefüllte Raute verwendet (vgl. Bild 8.2). Offenbar kann dann die Teil-Variable nicht ohne die Variable für das Ganze existieren, d.h. beide Objekte werden gleichzeitig erzeugt und zerstört. In Java sind – wie bereis mehrfach erwähnt – nur Referenzen auf strukturierte Attribute möglich. Mit dem Konzept der *inneren Klasse* bietet Java hier Unterstützung für Kompositionen an: Instanzen innerer Klassen (Teil) können nicht ohne eine Bezugs-Instanz für das Ganze erzeugt werden. Für Details verweisen wir z.B. auf [29, 59].

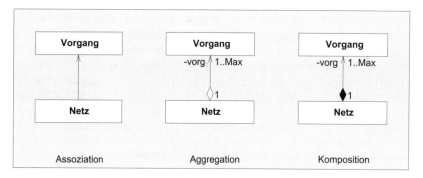

Bild 8.2: *benutzt*-Beziehungen: Assoziation, Aggregation, Komposition

Die schwächere *Aggregation* kann über Zeiger oder über Referenzen realisiert werden, im Diagramm wird dafür die leere Raute verwendet. Beide Objekte können auch unabhängig voneinander existieren, ein Teil kann auch von mehreren Aggregationen benutzt werden. Ein bestimmter Vorgang könnte z.B. Bestandteil von Netz A oder von Netz B oder von beiden gleichzeitig sein.

Im Klassendiagramm können den Verbindungen Namen zugewiesen werden, um die Variable, über die die Beziehung hergestellt wird, zu benennen. So bezeichnet vorg in dem Bild einen Container, z.B. einen Vektor, in der Klasse Netz, der Objekte der Klasse Vorgang verwaltet.

**Navigation und Multiplizität:**  Die Pfeile bezeichnen die Navigierbarkeit, in dem Bild sagen sie aus, dass Netzobjekte auf Vorgangsobjekte zugreifen können. Eine Assoziation mit Pfeilen an beiden Enden (bidirektionale Assoziationen) würde die Zugriffsmöglichkeit in beide Richtungen anzeigen, Assoziationen ohne Pfeile lassen die Richtung (noch) offen. Zu Beginn der Modellierung ist meistens noch nicht klar, in welche Richtung ein Zugriff erforderlich ist. In diesem Fall kann der Navigationspfeil zunächst entfallen.

Mit Zahlen an den Verbindungen kann die sog. *Multiplizität* definiert werden. Als Angaben für Multiplizitäten werden z.B. verwendet:

- 1 für *genau ein*;
- n für $n$;
- * für *viele*;
- 0..1 für *null oder ein*;
- n..m für *n bis m*.

In dem Bild 8.2 wird damit zum Ausdruck gebracht, dass ein Netzobjekt Zugriff auf 1..Max Vorgangsobjekte hat (Max sei eine definierte Konstante).

**Selbstbezüge (reflexive Assoziation):**  In der Praxis werden häufig rekursive Datenstrukturen verwendet; siehe dazu Abschn. 4.5.2. Die Definition eines Knotens für verkettete Datenstrukturen wie z.B. Listen oder Bäume enthält Zeiger oder Referenzen auf Objekte der eigenen Klasse, das wird in der UML wie im Bild 8.3 dargestellt. Man nennt die entsprechende Beziehung auch *reflexive Assoziation*. Die Angabe der Multiplizität bedeutet hier, dass ein Zeiger oder eine Referenz existiert, der bzw. die auf keine oder auf eine Instanz vom Typ `Node` verweist; `next` ist hier der Name des entsprechenden Zeigers bzw. der entsprechenden Referenz.

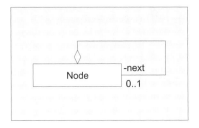

Bild 8.3: Reflexive Assoziation

**Vererbung (Typerweiterung, Subtyping, Spezialisierung):**  Unter *Vererbung* versteht man eine *ist ein*-Beziehung, die wir erst in Abschn. 9.3 ausführlich behandeln werden.

**Beispiel *Netzplan*:**    Bild 8.4 zeigt ein etwas detailliertes UML-Modell des Netzplanes mit allen Methoden der beiden Klassen `Vorgang` und `Netz`; die Attribute der beiden Klassen sind hier ausgeblendet.

### UML-Sequenzdiagramme

Das Sequenzdiagramm (engl. *sequence diagram*) ist eine weitere von insgesamt dreizehn UML-Diagrammarten. Neben dem Sequenzdiagramm verwenden wir in diesem Buch allerdings nur Klassendiagramme und Anwendungsfälle (Kap. 10). Das Sequenzdiagramm beschreibt die Interaktionen zwischen Objekten, wobei der zeitliche Verlauf des Nachrichtenaustausches (der Methodenaufrufe) im Vordergrund steht. Damit ergänzt es das Klassendiagramm gut, das nur Informationen über den statischen Aufbau enthält.

Bild 8.5 zeigt ein klenes Besispiel. Die Objekte (hier: `Vorgang` und `Netz`) werden durch Rechtecke visualisiert. Senkrechte gestrichelte Linien beschreiben die Lebenslinien der Objekte. Von den Objektlebenslinien gehen waagerechte Pfeile ab. Sie beschreiben die Methodenaufrufe (Nachrichten) entsprechend ihrem zeitlichen Auftreten. Die Namen werden auf den Pfeilen in der Form `nachricht(arg1, arg2 ...)` notiert, wobei die Argumente je nach gewünschtem Detaillierungsgrad auch entfallen können. Objekte, die gerade aktiv an Interaktionen beteiligt sind, werden durch einen Balken (dünnes Rechteck) auf ihrer Lebenslinie gekennzeichnet.

Objekte können erzeugt und gelöscht werden. Ein Objekt wird erzeugt, indem ein Pfeil mit der Aufschrift `neu()` auf ein neues Objektsymbol trifft, und zerstört, in-

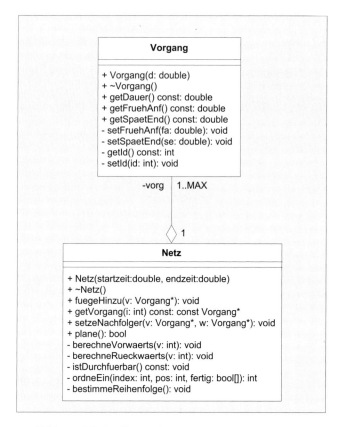

Bild 8.4: UML-Klassendiagramm: Beispiel *Netzplan*

dem seine Lebenslinie in einem Kreuz endet. Bild 8.5 zeigt einen Ausschnitt des Sequenzdiagramms für die Rückwärtsberechnung entsprechend Listing 8.7.

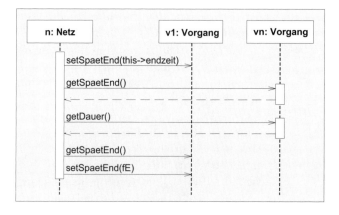

Bild 8.5: Sequenzdiagramm für den Aufbau eines Netzplanes

In Sequenzdiagrammen können auch Kontrollstrukturen integriert werden. Nachrichten können Bedingungen der Form `[bedingung] nachricht()` zugewiesen bekommen. Ein Sternchen (∗) oder `loop` vor dem Nachrichtennamen steht für eine Iteration (Schleife), von der dann nur die Nachrichten einer Iteration dargestellt werden.

C++ 8.7: Methode `berechneRueckwaerts` der Klasse `Netz`   (netzplanung/v4-adt-cpp/Netz.cpp)

```cpp
void Netz::berechneRueckwaerts(int v) {
  Vorgang *v1=this->vorg[v],*vn;
  v1->setSpaetEnd(this->endzeit);
  for (int i=0;i<this->anzahl;++i)
    if (this->nachf[v][i]==1) {
      vn = this->vorg[i];
      double fE = vn->getSpaetEnd() - vn->getDauer();
      if (v1->getSpaetEnd() > fE)
        v1->setSpaetEnd(fE);
    }
}
```

Die im Sequenzdiagramm modellierten Interaktionen können sehr komplex werden. Deshalb ist es auch möglich, sie zu schachteln. Für weitere Einzelheiten verweisen wir z.B. auf [3, 33, 40, 46].

### 8.2.3   Standardfunktionalität in der Klassen-Schnittstelle

Wenn man konsistent alle neuen Datentypen, die man benötigt, als abstrakte Datentypen implementiert, stellt sich heraus, dass eine kleine Menge von Methoden immer und immer wieder auftaucht. Das sind Funktionen zum Erzeugen und Löschen von Instanzen, zum Kopieren oder Zuweisen sowie Vergleichsfunktionen. Es ergibt Sinn, diese Operationen bei allen Datentypen auf die gleiche Weise zu definieren statt durch Bezeichnervielfalt (`erzeugeVorgang`, `neuerVorgang` usw.) für Verwirrung zu sorgen. Die folgenden Abschnitte diskutieren diese Standardfunktionalität.

#### Konstruktoren

Bevor wir mit einem abstrakten Datentyp etwas anfangen können, müssen wir zuerst eine Instanz desselben anlegen. Dazu standen uns Funktionen `erzeugeVorgang` oder `erzeugeNetz` zur Verfügung.

C++ 8.8: Erzeugerfunktion, Quellcode-Datei

```cpp
/** Neues Netz mit Start-/Endzeit anlegen */
Netz* erzeugeNetz(double sz,double ez) {
  int i,j;
  Netz *n = new Netz();
  n->startzeit = sz;
  n->endzeit = ez;
  n->anzahl = 0;
  for (i=0;i<MAX;++i) {
    for (j=0;j<MAX;++j) {
      n->nachf[i][j]=false;
    }}
  for (i=0;i<MAX;++i) n->reihenfolge[i]=i;
  return n;
}
```

Zur Erzeugung und Initialisierung eines Netzes war bisher die folgende C++-Anweisung erforderlich:

```
Netz* pn = erzeugeNetz(0, 7);
```

Die standardisierte Version einer solchen Erzeugerfunktion heißt Konstruktor und kann als Funktion ohne Rückgabewert (nicht einmal void) aufgefasst werden, deren Methodenname mit dem Klassennamen identisch ist. Wir können den Konstruktor auch als namenlose Funktion ansehen, die eine Instanz des Datentyps zurückliefert.

Aus der Erzeugerfunktion in Listing 8.8 wird der Konstruktor in Listing 8.9.[2]

C++/Java 8.9: Konstruktoren

```
Netz::Netz(double sz,double ez) {
  this->startzeit = sz;
  this->endzeit = ez;
  this->anzahl = 0;
  for (int i=0;i<MAX;++i)
    for (int j=0;j<MAX;++j)
      this->nachf[i][j]=0;
  for (int k=0;k<MAX;++k)
    this->reihenfolge[k]=k;
}
```
(netzplanung/v4-adt-cpp/Netz.cpp)

```
public Netz(double sz,double ez) {
  this.startzeit = sz;
  this.endzeit = ez;
  this.anzahl = 0;
  for (int i=0;i<MAX;++i)
    for (int j=0;j<MAX;++j)
      this.nachf[i][j]=false;
  for (int i=0;i<MAX;++i)
    this.reihenfolge[i]=i;
}
```
(netzplanung/v4-adt-java/Netz.java)

Ein Ausschnitt aus der Schnittstelle von Netz ist zur besseren Übersichtlichkeit im Listing 8.10 zusammen mit den Attributen angegeben. In Java erfolgt die Implementierung des Konstruktors direkt in der Klasse, in C++ separat in der entsprechenden Quellcode-Datei (jeweils Listing 8.9).

C++/Java 8.10: Attribute der Netz-Klasse mit Konstruktor

```
class Netz {
private:
  enum {MAX=100};
  double startzeit,endzeit;
  int anzahl;
  Vorgang *vorg[MAX]; // Knoten
  bool nachf[MAX][MAX]; // Adjazenzmatrix
  int reihenfolge[MAX];
public:
  Netz(double startzeit,double endzeit);
  //...
```
(netzplanung/v4-adt-cpp/Netz.h)

```
class Netz {
  private static final int MAX = 100;
  private double startzeit,endzeit;
  private int anzahl;
  private Vorgang vorg[]=new Vorgang[MAX];
  private boolean nachf[][]
               =new boolean[MAX][MAX];
  private int reihenfolge[]=new int[MAX];

  /// Konstruktor
  public Netz(double sz,double ez) {
```
(netzplanung/v4-adt-java/Netz.java)

Die Erzeugung eines Netzes mit Hilfe des Konstruktors unterscheidet sich kaum von der Erzeugung mit der Funktion erzeugeNetz:

```
Netz* pn = new Netz(0, 7); // auf Heap
```
```
Netz pn = new Netz(0, 7);
```

---

[2]Das Java-Beispiel verschweigt, dass der Speicher für die Arrays (nachf, reihenfolge) erst angelegt werden muss. Diese Initialisierung kann man auch direkt bei den Attributdefinitionen vornehmen, was im Listing 8.10 zugunsten der Gegenüberstellung C++/Java-Konstruktoren durchgeführt wurde.

Im Konstruktor werden entsprechend `erzeugeNetz` die Attribute initialisiert. Um die geringen Unterschiede zur Funktion `erzeugeNetz` in Listing 8.8 zu betonen, wurde hier der `this`-Zeiger explizit benutzt, im Allgemeinen wird er aber weggelassen.

In C++ ist es auch möglich, Instanzen der Klasse auf dem Programm-Stack zu erzeugen. Die Syntax entspricht dabei der Definition und Initialisierung von Variablen elementarer Datentypen:

```
Netz n(0, 7);  // Objekt auf dem Programm–Stack
double d(17.45);  // Definition und Initialisierung von d
```

C++/Java 8.11: Aufbau eines Netzes

```
Vorgang *v0 = new Vorgang(1);
Vorgang *v1 = new Vorgang(3);
Vorgang *v2 = new Vorgang(2);
Vorgang *v3 = new Vorgang(5);
Vorgang *v4 = new Vorgang(2);

netz->fuegeHinzu(v0);
netz->fuegeHinzu(v1);
netz->fuegeHinzu(v2);
netz->fuegeHinzu(v3);
netz->fuegeHinzu(v4);

netz->setzeNachfolger(v0,v1);
netz->setzeNachfolger(v0,v2);
netz->setzeNachfolger(v1,v4);
netz->setzeNachfolger(v3,v4);
```

```
Vorgang v0 = new Vorgang(1);
Vorgang v1 = new Vorgang(3);
Vorgang v2 = new Vorgang(2);
Vorgang v3 = new Vorgang(5);
Vorgang v4 = new Vorgang(2);

netz.fuegeHinzu(v0);
netz.fuegeHinzu(v1);
netz.fuegeHinzu(v2);
netz.fuegeHinzu(v3);
netz.fuegeHinzu(v4);

netz.setzeNachfolger(v0,v1);
netz.setzeNachfolger(v0,v2);
netz.setzeNachfolger(v1,v4);
netz.setzeNachfolger(v3,v4);
```

(netzplanung/v4-adt-cpp/NetzTest.cpp)          (netzplanung/v4-adt-java/NetzTest.java)

Ein Beispiel für die Benutzung des Konstruktors von `Vorgang` zeigt die Anpassung unserer Testfälle in Listing 8.11 an die Klassenschnittstellen von `Vorgang` und `Netz`. Es werden Vorgänge erzeugt, beim Netz angemeldet und die Nachfolgerbeziehungen gesetzt.

Einige Konstruktoren haben besondere Namen:

- Ein Konstruktor ohne Argument heißt **Standard-** oder **Default-Konstruktor**. Ist überhaupt kein Konstruktor angegeben, wird ein Default-Konstruktor vom Compiler erzeugt, der (nur in Java) alle Attribute auf ihre Defaultwerte setzt. Sobald der Entwickler aber einen Konstruktor selbst angibt, wird vom Compiler kein Konstruktor mehr automatisch erzeugt (auch nicht, wenn der Konstruktor des Entwicklers Argumente besitzt).

- Erzeugt ein Konstruktor eine Kopie einer anderen Instanz, so spricht man von einem **Kopierkonstruktor**; er besitzt nur ein Argument desselben Typs als Referenzparameter.

- Erzeugt ein Konstruktor ein Objekt, indem er ein übergebenes Argument konvertiert (z.B. ein Konstruktor für String mit einem `double`-Argument, der aus dem `double`-Wert eine Textrepräsentation erzeugt), so nennt man ihn einen **Umwandlungskonstruktor**. Alle Konstruktoren mit genau einem Argument sind deshalb

Umwandlungskonstruktoren. Sie wandeln den Typ des Arguments in die Klasse um. Der Kopierkonstruktor ist hier gewissermaßen der Sonderfall der Umwandlung der Klasse in sich selbst.

## Destruktoren

Wir erinnern uns, dass jede Variable, die in C++ über den new-Operator im Heap angelegt wurde, von uns wieder freigegeben werden muss. Diesen Vorgang übernimmt standardmäßig der **Destruktor** einer Klasse. Analog zu den Konstruktoren ist die Bedeutung der Destruktoren in beiden Sprachen sehr unterschiedlich. Der Destruktor wird *automatisch* vom Compiler aufgerufen, wenn eine Klasseninstanz auf dem Stack angelegt wurde (was nur in C++ möglich ist). Ein im Heap angelegtes Objekt obj muss in C++ durch den expliziten Destruktor-Aufruf delete obj; entfernt werden (Arrays: delete[] obj). Eine wesentliche Aufgabe von Destruktoren ist es, nicht nur den Speicher, den das Objekt selbst belegt, freizugeben, sondern möglicherweise auch den Speicher von referenzierten Objekten. Weil es manchmal nicht einfach zu entscheiden ist, ob ein referenziertes Objekt von keinem anderen Objekt mehr referenziert wird (denn nur dann sollte es freigegeben werden), ist das Vermeiden von Speicherlecks manchmal recht aufwändig. Von dieser Last sind Java-Nutzer befreit, sie können einen Destruktor-Aufruf nicht erzwingen, der Garbage Collector entscheidet selbst, wann er den Speicher für nicht mehr benötigte Objekte freigibt.

Das folgende Beispiel zeigt die Implementierung eines C++-Destruktors für die Klasse Netz, bei der (zu Demonstrationszwecken) alle referenzierten Vorgänge ebenfalls freigegeben werden. Das sollte nur erfolgen, wenn wir *wissen*, dass außerhalb des Netz-Objektes niemand eine Referenz auf die Vorgänge hält. Generell gilt aber die **Tipp**   Regel, dass derjenige, der ein Objekt erzeugt hat, es auch wieder freigeben sollte. Da die Netz-Klasse die Vorgänge nur verwaltet, aber nicht erzeugt, wäre ein solcher Destruktor schlechte Praxis und damit ein schlechtes Design.

```
Netz::~Netz() {
  for (int i=0;i<anzahl;++i)
    delete vorg[i];
}
```

Eine weitere Aufgabe für Destruktoren ist es, andere benutzte Ressourcen wieder freizugeben, bspw. eine geöffnete Datei auch wirklich zu schließen. Derartige Funktionalität kann in Java in der Methode finalize untergebracht werden, die beim Zerstören eines Objekts aufgerufen wird – aber wie gesagt, der Garbage Collector entscheidet, wann das erfolgt.

## Kopieren/Clonen

Das Kopieren von Objekten ist eine relativ häufig benötigte Operation, die über verschiedene Datentypen/Klassen vereinheitlicht werden sollte. In C++ wird dafür ein Kopierkonstruktor verwendet, in Java eine Kopiermethode clone. Der Kopier*konstruktor* hat dabei für C++ eine stärkere Bedeutung als die Kopiermethode in Java, weil er in vielen Fällen implizit vom System verwendet wird, z.B. in den beiden folgenden Funktionen f1 und f2:

```
void f1(Netz n) {
  . . .
}

Netz f2() {
  Netz temp;
  . . .
  return temp;
}
```

Die Funktion f1 hat einen Werteparameter Netz n, d.h. der Wert der Variablen (des Objektes) n wird in die Funktion hineinkopiert (call-by-value), und dazu verwendet das System den Kopierkonstruktor. Entsprechend verwendet das System in der Funktion f2 den Kopierkonstruktor, um den Wert von temp zurückzugeben.

Die beschriebene Situation kann es in Java nicht geben, weil strukturierte Datentypen niemals in Wertesemantik zurückgegeben werden. Die Integration der Kopierfunktion in die Sprache ist daher nicht so stark. Der Standardweg für das Kopieren von Objekten geht über eine Methode clone, die in einer Schnittstelle Cloneable wie folgt definiert ist:

```
interface Cloneable {
  Object clone();
}
```

Der Kopierkonstruktor wird wie jeder andere Konstruktor aufgerufen, die clone-Methode wie jede andere Methode:

```
Vorgang v1;                          Vorgang v1 = new Vorgang();

Vorgang v2(v1); // Kopierkonstruktor  Vorgang v2 = (Vorgang) v1.clone();
```

Wenn eine Klasse (wie Vorgang) nun diese Schnittstelle einhält (implements Cloneable), so bedeutet das, dass ein Vorgang die Methode clone zur Verfügung stellt. Weil diese Schnittstelle aber zu einem Zeitpunkt definiert wurde, als noch niemand an unsere Vorgangs-Klasse gedacht hat, kann die Schnittstelle als Rückgabewert naturgemäß nicht Vorgang liefern (sondern allgemeiner ein Objekt, vgl. Kap. 9). Trotzdem ist der zurückgegebene Typ identisch mit dem des kopierten Objekts, es ist aber eine explizite Typumwandlung (type-cast) vorzunehmen.

Listing 8.12 implementiert die Java-clone-Methode (Java) und den C++-Kopierkonstruktor.

Sowohl in Java als auch in C++ gibt es Mechanismen für eine Default-Kopierfunktionalität. Wenn in C++ eine Klasse keinen Kopier-Konstruktor explizit definiert, generiert das System automatisch eine Default-Implementierung. In Java können wir durch super.clone() eine Default-Kopie anlegen (siehe Listing 8.14). In beiden Fällen wird eine komponentenweise Kopie der Klasseninstanz erzeugt – d.h.

C++/Java 8.12: Kopierkonstruktor/Clone-Methode von Vorgang

```
class Vorgang {
 private:
  double dauer,fruehanf,spaetend;
  int id;
 public:
  Vorgang(const Vorgang& v);
  ...
}

Vorgang::Vorgang(const Vorgang& v) {
  dauer = v.dauer;
  fruehanf = v.fruehanf;
  spaetend = v.spaetend;
  id = v.id;
}
```

(netzplanung/v4-adt-cpp/VorgangCC.cpp)

```
class Vorgang implements Cloneable {
 private double dauer,fruehanf,spaetend;
 private int id;

 public Vorgang(double d) {
  dauer = d; id = -1; }
 public Object clone() {
  Vorgang v = new Vorgang(dauer);
  v.fruehanf = fruehanf;
  v.spaetend = spaetend;
  v.id = id;
  return v;
 }
 ...
}
```

(netzplanung/v4-adt-java/CloneBeispiel.java)

ein Objekt, das Zeiger bzw. Referenzen beinhaltet, wird **flach kopiert**: Es werden die Zeiger, aber nicht die damit verbundenen Speicherbereiche im Heap kopiert!

Die Default-Implementierung kann in der Regel nur dann korrekt sein, wenn die Klasse keine dynamisch verwalteten Daten enthält. Wenn für eine unabhängige Kopie weitere Objekte kopiert werden müssen (und der Kopierkonstruktor dies durchführt), spricht man von einer **tiefen Kopie**.

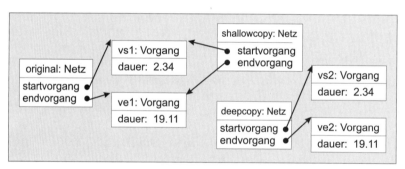

Bild 8.6: Tiefe und flache Kopie eines Originals.

Unsere Klasse Netz ist ein Beispiel für eine Klasse, in der weitere Vorgänge referenziert werden. Kopieren wir nur die Referenzen/Zeiger, dann zeigt die Kopie auf *dieselben* Objekte und die Kopien sind nicht unabhängig voneinander. Im Beispiel in Bild 8.6 wurden eine flache (Objekt shallowcopy) und eine tiefe Kopie (Objekt deepcopy) des Objekts original erzeugt: Wird bei shallowcopy die Dauer des Startvorgangs geändert, so ändert sich gleichzeitig auch die Dauer des Startvorgangs im Objekt original. Nur bei einer tiefen Kopie sind beide Netz-Instanzen hinterher wirklich unabhängig voneinander.

Das folgende Beispiel in den Listings 8.13–8.14 zeigt nochmals die Attribute der Netz-Klassen und die Umsetzungen einer tiefen Kopie.

C++/Java 8.13: Attribute von `Netz`, die vom Kopierkonstruktor bzw. von der Clone-Methode zu berücksichtigen sind

```
class Netz {
 private:
  enum {MAX=100};
  double startzeit,endzeit;
  int anzahl;
  Vorgang *vorg[MAX]; // Knoten
  bool nachf[MAX][MAX]; // Adjazenzmatrix
  int reihenfolge[MAX];
```

(netzplanung/v4-adt-cpp/Netz.h)

```
class Netz {
 private static final int MAX = 100;
 private double startzeit,endzeit;
 private int anzahl;
 private Vorgang vorg[]=new Vorgang[MAX];
 private boolean nachf[][]
                =new boolean[MAX][MAX];
 private int reihenfolge[]=new int[MAX];
```

(netzplanung/v4-adt-java/Netz.java)

C++/Java 8.14: Kopierkonstruktor/Clone-Methode `Netz`

```
Netz::Netz(const Netz& n) {
  startzeit = n.startzeit;
  endzeit = n.endzeit;
  anzahl = n.anzahl;
  for (int i=0;i<MAX;++i)
    vorg[i]=new Vorgang(n.vorg[i]);
  for (int i=0;i<MAX;++i)
    for (int j=0;j<MAX;++j)
      nachf[i][j]=n.nachf[i][j];
  for (int i=0;i<MAX;++i)
    reihenfolge[i]=n.reihenfolge[i];
}
```

(netzplanung/v4-adt-cpp/VorgangCC.cpp)

```
public Object clone() {
  Netz n = super.clone(); // flache Kopie
  n.vorg = (Vorgang[]) vorg.clone();
  for (int i=0;i<MAX;++i)
    n.vorg[i] = (Vorgang) vorg[i].clone();
  n.nachf = (int[][]) nachf.clone();
  n.reihenfolge = (int[]) reihenfolge.clone();
}
```

(netzplanung/v4-adt-java/CloneBeispiel.java)

**Zuweisungsoperator**

Manchmal sollen die Attribute eines Objekts `Netz` x identisch auf alle Attribute eines Objekts `Netz` y gesetzt werden. Ist in Java eine solche Zuweisungsfunktionalität gefordert, so bringt man sie in einer Methode `set(Netz n)` unter. In C++ entsteht der Bedarf für eine solche Funktionalität aber auch indirekt durch eine Zuweisung x=y (in Wertesemantik).[3] Darum sollte in C++ der Zuweisungsoperator = überladen werden:

```
Netz& operator=(const Netz& n) {
  ...
}
```

Der Zuweisungsoperator selbst sollte als Erstes immer überprüfen, ob es sich um eine Selbstzuweisung handelt – in dem Fall kann einfach *this zurückgegeben werden. Andernfalls sollten die Attributwerte einzeln kopiert werden, wobei dynamische Datenstrukturen ggf. in ihrer Größe vorher angepasst werden müssen:

**Tipp**

---

[3]In Java wird diese Anweisung nur die Referenz x auf dasselbe Objekt zeigen lassen, auf die Referenz y zeigt.

```
Netz& Netz::operator=(const Netz& n){
  if (this != &n) {
    startzeit = n.startzeit;
    endzeit = n.endzeit;
    anzahl = n.anzahl;
    for (int i=0;i<MAX;++i) {
      delete vorg[i];// Heap−Speicherfreigabe
      vorg[i]=new Vorgang(n.vorg[i]);
    }
```

```
    for (int i=0;i<MAX;++i) {
      for (int j=0;j<MAX;++j) {
        nachf[i][j]=n.nachf[i][j];
      }
      reihenfolge[i]=n.reihenfolge[i];
    }
  }
  return *this;
}
```

Zu beachten ist beim Zuweisungsoperator im Unterschied zum Kopierkonstruktor, dass das Objekt, auf das `this` verweist, bereits existiert und damit alle Attribute sinnvolle Werte haben (sollten). Falls sie in den Heap-Speicher verweisen, muss der gegebenenfalls freigegeben werden (`delete vorg[i]`).

### Vergleich

Eine weitere häufige Operation ist der Vergleich von Objekten. Der Vergleich zweier Zeiger oder Referenzen `a==b` liefert `true`, wenn die Zeiger identisch sind. Oftmals wird aber die Frage nach Wertgleichheit gestellt, d.h. ob zwei verschiedene Objekte den gleichen Zustand haben (zwei Vorgänge bspw. die gleiche Dauer, früheste Start- und späteste Endzeit). In C++ kann das Ergebnis des Vergleichs `a==b` (a und b sind Referenzen oder Werte) speziell für neue Typen durch eine globale Funktion überladen werden:

```
bool operator==(const Vorgang& v1,const Vorgang& v2) { ... }
```

In Java ist für diese Zwecke die Methode

```
public boolean equals(Vorgang v) { ... }
```

vorgesehen, sodass ein Wertevergleich dann durch `a.equals(b)` durchgeführt wird (`a==b` vergleicht in Java immer nur die Referenzen, nie die referenzierten Objekte).

Während in C++ analog dazu auch die Operatoren `!=`, `<`, `>`, `<=` und `>=` umdefiniert werden können, wird in Java üblicherweise das Interface `Comparable` benutzt, das eine Methode `compareTo(..)` voraussetzt.

```
interface Comparable {
  int compareTo(Object obj);
}
```

Aus denselben Gründen wie schon bei Cloneable (siehe Seite 225) tritt hier der allgemeinere Typ `Object` (statt `Vorgang`) als Argument auf. Das Argument muss in einer Implementierung für Vorgangsvergleiche auf den Typ `Vorgang` gecastet werden. Der Rückgabewert ist eine ganze Zahl, wobei

- ein negativer Wert bedeutet, dass das aktuelle Objekt (`this`) kleiner ist als `obj`;

- ein Wert 0 bedeutet, dass beide Objekte (wertmäßig) identisch sind;

- ein positiver Wert bedeutet, dass das aktuelle Objekt (`this`) größer ist als `obj`.

Dasselbe Konzept ist aber auch in C/C++ üblich, etwa bei der Funktion `strcmp` der Standardbibliothek.

## Minimale Standardschnittstelle

Die letzten Absätze haben die am häufigsten benötigte Standardfunktionalität diskutiert, die wir im Umgang mit Objekten benötigen.

- **Konstruktor**: Ohne Konstruktor kann der Lebenszyklus eines Objekts nicht beginnen. Darum bieten C++ und Java einen Default-Konstruktor an. Um immer für eine geeignete Initialisierung eines Objekts zu sorgen, ist die Ersetzung des Default-Konstruktors durch einen Konstruktor mit Parametern sinnvoll. Als Konsequenz der Wertesemantik muss in C++ ein parameterloser Default-Konstruktor bestehen bleiben, wenn es möglich sein soll, ein Array durch `new MyClass[10]` anzulegen. Während in Java hier nur Platz für 10 Referenzen auf `MyClass` angelegt wird, reserviert C++ schon Platz für 10 `MyClass`-Objekte, die über den Default-Konstruktor initialisiert werden.

- **Destruktor**: Ebenso wie der Konstruktor markiert der Destruktor einen entscheidenden Punkt im Objektlebenszyklus. In C++ sollte er also auf keinen Fall fehlen, um Speicherlecks zu vermeiden. In Java übernimmt diese Aufgabe der Garbage Collector.

- **Clonen**:   Die Möglichkeit zur Duplikation von Objekten ist nicht immer gewünscht, oft muss sie sogar verhindert werden (vgl. Entwurfsmuster *Singleton* im Abschn. 10.3). Dass die Existenz eines Kopierkonstruktors für C++ trotzdem empfohlen wird, liegt daran, dass er in einer unscheinbaren Zeile `MyClass temp = instance` implizit aufgerufen wird, um von `instance` die Kopie `temp` anzulegen. Wird statt Werte- nur Referenzsemantik benutzt, wird bei dieser Anweisung nur die Referenz kopiert, aber keine Kopie angelegt. In Java spielt das Clonen eine geringere Rolle als der Kopierkonstruktor in C++.

- **Zuweisungsoperator**: Das Beispiel aus dem letzten Absatz lässt sich direkt auch auf den Zuweisungsoperator übertragen. In der C++-Anweisungsfolge `MyClass temp; temp = instance;` wird nun zuerst der Default-Konstruktor und dann der Zuweisungsoperator aufgerufen, folglich sollte ein Zuweisungsoperator in C++ standardmäßig definiert werden. Der Java-Entwickler hat es einfacher, weil hier wieder nur Referenzen kopiert werden, ein spezieller Zuweisungsoperator für Objekte (in Wertesemantik) existiert nicht.

- **Vergleichsfunktionen**: Man muss Objekte nicht vergleichen können, wenn man sie aber in einen Container einzufügen gedenkt, sind Vergleichsfunktionen äußerst hilfreich, um die Objekte auch wiederzufinden.

Liegt für eine C++-Klasse die explizite Implementierung von (Default-)Konstruktor, Destruktor, Kopierkonstruktor und Zuweisungsoperator vor, spricht man von einer Klasse mit *minimaler Standardschnittstelle*. In Java genügt hierfür `clone()`-Funktionalität und ein (Default-)Konstruktor. Sind darüber hinaus Vergleichsfunktionen definiert, wird die Klasse auch als *Nice-Class* bezeichnet.

In einigen Fällen kann es z.B. aus Effizienzgründen sinnvoll sein, auf die Implementierung der minimalen Standardschnittstelle zu verzichten und stattdessen die Default-Implementierung der Sprache zu verwenden. Ausführlich werden die Vor- und Nachteile der expliziten Implementierung in [13, 14] diskutiert. Gerade der An- **Tipp** fänger sollte jedoch schon aus Übungsgründen für jede von ihm neu entwickelte Klasse eine minimale Standardschnittstelle vorsehen oder den Aufruf der betreffenden Methoden durch Deklaration als `private` unterbinden.

## 8.2.4  Klassenglobale Attribute und Methoden

*Normalerweise* sind die in einer Klasse definierten Attribute und Methoden *objektbezogen*, d.h. zu jedem Objekt der Klasse gehört ein entsprechender Satz der in der Klasse definierten Attribute, und jedem Objekt sind die in der Klasse definierten Methodenfunktionen zugeordnet:

```
class X {                          class X {
    int x, y, z;                       private int x, y, z;
  public:
    void f1() {...}                    public void f1() {...}
    void f2() {...}                    public void f2() {...}
    void f3() {...}                    public void f3() {...}
};                                 };
. . .                              . . .
X x1, x2, x3;                      X x1=new X(), x2=new X(), x3=new X();
x1.f1(); x2.f1(); x3.f1(); x1.f2(); . . .   x1.f1(); x2.f1(); x3.f1(); x1.f2(); . . .
```

Jedes Objekt der Klasse X hat seinen individuellen Satz von Variablen und belegt damit einen Speicherbereich, der dem für drei Variablen vom Typ `int` entspricht:[4]

$$\texttt{sizeof(x1)} \equiv \texttt{sizeof(x2)} \equiv \texttt{sizeof(x3)} \equiv \texttt{3*sizeof(int)}$$

*Für besondere Fälle* gibt es aber auch die Möglichkeit, Attribute und Methoden innerhalb einer Klasse zu definieren, die *klassenbezogen* oder *klassenglobal* sind. Sie werden mit dem Bezeichner `static` spezifiziert.

C++/Java 8.15: Statische Attribute und Methoden der Klasse X

```
class X {                          class X {
    int x, y, z;                       private int x, y, z;
  public:                              public static int xyz;
    static int xyz;
    void f1() {...}                    public void f1() {...}
    void f2() {...}                    public void f2() {...}
    void f3() {...}                    public void f3() {...}
    static void g() {...}              public static void g() {...}
};                                 };
. . .                              . . .
X x1, x2, x3;                      X x1=new X(), x2=new X(), x3=new X();
x1.f1(); x2.f1(); x3.f1(); x1.f2(); . . .   x1.f1(); x2.f1(); x3.f1(); x1.f2(); . . .

. . .                              . . .
X::g(); . . . int i = X::xyz; . . .   X.g(); . . . int i = X.xyz;
```

(ADT/X.cpp.sht)                    (ADT/X.java.sht)

---

[4]Zusätzliche administrative Daten, die pro Objekt möglicherweise gespeichert werden müssen, ignorieren wir hier.

Das *Klassenattribut* `xyz` im Listing 8.15 *belastet* die Objekte nicht, d.h. sie belegen den gleichen Speicherplatz (`3*sizeof(int)`) wie oben! Statische Elemente sind der Klasse (dem Typ) zugeordnet, sie sind objektübergreifend vorhanden und verhalten sich wie globale Variablen bzw. wie globale Funktionen, deren Geltungsbereich (scope) auf die Klasse beschränkt ist, und werden deshalb außerhalb der Klasse in C++ über den Bereichsoperator `::` (`X::xyz`) bzw. in Java über den Klassennamen `X.xyz` angesprochen. Sie unterliegen den gleichen Zugriffsrechten wie die üblichen nicht-statischen Methoden und Attribute. Statische Methoden können auch *objektbezogen* aufgerufen werden, statt `X::g()`/`X.g()` auch `x1.g()`, was aber der Klarheit wegen vermieden werden sollte.

### 8.2.5 Spezifikation von abstrakten Datentypen

Ein abstrakter Datentyp, oder noch allgemeiner eine Schnittstelle, kapselt (trennt) die Details der Implementierung von der Benutzung des Datentyps. Dabei besteht die Spezifikation einer Schnittstelle zum einen aus den Funktionsprototypen (Syntax) – ein Verstoß gegen die Syntax wird vom Compiler mit Syntax-Fehlermeldungen geahndet – und zum anderen aus der Semantik. Natürlich sollen für alle Methoden selbsterklärende Namen gewählt werden, aber es ist illusorisch zu glauben, dass solche Namen die Funktionalität eindeutig charakterisieren. Die schwierige Aufgabe der Spezifikation besteht darin, ohne schon die Programmierung vorzunehmen eindeutig die Semantik der Operationen zu beschreiben, sodass einerseits der Benutzer weiß, wie die Funktionen korrekt anzuwenden sind, und andererseits der Entwickler weiß, wie die Funktionen richtig zu implementieren sind.

Wir wollen hier nur eine Art der Spezifikation ansprechen, und zwar die **axiomatische Spezifikation**. Betrachten wir als Beispiel die Lehrbuch-Spezifikation des abstrakten Datentyps für einen Stapel[5] in Tabelle 8.2. Hier steht `base` für einen Basisdatentyp, von dem Elemente im Stack gespeichert werden sollen. Es gibt fünf Operationen: `empty`, `push`, `pop`, `top`, `isEmpty`. Die Syntax kann dem Abschnitt **operators** aus der Spezifikation entnommen werden. Das Symbol $\perp$ steht für ein Fehlersymbol, dessen Entsprechung in den betrachteten Programmiersprachen in einem Null-Zeiger gesehen werden kann. Die mit **axioms** eingeleiteten Gleichungen stellen Bedingungen dar, die für alle Stacks $s$ und Basiselemente $e$ gelten müssen.

Der einzige Operator, den wir anwenden können, ohne bereits einen Stack zu haben, ist `empty`. Dieser Operator entspricht einem Konstruktor. Der Name des Operators `isEmpty` suggeriert eine Abfrage, ob der Stack leer ist. Aber auf diese sprachliche Beschreibung wollen wir uns nicht verlassen, die Axiome definieren die Bedeutung mit zwei Gleichungen ganz genau: `isempty(empty)=true`, d.h. für einen mit `empty` erzeugten Stack soll `isEmpty` wahr sein. Wenn wir für einen beliebigen Stack $s$ (beispielsweise `s=empty()`) `push(s,e)` aufrufen, dann ist der Stack nicht mehr leer (zweites Axiom). Wenn wir aber versuchen, von einem leeren Stack ein Element zu entfernen

---

[5]Ein `Stapel` ist eine Datenstruktur, in der die Daten wie die Teller im Schrank verwaltet werden. Teller werden mit der Operation `push` oben auf dem (Teller-)`Stapel` im Schrank abgelegt, und anschließend wird der zuletzt abgelegte Teller mit der Operation `pop` wieder vom (Teller-)`Stapel` entfernt.

Tabelle 8.2: Axiomatische Spezifikation eines Stapels

| **adt** | stack | |
|---|---|---|
| **sorts** | stack, base, bool | |
| **operators** | empty : $\rightarrow$ stack | |
| | push : stack $\times$ base $\rightarrow$ stack | |
| | pop : stack $\rightarrow$ stack $\cup\{\bot\}$ | |
| | top : stack $\rightarrow$ base $\cup\{\bot\}$ | |
| | isempty : stack $\rightarrow$ bool | |
| **axioms** | isempty(empty) = true | (1) |
| | isempty(push(s,e)) = false | (2) |
| | pop(empty) = $\bot$ | (3) |
| | pop(push(s,e)) = s | (4) |
| | top(empty) = $\bot$ | (5) |
| | top(push(s,e)) = e | (6) |

(`pop(empty)`), dann gelangen wir in einen Fehlerzustand (drittes Axiom). Es ist nicht einfach, diese Menge von Gleichungen zu finden, aber in diesem Fall spezifizieren sie die Bedeutung der Operatoren ganz genau, ohne sich auf sprachliche Ungenauigkeiten einzulassen.

**Umsetzung in einer Programmiersprache:**  Die Notation der Funktionen entspricht unserer prozeduralen Realisierung; auch hier ist das erste Argument jeder Funktion der Stack, auf den wir die Operation anwenden wollen. Aus diesem Argument wird in objektorientierten Sprachen das Objekt der Methode (**this**). Eine Übertragung in ein Java-Interface sähe für den Datentyp `Base` damit etwa wie folgt aus:

```
interface Stack {
  // Stack();
  Stack push(Base b);
  Stack pop();
  Base top();
  boolean isEmpty();
}
```

Die Spezifikation der Semantik über Axiome kann direkt in Tests umgesetzt werden. Dieser Test prüft die Axiome der Spezifikation und kann für alle Implementierungen der Schnittstelle Test verwendet werden. Im Beispiel ist in den Kommentaren das benutzte Axiom referenziert.[6]

```
boolean test1(Base b) {
  Stack s = new Stack();
  if (!s.isEmpty()) return false; // (1)
  s.push(b);
  if (s.isEmpty(e)) return false; // (2)
```

---

[6]Ein großer Vorteil von Tests ist, dass hier die letzten Feinheiten geklärt werden *müssen*. Die mathematisch-axiomatische Schreibweise sagt in Axiom 6 nichts darüber aus, ob pop(push(s,e)) wertmäßig identisch e ist (pop(push(s,e)).equals(e)) oder ob es sich wirklich um das gleiche Objekt handelt (pop(push(s,e))==e). Erst der Test macht es unmissverständlich.

```
Base x = s.top();
if (x!=b) return false; // (6)
s.pop();
if (!s.isEmpty()) return false; // (4) (1)
x = s.top();
if (s!=null) return false; // (5)
Stack s1 = new Stack();
try {s1.pop(); return false;} catch { /* nichts, alles ok */ } // (3)
return true;
}
```

Wie sähe eine solche axiomatische Spezifikation für die Klassen `Vorgang` oder `Netz`
aus? Wir gehen im folgenden Listing zum Beispiel davon aus, dass ein mit Dauer
4.0 erzeugter `Vorgang` hinterher auch diese Dauer liefert (1), dass ein `Netz` zu Anfang
keine Vorgänge enthält (2), dass ein `Vorgang`, der in ein leeres Netz eingefügt wurde,
an Index 0 wiedergefunden werden kann (3) usw. Das Schreiben von Tests ist im
Grunde nichts anderes als ein Beitrag zur axiomatischen Spezifikation von Datentypen. Gegenüber der Spezifikation in Textform (oder im Kommentar wie in Abschn.
5.1) haben die Tests den Vorteil, dass wir ihre Gültigkeit automatisch prüfen lassen
können.

```
boolean test1(Base b) {
  Vorgang v = new Vorgang(4.0);
  if (v.getDauer()!=4.0)) return false; // (1)
  Netz n = new Netz(0,10);
  if (n.getVorgaenge()!=0) return false; // (2)
  n.fuegeHinzu(v);
  if (n.getVorgang(0)!=v) return false; // (3)
  return true;
}
```

Entsprechend sind wir auch bereits im Abschn. 4.5.2 bei der Spezifikation der Liste
vorgegangen. Weitere Beispiele für eine axiomatische Spezifikation finden Sie bspw.
in [48].

## 8.2.6  Anwendung: Implementierung von *LogTrace*

**C++**

Wir haben gesehen, dass der Java-Entwickler stärker von der Laufzeitumgebung bei
der Verwaltung des Heap-Speichers unterstützt wird. Er muss sich nicht um die
Freigabe von nicht mehr benötigten Variablen auf dem Heap kümmern. Umgekehrt
hat der Entwickler aber keinen direkten Einfluss darauf, wann eine Variable vom
Heap endgültig entfernt wird, d.h. wann der Garbage Collector die Methode `finalize`
aufruft.

Diese Eigenschaft von C++ werden wir uns aber im Folgenden bei der Implementierung der Logging-Funktionalität von *LogTrace* zu Nutze machen. Im Abschn. 6.2.1
haben wir die *LogTrace*-Bibliothek kennengelernt, um das Betreten und vor allem
das Verlassen von Funktionen einfach protokollieren zu können.

Die Protokollierung des Betretens der Funktionen `funk1` bzw. `funk2` erfolgt jeweils
zu Beginn der Funktion durch Aufruf der `LOG_FUNCTION`-Anweisung.

```
void funk1() {
  LOG_FUNCTION("Nsp", "funk1", "");
  int i=44;
  /*... */
  if (...) return
  funk2();
  /*... */
}
```

```
void funk2() {
  LOG_FUNCTION("Nsp", "funk2, "");
  double d=44.2;
  /*... */
  if (...) throw X(...);
  if (...) return;
  /*... */
}
```

Die Funktion enthält keinen expliziten Code zur Protokollierung des Verlassens, und trotzdem erfolgt dies, sobald die Funktion verlassen wird. Hierbei ist es gleichgültig, wie viele return-Anweisungen die Funktion enthält – mehr noch, die Protokollierung erfolgt sogar, wenn die Funktion durch Werfen einer Ausnahme verlassen wird. Wie können wir das in C++ implementieren?

Wir nutzen hier die Eigenschaft von C++, dass das Laufzeitsystem beim Verlassen eines Blocks, z.B. einer Funktion, automatisch immer für alle auf dem Programm-Stack erzeugten Variablen die Destruktoren aufruft, d.h. wir müssen in der LOG_FUNCTION-Anweisung eine Instanz einer Klasse (z.B. LogFunc) anlegen, die über einen geeigneten Konstruktor und einen geeigneten Destruktor verfügt. Eine mögliche Implementierung von LogFunc zeigt Listing 8.16.

C++ 8.16: Implementierung von *LogTrace*

```
#include <string>
#include <fstream>
using namespace std;

extern ofstream* trDatei; //Trace-Datei
class LogFunc {
public:
  LogFunc(string ns,string cl,string fn);
  ~LogFunc();
  bool istAusgabeAktiv() const
    {return ausgabeAktiv};
private:
  string name;
  bool ausgabeAktiv;
  bool inIdDateiVorhanden(
    const string& ns,
    const string& cl,
    const string& fn) const;
  void ausgabe(const string& s) const;
};
```
(ADT/LogFunc/LogFunc.h)

```
LogFunc::LogFunc
  (
  string ns,
  string cl,
  string fn
  ) {
  ausgabeAktiv = false;
  if (inIdDateiVorhanden(ns,cl,fn)) {
    ausgabeAktiv = true;
    name = ns + ":" +cl +":" +fn;
    ausgabe(name);
    }
  }

LogFunc::~LogFunc(){
  if (true == ausgabeAktiv) {
  ausgabe(name);
  }
}
```
(ADT/LogFunc/LogFunc.cpp)

Der Konstruktor prüft zunächst, ob eine Protokollierung der Funktion gewünscht wird (Methodenaufruf von inIdDateiVorhanden), d.h., ob sich die übergebenen Ids in der Id-Datei befinden, die der LOGTRACE_INIT-Anweisung bei der Initialisierung übergeben wurden. Ist das der Fall, wird der Name der Funktion geeignet in der Trace-Datei protokolliert und der Name der Funktion in einem Attribut von LogFunc abgespeichert. Im Destruktor brauchen wir dann nur noch den gespeicherten Funktionsnamen ausgeben. Der Destruktor der Klasse LogFunc wird automatisch aufge-

rufen, sobald die Funktion, d.h. der Gültigkeitsbereich der Instanz von der Klasse
`LogFunc`, verlassen wird.

Die `LOG_FUNCTION`-Anweisung wird als Makro implementiert, die zu einer leeren Anweisung expandiert wird, sofern die Präprozessor-Variable `LOGTRACE_DEBUG` nicht definiert ist. Damit ist es möglich, die *LogTrace*-Bibliothek beim Debuggen einzusetzen. Wenn es aber anschließend auf Laufzeiteffizienz ankommt, wird ohne die
Präprozessor-Anweisung `LOGTRACE_DEBUG` übersetzt, und die beim Debuggen genutz-
ten Vorteile verursachen nun keinen Laufzeit-Overhead.

```
#ifdef LOGTRACE_DEBUG                         #else
# define LOG_FUNCTION(ns, fn, rest) \         # define LOG_FUNCTION(ns, fn, rest) \
  LogFunc logf(ns, "", fn);        \            /* do nothing */
  if (logf.istAusgabeAktiv() {     \          #endif
    *trDatei << rest;              \
  }
```

### Die `LOG_METHOD`-Anweisung

Entsprechend dem Makro `LOG_FUNCTION` zum Einsatz in Funktionen stellt die *Log-
Trace*-Bibliothek die `LOG_METHOD`-Anweisung zur Protokollierung des Betretens und
Verlassens von Methoden zur Verfügung. Sie verfügt über einen weiteren Parameter:

> `LOG_METHOD(ns, cl, meth, command)`

Für den zusätzlichen, zweiten Parameter `cl` sollte der Name der Klasse, zu der
die Methode gehört, als String eingesetzt werden. Wenn sich mindestens eine der
drei Zeichenketten `ns`, `cl` bzw. `meth` in der Id-Datei befindet, erfolgt die Ausgabe
`ns::cl::meth` in die Trace-Datei, gefolgt von der in runden Klammern eingeschlossenen Ausgabe, die `command` bewirkt.

### Die `LOG_BLOCK`-Anweisung

Entsprechend gibt es die `LOG_BLOCK`-Anweisung, die zur Protokollierung des Betretens
und Verlassens von Verbundanweisungen (Blöcken) verwendet wird. Das Makro hat
nur einen Zeichenketten- und einen Kommando-Parameter:

> `LOG_BLOCK(blockid, command)`

Wenn sich die Zeichenkette `blockid` in der Id-Datei befindet, erfolgt die Ausgabe
`blockid` in die Trace-Datei, gefolgt von der in runden Klammern eingeschlossenen
Ausgabe, die `command` bewirkt.

Der Code im Listing 8.17 veranschaulicht die Verwendung der beiden Makros. Eine
mögliche Ausgabe könnte z.B. sein:

```
        > func "NP::Netz::fuegeHinzu(this=00325F48)"
        < func "NP::Netz::fuegeHinzu(this=00325F48)"
   ...
        < func "NP::Netz::fuegeHinzu(this=00325F48)"
        > func "NP::Netz::plane(this=00325F48)"
          > block "k=0 [pl-loop]"
```

C++ 8.17: Beispiel für `LOG_METHOD` und `LOG_BLOCK`

```cpp
void Netz::fuegeHinzu(Vorgang *v) {
  LOG_METHOD("NP","Netz","fuegeHinzu",
      "this=" << this);
  if (v->getId()!=-1)
    /* Vorgang darf nur einem
        Netz zugeordnet sein */
    cout << "Fehler!" << endl;
  v->setId(this->anzahl);
  this->vorg[v->getId()]=v;
  this->anzahl++;
  this->reihenfolge[v->getId()] =
                    v->getId();
}
```

(netzplanung/v4-adt-cpp-LogTrace/Netz.cpp)

```cpp
bool Netz::plane() {
  LOG_METHOD("NP","Netz","plane",
      "this=" << this);

  bestimmeReihenfolge();
  for (int k=0;k<this->anzahl;++k) {
    LOG_BLOCK("pl-loop", "k=" << k)
    int v = this->reihenfolge[k];
    this->berechneVorwaerts(v);
  }
  for (int i=this->anzahl-1;i>-1;--i) {
    LOG_BLOCK("pl-loop", "i=" << i)
    int v = this->reihenfolge[i];
    this->berechneRueckwaerts(v);
  }
  return istDurchfuehrbar();
}
```

```
      < block "k=0 [pl-loop]"
      > block "k=1 [pl-loop]"
      < block "k=1 [pl-loop]"
  ...
      > block "k=4 [pl-loop]"
      < block "k=4 [pl-loop]"
      > block "i=4 [pl-loop]"
      < block "i=4 [pl-loop]"
  ...
      > block "i=0 [pl-loop]"
      < block "i=0 [pl-loop]"
  < func "NP::Netz::plane(this=00325F48)"
```

## Die `LOG_CONSTRUCTOR`- und `LOG_DESTRUCTOR`-Anweisungen

Die `LOG_CONSTRUCTOR`-Anweisung dient zur Protokollierung des Betretens und Verlassen von Konstruktoren:

```
LOG_CONSTRUCTOR(ns, cl, command)
```

Syntax und Semantik entsprechen zunächst der `LOG_METHOD`-Anweisung. Allerdings muss die Id-Datei zusätzlich noch die Zeichenkette `Constructor` enthalten. Bei vorhandener Zeichenkette `Constructor` in der Id-Datei erfolgt allerdings in jedem Fall am Ende des Programms eine Protokollierung der Anzahl von Konstruktor- bzw. `LOG_CONSTRUCTOR`-Aufrufen.

Entsprechend gibt es die `LOG_DESTRUCTOR`-Anweisung:

```
LOG_DESTRUCTOR(ns, cl)
```

Wenn sich die Zeichenkette `Destructor` in der Id-Datei befindet, erfolgt eine Protokollierung der Anzahl der aufgerufenen Destruktoren. Werden somit `LOG_CONSTRUCTOR` und `LOG_DESTRUCTOR` konsequent in allen Konstruktoren und Destruktoren eingesetzt, so kann man am Ende des Programms sehr einfach ermitteln, ob bestimmte auf dem Heap angelegte Klasseninstanzen nicht wieder freigegeben wurden.

Eine mögliche Trace-Dateiausgabe könnte z.B. wie folgt aussehen:

```
> idusage
        Constructor/20    Destructor/4
              NP/44             main/1        pl-loop/40
< idusage
```

In diesem Fall wurden 16 Destruktoren zu wenig aufgerufen, oder aber es fehlen LOG_DESTRUCTOR-Anweisungen im Code.

Eine vollständige Implementierung der hier vorgestellten *LogTrace*-Bibliothek kann auf unserer Homepage im Verzeichnis *netzplanung/liblogtrace* heruntergeladen werden. **www**

### 8.2.7 Übungen

**Übung 8.1:** Erweitern Sie die Vorgangs-Klasse, sodass die Anzahl der vorhandenen Vorgangs-Objekte gezählt wird. Im Konstruktor wird bei Erzeugung eines Vorgangs jeweils die Anzahl der nun vorhandenen Vorgangs-Objekte inkrementiert, im Destruktor dekrementiert.

Außerdem soll eine Methode getAnzVorgaenge von Vorgang implementiert werden, die die Anzahl der aktuell vorhandenen Vorgänge liefert. Beim Programmstart sollte diese Methode 0 zurückliefern. Vergessen Sie nicht, geeignete Tests zu implementieren.

**Übung 8.2:** Gegeben ist die folgende Schnittstelle der Klasse Vorgang sowie ein **C++** kleines Anwendungsprogramm dazu.

```
class Vorgang {
public:
  Vorgang(double d);
  Vorgang(const Vorgang& v2);
  ~Vorgang();
  double getDauer() const;
  void setDauer(double d);
private:
  double dauer;
};
```
(./ADT/Plus/Vorgang.h)

```
Vorgang plus1(Vorgang va, Vorgang vb);

int main() {
  Vorgang v1(4), v2(5);
  Vorgang v3(0);
  cout << "Vor plus\n";
  v3 = plus1(v1, v2);
  cout << "Nach plus\n";
  }
```

**a)** Implementieren Sie zunächst die Quellcode-Datei der Klasse Vorgang und die Funktion plus1, die die Dauer der Vorgänge addiert.
**b)** Wie viele Konstruktoren und Destruktoren von Vorgang werden zwischen den beiden Bildschirmausgaben aufgerufen? Begründen Sie Ihre Entscheidung. Weisen Sie die Richtigkeit Ihrer Behauptung nach. Verwenden Sie zum Nachweis die *LogTrace*-Bibliothek.
**c)** Verändern Sie die Schnittstelle der Funktion plus1 und ggf. auch den Aufruf, sodass weniger Instanzen von Vorgang erzeugt werden.

**Übung 8.3:** Was gibt das folgende Programm in die Datei `konstrDestr.txt` aus?   **C++**

```cpp
#include <fstream>
using namespace std;
ofstream dat("konstrDestr.txt", ios::out);
class Z {
public:
  Z(int a=9):w(a) {dat<<"+Z"<<w <<" ";}
  Z(const Z& z):w(z.w)
    {dat<<"+CZ"<<w<< " ";}
  ~Z() {dat << "-Z" << w << " ";}
private:
  int w;
};
void funk1() {
  Z z1(1), z2(2);
}
void funk2() {
  Z z1[3];
}
```

```cpp
void funk3() {
  Z* pz1 = new Z(4);
  Z* pz2 = new Z(5);
  delete pz1;
}
void funk4() {
  Z z1(4);
  Z z2(z1);
  Z* pz1 = new Z(z2);
  Z* pz2 = &z1;
  delete pz1;
}
int main() {
  dat << "f1: "; funk1();
  dat << "\nf2: "; funk2();
  dat << "\nf3: "; funk3();
  dat << "\nf4: "; funk4();
}
```

(./ADT/KonstrDestruktor/main.cpp)

**C++**  **Übung 8.4:** Implementieren Sie für die Klasse `A` eine minimale Standardschnittstelle, d.h. die folgenden Methoden und Operatoren:

- Standardkonstruktor,

- Destruktor,

- Kopierkonstruktor,

- Zuweisungsoperator und

- Vergleichsoperator.

```cpp
class A {
public:
  A(const char* nam="");
  ~A();
  A(const A& a);
  const A& operator= (const A& a);
  void print(ostream& str) const;
```

```cpp
private:
  char* name;
  int len1;
  friend bool operator==
    (const A& a1, const A& a2);
};
```

(./ADT/NiceClass/A.h)

Vergessen Sie nicht, geeignete Tests zu implementieren.

**C++**  **Übung 8.5:** Implementieren Sie die beiden Methoden `inIdDateiVorhanden` und `ausgabe` der Klasse `LogFunc`.

Zur Lösung der Aufgabe werden Sie die Klasse `LogFunc` um einige Attribute erweitern müssen. Eine einfachere Implementierung wird sich mit den in Abschn. 8.2.4 vorgestellten klassenglobalen Attributen und Methoden ergeben.

**C++**  **Übung 8.6:** Implementieren Sie die beiden Makros `LOG_METHOD` und `LOGTRACE_INIT` der *LogTrace*-Bibliothek.

**C++**  **Übung 8.7:** Implementieren Sie die beiden Makros `LOG_CONSTRUCTOR` und `LOG_DESTRUCTOR` der *LogTrace*-Bibliothek.

# 8.3 Generische Programmierung, 2. Teil

In Abschn. 2.4 haben wir die generische Programmierung am Beispiel von Schablonenfunktionen vorgestellt. Ganz entsprechend ist es möglich, sowohl in Java als auch in C++ generische Datentypen/Klassen zu implementieren.

## 8.3.1 Generische Datentypen

Wir zeigen die Implementierung eines generischen Datentyps am Beispiel eines Stapels (engl. *Stack*); siehe Listing 8.18.

Die Algorithmen des Datentyps `Stapel` brauchen unter Verwendung von Schablonenklassen somit nur einmal unabhängig vom tatsächlich zu speichernden Datentyp implementiert zu werden. Wie bei den typparametrisierten Funktionen wird wiederum anstelle eines konkreten Datentyps, z.B. `int`, ein Platzhalter, z.B. `T`, verwendet. Die Datenstruktur wird dann unter Verwendung des Platzhalter-Typs formuliert.

C++/Java 8.18: Schnittstelle der generischen Klasse `Stapel`

```cpp
template <typename T>
class Stapel{
private:
  T* data;
  int top, size;
public:
  Stapel (int si) {
    data = new T [si];
    size = si;
    top = 0;
  }
  ~ Stapel () {delete[] data;}
  void push  (T x) {
      data[top++]=x;
    }
  T   pop  () {return data[--top];}
  bool isEmpty () {return top==0;}
};
```

```java
public class Stapel<T> {
  T[] data;
  private int top, size;

  public Stapel(int s, T x) {
    data = (T[]) new Object[s];
    size = s; top = 0;
  }
  public void push(T x) {
    data[top++] = x;
  }
  public T pop() {
    return data[--top];
  }
  public boolean isEmpty () {
    return top == 0;
  }
}
```

(Poly/Stack/Stapel.h)                    (Poly/Stack/Stapel.java)

Beim Erzeugen einer Instanz der Klasse `Stapel` müssen wir nun genau festlegen, welche Typen im `Stapel` gespeichert werden sollen. Dieses wird in spitzen Klammern hinter dem Klassennamen angegeben; siehe Listing 8.19.

Für Java gilt, dass die aktuellen Parameter, die für den Platzhalter `T` eingesetzt werden, Referenztypen sein müssen, d.h. `int`, `double` etc. sind nicht möglich. Wir können diese Standardtypen jedoch zuvor in Referenztypen umwandeln, indem wir auf die Hüllklassen (*Wrapper*) `Integer`, `Double` etc. zurückgreifen, die wir im Abschn. 4.1.6 vorgestellt haben.

Die Implementierung der Schablonenmethoden erfolgt in C++ häufig direkt in der Header-Datei oder durch Einbinden der Quellcode-Datei per `#include`-Anweisung

C++/Java 8.19: Anwendungsprogramm zur generischen Klasse `Stapel`

```cpp
#include<iostream>
using namespace std;
#include"Stapel.h"

int main() {
  Stapel<double> s1(3);
  Stapel<int>* ps2 = new Stapel<int>(4);
  /*Stapel<Vorgang> s3(9); */

  for (int i=0; i<3; i++) {
    s1.push(i*2.5);
  }
  while ( ! s1.isEmpty() ) {
    cout << s1.pop() << " ";
  }
  // jetzt Syntaxfehler
  // string n="AB"; s1.push(n);
  /* . . . */
  delete ps2; //explizite Freigabe noetig
}
```

(Poly/Stack/DemoTemp.cpp)

```java
public class DemoTemp {
  public static void main(String[] args) {
    Stapel<Double> s1=new Stapel<Double>(3);
    Stapel<Integer> s2=new Stapel<Integer>(4);
    /*Stapel<Vorgang> s3 =
                new Stapel<Vorgang>(9);*/

    for (int i=0; i<3; i++) {
      Double d = i * 2.5; s1.push(d);
    }

    while ( ! s1.isEmpty() ) {
      System.out.print(s1.pop()+" ");
    }
    // jetzt Syntaxfehler
    // String n="AB"; s1.push(n);
    /* . . . */
    // keine expliziten Freigaben nötig
  }
}
```

(Poly/Stack/DemoTemp.java)

in die Header-Datei. Erfolgt die Definition der C++-Methoden nicht direkt in der Klasse, muss vor jeder Schablonenmethode wieder der Ausdruck `template <typename T>` stehen, um anzuzeigen, dass hier die Implementierung einer Schablonenmethode mit dem Platzhalter `T` erfolgt.

```cpp
template <typename T>
  void Stapel<T>::init(int si) { data = new T [si]; size = si; top = 0; }
template <typename T>
  void Stapel<T>::push(T x) { data[top++]=x; }
template <typename T>
  T Stapel<T>::pop() {return data[--top];}
/* ... */
```

## 8.3.2   Implementierung der generischen Datentypen

Auf den ersten Blick mögen die C++- und Java-Implementierungen für generische Datentypen noch fast gleich aussehen. Es gibt aber gravierende Unterschiede im Detail.

Grundsätzlich gibt es zwei Realisierungsmöglichkeiten von generischen Datentypen:

- Heterogene Variante: Für jeden `Stapel`-Typ (etwa `String`, `Vorgang`, `Netz`) wird individueller Code erzeugt, d.h. Code für drei Klassen.

- Homogene Übersetzung: Für jede parametrisierte Klasse `Stapel<T>` wird nur eine gemeinsame Klasse erzeugt, die statt des generischen Typs einen speziellen Typ, z.B. `Object`, einsetzt. Für einen konkreten Typ werden Typanpassungen (type cast) in die Anweisungen eingebaut.

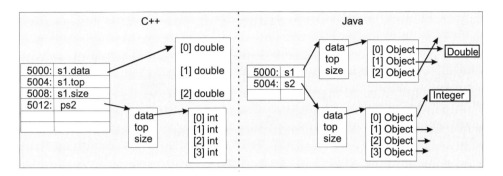

Bild 8.7: Speicherbelegung einer generischen Klasse auf dem Stack und Heap

Java nutzt die homogene Übersetzung, C++ die heterogene. Für unser Beispielprogramm aus Listing 8.19 wird dieser Sachverhalt im Bild 8.7 veranschaulicht.

Der Grund für die unterschiedlichen Ansätze liegt wieder in der Tatsache, dass in C++ Objekte sowohl auf dem Programm-Stack (s1) als auch auf dem Programm-Heap (ps2) angelegt werden können. Der Speicherplatz, den der Stapel belegt, hängt in C++ vom Typ des Schablonenparameters T ab. Sowohl der Aufruf new Stapel<T*>(4) als auch new Stapel<T>(4) erzeugen Objekte vom Typ Stapel mit den drei Attributen data, top und size. Allerdings wird im Fall von <T*> Speicherplatz für Referenzen auf T-Objekte erzeugt, während im Fall <T> direkt Speicherplatz für die T-Werte angelegt wird. Der Aufruf der Methode push überschreibt dann im ersten Fall die Zeiger, im zweiten Fall die Werte direkt. Je nach der Größe von T belegen Stapel<T> und Stapel<T*> unterschiedlich viel Speicher.

Da in Java für den generischen Datentyp T immer nur Referenzen zum Einsatz kommen, beschränken sich die Unterschiede zwischen zwei Stapeln von unterschiedlichem Typ T, etwa Stapel<Integer> und Stapel<Double>, nur auf den Typ der Referenzen: Das Array data enthält einmal Integer- und einmal Double-Referenzen, aber doch in beiden Fällen eben nur Referenzen. Aus Sicht des Speicherplatzbedarfs ist es gleichgültig, ob wir Referenzen auf Integer, Double oder auf ein beliebiges anderes Objekt speichern. Da sich die verschiedenen Stapel-Klassen also kaum unterscheiden, ist es wenig sinnvoll, hier jedes Mal eine neue Klasse zu erzeugen.

Als wichtiger Vorteil der generischen Datentypen verbleibt (in Java nur) ein Zugewinn an Typsicherheit. Bei einem generischen Stapel s für beliebige Objekte (Java: Object) oder Referenzen (C++: void*) würden wir s.pop() auf den erwarteten Typ T bzw. T* zur Laufzeit casten müssen. Dieser Type-Cast führt zu einem Laufzeit-Fehler, wenn wir an irgendeiner Stelle zuvor versehentlich eine Variable eines anderen Typs auf den Stapel geschoben haben. Durch die Verwendung der typsicheren Variante Stapel<T> kann uns der Compiler noch vor der Programmausführung auf diese unsachgemäße Verwendung hinweisen. Wir gehen hierauf noch näher im Zusammenhang mit dem dynamischen Binden im Abschn. 9.3.6 ein. Dort ist die Prüfung erst zur Laufzeit möglich.

# 8.4    Ausnahmebehandlung, 2. Teil

Im Abschn. 6.3.2 haben wir Ausnahmen als eine fortgeschrittene Programmiertechnik zur Fehlerbehandlung in Anwendungen kennengelernt. Diese Thematik werden wir nun insbesondere im Zusammenhang mit Klassen und der Freigabe von Instanzen auf dem Programm-Stack und -Heap vertiefen (Abschn. 8.4.1).

**Stack Unwinding:**   Beim *normalen* Verlassen einer Funktion, z.B. über eine return-Anweisung, werden automatisch die Variablen freigegeben, die auf dem Stack verwaltet werden (alle lokalen Variablen). Das Gleiche geschieht auch beim Verlassen einer Funktion über eine throw-Anweisung, d.h. **der Programm-Stack wird abgebaut** (engl.: *stack unwinding*). Handelt es sich bei den Variablen um Instanzen von Klassen (nur in C++ möglich, weil in Java nur Referenzen auf die Objekte im Stack stehen), wird deren Destruktor automatisch aufgerufen.

In der Funktion f wird im folgenden Codeausschnitt ein Objekt a der Klasse A vereinbart. Sowohl beim *normalen* Ausstieg über return als auch beim *Notausstieg* über throw wird der zugehörige Destruktor aufgerufen, bzw. der Java-Garbage Collector gibt den Speicher wieder frei.

```
double f(double z) {
  A a;

  . . .
  if (z < 0.0) throw X(z);

  . . .
  return sqrt(z);
}

void call_f() {
  while (1){
    try { ... y = g(x); ... }
    catch (X& x) { . . . }
  }
}
```

```
double f(double z) {
  A a = new A();

  . . .
  if (z < 0.0) throw X(z);

  . . .
  return sqrt(z);
}

void call_f() {
  while (1){
    try { ... y = g(x); ... }
    catch (X x) { . . . }
  }
}
```

In anderen Fällen sind wir oft selbst für die Freigabe von Ressourcen, die wir nur innerhalb der Funktion benötigen, verantwortlich. Üblicherweise befinden sich solche *Aufräumarbeiten* am Ende der Funktion. Wird die Funktion über eine throw-Anweisung frühzeitig verlassen, wird der Aufräumcode nie ausgeführt, wodurch Ressourcenlecks entstehen können. Um die Problematik von Lecks und inkonsistenten Zuständen kümmern wir uns in Abschn. 8.4.2 und 8.4.3.

## 8.4.1    Ausnahmen weiterleiten

**Fehler oder Ausnahme?**   Wann werfen wir eine Ausnahme? Zumindest eines ist sicher: Ausnahmen zur Laufzeit sind ein teures Instrument. Wenn wir mit a[i] auf ein Array-Element mit ungültigem Index i zugreifen, wird in Java eine Ausnahme geworfen. Das Erzeugen und Abfangen der Ausnahme ist etwa tausend Mal teurer als die explizite Kontrolle durch eine Anweisung der Art if (i<a.length) a[i]=... Wenn

Fehler selten sind, dann schlägt der hohe Aufwand kaum zu Buche. Für vermeidbare Situationen sollten Ausnahmemechanismen jedoch nicht missbraucht werden.

Lohnt es sich, auf alle möglichen Ausnahmen zu reagieren? Vielfach nicht, denn wie sollte eine geeignete Reaktion auf eine Bereichsüberschreitung bei `a[i]` aussehen? Hier handelt es sich offenbar um eine Situation, die der Programmierer nicht berücksichtigt oder falsch umgesetzt hat. Wir können die Ausführung nicht mehr retten, die Ausnahme allenfalls nutzen, um einen Fehlerreport anzustoßen. Anders sieht es aus, wenn z.B. Datei-Ein/Ausgabe im Spiel ist. Dann kann die vom Benutzer angegebene Datei nicht gefunden werden, die Festplatte voll sein etc. Im Gegensatz zur Situation vorher liegt kein Programmierfehler (ohne Chance auf Korrektur) vor, sondern die Situation kann durch Umbenennung oder Löschen von Dateien gerettet werden. Hier ist eine echte Ausnahmebehandlung möglich. Java unterscheidet infolgedessen zwei Arten von Ausnahmen. Ausnahmen ohne Chance auf Fortsetzung des Programms (z.B. bei Programmierfehlern) werden *RuntimeException* genannt; sie können nicht behandelt werden und müssen daher auch nicht über `catch`-Klauseln gefangen werden. *Normale* Ausnahmen (*Exception*) benutzt man hingegen als Instrument, um den Entwickler auf vorhersehbare Fehlersituationen hinzuweisen. Ihre Behandlung erzwingt Java, indem der Compiler das Fehlen einer entsprechenden `catch`-Klausel bemängelt. Der Java-Entwickler hat dann zwei Möglichkeiten: Entweder er entschließt sich für die Behandlung der Ausnahme und fügt einen `catch`-Block ein, oder er *leitet die Ausnahme weiter* an den Aufrufer, damit er sich darum kümmert. Diese Weiterleitung muss im Funktionskopf angezeigt werden, damit der Aufrufer darauf hingewiesen wird, welche Probleme er (und weitere Aufrufer) behandeln müssen (siehe Funktion `h` im folgenden Listing 8.20).

**Java**

Das Listing 8.20 demonstriert das Aufräumen des Programm-Stacks und das Überspringen von Ebenen an einem Beispiel. Die Java-Ausnahmeobjektklassen `DThrow` und `StrThrow` sind als *RuntimeException* bzw. *Exception* entsprechend dem folgenden Listing implementiert:

```
class DThrow extends RuntimeException{          class StrThrow extends Exception{
    public double val;                              public String val;
    public DThrow(double v) {val = v;}              public StrThrow(String v) {val = v;}
};                                              };
```

In den drei Funktionen `f`, `g` und `h` wird jeweils ein Objekt der Klasse `A` angelegt, dessen C++-Konstruktor bzw. -Destruktor die Ausgabe +A bzw. -A erzeugen. Da es sich in Java bei `DThrow` um eine *RuntimeException* handelt, muss die Tatsache, dass die Funktionen `f` und `g` eine solche Ausnahme werfen, nicht explizit im Funktionskopf angegeben werden. In der Funktion `h` wird diese Ausnahme gefangen und als eine Ausnahme des Typs `StrThrow` neu geworfen. Da `StrThrow` eine normale *Exception* darstellt, die in `h` aber nicht behandelt wird, muss die Funktion im Kopf den Zusatz `throws StrThrow` tragen. Im Hauptprogramm `main` würde der Compiler das Fehlen des `catch (StrThrow str)`-Blocks bemängeln.

Die Ausgabe des Programms demonstriert im Fall von C++, dass auch bei der Eingabe eines fehlerhaften Wertes, die dann zur Erzeugung eines Fehlerobjekts beim

C++/Java 8.20: Fehlerbehandlung, Aufräumen des Programm-Stacks

```cpp
#include <iostream>
#include <cmath>
using namespace std;


class A {
  public:
    A() {cout << "+A "; }
    ~A() {cout << "-A "; }
};

double f(double z) {
  A a;
  if (z < 0.0) throw double(z);
  return sqrt(z);
}
double g(double z) {
  A a;
  return f(z);
}
double h(double z) {
  A a;
  try { g(z); }
  catch (double z) {
      if (z<0.0) throw "negativ";
      else throw "???";
      }
  return f(z);
}

int main() {
  try {
      double y = h(25);
      cout << endl << "h(25) = "<<y<<endl;

      y = h(-25);
      cout << endl << "h(-25) = "<<y<<endl;
      }
  catch (char* string) {
      cout << endl << string << endl;
      }
  cout << "Programmende" << endl;return 0;
}
```

(Poly/exception/e1.cpp)

```java
class A {
  public A() {System.out.println("+A ");}
};

public class E1 {
  public static double f(double z)
  {
  A a = new A();
  if (z < 0.0) throw new DThrow(z);
  return Math.sqrt(z);
  }
  public static double g(double z)
  {
  A a = new A();
  return f(z);
  }
  public static double h(double z)
              throws StrThrow {
  A a = new A();
  try { g(z); }
  catch (DThrow dt) {
      if (dt.val<0.0)
      throw new StrThrow("negativ");
      else throw new StrThrow("???");
      }
  return f(z);
  }

  public static void main(String args[])
  {
  try {
      double y = h(25);
      System.out.println("h(25) = " + y);
      y = h(-25);
      System.out.println("h(-25)=" +y+"\n");
      }
  catch (StrThrow str) {
      System.out.println("\n" + str.val);
      }
  System.out.println("Programmende");
  }
}
```

(Poly/exception/E1.java)

Aufruf in der Funktion f führt, in jeder der drei Funktionen der Destruktor aufgerufen wird:

```
+A +A +A -A -A +A -A -A
h(25) = 5
+A +A +A -A -A -A
negativ
Programmende
```

Im entsprechenden Java-Programm werden keine Destruktoren aufgerufen, sondern es ist Aufgabe des Garbage Collectors, den nicht mehr benötigten Speicher auf dem Heap irgendwann freizugeben.

Die Ausgaben sind entsprechend:

```
+A +A +A +A
h(25) = 5
+A +A +A
negativ
Programmende
```

Bild 8.8 stellt den Kontrollfluss des C++-Programms aus Listing 8.20 grafisch dar, und zwar im linken Teil für den Fall, dass kein Ausnahmeobjekt erzeugt wird, im rechten Teil für den Fall, dass die Funktion f mit einem negativen Argument aufgerufen wird und dass sie infolgedessen ein Ausnahmeobjekt generiert. In Java kann für die Beispielanwendung in Listing 8.20 nicht eindeutig angegeben werden, wie viele Instanzen von A jeweils vorliegen, weil nicht bekannt ist, wann der Garbage Collector jeweils den nicht mehr benötigten Speicher auf dem Heap freigibt.

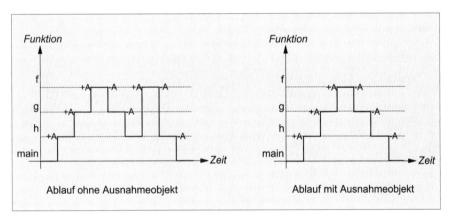

Bild 8.8: Ablauf ohne und mit Erzeugen eines Ausnahmeobjektes

## 8.4.2 Verhinderung von Ressourcen-Lecks

Ressourcen wie Speicher, Datei-Handler, Datenbank- oder Netzwerk-Verbindungen sind nur begrenzt verfügbar und damit nach Gebrauch (für andere Anwendungen) wieder freizugeben (für Speicheranforderungen siehe Abschn. 4.1). Eine solche Situation sehen wir auf der linken Seite im Listing 8.21.

Ressourcen A und B werden nach Gebrauch durch Operation C wieder freigegeben. Da in Operation C zwei verschiedene Ausnahmesituationen X und Y auftreten können, ist der Quelltext mit try/catch umschlossen. Dabei ergibt sich folgende Problematik: Die Ausführung des try-Blocks wird im Ausnahmefall abgebrochen, d.h. der Programmfluss erreicht den Code zur Ressourcen-Freigabe gar nicht erst.

Java 8.21: Betriebsmittelverwaltung mit und ohne `finally`

```
int f(...) {
  try {
    Ressource A beanspruchen
    Ressource B beanspruchen
    Operation C
    Ressource B freigeben
    Ressource A freigeben
  }
  catch (AusnahmeSituationX e) {
    throw new OperationGescheitert("X");
  }
  catch (AusnahmeSituationY e) {
    return 0; //bei Fehler Y ist 0 das Ergebnis
  }
  Weitere Operationen D
  return ergebnis;
}
```

(ADT/finally.sht)

```
int f(...) {
  try {
    Ressource A beanspruchen
    Ressource B beanspruchen
    Operation C
  }
  catch (AusnahmeSituationX e) {
    throw new OperationGescheitert("X");
  }
  catch (AusnahmeSituationY e) {
    return 0; // 0 muss dann Ergebnis sein
  }
  finally {
    Ressource B freigeben
    Ressource A freigeben
  }
  Weitere Operationen D
  return ergebnis;
}
```

Um sicherzustellen, dass die Ressourcen A und B stets freigegeben werden, muss die Freigabe drei Mal codiert werden: einmal wie im linken Teil in Listing 8.21 für den fehlerfreien Durchlauf sowie einmal für jede Ausnahmesituation (Kopie der beiden Freigaben am Anfang jedes `catch`-Blocks einfügen). Da diese Code-Duplikation etwas lästig und fehleranfällig ist, bietet Java hier das Schlüsselwort **finally**, das hinter dem Ende des letzten `catch`-Blocks angefügt werden kann. Die Ausführung dieses Blocks erfolgt garantiert, d.h. im Fehlerfall wie im Erfolgsfall und auch beim Weiterleiten einer Ausnahme (`throw new OperationGescheitert(..)`) oder beim Verlassen des Blocks durch `return`, `break` oder `continue`.

### Die STL-Klasse `auto_ptr`

**C++**

In C++ gibt es das Schlüsselwort `finally` oder etwas Vergleichbares nicht. Man kann sich jedoch bei der Speicherfreigabe mit intelligenten Zeigern behelfen.

Im C++-Standardbibliotheks-Modul `memory` gibt es eine Schablonenklasse `auto_ptr`, die im folgenden Beispiel einen *intelligenten* Zeiger (engl. *smart pointer*) auf ein `ifstream`-Objekt erzeugt, das beim Verlassen der Funktion durch Aufruf seines Destruktors wieder an den Programm-Heap zurückgegeben wird. Entsprechende Zeiger werden auch **Auto-Zeiger** oder **auto pointer** genannt.

```
#include<memory>
using namespace std;
  . . .
  void f(...) {
    auto_ptr<ifstream> input = new ifstream("xxxx");

    . . .
    if (...) throw Error();
    . . .
  }
```

Auto-Zeiger sind selbst definierte Zeiger, die wie „normale" Zeiger verwendet werden können, aber mit zusätzlichen Fähigkeiten ausgestattet sind. Einen Ausschnitt aus einer möglichen Implementierung aus der C++-Standardbibliothek mit einer kleinen Anwendung zeigt das folgende Listing:

```
template<class T> class auto_ptr {
    T* ptr;
  public:
    auto_ptr (T* p=0) : ptr(p) {}
    ~ auto_ptr ()  { delete ptr; }
};
void f() {
  auto_ptr <Vorgang> pv = new Vorgang;  // Aufruf des Konstruktors
  . . .
}                              // Aufruf des Destruktors
```

In diesem Beispiel, das nur das Prinzip zeigt, wird eine Instanz px vom Typ auto_ptr erzeugt und über den Konstruktor so initialisiert, dass sein interner Zeiger ptr auf einen Vorgang zeigt. Das Besondere daran ist, dass beim Verlassen des Gültigkeitsbereiches von px automatisch sein Destruktor (d.h. der Destruktor der Klasse auto_ptr) aufgerufen und über dessen delete der Speicherbereich im Heap freigegeben wird. Damit ist es nicht mehr erforderlich, selbst verwalteten Heap-Speicher explizit mit delete wieder freizugeben, sondern der intelligente Zeiger enthält einen kleinen *Garbage Collector*.

Um mit solchen Auto-Zeigern ähnlich wie mit normalen Zeigern arbeiten zu können, stellt die STL-Implementierung von auto_ptr den Kopierkonstruktor, den Zuweisungsoperator, den Dereferenzierungsoperator und den für den Komponentenzugriff geeigneten Operator (->) zur Verfügung. Listing 8.22 zeigt eine Anwendung der intelligenten Zeiger.

C++ 8.22: Anwendung der Klasse auto_ptr

```
#include <iostream>              void f() {
#include <cstdlib>                 X *pa       = new X;
#include <memory>                  auto_ptr<X> pb(new X);
using namespace std;              auto_ptr<X> pc;

struct X {                         pa->x = 123; cout << pa->x << " ";
  int x;                           pb->x = 321; cout << pb->x << " ";
  X() { cout << "+A "; }           pc = pb;  cout << pc->x << " ";
  ~X() { cout << "-A "; }        }
};                               int main() { f(); return 0;}
```
(Poly/AutoPtr/demo1.cpp)

An der Ausgabe des Programms

    +A +A 123 321 321 -A

erkennt man, dass der Destruktor des an den intelligenten Zeiger pb gebundenen Objektes aufgerufen wird, der Destruktor des an den normalen Zeiger pa gebundenen Objektes hingegen nicht.

Die Implementierung von Kopierkonstruktor und Zuweisungsoperator erfolgt so, dass jeweils der *Zielzeiger* an das betreffende Objekt gebunden wird und der *Quellenzeiger* den Wert NULL erhält. Damit geht das Objekt in den Besitz des neuen intelligenten Zeigers über, denn es darf nur einen Besitzer haben, der dann auch für die Freigabe des Objektes zuständig ist.

Leider verursacht dieses Verhalten des Kopierkonstruktors eine unangenehme Nebenwirkung:

```
void f1(auto_ptr<X> p) {}
void f2(auto_ptr<X>& p) {}
. . .
auto_ptr<X> pa(new X);
auto_ptr<X> pb(new X);
f1(pa);
f2(pb);
cout << pa->x;      // Fehler: pa == NULL !!!
cout << pb->x;      // korrekt
```

Wenn ein Auto-Zeiger per Wert an eine Funktion übergeben wird, erfolgt die Übergabe durch den Aufruf des Kopierkonstruktors, und das bewirkt, dass der übergebene Zeiger vom Objekt getrennt (d.h. auf den Wert NULL gesetzt) wird! Daraus folgt ganz allgemein:

**Tipp**
- auto_ptr-Objekte sollten per Referenz übergeben werden!

- Entsprechend werden auto_ptr-Objekte als Werte aus Funktionen zurückgegeben.

Sind andere Betriebsmittel als Heap-Speicherbereiche zu verwalten, kann entsprechend verfahren werden: Es wird eine separate Klasse für die Betriebsmittelverwaltung erstellt. Der Konstruktor der Klasse belegt das Betriebsmittel, und der Destruktor gibt es frei. Der Destruktor wird vor jedem Verlassen der Funktion aufgerufen, unabhängig davon, ob aufgrund einer normalen return-Anweisung oder aufgrund einer Ausnahme. Wir haben diese Technik bereits bei der Implementierung der *Log-Trace*-Funktionalität (Abschn. 8.2.6) angewendet.

Eine Alternative zur Klasse auto_ptr sind referenzzählende, intelligente Zeiger, d.h. Zeiger, die Buch darüber führen, wie viele Objekte auf eine bestimmte Ressource verweisen und die automatisch die Ressource löschen, wenn kein Objekt mehr auf die Ressource verweist. In der in TR1 (Technical Report 1) beschriebenen Erweiterung von C++ stellt die Klasse tr1::shared_ptr diese Funktionalität zur Verfügung.

```
{
tr1::shared_ptr<X> p1(new X); // Objekt X1
tr1::shared_ptr<X> p2;
p2 = p1; // 2 Zeiger zeigen auf X1
tr1::shared_ptr<X> p3(new X); // Objekt X3
p3 = p2; // X3 wird wieder freigegeben; 3 Referenzen auf X1
}
// X1 kann nun auch freigegeben werden.
```

Im Unterschied zum eingebauten Garbage Collector unterstützt die Klasse tr1::shared_ptr aber keine zyklischen Strukturen. Bei referenzzählenden, intelligenten Zeigern ist es somit möglich, dass die Referenzzähler einiger Objekte noch größer Null sind, obwohl die Ressourcen von außen schon nicht mehr erreichbar sind. Hier bietet TR1 mit der Klasse tr1::weak_ptr nun ebenfalls Unterstützung an, siehe z.B. [39] für weitere Details.

### 8.4.3  Ausnahmesicherer Code

Wir haben bereits gesehen, dass nicht in jedem Fall ein Fehler sinnvoll behandelt werden kann. Wenn dem Erzeugen einer Ausnahme doch nur der Programmabbruch folgt, dann helfen Ausnahmen nicht unbedingt weiter. Die Alternative sind *robuste Programme*, die fehlerfrei arbeiten, solange sie laufen, und beim Auftreten eines Fehlers mit einem entsprechenden Hinweis abbrechen.

Beim Entwurf von Bibliotheksmodulen oder anderen wiederverwendbaren Software-Bausteinen ist die spätere Verwendung breit gefächert. Hier kann es sinnvoll sein, alle Fehlermöglichkeiten durch die Generierung von Fehlerobjekten abzudecken, denn das Erzeugen von Ausnahmeobjekten ist viel einfacher als eine detaillierte Ausnahmebehandlung.

Bei der Verwendung von Modulen, die mit der Erzeugung von Ausnahmeobjekten reichlich ausgestattet sind, kann im einfachsten Fall auf eine Behandlung verzichtet werden; dann wird das Programm im Fehlerfalle beendet.

Die nächste Ebene kann eine Fehlerdiagnose auf der obersten Programmebene sein, damit lässt sich in etwa das Gleiche erreichen wie bei der Verwendung von **assert**-Makros (siehe Abschn. 6.1.1).

Die von C++ und Java bereitgestellten Sprachunterstützungen für die Ausnahmebehandlung sind kompakt und universell einsetzbar, beinhalten aber zumindest in C++ kein konsistentes Anwendungskonzept. Während in Java alle Bibliotheken konsistent Ausnahmen nutzen, verwenden einige zum C++-Standard gehörende Bibliotheken das Konzept der Ausnahmebehandlung sehr intensiv (Beispiel: Strings), andere wieder gar nicht oder wenig (Beispiel: Standard Template Library).

Es sollten zumindest die folgenden Regeln beim Werfen und Weiterleiten von Ausnahmeobjekten beachtet werden:

- Ressourcen-Lecks müssen vermieden werden.                              **Tipp**

- Datenstrukturen dürfen durch eine Ausnahme nicht in einem inkonsistenten Zustand zurückgelassen werden.

Mit Möglichkeiten zur Verhinderung von Ressourcen-Lecks haben wir uns insbesondere für C++ im Abschn. 8.4.2 ausführlich befasst. Die Verhinderung eines inkonsistenten Zustands soll das folgende Beispiel illustrieren.

```
class Netz {
    Vorgang* ersterVorgang;
    string nameErster;
    /* ...*/
};

void Netz::neuerErster(string n) {
    delete ersterVorgang;
    nameErster = n;
    ersterVorgang = new Vorgang(n,...);
    /* ...*/
}
```

```
class Netz {
    Vorgang ersterVorgang;
    String nameErster;
    /* ...*/

void neuerErster(String n) {
    nameErster = n;
    ersterVorgang = new Vorgang(n,...);
    /* ...*/
    }
};
```

Wenn in dem Beispiel beim Aufruf von `new` oder im anschließend aufgerufenen Konstruktor eine Ausnahme geworfen wird, liegt das `Netz` in einem inkonsistenten Zustand vor. In C++ verweist das Attribut `nameErster` auf einen nicht mehr existierenden `Vorgang`. Außerdem wurde der Name bereits gesetzt, obwohl der Zeiger auf einen `Vorgang` noch gar nicht erfolgreich angepasst wurde.

Ausnahmesichere Funktionen sollten daher genau eine der folgenden Garantien bieten:

- In der Funktion wird direkt oder indirekt keine Ausnahme geworfen (sog. *nothrow-Garantie*).

- Beim Erzeugen oder Weitergeben eines Ausnahmeobjektes muss dafür gesorgt werden, das betroffene Objekt in dem Zustand zu verlassen, der beim Einstieg in die Funktion (Ausgangszustand) vorlag (sog. *starke Garantie*).

- Wenn trotz Werfens einer Ausnahme die *starke Garantie* nicht möglich oder nicht gewollt ist, sollte das Objekt zumindest in einem konsistenten Zustand verlassen werden, d.h. in einem Zustand, der einem definierten Wert des Objektes entspricht (sog. *Basisgarantie*).

In unserem Beispiel können wir durch einfaches Umstellen der Anweisungen sogar die starke Garantie erfüllen:

```
void Netz::neuerErster(string n) {
    Vorgang* tmp = new Vorgang(n,...);
    Vorgang* alt = ersterVorgang;
    ersterVorgang = tmp;
    nameErster = n;
    delete alt;
    /* ...*/
}
```

```
void neuerErster(String n) {
    Vorgang tmp = new Vorgang(n,...);

    ersterVorgang = tmp;
    nameErster = n;
    // Garbage Collector räumt auf
    /* ...*/
}
```

Allgemein spricht man hier von der *Kopiere-Und-Tausche-Strategie* (engl. *copy-and-swap*). Es wird in der Funktion, die ausfallsicher implementiert werden soll, zunächst eine Kopie der zu verändernden Objekte erstellt. Die Kopien werden dann manipuliert. Erst wenn das erfolgreich war, werden die Kopien gegen die Originale ausgetauscht (swap). Allerdings ist die Strategie nicht unbedingt sehr effizient, da immer Kopien erstellt werden müssen, die im Erfolgsfall überflüssig sind.

Aber auch die *copy-and-swap*-Stategie kann im allgemeinen Fall keine Ausnahmesicherheit garantieren, wie das folgende Beispiel zeigt:

```
void funktion() {
    ...         // Kopie des lokalen Zustands erstellen
    f1();
    f2();
    ...         // swap durchführen
}
```

Hier bestimmt wieder einmal der langsamste Waggon die Geschwindigkeit des gesamten Zuges. Wenn `f1` oder `f2` keine starke Garantie für Ausnahmesicherheit bieten können, muss `funktion` vor Ausführung von `f1` zunächst eine Kopie aller Variablen erstellen, die in `f1` direkt oder indirekt verändert werden können (entsprechend für f2). Dies ist im allgemeinen Fall kaum möglich, da dann `funktion` alle aufgerufenen Funktionen nachbilden müsste. Aber selbst wenn sowohl `f1` als auch `f2` eine starke Garantie bieten sollten, ist damit immer noch nichts gewonnen. Nehmen wir an, `f1` wird ohne Ausnahme ausgeführt und bei Ausführung von `f2` wird eine Ausnahme geworfen. Dann ist der Zustand durch Ausführung von `f1` nun nicht mehr der gleiche wie zu Beginn der Funktion, selbst dann nicht, wenn `f2` überhaupt keine Änderungen durchgeführt hätte.

Daher wird man sich häufig damit begnügen müssen, dass Funktionen nur die Basisgarantie bieten können, d.h. sie hinterlassen die Objekte zumindest in konsistenten Zuständen. Welche nun genau vorliegen, muss der Aufrufer selbst bestimmen. Ein inkonsistenter Zustand eines `Stapel`-Objektes liegt z.B. vor, wenn in der Funktion `push` der Zähler erhöht, aber kein entsprechendes neues Element abgelegt wurde.

# 8.5   Zusammenfassung

Wir haben in diesem Kapitel gesehen, wie wir das Konzept der abstrakten Datentypen umsetzen können – und zwar *von Hand* in einer prozeduralen Sprache (C) und in einer objektorientierten Sprache (C++ oder Java). Beim Übergang in die objektorientierten Sprachen hat unsere prozedurale Version folgende Änderungen erfahren:

- Statt `struct Vorgang` benutzen wir nun `class Vorgang` und können die Sichtbarkeit von Methoden und Attributen in drei Stufen steuern.

- Weil wir einen abstrakten Datentyp anstreben, sind nur Methoden der Schnittstelle öffentlich, alle Attribute sind privat.

- Das erste Argument unserer Schnittstellenfunktionen wird jeweils vom Compiler *eingefügt* und taucht in der Deklaration nicht mehr auf. Im Aufruf der Methoden wandert dieses erste Argument der Funktion *vor* die Methode. Das Argument ist aber weiterhin unter dem Namen `this` vorhanden.

- An die Stelle der `erzeuge...()`-Funktionen treten die Konstruktoren.

- Globale Variablen und Funktionen werden als statische Klassenattribute und -methoden umgesetzt. In unserer Netzplanung ist die Konstante `MAX` ein Beispiel für eine globale Variable, die sich als statisches Attribut der Netz-Klasse zuordnen lässt.

Die ersten Errungenschaften von Klassen haben bereits Auswirkungen auf unser Wissen zu Ausnahmen gehabt. Da Klassen als abstrakte Datentypen für die Konsistenz der verwalteten Daten zuständig sind, müssen wir bei Ausnahmen besondere Sorgfalt walten lassen, um die Objekte nicht unbedacht für jede weitere Verwendung unbrauchbar zu hinterlassen. Dabei sollte eine von drei Arten der Ausfallsicherheit vorliegen: Entweder es wird überhaupt kein Ausnahmeobjekt geworfen (nothrow-Garantie), oder die Objekte werden so hinterlassen, als ob die Methode gar nicht aufgerufen worden wäre (starke Garantie), oder die Objekte werden zumindest in einem konsistenten Zustand hinterlassen (Basis-Garantie).

# Kapitel 9

# Vielgestaltigkeit (Polymorphie)

Nach der Einführung abstrakter Datentypen in Form von Klassen im letzten Kapitel wird uns in diesem Kapitel die Möglichkeit beschäftigen, dieselbe Schnittstelle auf unterschiedliche Weise zu implementieren. Am Ende wird es uns gelingen, unterschiedliche Implementierungen parallel zu benutzen, ohne dass der Anwender von dieser Vielfalt (Vielgestaltigkeit) etwas mitbekommt. Wie schon im letzten Kapitel werden wir uns zunächst damit beschäftigen, wie wir dieses Ziel mit prozeduralen Sprachmitteln erreichen können. Damit haben wir gleichzeitig ein Modell für die Abläufe in objektorientierten Sprachen, wodurch deren Verständnis erleichtert wird.

## 9.1  Statische Bindung

Wir haben im letzten Kapitel den Nutzen von Schnittstellen erkannt und als einen Vorteil ihrer Verwendung die erleichterte Austauschbarkeit von verschiedenen Implementierungen der gleichen Schnittstelle erkannt. Ist es denn so wahrscheinlich, dass wir mehrere Implementierungsvarianten vorliegen haben, die wir hinter derselben Schnittstelle *verstecken* können? Oder bezieht sich dieses Szenario eher auf die Wartung und Pflege von Software-Systemen?

Ein Paradebeispiel für die mehrfache Implementierung derselben Konzepte bietet die Welt der Container-Datentypen. Unter Container-Datentypen versteht man Datenstrukturen, die mehrere andere Daten (gleichen Typs) aufnehmen. Diese werden oftmals als Array, verkettete Liste, binärer Suchbaum, AVL-Baum etc. ausgelegt. Jede dieser Datenstrukturen kann dann für den Einsatz in einer konkreten Anwendung noch speziell optimiert werden. Hätte jede dieser Varianten eine andere Schnittstelle, so hätte die Entscheidung des Entwicklers für eine Realisierung große Tragweite für das ganze Projekt, eine nachträgliche Änderung wäre aufwändig. Kapseln wir die unterschiedlichen Datenstrukturen wie Bit-Menge, Liste, Suchbaum, Hash-Tabelle usw. aber unter einer einheitlichen Schnittstelle, etwa dem Konzept der Menge im mathematischen Sinn, kann der Entwickler mit irgendeiner Realisierung des abstrakten Datentyps beginnen. Ändern sich die Anforderungen der Applikation, lässt sich dank vereinheitlichter Schnittstelle die verwendete Datenstruktur austauschen.

Wie geht das praktisch? In einer Header-Datei wird (getrennt von der Realisierung) nur die Schnittstelle hinterlegt, etwa wie im folgenden Listing die Schnittstelle für das Laden und Speichern von Netzplänen unter einer Nummer. In verschiedenen Source-Dateien wird dieselbe Schnittstelle mehrfach implementiert. Nehmen wir an, wir haben eine operative Variante (Quellcode-Datei `loadDB`), in der die Netze aus einer Datenbank gelesen werden, sowie für Debugging-Zwecke eine Test-Variante (Quellcode-Datei `loadFile`), in der die Netze aus einer Datei gelesen werden. Beide Implementierungen beziehen sich auf dieselbe Header-Datei. Alle Varianten werden getrennt compiliert, und erst beim Linken wird entschieden, welche Objekt-Datei an die verbleibenden Dateien gebunden wird. Ein Aufruf von `make appDB` linkt die Objektdateien für den Datenbank-Zugriff, ein Aufruf von `make appFile` linkt die Objektdateien für den Datei-Zugriff.

```
#include "load.h"

int main() {
  Netz *n = erzeugeNetz(0,100);

  /* Laden eines Netzes */
  load(n,0);
  /* Verarbeitung ... */
  plane(n);
  /* Speichern eines Netzes */
  save(n,0);

  return 0;
}
```

```
/**
 * @brief Laden/Speichern von Netzen
 */

#ifndef LOAD_HEADER
#define LOAD_HEADER

#include "Netz.h"

void load(Netz *n, int id);
void save(Netz *n, int id);

#endif
```

Listing 9.1: Makefile

```
NetzObj=../v4-adt/Netzplanung.o
loadDB.o : load.h loadDB.c
        cc -c loadDB.c -o loadDB.o

loadFile.o : load.h loadFile.c
        cc -c loadFile.c -o loadFile.o

main.o : main.c
        cc -c main.c -o main.o
```
(netzplanung/statbind/Makefile.in)

```
appDB : main.o $(NetzObj) loadDB.o
        cc main.o $(NetzObj) \
             loadDB.o -o appDB

appFile : main.o $(NetzObj) loadFile.o
        cc main.o $(NetzObj) \
             loadFile.o -o appFile

clean :
        rm *.o *~ appDB appFile
```

Man spricht in diesem Beispiel von *statischer Bindung*, weil zur Compile-Zeit bestimmt wird, welche Implementierung benutzt wird. Eine gleichzeitige Verwendung *beider* Realisierungen im gleichen Programm an verschiedenen Stellen ist bei dieser Vorgehensweise aber nicht möglich (weil ein Namenskonflikt auftritt). Noch weniger ist es möglich, die gleiche Stelle, d.h. eine bestimmte Funktion im selben Programmdurchlauf, mal mit der einen und mal mit der anderen Realisierung aufzurufen. In diesem Fall müsste *dynamisch* entschieden werden, welche Funktion jeweils aufzurufen ist. Diesen Zustand zu erreichen, ist das Ziel des folgenden Abschnitts.

# 9.2  Dynamische Bindung

In Anwendungen kann es durchaus vorkommen, dass in verschiedenen Kontexten verschiedene Implementierungen desselben Datentyps oder Algorithmus vorteilhaft sind. So könnte es bei unserer Netzplanung einen Transportvorgang geben, der durch die Anzahl der Teile, die einfache Transportdauer und die maximale Anzahl von Teilen pro Transport charakterisiert wird. Abhängig von diesen Größen ergibt sich die Dauer des Vorgangs. An anderer Stelle haben wir einen Produktionsvorgang, bei dem ein bestimmtes Produkt in einer bestimmten Menge gefertigt wird. Hier ergibt sich die Vorgangsdauer aus Umrüstzeiten und dem Produkt aus Anzahl und Produktionsdauer für ein Teil. Beides sind Vorgänge im Sinne unseres abstrakten Datentyps Vorgang. Dennoch benötigen wir unterschiedliche Implementierungen für Transport- und Produktionsvorgänge, weil andere Attribute gespeichert werden müssen und sich die Vorgangsdauer unterschiedlich errechnet.

Für die Netzplanung ist es völlig unerheblich, um welche Art von Vorgang es sich handelt, es reicht zu wissen, dass es sich um Vorgänge handelt und für sie eine Dauer vorliegt (die über getDauer abzufragen ist). Dies ist ein Beispiel, bei dem wir beide Vorgänge gleichzeitig in unserer Anwendung benutzen wollen. Mit statischer Bindung können wir hier nichts erreichen. Wir wollen wieder unsere prozedurale Version der Netzplanung um diesen Fall erweitern, um zu verstehen, wie eine Lösung aussehen kann – und damit auch zu verstehen, wie dynamische Bindung in objektorientierten Sprachen funktioniert. Zunächst gehen wir von zwei Strukturen für die beiden Vorgänge und den verschiedenen getDauer-Implementierungen aus (vgl. Listing 9.2).

C/C++ 9.2: Überladen von getDauer

```
typedef struct {                          typedef struct {
  int menge; // Anzahl                      double ruestzeit;
  int maxperweg; // Anzahl pro Transport     double dauerprostueck;
  double wegeinmal; // Dauer fuer einen Weg  int menge; // Anzahl zu produz. Teile
} TransportVorgang;                        } ProduktionsVorgang;

double getDauer(TransportVorgang* tv) {    double getDauer(ProduktionsVorgang* pv) {
  return (int)                               return pv->ruestzeit
    ((tv->menge-0.5)/tv->maxperweg + 1)         + pv->menge * pv->dauerprostueck;
    * tv->wegeinmal;                        }
}
```
(netzplanung/v5-polymorphie/dynBindLoes1.h)

Wir können eine dritte Struktur anlegen, für die ebenfalls eine getDauer-Funktion existiert. In dieser Struktur speichern wir eine Referenz auf einen Transport- und einen Produktionsvorgang, wobei eine der beiden Referenzen immer NULL sein soll. Die Methode getDauer können wir dann in folgender Weise implementieren:

```
typedef struct {
  Transportvorgang* transportVorgang;
  Produktionsvorgang* produktionsVorgang;
} Vorgang;
```

```
double getDauer(Vorgang *v) {
  if (v->transportVorgang != NULL)
    return transportVorgang->getDauer();
  else if (v->produktionsVorgang != NULL)
    return produktionsVorgang->getDauer();
  else return 0;  // kein Vorgang
}
```

Wenn es noch eine Reihe weiterer Vorgangsarten gibt, wollen wir nicht für jeden Vorgangstyp einen eigenen Zeiger speichern (ineffizient). Stattdessen könnten wir den Typ (bisher: Produktions- oder Transportvorgang) numerisch codiert speichern (int vorgangstyp) und einen void*-Zeiger über eine switch-Anweisung auf den „richtigen" Typ casten:

```
typedef struct {
  void* vorgang;
  enum { TYP_TRANSPORT,
         TYP_PRODUKTION } vorgangstyp;
} Vorgang;
```

```
double getDauer(Vorgang *v) {
  switch (vorgangstyp) {
  case TYP_TRANSPORT : return getDauer(
              (TransportVorgang*)vorgang);
  case TYP_PRODUKTION: return getDauer(
              (ProduktionsVorgang*)vorgang);
  default            : return 0;
  }
}
```

Das Attribut vorgangstyp übernimmt hier eine Schlüsselfunktion bei der dynamischen Entscheidung zur Laufzeit, um welche Art von Vorgang es sich gerade handelt und welche Funktion aufgerufen werden soll. Damit erhalten wir genau die gewünschte Funktionalität, allerdings zu einem hohen Preis: Bei einer Änderung, zum Beispiel bei einem neuen Vorgangstyp, müssen wir *alle* diese Fallunterscheidungen manuell aufspüren und korrekt erweitern – andernfalls wird die dynamische Weiterleitung nicht überall korrekt ausgeführt. Aus Sicht der Wartbarkeit ist es hinderlich, dass die Verantwortung für die korrekte Weiterleitung der getDauer-Anfrage an die richtige Funktion *außerhalb* der einzelnen Vorgangs-Datenstrukturen liegt. Idealerweise erfordert das Einbeziehen einer weiteren Vorgangsart nur die Bereitstellung der neuen Implementierung eines bekannten Datentyps, aber keinerlei Änderungen an bereits existierenden Implementierungen. Dies ist auch als *Open Closed Principle (OCP)* bekannt [37]: Ein Modul bzw. eine Klasse sollte offen für Erweiterungen, aber geschlossen für Modifikationen sein.

## 9.2.1   Polymorphie selbst gemacht

Wie können wir dynamisch die richtige Funktion aufrufen und gleichzeitig die Verantwortung für den richtigen Funktionsaufruf bei den einzelnen Vorgängen belassen? Wir zeigen zunächst wieder das Prinzip mit prozeduralen Mitteln und werden sehen, dass uns der Compiler bei der objektorientierten Lösung einen Großteil der Arbeit abnimmt. Das Prinzip bleibt aber das gleiche. Wir erweitern zunächst unsere prozedurale Lösung: In unserem struct Vorgang speichern wir für jede Funktion (z.B. getDauer) einen Funktionszeiger (siehe Abschn. 4.4), der – abhängig davon, um welche Implementierung es sich handelt – auf die richtige getDauer-Funktion zeigt. Wird die Schnittstellenfunktion `getDauer` angefordert, rufen wir diejenige Funktion auf, auf die unser Funktionszeiger zeigt. Die erste Deklaration eines solchen Funktionszeigers `fgetDauer` sieht vielleicht wie folgt aus:

```
double (*fgetDauer)(Vorgang*);
```

Dabei bemerken wir, dass der `getDauer`-Funktion des Transportvorgangs ein `TransportVorgang` und der des Produktionsvorgangs ein `ProduktionsVorgang` übergeben werden muss, sonst können diese die Vorgangsdauer nicht korrekt bestimmen. Wir haben daher in `Vorgang` einen Zeiger auf die erweiterten Daten des jeweiligen Transport-/Produktionsvorgangs vorgesehen. Wir müssen aber einen `void*`-Zeiger verwenden, weil die tatsächlich referenzierten Datenstrukturen je nach Vorgangsart unterschiedlich sind. Die `getDauer`-Funktionen können aus dem `Vorgang`-Argument dann über das Attribut `daten` auf die vorgangsspezifischen Details zugreifen.

Insgesamt brauchen wir für jede Funktion einen Funktionszeiger (hier nur `fgetDauer`) und den Zeiger auf die Datenrepräsentation (hier: `daten`). Unsere `Vorgang`-Datenstruktur degeneriert hierbei zu einer Art Hülle oder Anker für spätere Vorgangsergänzungen. Die Schnittstellenfunktionen für diese Basis-Datenstruktur können wir schon angeben: Sie ruft einfach die referenzierte `fgetDauer`-Funktion auf.

```
struct Vorgang {
  void* daten;           /* tatsächliche Daten dieses Vorgangs */
  double (*fgetDauer)(Vorgang*); /* Zeiger auf getDauer–Funktion */
}
double getDauer(Vorgang *v) {
  return (*fgetDauer)(v);
}
```

Dieser *allgemeine* Teil der Implementierung des abstrakten Datentyps enthält praktisch keine Funktionalität, d.h. ihre Erstellung könnte gut automatisiert werden. Für jede öffentliche Schnittstellenfunktion kommen ein Funktionszeiger und eine Funktion in der beschriebenen Art und Weise hinzu. Wie aber kommen wir nun zu den Varianten Transport- und Produktionsvorgang?

Wir gehen von der Anfangslösung aus Listing 9.2 aus und verändern nur das Argument der `getDauer`-Funktion so, dass es der Vorgangs-Schnittstelle entspricht, d.h. einen `Vorgang` und keinen `Transportvorgang` erwartet (Listing 9.3). Es kommt nur die Dereferenzierung des Attributs `daten` hinzu, ansonsten hat sich nichts geändert.

C/C++ 9.3: Ergänzung für Transportvorgänge      (netzplanung/v5-polymorphie/Netzplanung.cpp)

```
/** ergaenzende Informationen zur struct Vorgangsdaten */
typedef struct TransportVorgangsDaten {
  int menge, maxperweg;
  double wegeinmal;
} TransportVorgang;
/** Berechnung der Dauer bei TransportVorgang */
double getDauerTV(Vorgang* v) {
  TransportVorgang* tv = (TransportVorgang*)v->daten;
  return (int) ((tv->menge-0.5)/tv->maxperweg + 1) * tv->wegeinmal;
}
```

Es bleibt nur noch zu klären, wie wir einen neuen Transportvorgang anlegen können und was dafür zu tun ist. Unsere alte Funktion `erzeugeVorgang` ersetzen wir – wie in Listing 9.4 gezeigt – durch eine Funktion `erzeugeTransportVorgang`, in der wir (a) Speicher für die benötigten Daten allokieren (`TransportVorgang`), (b) den Zeiger für die Datenrepräsentation (`daten`) korrekt setzen und (c) alle Funktionszeiger auf die mit der Datenrepräsentation korrespondierenden Funktionen setzen. Im Gegensatz zur Funktion `erzeugeVorgang` benötigen wir zum Anlegen eines Transportvorgangs weitere Argumente.

C/C++ 9.4: Anlegen eines Transportvorgangs      (netzplanung/v5-polymorphie/Netzplanung.cpp)

```
/** Erzeugung eines Transportvorgangs, wobei a die Anzahl der zu transportierenden Teile ist,
    m die maximale Anzahl von Teilen, die auf einmal transportiert werden kann,
    e die Dauer für den einmaligen Transport */
Vorgang* erzeugeTransportVorgang(int a, double e, int m) {
    Vorgang *v = erzeugeVorgang(); /* ein TransportVorgang ist ein (erweiterter) Vorgang */
    /* Erweiterung anlegen */
    TransportVorgang *tv = new TransportVorgang();
    tv->menge = a; tv->wegeinmal = e; tv->maxperweg = m; v->daten = tv;
    v->fgetDauer = &getDauerTV; /* Setzen des Fkt-Zeigers */
    return v;
}
```

Resümieren wir abschließend, welche Dinge wir zu tun haben, um als weitere Vorgangsart einen Produktionsvorgang einzuführen. Es sind zwei Dinge: Erstens müssen wir die nötigen Daten zusammenfassen und die Schnittstellenfunktionen an diese Daten anpassen, wie in Listing 9.3 geschehen. Zweitens brauchen wir eine Erzeugerfunktion wie in Listing 9.4. In beiden Schritten ist kein Eingriff in bereits bestehende Funktionen oder Datenstrukturen von `Vorgang` oder `Transportvorgang` erforderlich. Damit haben wir unser Ziel erreicht: Wir können verschiedene Objekte mit `Vorgang*` referenzieren, die wir über `erzeugeTransportVorgang` oder über `erzeugeProduktionsvorgang` anlegen. Wenn wir dann zum Beispiel `getDauer(v)` aufrufen, wird je nachdem, welche Erzeugerfunktion wir vorher aufgerufen hatten, anschließend automatisch die korrespondierende `getDauer`-Funktion aufgerufen. Wir können weitere Vorgangsarten hinzufügen, ohne irgendwelche Änderungen am bestehenden Code vornehmen zu müssen. Das Problem der *dynamischen Bindung*, d.h. der Auswahl der richtigen Funktion zur Laufzeit, wurde gelöst!

> Eine Schnittstelle (abstrakter Datentyp) kann mehrere, verschiedene konkrete Datenstrukturen abstrahieren. Wird die Entscheidung, welche Funktion konkret die Schnittstellenfunktion implementiert, zur Compile-Zeit festgelegt, spricht man von **statischer Bindung**. Erfolgt diese Entscheidung zur Laufzeit, so ist eine parallele Nutzung verschiedener Implementierungen möglich, und man spricht von **dynamischer Bindung**. Dabei obliegt die Verantwortung für die Auswahl der richtigen Funktion dem Ersteller des Datentyps und nicht dem Nutzer. In diesem Fall kann eine Variable (von einem bestimmten (abstrakten) Datentyp) in unterschiedlicher Gestalt vorkommen. Man spricht von Vielgestaltigkeit bzw. **Polymorphie**.

Wenn Klassen, zum Beispiel `Transportvorgang` und `Produktionsvorgang`, ein Interface implementieren, zum Beispiel `Vorgang`, dann spricht man auch von einer „**ist ein**"-Beziehung (ein `Transportvorgang` **ist ein** `Vorgang`). Die UML-Notation für derartige Beziehungen ist ein Pfeil mit einer Dreiecksspitze (vgl. Abb. 9.1). Je nachdem, ob es sich bei `Vorgang` um ein Interface (rechts) oder eine Klasse (links, vgl. Abschn. 9.3) handelt, sind die Linien gestrichelt oder durchgezogen.

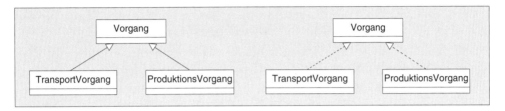

Bild 9.1: UML-Notation für eine **ist ein**-Beziehung (links.: Klassen; rechts.: Interfaces)

## 9.2.2  Automatische Polymorphie

Weil die im vorangegangenen Abschnitt vorgestellte Vorgehensweise so nützlich ist, wird sie von objektorientierten Programmiersprachen in komfortabler Weise bereitgestellt. Damit entfallen die Deklaration der jeweiligen Funktionszeiger, die Deklaration des `daten`-Zeigers und die Implementierung der primitiven Schnittstellenfunktionen, die einfach die Funktion aufrufen, auf die der entsprechende Funktionszeiger zeigt. Das Prinzip bleibt aber das gleiche.

Der `Vorgang` mit den Funktionszeigern und den Umleitungs-Schnittstellenfunktionen wird durch eine Klasse oder in Java (wahlweise) durch ein Interface ersetzt, das nichts weiter als die Funktionsdeklarationen der Schnittstellenfunktionen enthält, aber keine Implementierung. Die administrativen Datenstrukturen (Funktionszeiger) und Umleitungsfunktionen werden praktisch vom Compiler erzeugt.

```
class Vorgang {                          interface Vorgang {
public:                                    double getDauer();
  virtual double getDauer() const = 0;   }
};
```

Die konkreten (Transport- und Produktions-)Vorgänge werden anschließend in eigenen Klassen implementiert. Die Tatsache, dass es sich um Klassen handelt, die die Vorgangs-Schnittstelle einhalten, wird durch `class Transportvorgang : public Vorgang` (C++) bzw. `class Transportvorgang implements Vorgang` (Java) angezeigt. Gibt es in `Transportvorgang` dann Funktionen mit identischen Rückgabewerten, Namen und Argumenten wie die Schnittstellenfunktion, so ordnet der Compiler diese Funktionen den Schnittstellenfunktionen zu (in unserem Modell entspricht das der Übernahme der Funktionszeiger). Das Beispiel in Listing 9.3 und 9.4 lässt sich somit in objektorientierten Sprachen viel einfacher umsetzen:

```
class Transportvorgang :                  class Transportvorgang
            public Vorgang {                          implements Vorgang {
 /* ...*/                                  /* ...*/
  virtual double getDauer() const;           double getDauer() { return ...; }
};                                        }
```

Dabei ist für öffentliche Methoden der Schnittstelle, die dynamisch gebunden werden sollen (für die also in unserer prozeduralen Variante ein Zeiger angelegt werden soll), in C++ das Schlüsselwort **virtual** voranzustellen. In Java wird immer *für alle* Methoden die Möglichkeit zur dynamischen Bindung vorgesehen.

Eine Klasse heißt **abstrakte Klasse**, wenn die Implementierung einzelner oder aller *virtuellen* Methoden fehlt, was durch den Zusatz „$= 0$" hinter der Funktionsdeklaration (C++) bzw. den Zusatz abstract vor der Funktionsdeklaration (Java) kenntlich gemacht wird. Eine abstrakte Klasse ist *unvollständig*, weil die abstrakten Methoden in ihr nicht aufgerufen werden können, es gibt für sie noch keine zugeordnete Implementierung (Funktionszeiger ist noch NULL). Daher wird die Instanziierung (d.h. der Aufruf des Konstruktors) einer abstrakten Klasse auch vom Compiler mit einer Fehlermeldung quittiert. Eine Klasse, deren Methoden ausschließlich abstrakt sind, entspricht also einem Interface in Java, die beiden folgenden Java-Deklarationen sind daher nahezu gleichwertig.

```
public abstract class Vorgang {           public interface Vorgang {
  public abstract double getDauer();        public double getDauer();
}                                         }
```

Während in Java konsequent alle Methoden polymorph behandelt werden, ist das in der sehr auf Effizienz bedachten Sprache C++ nicht automatisch der Fall. Immerhin wird durch den Einsatz von Polymorphie ein Funktionsaufruf nicht direkt ausgeführt, sondern er läuft über eine Zwischenstation (vgl. getDauer-Funktion auf Seite 257). In C++ hat man sich dafür entschieden, diesen Mehraufwand nicht generell zu leisten, sondern nur dann, wenn der Entwickler es wünscht. Die Motivation, in Java grundsätzlich alle Methoden dynamisch zu binden, liegt darin begründet, dass man als Entwickler oft noch nicht mit Sicherheit entscheiden kann, für welche Methoden man morgen einmal polymorphes Verhalten benötigt, daher wird konsequent jede (nicht private) Methode polymorph behandelt.

Durch das dynamische Binden müssen wir nun zwischen dem *statischen Typ* und dem *dynamischen Typ* einer Variablen unterscheiden.

```
Vorgang* vv = new Vorgang();              Vorgang vv = new Vorgang();
Vorgang* vt = new TransportVorgang(...);  Vorgang vt = new TransportVorgang(...);
vv = vt; /* 3 */                          vv = vt; /* 3 */
```

Der statische Typ einer Referenz wird bei deren Deklaration festgelegt. Der statische Typ von vv und vt ist (für alle Zeiten) Vorgang oder ganz korrekt *Zeiger auf Vorgang* in C++. Der dynamische Typ einer Variablen kann sich ändern, es ist der Typ des referenzierten Objekts. Zunächst ist der dynamische Typ von vv Vorgang, und in Zeile 3 ist er dann TransportVorgang.

Bei einer polymorphen Methode ist es der dynamische Typ einer Variablen, der entscheidet, welche Methode aufgerufen wird. Fehlt in C++ das Schlüsselwort `virtual`, so ist die Methode nicht polymorph und der statische Typ entscheidet, aus welcher Klasse die Methode aufgerufen wird. Da der statische Typ bereits zur Compile-Zeit feststeht, kann hier schon beim Übersetzen entschieden werden, welche Methode aufzurufen ist, was zu der oben angesprochenen kleinen Laufzeitverbesserung für nicht virtuelle Methoden führt. Das folgende Listing veranschaulicht dies an einem C++-Beispiel. Es ist jeweils die Ausgabe als Kommentar angegeben.

```cpp
class A {
  public:
    virtual void f() const {cout << "fA ";}
    void g() const {cout << "gA ";}
    void h() const {f();}
};
class B: public A {
  public:
    virtual void f() const {cout << "fB ";}
    void g() const {cout << "gB ";}
};
```

```cpp
int main() {
  // statischer gleich dynamischer Typ
  A a; a.f(); a.g(); a.h(); //fA gA fA
  // statischer gleich dynamischer Typ
  B b; b.f(); b.g(); b.h(); //fB gB fB

  // sta. Typ A, dyn. Typ B--> fB gA fB
  A* pa=&b; pa->f(); pa->g(); pa->h();
  // sta. Typ B, dyn. Typ B--> fB gB fB
  B* pb=&b; pb->f(); pb->g(); pb->h();
}
```

Mit den Operatoren `instanceof` in Java bzw. `dynamic_cast` in C++ können wir zur Laufzeit bestimmen, welcher dynamische Typ bei einer Instanz vorliegt; siehe Abschn. 9.3.4.

Nachdem wir neben einem `Transportvorgang` auch einen `Produktionsvorgang` in der beschriebenen Weise angelegt haben, können wir in einem Array von Vorgängen in beliebiger Reihenfolge mal Transport- und mal Produktionsvorgänge einfügen, wie das folgende Java-Beispiel zeigt:

```java
Vorgang vv = new Vorgang[2];
vv[0] = new TransportVorgang(...);
vv[1] = new ProduktionsVorgang(...);
double gesamtdauer = 0;
for (int i=0;i<2;++i) gesamtdauer += vv[i].getDauer();
```

Beim Abarbeiten der Liste zur Bestimmung der Gesamtdauer aller Vorgänge wird nun dank der Polymorphie die jeweils richtige `getDauer`-Funktion aufgerufen.

Es soll an dieser Stelle betont werden, dass das Beispiel aus Abschn. 9.2.1 nur *ein Modell* dafür ist, wie man Polymorphie sauber erreichen kann, die in der Praxis vom Compiler durchgeführte Umsetzung ist implementierungsabhängig. So ist es beispielsweise nicht unbedingt sinnvoll, für jedes Objekt immer wieder so viele Zeiger anzulegen, wie es Funktionen gibt. Diese Liste oder Tabelle von Funktionszeigern kann sich nicht beliebig zur Laufzeit ändern, sondern es gibt nur so viele verschiedene Belegungen, wie es auch verschiedene Implementierungen des Datentyps gibt. Eine effizientere Umsetzung besteht daher darin, für jede neue Klasse eine Tabelle für alle (virtuellen/polymorphen) Funktionszeiger anzulegen und eine Instanz mit nur einem Zeiger auf diese Tabelle mitführen zu lassen (**virtual method table**).

Immer wenn Variablen in Wertesemantik vorliegen, ist der statische gleich dem dynamischen Typ, und Funktionsaufrufe können statisch gebunden werden. Wenn verschiedene Realisierungen des Datentyps unterschiedlich groß sein können und wir im Sinne eines polymorphen Datentyps nicht wissen, welche Gestalt ein Vorgang gerade annimmt, ist das Anlegen einer polymorphen Variablen in Wertesemantik schlicht unmöglich. Eine Vorbedingung für das Auftreten von dynamischer Bindung ist also, dass wir es mit Zeigern oder Referenzen zu tun haben. Wieder hat der C++-Entwickler die Wahl, in Java werden alle Methodenaufrufe dynamisch gebunden.

In unserem Beispiel heißt das: Schreibt man in C++ `vector<TransportVorgang>`, so drückt man damit aus, dass man Wert-Instanzen von (ausschließlich) Transportvorgängen speichern möchte (bestehend aus Anzahl, Weglänge und Einheitsdauer). Der Typ ist damit eindeutig festgelegt, und Polymorphie ist unnötig (und unmöglich). Schreibt man hingegen `vector<TransportVorgang*>`, so drückt man damit aus, dass man Referenzen auf Transportvorgänge speichern will, wobei es dann durchaus möglich ist, dass es mehrere verschiedene Transportvorgänge geben kann, von denen automatisch die richtige Funktion aufgerufen wird. Diese Überlegungen braucht ein Java-Entwickler nicht anzustellen; semantisch entspricht bei ihm `Vector<Vorgang>` immer der C++-Variante `vector<Vorgang*>`.

## 9.2.3  Polymorphie ganz konkret

Anfänger neigen dazu, den Zauber der Polymorphie so zu verstehen, dass wie durch ein Wunder immer die richtige Funktion gefunden und aufgerufen wird. Obwohl durch unsere Modellvorstellung klar sein sollte, wann genau Polymorphie greift und wann nicht, verdeutlichen wir uns diesen Sachverhalt anhand einiger Beispiele nochmals.

Folgende Beispiele sind in Java formuliert (für entsprechenden C++-Code nehmen wir an, dass alle Methoden virtuell sind und alle Argumente call-by-reference übergeben werden).

1. Welche der drei Funktionen in `Netzplanung` wird aufgerufen, wenn wir `f` mit einem `Transportvorgang` aufrufen?

```java
class Netzplanung {
  void addNachfolger(Vorgang v) {...}

  void addNachfolger(TransportVorgang v) {...}
  void addNachfolger(ProduktionsVorgang v) {...}

  void f(Vorgang v) { addNachfolger(v); }
}
```

2. Welche Methode `addNachfolger` wird aufgerufen, wenn die Methode `f` mit einem `Produktionsvorgang` als Argument aufgerufen wird?

```java
abstract class Vorgang {
  abstract void addNachfolger(Vorgang v);
}

class TransportVorgang extends Vorgang {
  void addNachfolger(TransportVorgang v) {...}
}
```

```
class ProduktionsVorgang extends Vorgang {
  void addNachfolger(ProduktionsVorgang v) {...}
}

class Demo {
  void f(Vorgang x) {
    x.addNachfolger(new TransportVorgang(..)); }
}
```

3. Welche Funktion `addNachfolger` wird aufgerufen, wenn die Funktion f mit einem `Produktionsvorgang` als Argument aufgerufen wird?

```
abstract class Vorgang {
  abstract void addNachfolger(Vorgang v);
}

class TransportVorgang extends Vorgang {
  void addNachfolger(Vorgang v) {...}
  void addNachfolger(TransportVorgang v) {...}
}

class ProduktionsVorgang extends Vorgang {
  void addNachfolger(Vorgang v) {...}
  void addNachfolger(ProduktionsVorgang v) {...}
  void addNachfolger(TransportVorgang v) {...}
}

class Demo {
  void f(Vorgang x) {
    x.addNachfolger(new TransportVorgang(..)); }
}
```

4. Abschließend das gleiche Beispiel noch einmal als C++-Code. Welche Funktion `addNachfolger` wird aufgerufen, wenn die Funktion f mit einem `Produktionsvorgang` als Argument aufgerufen wird?

```
class Vorgang {
  virtual void addNachfolger(Vorgang v) = 0;
}

class TransportVorgang : public Vorgang {
  virtual void addNachfolger(Vorgang v) {...}
  virtual void addNachfolger(TransportVorgang v) {...}
}

class ProduktionsVorgang : public Vorgang {
  virtual void addNachfolger(Vorgang v) {...}
  virtual void addNachfolger(ProduktionsVorgang v) {...}
  virtual void addNachfolger(TransportVorgang v) {...}
}

class Demo {
  void f(Vorgang x) {
    TransportVorgang tv(...);
    x.addNachfolger(tv); }
}
```

Antworten:

1. Nach unserer Modellvorstellung wird für jede Funktion der Klasse `Netzplanung` ein eigener Funktionszeiger bereitgestellt. Würde die Netzplanung mehrfach implementiert, so fänden wir durch Verfolgung der Funktionszeiger jeweils die richtige Implementierung. Hier haben wir es zwar offenbar mit mehreren verschiedenen Vorgängen zu tun, aber (da nichts anderes erwähnt ist) nur mit einer Netzplanung. Der Aufruf von `f` ist somit überhaupt kein Thema für Polymorphie. Anhand des Typs des Arguments (Vorgang) wird die erste `addNachfolger`-Funktion als passend herausgefunden und aufgerufen.

2. Wieder liegt keine Polymorphie vor: Voraussetzung für Polymorphie ist, dass dieselbe Funktion durch verschiedene Implementierungen mehrfach vorliegt. Das ist nicht der Fall, wir haben hier unterschiedliche Signaturen und damit unterschiedliche Methoden vorliegen: einmal kann man einen `Vorgang` hinzufügen, einmal einen `Transportvorgang` und einmal einen `Produktionsvorgang`. Keine Signatur taucht zwei Mal auf, und es wird somit kein Funktionszeiger überschrieben. Weil das Argument `x` den Typ `Vorgang` hat, ergibt sich der Aufruf der `addNachfolger`-Methode dieser Klasse als einzige Möglichkeit.

3. Im dritten Beispiel liegt nun endlich der Fall vor, dass die Funktion `addNachfolger` aus der Klasse `Vorgang` sowohl von `Produktions-` als auch von `Transportvorgang` implementiert wird und damit die Funktionszeiger entsprechend gesetzt werden. Wenn das Argument `x` ein `Produktionsvorgang` ist, dann wird entsprechend die Methode `addNachfolger(Vorgang v)` aus der Klasse `Produktionsvorgang` aufgerufen. Wie schon im vorigen Fall erklärt, wird nicht die Methode `addNachfolger(TransportVorgang v)` aufgerufen, weil es diese in der Schnittstelle von `Vorgang` gar nicht gibt (nur eine Methode mit einem `Vorgang` als Argument).

4. Die Fragestellung besagt zwar, *dass es sich um dasselbe Beispiel in C++ handelt*, doch ist das nicht ganz richtig: Der Code ist zwar fast identisch, aber in C++ werden in dem Beispiel alle Argumente als Werteparameter übergeben (sonst hätte die Deklaration `addNachfolger(Vorgang* v)` oder `addNachfolger(Vorgang& v)` heißen müssen. Der Code scheitert schon bei der Compilierung, weil die Klasse `Vorgang` in allen unseren Beispielen abstrakt war und es daher überhaupt nicht möglich ist, eine Wertinstanz von `Vorgang` anzulegen. Selbst wenn dem nicht so wäre und beim Aufruf von `addNachfolger(...)` eine Kopie des `Transportvorgangs` für den Übergabeparameter angelegt werden könnte, handelt es sich bei `x` danach um einen `Vorgang`, und damit wird die `addNachfolger`-Methode aus der Klasse `Vorgang` aufgerufen.

> Die **dynamische Bindung** kann nur dort erfolgen, wo über den Punktoperator (oder Pfeiloperator) eine Methode aufgerufen wird, die mit identischem Prototyp mehrfach in verschiedenen Implementierungen realisiert wurde (Überschreiben des Funktionszeigers).

# 9.3 Vererbung

Wir haben uns in diesem Kapitel bisher auf die Methode `getDauer` der Vorgangs-Schnittstelle beschränkt, weil sie sich bei Transport- und Produktionsvorgängen unterscheidet. Die vollständige Vorgangs-Schnittstelle aus Kap. 8 enthält noch einige andere Methoden, wie etwa die Abfrage des frühesten Startpunktes eines Vorgangs mit `getFruehAnf`. Diese müssen wir noch anpassen, wenn unsere Netzplanung am Ende dieses Kapitels wieder lauffähig sein soll.

Für diese und andere Methoden hatten wir in Kap. 8 einige Attribute bei jedem Vorgang vorgesehen, u.a. `fruehanf` für den frühesten Anfangs- und `spaetend` für den spätesten Endzeitpunkt des Vorgangs. Diese Attribute wurden (über `set`-Methoden) von der Netzplanung gesetzt, sodass die Realisierung von `getFruehAnf` nur aus `return fruehanf` bestand.

Da sowohl Transport- als auch Produktionsvorgänge die komplette Vorgangs-Schnittstelle implementieren müssen, brauchen beide Klassen die entsprechenden Attribute und Zugriffsfunktionen. Allerdings unterscheidet sich die Funktionalität in diesem Punkt in beiden Fällen überhaupt nicht, sondern ist absolut identisch. Es ist natürlich – dank Copy & Paste – nicht schwer, diese Attribute und Zugriffsfunktionen zwei Mal zu implementieren, aber das Kopieren von Quelltext ist als kritisch zu bewerten: In dem Codeabschnitt, der durch Copy & Paste dupliziert wurde, kann sich ein Fehler befinden. Wenn dieser Fehler an einer Stelle im Code auffällt und dann behoben wird, gibt es keine Möglichkeit, festzustellen, wohin dieses Code-Fragment überall kopiert worden ist. Das wäre aber wichtig, um in allen Kopien den Fehler ebenfalls zu korrigieren. Im Resultat wird das Debugging dann so oft durchgeführt, wie wir das Fragment vorher kopiert haben. Copy & Paste kann sich damit zu einem teuren Luxus entwickeln.

## 9.3.1 Code in mehreren Klassen gemeinsam nutzen

Eine Lösung, die ohne Copy & Paste auskommt, präsentieren wir zunächst wieder an unserer prozeduralen Lösung: Wenn wir im `Vorgang` an der Stelle, an der wir die gesamten Funktionszeiger speichern, die von `Produktions-` und `Transportvorgang` *gemeinsam* benötigten Elemente hinterlegen, können wir für eine Vorgangsreferenz v direkt auf diese Attribute zugreifen, z.B. `v->fruehanf`, aber auch auf die Ergänzungen des Transportvorgangs über `(TransportVorgang*) v->daten`:

C/C++ 9.5: Gemeinsam genutzte Attribute    (netzplanung/v5-polymorphie/Netzplanung.cpp)

```cpp
struct Vorgang {
  void* daten;
  double fruehanf,spaetend;
  int id;

  double (*fgetDauer)(Vorgang *);
  double (*fgetFruehAnf)(Vorgang *);
  double (*fgetSpaetEnd)(Vorgang *);
  void (*fsetFruehAnf)(Vorgang *,double);
```

```
  void (*fsetSpaetEnd)(Vorgang *,double);
  int (*fgetId)(Vorgang *);
  void (*fsetId)(Vorgang *,int);
};
```

Mehr noch, wir können auch eine Funktion zur Abfrage des frühesten Anfangszeitpunktes bereits für Vorgang implementieren (denn alle dafür benötigten Attribute
sind in Vorgang bereits vorhanden) und den Funktionszeiger fgetFruehAnf für alle
Vorgangstypen auf diese Funktion setzen. Damit ist diese Schnittstellenfunktion bereits implementiert und muss z.B. nicht mehr durch Transportvorgang implementiert
werden.

```
double getFruehAnfV(Vorgang* v) {
  return v->fruehanf;
}
```

Listing 9.6 zeigt die Erzeugerfunktion für Vorgang, dort weisen wir diese gemeinsam
genutzte Implementierung den entsprechenden Funktionszeigern zu. Wir lassen in
unserem Beispiel nur die Funktion getDauer aus (NULL-Zeiger), weil wir hierfür
keine gemeinsam genutzte Implementierung haben.

C/C++ 9.6: Erzeugerfunktion für Vorgang          (netzplanung/v5-polymorphie/Netzplanung.cpp)

```
Vorgang* erzeugeVorgang() {
  Vorgang *v = new Vorgang();
  v->daten = NULL; v->id = -1;
  v->fgetDauer=NULL; // keine Funktion bisher
  v->fgetFruehAnf=&getFruehAnfV; v->fsetFruehAnf=&setFruehAnfV;
  v->fgetSpaetEnd=&getSpaetEndV; v->fsetSpaetEnd=&setSpaetEndV;
  v->fgetId=&getIdV; v->fsetId=&setIdV;
  return v;
}
```

Die Erzeugerfunktion für einen Transportvorgang muss zunächst eine Instanz von
Vorgang anlegen und kann dann gezielt Funktionszeiger *überschreiben*, d.h. ausgewählte Implementierungen durch neue ersetzen, oder sie eben beibehalten, wenn
sich gegenüber der Default-Implementierung nichts geändert hat. Diese Übernahme
von Implementierungen für verschiedene Realisierungen von Vorgängen wird auch
**Vererbung** genannt. Sie erspart das explizite Kopieren von Quellcode. Im Fall von
TransportVorgang überschreiben wir nur die getDauer-Funktion, die aber vorher *abstrakt* war und der somit noch keine Implementierung zugewiesen worden ist.

C/C++ 9.7: Erzeugerfunktion für TransportVorgang (netzplanung/v5-polymorphie/Netzplanung.cpp)

```
Vorgang* erzeugeTransportVorgang(int a,double e,int m) {
  Vorgang *v = erzeugeVorgang(); /* ein TransportVorgang ist ein (erweiterter) Vorgang */
  /* Erweiterung anlegen */
  TransportVorgang *tv = new TransportVorgang();
  tv->menge = a; tv->wegeinmal = e; tv->maxperweg = m; v->daten = tv;
  v->fgetDauer = &getDauerTV; /* Setzen des Fkt-Zeigers */
  return v;
}
```

> Unter **Vererbung** versteht man die Übernahme von Attributen und Methoden von der einen Realisierung in eine andere Realisierung des gleichen (abstrakten) Datentyps. Vererbung ermöglicht die Vermeidung von Code-Duplikation und kann damit die Wartung von Software erleichtern.

Von objektorientierten Sprachen wird das Vererbungskonzept durch geeignete Sprachkonstrukte gut unterstützt. Fahren wir nach `class B` mit  `: public A` (C++) bzw. `extends A` (Java) fort, so *erbt* `B` alle Attribute und Methoden von `A`. Unsere prozedurale Version in der objektorientierten Variante sieht dann wie folgt aus (etwas zusammengefasst):

```
class Vorgang {
protected:
  double fruehAnf,spaetEnd;
public:
  virtual double getDauer() = 0;
  virtual double getFruehAnf() {
    return fruehanf; }
  virtual double getSpaetEnd() {
    return spaetend; }
}


class Transportvorgang
  : public Vorgang {
protected:
  int menge,maxperweg;
  double wegeinmal;
public:
  virtual double getDauer() { return ...; }
}
```

```
abstract class Vorgang {

  protected double fruehAnf,spaetEnd;

  public abstract double getDauer();
  public double getFruehAnf() {
    return fruehanf; }
  public double getSpaetEnd() {
    return spaetend; }
}

class Transportvorgang
    extends Vorgang {

  protected int menge,maxperweg;
  protected double wegeinmal;

  public double getDauer() { return ...; }
}
```

In jeder Methode von `TransportVorgang` können wir *sowohl* auf die Attribute dieser Klasse als *auch* auf die Attribute der so genannten **Vaterklasse** `Vorgang` zugreifen, weil die Klasse `TransportVorgang` die Deklarationen und die Methodenimplementierungen geerbt hat, sofern die Attribute durch den Sichtbarkeitsmodifikator **private** nicht geschützt sind. Auf öffentliche Attribute kann ohnehin jede andere Klasse zugreifen, der Zugriff auf geschützte Attribute und Methoden (**protected**) ist bei abgeleiteten Klassen uneingeschränkt möglich. Andere gebräuchliche Namen für Vaterklasse sind auch **Oberklasse** oder **Basisklasse**.

Auch hier gilt, wie schon vorher bei der Polymorphie, dass unsere prozedurale Lösung nur ein Modell dafür ist, von dessen Implementierung eine objektorientierte Sprache abweichen wird. Bild 9.2 zeigt auf der linken Seite die Vorgehensweise in unserer prozeduralen Lösung: Die Basisklasse `Vorgang` hatte einige Attribute, die dann durch eine `void*`-Referenz um weitere Daten ergänzt werden konnte. Dieser Aufbau muss in unserer Lösung zur Laufzeit hergestellt werden, was aber nicht nötig wäre, denn schließlich weiß der Compiler schon zur Übersetzungszeit, welche Klassen von welchen anderen Klassen erben. Effizienter ist daher die übliche Umsetzung rechts in Bild 9.2, bei der jede abgeleitete Klasse aus den Daten der Vaterklasse besteht und sie ggf. um weitere Attribute ergänzt.

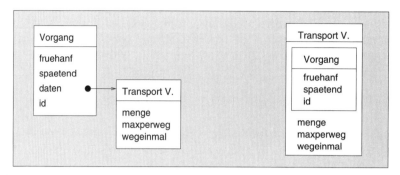

Bild 9.2: Gemeinsame Nutzung von Daten durch Vererbung; *links:* in unserem prozeduralen Modell; *rechts:* übliche Umsetzung in OO-Sprachen

## 9.3.2   Konstruktor-Verkettung

In Listing 9.8 sehen wir ein weiteres Beispiel für eine Vorgangsklasse. Dieses Mal hat ein Vorgang eine laufende Nummer und eine Dauer, wobei die laufende Nummer über den Konstruktor und die Dauer über eine `init`-Methode initialisiert wird, die der Konstruktor aufruft. Erstellen wir eine neue Klasse `TransportVorgang`, die von `Vorgang` abgeleitet ist (noch ohne jegliche Methoden), so scheitert der Versuch, ein Objekt von diesem Typ anzulegen. Keine Probleme beim Anlegen eines Transportvorgangs gibt es hingegen, wenn wir den Konstruktor der Klasse `Vorgang` *löschen*. Woran liegt das?

C++/Java 9.8: Vorgangsklasse

```cpp
class Vorgang {
  int nummer;
  double dauer;
  virtual void init() { dauer=12.3; }
public:
  Vorgang(int n) { cout << "V ";
    init(); nummer=n; }
  virtual void print() { cout << nummer
    << ' ' << dauer << ' '; }
  ~Vorgang() {
    cout << "-V "; }
};
```
(Poly/poly.cpp)

```java
class Vorgang {
  protected int nummer;
  protected double dauer;
  protected void init() { dauer=12.3; }

  public Vorgang(int n) { System.out.
    print("V "); init(); nummer=n; }
  public void print() { System.out.
    print(nummer+" "+dauer+" "); }
  public void finalize() { System.out.
    print("-V "); }
};
```
(Poly/Poly.java)

Wir haben auf Seite 223 den **Default-Konstruktor** kennengelernt, den der Compiler für uns automatisch erstellt. Wenn weder `Vorgang` noch `TransportVorgang` von uns einen Konstruktor erhalten, dann erstellt der Compiler für beide den Default-Konstruktor ohne Parameter. Dank deren Existenz verläuft der zweite Fall problemlos. Der Compiler unterbindet aber die automatische Erzeugung von Konstruktoren für eine Klasse, sobald wir einen (beliebigen) Konstruktor für diese Klasse selbst vorgeben. Dies ist im Fall von `Vorgang` geschehen. Somit wird für `Vorgang` kein ar-

gumentloser Default-Konstruktor mehr generiert – wohl aber für `TransportVorgang`.
Dabei ergibt sich für den Compiler folgendes Problem: Da aufgrund der Vererbungs-
beziehung ein `TransportVorgang` ein `Vorgang` ist, muss zunächst ein `Vorgang` angelegt
werden, der dann zu einem `TransportVorgang` ergänzt wird (vgl. auch Bild 9.2).
Der Default-Konstruktor von `TransportVorgang` muss einen Konstruktor von `Vorgang`
aufrufen. Es gibt aber nur einen, und der erfordert ein Argument – woher soll der
Compiler dieses Argument nehmen? Somit scheitert die automatische Erzeugung des
Default-Konstruktors, und wir können kein `TransportVorgang`-Objekt anlegen.

Der Compiler kann uns mit einem Default-Konstruktor nun nicht mehr helfen, wir
müssen den Konstruktor für `TransportVorgang` selbst implementieren; siehe dazu
Listing 9.9. Dabei muss der Aufruf des Konstruktors der Oberklasse zwingend die
erste Tätigkeit sein. In C++ erfolgt der Konstruktoraufruf der Oberklasse nach einem
Doppelpunkt ( `: Vorgang(n)`), in Java erfolgt er durch eine einleitende `super(n)`-
Anweisung (dabei steht `super(n)` für den Aufruf des Konstruktors der Oberklasse,
hier `Vorgang`, mit Argument n).

C++/Java 9.9: Konstruktor-Verkettung

```cpp
class TransportVorgang : public Vorgang {
  vector<int> *barcodes;
  virtual void init() {
    barcodes = new vector<int>();
    barcodes->push_back(21); }
public:
  TransportVorgang(int n) : Vorgang(n) {
    cout << "TV "; init(); }
  virtual void print() { Vorgang::print();
    cout << barcodes->size() << ' '; }
  ~TransportVorgang() { delete barcodes;
    cout << "-TV "; }
};
```
(Poly/poly.cpp)

```java
class TransportVorgang extends Vorgang {
  protected Vector barcodes;
  protected void init() {
    barcodes = new Vector();
    barcodes.add(new Integer(21)); }

  public TransportVorgang(int n) { super(n);
    System.out.print("TV "); init(); }
  public void print() { super.print();
    System.out.print(barcodes.size()+" "); }
  public void finalize() { System.out.
    print("-TV "); super.finalize(); }
};
```
(Poly/Poly.java)

> Bevor der Konstruktor einer abgeleiteten Klasse (Unterklasse) ausgeführt wird,
> wird immer zunächst der Konstruktor der Basisklasse (Basisklassen bei C++-
> Mehrfachvererbung) aufgerufen. Dieser muss explizit als erste Anweisung auf-
> gerufen werden, wenn kein Default-Konstruktor vorhanden ist. Entsprechend
> wird in C++ zunächst der Destruktor der abgeleiteten Klasse aufgerufen und
> anschließend implizit der Destruktor der Basisklasse(-n).

**Alles virtuell, oder was?**   In C++ muss jede Methode, von der wir polymorphes
Verhalten erwarten, als virtuell deklariert sein – in Java ist jede Methode automatisch
virtuell. Obwohl es sich in Listing 9.10 bei v um einen (Zeiger auf einen) Vorgang
handelt, erwarten wir, dass diejenige `print`-Methode aufgerufen wird, von deren Typ
das von v referenzierte Objekt ist. Im Listing haben wir v auf einen Transportvorgang zeigen lassen. Somit sollte die `print`-Methode von `TransportVorgang` aufgerufen
werden.

C++/Java 9.10: Konstruktor-Verkettung

```cpp
int main() {
  Vorgang *v = new TransportVorgang(87);
  v->print();
  delete v;
  return 0;
}
```
(Poly/poly.cpp)

```java
public static void main(String[] args) {
  // System.runFinalizersOnExit(true);
  Vorgang v = new TransportVorgang(87);
  v.print();
  // Garbage Collector räumt alleine auf
}
```
(Poly/Poly.java)

Dass dem auch so ist, zeigt die Ausgabe des Programms – allerdings sind die Ausgaben des Programms in C++ und Java nicht identisch, und keine der Ausgaben entspricht vollständig unserer Erwartung.

|            |                           |
|------------|---------------------------|
| erwartet:  | V TV 87 12.3 1 –TV –V     |
| C++:       | V TV 87 12.3 1 –V         |
| Java:      | V TV 87 0.0 1             |

Welche Ausgabe erwarten wir? Der Aufruf des Konstruktors von `TransportVorgang` ruft als Erstes (noch bevor irgendeine Bildschirmausgabe erfolgen kann) den Konstruktor der Oberklasse auf. Zuerst sollte die Ausgabe V erscheinen, danach die Ausgabe TV. Da v einen `TransportVorgang` referenziert, sollte die `print`-Methode des `TransportVorgangs` aufgerufen werden: Von dort aus wird zunächst die `print`-Methode der Oberklasse `Vorgang` aufgerufen (C++: `Vorgang::print()`, Java: `super.print()`), bevor noch die Anzahl der Elemente im Vektor `barcodes` ergänzt wird. Wir erwarten die Ausgabe dreier Zahlen 87, 12.3 und 1. Nun erwarten wir, dass analog zum Aufruf der Konstruktoren zunächst der Destruktor von `TransportVorgang` und anschließend der von `Vorgang` aufgerufen wird,[1] damit jede Klasse die von ihr verwalteten Daten wieder freigeben kann (z.B. den Vektor mit den Barcodes).

In der Ausgabe des C++-Programms fehlt aber der Destruktor-Aufruf des Transportvorgangs: Er wird niemals aufgerufen, der für `barcodes` allokierte Speicher wird nicht wieder freigegeben. Die Erklärung für dieses Verhalten ist ganz einfach: Auch ein Destruktor ist eine Methode. Die Anweisung `delete v` in `main` ruft den Destruktor auf. Da dieser aber nicht als virtuell deklariert wurde, bestimmt der statische Typ von v (hier `Vorgang`) darüber, welcher Destruktor aufgerufen wird. Richtig wäre der Destruktor von `TransportVorgang` gewesen. Deklarieren wir auch den Destruktor als virtuell, erhalten wir die erwartete Ausgabe. Hierbei handelt es sich um eine *beliebte* Fehlerquelle in C++-Programmen, an deren Vermeidung der C++-Entwickler selbst

**Tipp**  denken muss: Destruktoren sollten **immer** als `virtual` deklariert werden.

Der Java-Entwickler hat es in diesem Punkt wesentlich einfacher. Dieses Problem kann nicht entstehen, weil erstens stets alle Methoden virtuell sind und zweitens der Garbage Collector den Objektabbau übernimmt. Das ist auch der Grund, warum wir in der Java-Ausgabe *überhaupt* keine Destruktor-Tätigkeit beobachten können. Die `finalize`-Methoden führen in Java ein Schattendasein, und von ihrer Verwendung ist eher abzuraten; z.B. muss die Verkettung der `finalize`-Methoden „von Hand"

---

[1] Stellen Sie sich die Objekterzeugung wie einen Turmbau vor: die Basisklasse kommt als Sockel zuerst, danach wird die Verfeinerung aufgesetzt. Um den Turm wieder geordnet abzubauen, müssen Sie die oberen Teile zuerst entfernen.

erfolgen (`super.finalize()` am Ende von `TransportVorgang.finalize()`), und durch die auskommentierte Zeile zu Beginn von `main` muss dafür gesorgt werden, dass bei Programmende wenigstens alle `finalize`-Methoden auch aufgerufen werden. Dann erscheinen endlich die erwarteten Zeichen `-TV` `-V`.

**Ein subtiler Unterschied zwischen C++ und Java:** Damit entspricht die Java-Zeile aber noch nicht der erwarteten Ausgabe, weil statt der erwarteten Dauer `12.3` ein Wert von `0.0` ausgegeben wird. Dieses unerwartete Verhalten weist auf einen subtilen Unterschied beim Aufbau der Objekte in C++ und Java hin. In Java ist das Objekt, das wir durch `new TransportVorgang()` erzeugen, vom ersten Moment an vom Typ `TransportVorgang` – schon wenn wir zuerst den Konstruktor von `Vorgang` aufrufen. Der Aufruf von `init` erfolgt erwartungsgemäß polymorph und führt – da es sich um einen Transportvorgang handelt – zu `TransportVorgang.init()` statt (wie in C++) zu `Vorgang.init()`. Damit wird die `init`-Methode des `Vorgangs` nie aufgerufen, und `dauer` behält seinen Default-Wert. Als Richtlinie für Java-Entwickler sollte daher gelten, solche `init`-Methoden als `private` zu deklarieren, denn private Methoden können nicht überschrieben werden. Eine weitere Möglichkeit besteht darin, solche `init`-Aufrufe im Konstruktor gänzlich zu vermeiden. Java erlaubt es einem Konstruktor, mit `this(...);` einen anderen Konstruktor derselben Klasse zuvor aufzurufen (**Konstruktor-Verkettung**). Dann kann der Inhalt von `init` in einen (privaten) Default-Konstruktor verlagert werden: | **Tipp**

```
private Vorgang() {
  // Initialisierung
}
public Vorgang(int n) {
  this(); // Aufruf von Vorgang() und damit der Initialisierung
  // n verarbeiten
}
public Vorgang(int n, double d) {
  this(n); // Aufruf von Vorgang(n) und damit der Initialisierung
  // nur noch d verarbeiten
}
```

### 9.3.3 UML-Klassendiagramme: *Vererbung und Polymorphie*

**Abstrakte Klassen, abstrakte Methoden:** Das Bild 9.3 zeigt UML-Diagramme für die abstrakte Klasse `Vorgang` mit von links nach rechts immer weiter zunehmenden Abstraktionsgraden. Eine abstrakte Klasse wird in der UML-Darstellung durch einen *kursiv* geschriebenen Klassennamen dargestellt oder alternativ durch den Zusatz „`{abstract}`" wiedergegeben; wir verwenden hier der Deutlichkeit halber beides. Die abstrakten Methoden werden ebenfalls durch *kursiv* geschriebene Namen und Signaturen wiedergegeben (in diesem Beispiel ist das nur die Methode `getDauer()`). Der Destruktor in dem UML-Modell spiegelt an dieser Stelle den C++-Code wider und entfällt in Java.

**Vererbung (Typerweiterung, Subtyping, Spezialisierung):** Bild 9.4 stellt im linken Teil eine Vererbungsbeziehung zwischen der konkreten Klasse `Vorgang` und

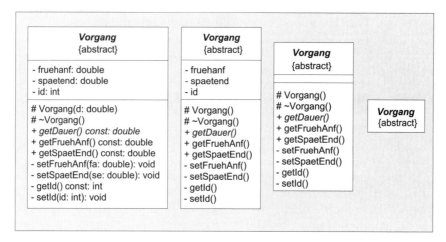

Bild 9.3: UML-Modelle der abstrakten Klasse Vorgang mit verschiedenen Detaillierungsgraden

der konkreten Klasse Transportvorgang dar; der Pfeil zeigt in Richtung *Generali-
sierung*, d.h. ein Transportvorgang ist ein Vorgang. Der mittlere Teil und der rechte Teil haben die gleiche Bedeutung: Die konkreten Klassen Transportvorgang und
Produktionsvorgang erben von der abstrakten Klasse Vorgang. Alternative Begriffe
für *Vererbung* sind auch *Typerweiterung*, *Subtyping* und *Spezialisierung*.

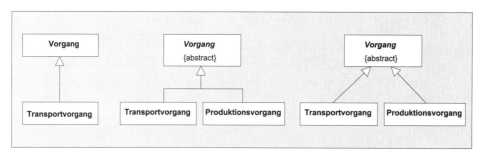

Bild 9.4: Vererbungsbeziehung im UML

**Wiederholte Vererbung und Mehrfachvererbung:** Wir haben gesehen,
dass wir von der Basisklasse Vorgang *mehrfach* erben können, einmal erbt
TransportVorgang und ein weiteres Mal ProduktionsVorgang. Diese Form der mehrfachen Vererbung – die nicht die festgelegte Bedeutung von Mehrfachvererbung hat
(siehe unten) – entspricht der Eingangsmotivation des Kapitels: derselbe abstrakte
Datentyp soll mehrfach implementiert werden. Gemeinsamkeiten der verschiedenen
Realisierungen werden nur einmal implementiert und an abgeleitete Klassen weiter-
gegeben.

Statt mehrmals von `Vorgang` abzuleiten, könnten wir aber auch weitere *Produktions-vorgänge* einführen wollen, die alle für sich spezielle Produktionsvorgänge sind, aber weitere Informationen speichern müssen. Dann haben wir – wie in Bild 9.5 dargestellt – mehrfache Vererbung in dem Sinne vorliegen, dass eine *lineare Kette* von Ablei-tungen entsteht, man nennt das auch *wiederholte Vererbung (repetetive inheritance)*. Dabei erbt eine Unterklasse von *allen* Oberklassen und ist zu allen Oberklassen typ-kompatibel. Diese Art der verketteten Vererbung ist ohne weiteres möglich, auch in unserer prozeduralen C-Variante (so können wir bspw. auch im `ProduktionsVorgang` neue Funktionszeiger einführen, die dann polymorphe Schnittstellenfunktionen für Produktionsvorgänge ermöglichen). Man spricht hier von *Vererbungshierarchien*.

Unter dem Begriff der *Mehrfachvererbung* versteht man jedoch eine andere Art der mehrfachen Ableitung, nämlich die gleichzeitige, direkte Ableitung einer Klasse von *mehreren* Oberklassen, wie sie im rechten Teil von Bild 9.5 dargestellt ist.

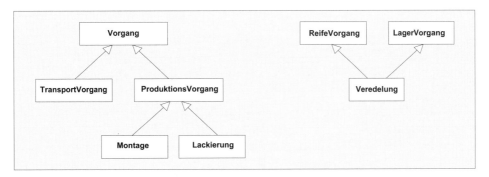

Bild 9.5: *links:* Vererbungshierarchie (wiederholte Vererbung), *rechts:* Ein Beispiel für Mehr-fachvererbung

Bild 9.6 zeigt ein anderes Beispiel für *Mehrfachvererbung*: ein Amphibienfahrzeug, das sowohl ein Auto als auch ein Schiff ist, d.h., die Unterklasse erbt von zwei Oberklassen. Mehrfachvererbung gibt es nur in C++ und ist ein komplexes Konzept, gegen das es berechtige Vorbehalte gibt, die an diesem Beispiel deutlich werden:

Probleme entstehen speziell dann, wenn – wie hier – zwei Oberklassen (hier: `Auto` und `Schiff`) einer Klasse (hier: `Amphibienfahrzeug`) selbst wieder von einer gemeinsamen Klasse (hier: `Fahrzeug`) abgeleitet sind, sodass je nach Anwendung zu diskutieren ist, ob deren Eigenschaften jetzt doppelt in der Klasse (hier: `Amphibienfahrzeug`) vorhanden sind oder nicht; siehe C++-Kompendium [30, Abschn. 9.4] für weitere Details.

Völlig unproblematisch ist es hingegen, eine Klasse mehrere Schnittstellen imple-mentieren zu lassen, d.h. in Java wäre von mehreren *Interfaces* bzw. in C++ von mehreren *rein* abstrakten Klassen abzuleiten (keine Daten, keine Implementierun-gen). Java stellt für diesen speziellen Fall das Schlüsselwort `interface` zur Verfü-gung. In diesen Fällen gibt es keine Attribute oder Methodenimplementierungen, die geerbt werden könnten, weshalb sich die angesprochene Problematik auch nicht ergeben kann.

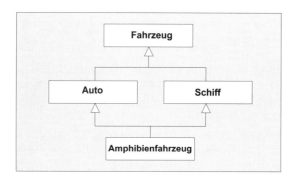

Bild 9.6: Mehrfachvererbung

**Polymorphie:**  Bild 9.7 zeigt ein UML-Klassendiagramm als Beispiel für eine typische polymorphe *Programmstruktur*. Die Klasse `Vorgang` ist abstrakt und dient als Schnittstellenklasse für die von ihr abgeleiteten Klassen `Transportvorgang` und `Produktionsvorgang`. Die Attribute sind in diesem Beispiel ausgeblendet, von den Methoden sind nur die öffentlichen angegeben.

## 9.3.4  Typkompatibilität und -konvertierung

Unter Typprüfung versteht man, dass für jede Funktionalität vorgegeben sein muss, von welchem Typ die beteiligten Operanden sind. Dann kann der Compiler schon zur Compile-Zeit überpüfen, ob die Argumente den geforderten Typen entsprechen. Die Erfahrung lehrt, dass bei Sprachen, die eine strenge Typprüfung vorweisen können, mehr Fehler bereits zur Compile-Zeit erkannt werden und sich nicht erst zur Laufzeit herausstellt, dass die Argumente für die Operation nicht passend sind.

### Upcasts

Jede Klasse und jedes Interface, das wir einführen, führt einen neuen Typ ein, den wir dann in Argumenten von Funktionen verwenden können. Wenn eine Klasse mehrere Interfaces implementiert, dann steht sie in mehreren **ist ein**-Beziehungen und kann damit an verschiedenen Stellen unter einem anderen Gesicht (=Interface) auftreten. Wo es vorher nicht möglich war, eine Variable von einem anderen Typ zu übergeben als dem angegebenen, kann in objektorientierten Sprachen ein `TransportVorgang` auch überall dort verwendet werden, wo ein `Vorgang` gefragt ist. Aufgrund der **ist ein**-Beziehung kann der Compiler es erlauben, ohne Typecast einen `Transportvorgang` als einen `Vorgang` einzusetzen, ein `Transportvorgang` ist **aufwärtskompatibel** zu `Vorgang`. Der Begriff der *Aufwärts*kompatibilität kommt aus der Darstellung in einer Klassenhierarchie, bei der die **ist ein**-Beziehungspfeile meist von unten nach oben

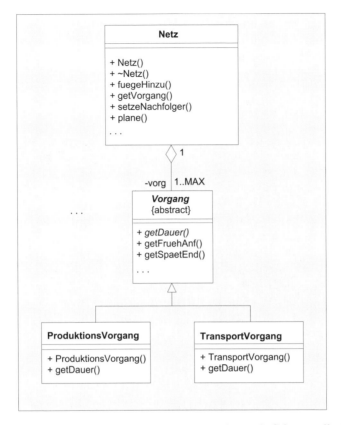

Bild 9.7: Polymorphe Struktur mit abstrakter Klasse als Schnittstellenklasse

zeigen. Eine Typkonvertierung *aufwärts in der Hierarchie* (ein so genannter **upcast**) ist unproblematisch und wird automatisch durchgeführt.[2]

### Downcasts

Unter einem **Downcast** versteht man hingegen einen Typecast vom allgemeineren zum spezielleren Typ in der Vererbungshierarchie, etwa von Vorgang nach Transportvorgang. Solche Konvertierungen sind grundsätzlich als kritisch anzusehen, aber in manchen Fällen doch zwingend erforderlich. Wenn wir eine Referenz v auf einen Vorgang haben, dann gibt es keinen Hinweis darauf, ob es sich bei dem referenzierten Objekt um einen Transport- oder einen Produktionsvorgang handelt. Eine Typkonvertierung der Referenz v *verändert nicht* das durch v referenzierte Objekt,

---

[2]Ein Nachtrag zu Bild 9.2: Wegen des fehlenden automatischen Upcasts war es in unserer prozeduralen Lösung erforderlich, den Weg auf der linken Seite im Bild zu gehen, weil auf der rechten Seite ein Transportvorgang einen Vorgang *hat*, aber keiner ist. Damit wäre eine Funktion void f(Vorgang* v) für einen Transportvorgang nicht aufrufbar, eine Typkonvertierung wäre erforderlich. Wie gesagt, in objektorientierten Sprachen sorgt dafür der Compiler.

sondern nur den Typ der Referenz v und damit die Menge der Methoden, die wir
für das Objekt aufrufen dürfen. Wie soll das System reagieren, wenn ein Downcast
auf einen Transportvorgang durchgeführt wird, es sich aber tatsächlich um einen
Produktionsvorgang handelt? Ein Produktionsvorgang lässt sich zwar als Vorgang,
aber natürlich *nicht* als Transportvorgang interpretieren, daher ist dieser Downcast
unzulässig und führt zu einem Fehler (Ausnahme in Java und undefiniertes Verhalten
in C++).

Downcasts in objektorientierten Sprachen zu verbieten, würde aber zu sehr ein-
schränken: Wir haben schon an einigen Stellen gesehen, dass wir in Schnittstellen
sehr allgemeine Typen (in Java: Object) verwenden müssen, etwa in der Schnittstelle
Comparable oder wenn wir sowohl eine Liste von Transport- als auch Produktionsvorgängen benötigen. Dann bietet es sich an, einmal eine Liste für Vorgänge zu
implementieren und dann in die eine Instanz nur Transport- und in die andere nur
Produktionsvorgänge einzufügen. Aus dem Kontext ist dann unmittelbar klar, dass
die eine Liste nur Transport- und die andere nur Produktionsvorgänge enthält, ein
Downcast ist ohne Laufzeitfehler möglich.

## Allgemeine Typkonvertierungen

Konvertierungen sind aber nicht nur bei den (komplexen) strukturierten Typen möglich, sondern können bereits bei den Standardtypen wie double und int viele Probleme lösen, aber auch aufwerfen. Wir haben bereits in den vorangegangenen Kapiteln gesehen, dass der Compiler an einigen Stellen automatische Typkonvertierungen
durchführt, aber die Erfahrung gebietet es, dass die Anweisung int i = 4.5; vom
Compiler trotz automatischer Konvertierung mit einer Warnung, z.B.: converting
to 'int' from 'double', bedacht wird – die Warnung weist in diesem Beispiel auf
einen wahrscheinlichen Programmierfehler hin, weil die Typen sich nicht entsprechen. Erst wenn wir die Typkonvertierung selbst vornehmen (im einfachsten Fall:
int i = (int) 4.5;), sieht der Compiler von einer Warnung ab.

C++ und Java unterscheiden die impliziten und die expliziten Typkonvertierungen;
siehe Anhang B.6. Die expliziten Typkonvertierungen erfolgen durch Voranstellen des
Zieltyps vor eine Variable bzw. vor den zu konvertierenden Ausdruck. Das folgende
Code-Fragment zeigt zwei Beispiele:

```
double d = 14.3;                         double d = 14.3;
int i= (double) d; // bzw. double (d)    int i= (double) d;

Vorgang* pv = new TransportVorgang;      Vorgang v = new TransportVorgang;
((TransportVorgang*) pv)-->getDauer();   ((TransportVorgang) v).getDauer();
```

Die beiden Beispiele unterscheiden sich in ihrer Semantik sehr. Im ersten Fall findet
eine Konvertierung der Genauigkeit statt, im zweiten Fall ein Downcast. C++ bietet nun im Unterschied zu Java mit den Schlüsselwörtern static_cast, const_cast,
reinterpret_cast und dynamic_cast die Möglichkeit, diese semantischen Unterschiede auch syntaktisch hervorzuheben.

Ihre Verwendung ist die bessere Alternative zu den unauffälligen Allzweckkonvertierungen der Form (Zieltyp)Ausdruck, da aus ihnen jeweils der Zweck der Konvertierung unmittelbar ersichtlich ist und sie auffälliger sind.

### Der static_cast-Operator in C++

C++

Der Operator **static_cast** erlaubt neben der Konvertierung zwischen verwandten elementaren Datentypen, wie z.B. zwischen int und double, die Konvertierung eines *nackten Zeigers* vom Typ void* in einen typisierten Zeiger:

```
void* ptr = ...;
XYZ* zeiger = static_cast<XYZ*>(ptr);
```

### Der const_cast-Operator in C++

C++

Der Operator **const_cast** erlaubt es, ein konstantes Objekt in ein nicht konstantes Objekt zu konvertieren, z.B.:

```
const int size = 100;
int* ptrSize = const_cast<int*>(size);
*ptrSize    = 150; // d.h. size erhält den Wert 150
```

Er ist der einzige C++-Konvertierungsoperator, der ein const-Attribut einer Variablen *wegcasten* kann. Auf den ersten Blick scheint seine Verwendung für einen guten Programmierer überhaupt keinen Sinn zu ergeben, doch das Gegenteil ist der Fall: Er erlaubt dem gewissenhaften Programmierer überhaupt erst, den Code nachlässiger Entwickler zu verwenden, wie das folgende Beispiel zeigt:

```
// Ausgabe des Vornamens und des Nachnamens
void printName(string& name, string& vname) {
    cout << vname << " " << name << ";";
}

struct Name{
    string vname;
    string nname;
};
// Ausgabe der Namen aller Vereinsmitglieder
void printVerein(const vector<Name>& verein) {
    for (vector<string>::size_type i=0; i < verein.size(); ++i) {
        printName(verein[i].nname, verein[i].vname);
    }
}
```

Dieser Code ist nicht übersetzbar, weil der konstante Parameter verein nicht an die Funktion printName übergeben werden kann, denn der Programmierer dieser Funktion hat vergessen, die beiden Parameter als konstante Parameter zu spezifizieren. Damit der gewissenhafte Entwickler von printVerein die Funktion printName überhaupt nutzen kann, muss er den const_cast-Operator verwenden.

```
void printVerein(const vector<Name>& verein) {
    for (vector<string>::size_type i=0; i < verein.size(); ++i) {
        printName(const_cast<string&>(verein[i].nname),
            const_cast<string&>(verein[i].vname));
    }
}
```

**C++**

## Der `dynamic_cast`-Operator in C++

Der Operator **dynamic_cast** wird in polymorphen Strukturen zum *Downcast* von einem Basistyp in einen abgeleiteten Typ verwendet. Er überprüft als einziger, ob die Konvertierung auch erfolgreich ist. Im Fehlerfall wird in einen NULL-Zeiger konvertiert oder im Falle der Konvertierung von echten C++-Referenzen im Fehlerfall eine Ausnahme vom Typ bad_cast erzeugt.

In Java gibt es ganz entsprechend das Schlüsselwort instanceof. Mit instanceof kann zur Laufzeit festgestellt werden, ob ein definiertes Objekt vom Typ einer Klasse ist.

```
void f(Vorgang* v) {
    if (dynamic_cast
        <ProduktionsVorgang*>(v)) {
        ...
    }
}
```

```
void f(Vorgang v) {
    if (v instanceof ProduktionsVorgang) {
        ...
    }
}
```

## Der `reinterpret_cast`-Operator in C++

Der Operator **reinterpret_cast** erlaubt es, einen Zeiger auf einen beliebigen Typ in einen Zeiger auf einen beliebigen anderen Typ zu konvertieren. Der aus C bekannte Allzweck-Konvertierungsoperator (Zieltyp)Ausdruck erlaubt das natürlich *leider* auch.
Beispiel:

```
typedef struct{char b1, b2, b3, b4} BYTES;
int    ix = 1111;
BYTES* pbx = reinterpret_cast<BYTES*>(&ix);
// Die Bytedarstellung von ix kann nun ausgegeben werden.
```

## Gegenüberstellung von `reinterpret_cast`, `dynamic_cast` und `static_cast`

Der Operator reinterpret_cast ist der *gefährlichste* aller Konvertierungsoperatoren, da er die Konvertierung zwischen beliebigen nicht verwandten Zeigertypen ermöglicht! reinterpret_cast liefert immer den gleichen Wert zurück wie sein Argument, d.h. die übergebene Adresse, nur der Typ der Referenz/des Zeigers ändert sich. Für die beiden Operatoren static_cast und dynamic_cast gilt dies nicht unbedingt. Die Anwendung aller drei Operatoren kann im konkreten Fall syntaktisch richtig sein, allerdings zur Laufzeit durchaus zu unterschiedlichen Ergebnissen führen, wie das folgende Beispiel zeigt:

```
class ReifeVorgang{int i, j, k;};
class LagerVorgang{double d;};
class Veredelung : public ReifeVorgang, public LagerVorgang {double x;};

    Veredelung* pve = new Veredelung;
    LagerVorgang* plv2 = reinterpret_cast<LagerVorgang*>(pve);
    cout << "Org " << pve << " Cast " << plv2 << endl;


    LagerVorgang* plv1 = static_cast<LagerVorgang*>(pve);
    cout << "Org " << pve << " Cast " << plv1 << endl;


    LagerVorgang* plv3 = dynamic_cast<LagerVorgang*>(pve);
    cout << "Org " << pve << " Cast " << plv3 << endl;
```

Die Ausgabe könnte hier z.B. wie folgt sein.

```
Org 00322EB0 Cast 00322EB0 // reinterpret_cast——> beide gleich
Org 00322EB0 Cast 00322EC0 // static_cast ——> unterschiedlich
Org 00322EB0 Cast 00322EC0 // dynamic_cast ——> unterschiedlich
```

Der `dynamic_cast`-Operator wäre der einzige Operator, der zur Laufzeit herausfinden könnte, ob `pve` auch wirklich auf einen `LagerVorgang` zeigt. Wenn das nicht der Fall wäre, würde er als einziger den `NULL`-Zeiger liefern bzw. eine `bad_cast`-Ausnahme werfen.

## 9.3.5  Die Verwendung von Vererbung

Wir haben Vererbung hier so motiviert, dass bei Vorliegen einer **ist ein**-Beziehung eine Vermeidung von Code-Duplikation über Copy & Paste auf jeden Fall wünschenswert ist und dass Vererbung ein probates Mittel dafür darstellt. Wir haben *nicht* gesagt, dass jede Art von Code-Duplikation über Vererbung vermieden werden kann oder soll.

Ein Beispiel mag diesen Sachverhalt verdeutlichen.

**Peter:** Peter schreibt folgende Klasse:

```
class Quadrat {
  protected double kantenlaenge;
  protected double positionx,positiony;

  public void setBreite(double k) { kantenlaenge=k; }
  public double getBreite() { return kantenlaenge; }
  public void setHoehe(double k) { kantenlaenge=k; }
  public double getHoehe() { return kantenlaenge; }
  public double getFlaeche() { return kantenlaenge*kantenlaenge; }
  public double verschiebe(int x,int y) { positionx+=x; positiony+=y; }
}
```

Peter erhält ein *Rechteck* aus seinem `Quadrat`, indem er einfach eine weitere Kantenlänge hinzufügt. Etwa wie folgt:

```
class Rechteck extends Quadrat {
  protected double kantenlaenge2; // als Hoehe

  public void setHoehe(double k) { kantenlaenge2=k; }
  public double getHoehe() { return kantenlaenge2; }
  public double getFlaeche() { return kantenlaenge*kantenlaenge2; }
}
```

Die Klasse `Rechteck` erbt dann von `Quadrat` die Positionsattribute und die `verschiebe`-Funktion, die beim `Rechteck` genauso funktioniert wie beim `Quadrat`.

**Paul:** Paul geht genau umgekehrt vor, er beginnt mit einem `Rechteck`:

```
class Rechteck {
  protected double kantenlaenge,kantenlaenge2;
  protected double positionx,positiony;

  public void setBreite(double k) { kantenlaenge=k; }
  public double getBreite() { return kantenlaenge; }
  public void setHoehe(double k) { kantenlaenge2=k; }
  public double getHoehe() { return kantenlaenge2; }
  public double getFlaeche() { return kantenlaenge*kantenlaenge2; }
  public double verschiebe(int x,int y) { positionx+=x; positiony+=y; }
}
```

Ein Quadrat ist für Paul ein Spezialfall eines Rechtecks, daher argumentiert er, dass die zweite Kantenlänge immer gleich der ersten ist. Er leitet `Quadrat` von `Rechteck` ab:

```
class Quadrat extends Rechteck {
  public void setBreite(double k) { kantenlaenge2=kantenlaenge=k; }
  public void setHoehe(double k) { kantenlaenge2=kantenlaenge=k; }
}
```

Dabei erbt er den Großteil der Funktionalität von `Rechteck`, nur die Nebenbedingung muss er in den set-Methoden garantieren.

Peter und Paul streiten sich nun darum, wer es richtig gemacht hat. Paul behauptet, Peters Lösung wäre falsch, er müsse doch nur mal überlegen: Es ist eben *nicht* jedes Rechteck ein Quadrat! Wohl aber ist jedes Quadrat ein Rechteck! Daraufhin experimentiert Peter mit Pauls Lösung und konfrontiert ihn mit folgender Funktion: Sie soll die Fläche eines Rechtecks verdoppeln, indem jede Kantenlänge mit $\sqrt{2}$ multipliziert wird:

```
void f(Rechteck x) {
  x.setBreite(x.getBreite()*Math.sqrt(2));
  x.setHoehe(x.getHoehe()*Math.sqrt(2));
}
```

Diese Funktion funktioniert mit Pauls Rechteck wunderbar. Wenn Peter aber Pauls Quadrat (Quadrat ist ein Rechteck) in die Funktion einsetzt, dann liefert die Funktion falsche Ergebnisse. Eine anfängliche Kantenlänge von 2 wird nach der ersten

Anweisung zu $2 \cdot \sqrt{2}$, und die zweite Anweisung führt zu einer Kantenlänge von 4 – und damit zu einer Vervierfachung der Fläche. Bei seiner Lösung, so Peter, würde die Funktion mit Rechtecken funktionieren, aber für Quadrate könne man sie nicht aufrufen, daher wäre seine Lösung besser. Paul kontert, dass bei Peters Lösung alle Funktionen mit Quadraten als Argument auch mit Rechtecken aufgerufen werden könnten: Man könne leicht Beispiele finden, bei denen die Funktion mit einem übergebenen Rechteck fehlschlägt.

Wir blenden die fruchtlose Diskussion an dieser Stelle aus und halten fest: Vielleicht ist der Einsatz der Vererbung nicht so einfach, wie im ersten Moment gedacht. Wenn wir bei einem so einfachen Beispiel schon so viel diskutieren, hilft uns die Vererbung dann eigentlich?

Die Antwort lautet: Weniger als allgemein angenommen. Das wichtigere Element der Objektorientierung ist die Polymorphie, nicht die Vererbung! Beim Einsatz von Vererbung wird auch immer eine **ist ein**-Beziehung etabliert. In der praktischen Anwendung wird aus Effizienzgründen auch ab und zu Vererbung eingesetzt, wenn eine solche **ist ein**-Beziehung eigentlich gar nicht vorliegt (siehe Peter). Dass die Variante von Paul auch nicht gut funktioniert, liegt an der Schnittstelle. Dabei ist zu beachten, dass die Schnittstelle nicht nur aus den Methodendeklarationen, sondern auch aus der Semantik/Spezifikation besteht. In der gemeinsamen Schnittstelle (`Rechteck`) gibt es Methoden, deren Semantik sich zwischen Rechteck und Quadrat stark unterscheidet: Bei `setBreite(double k)` wird einmal nur die Breite und einmal die Kantenlänge (Länge und Breite) auf `k` gesetzt, was semantisch nicht gleichwertig ist. Wenn wir die Semantik dieser Funktionen vorher eindeutig definiert hätten, hätten wir auch sagen können, ob beide Klassen die Schnittstelle erfüllen. Ohne Spezifikation nur auf die *selbsterklärenden Methodennamen* zu bauen, ist risikoreich und führt zu den oben geschilderten Problemen. Dabei hätte ein einfacher Test für das Interface von `Rechteck` genügt, um diese Problematik zu entlarven:

```
boolean test1(Rechteck r) {
  r.setBreite(2);
  r.setHoehe(2);
  if (r.getFlaeche()!=4) return false;
  r.setHoehe(4);
  if (r.getFlaeche()!=8) return false;
  r.setBreite(4);
  if (r.getFlaeche()!=16) return false;
  return true;
}
```

Dies ist nur ein sehr einfacher Test, aber auch einfache Tests sind viel besser als keine Tests. Insbesondere muss dieser Test mit *allen* Rechtecken funktionieren. Wenn Paul durch die Vererbung auch ausdrückt, dass ein Quadrat ein Rechteck ist, dann können wir diese Aussage prüfen, indem wir `test1` für ein Quadrat aufrufen – und der Test schlägt fehl; ein Quadrat erfüllt die Spezifikation der Rechteck-Schnittstelle nicht!

Wie sehen die Auswege aus? Erstens kann man Code-Duplikation auch anders vermeiden, bspw. durch eine *benutzt*- oder **hat ein**-Beziehung statt einer **ist ein**-Beziehung.

```
class Rechteck {
  private Quadrat quadrat;
  private double kantenlaenge2;
  // ...
  public double getFlaeche() { return quadrat.getKantenlaenge()*kantenlaenge2; }
  public double verschiebe(int x,int y) { quadrat.verschiebe(x,y); }
}
```

Wenngleich die Vorstellung, ein Rechteck bestünde aus einem Quadrat und einer weiteren Kantenlänge, eher zweifelhaft ist, so ist das in anderen Situationen nicht unbedingt der Fall und – viel wichtiger – wir erkaufen uns die vermiedene Code-Duplikation nicht durch eine ungewollte **ist ein**-Beziehung. Zweitens können wir die gemeinsame Schnittstelle auf ein Maß reduzieren, bei dem keine Konflikte mehr auftreten. Zum Beispiel reduzieren wir die Rechteck-Schnittstelle um alle setter-Methoden (und definieren damit ein Interface `GeomFigur`), dann kann man immer noch die Größe und Fläche abfragen, sogar den Schwerpunkt der geometrischen Figur verschieben. Das Setzen von Breite und Höhe (im Falle eines Rechtecks `Rechteck implements GeomFigur`) oder einer Kantenlänge (im Falle eines Quadrats `Quadrat implements GeomFigur`) sind nicht allgemein genug, sondern spezifisch für die speziellen geometrischen Figuren. Wenn nötig, kann man als weitere Zwischenstufe in der Hierarchie noch das Interface `Viereck` einfügen, von dem dann sowohl `Rechteck` als auch `Quadrat` abgeleitet werden.

> Vererbung ist in der Praxis oft durch die Vermeidung von Code-Duplikation motiviert. Leider lässt sich die Code-Duplikation von der Deklaration der **ist ein**-Beziehung nicht trennen. Ohne eine Spezifikation der Schnittstellensemantik ist es bereits bei einfachen Beispielen nicht trivial, sicherzustellen, ob alle Realisierungen konform zueinander sind. Tests können hier die (partielle) Überprüfung der Semantik übernehmen.

Das Konzept *Vererbung* wird von vielen Sprachen unterstützt. Es ist aber festzustellen, dass die Verwendung der Vererbung (zumindest in Java und C++) uneinheitlich ist. Es gibt hier unterschiedliche Standpunkte zu ihrer Anwendung, z.B.:

1) *Klassen* und *Vererbung* sind Sprachkonzepte, die so eingesetzt werden, wie es gerade praktisch ist (**Pragmatik**).

2) Eine *Klasse* ist ein Konzept zur Realisierung eines *abstrakten Datentyps*. *Vererbung* wird verwendet, um aus einer Realisierung des abstrakten Datentyps eine neue Realisierung abzuleiten, die zur ursprünglichen Klasse in einer „**ist ein (is a)**"-Beziehung steht (**Spezialisierung**).

3) Wie 2), doch mit der Zusatzbedingung, dass die abgeleitete Klasse eine Erweiterung der ursprünglichen Klasse (d.h. der Basisklasse) darstellt. Damit beinhaltet die abgeleitete Klasse die Basisklasse und kann an die Stelle der Basisklasse treten (**Typerweiterung, Subtyping**).

Gesichtspunkt 1) beinhaltet keine weiteren Entwurfsrichtlinien; er erlaubt, was die Sprache hergibt. Entwurfsrichtlinien (design rules) dienen aber dem Zweck, Programme durchschaubarer, sicherer und wartbarer zu machen, und darauf sollte gerade bei Verwendung des komplexen Konzeptes *Vererbung* nicht verzichtet werden!

Gesichtspunkt 3) kommt von N. Wirth, der aus dieser Sicht die Sprache Oberon als
Nachfolgerin von Pascal und Modula entwickelt hat. Typerweiterung bedeutet, dass
eine abgeleitete Klasse die Oberklasse als Untermenge enthält, und die Ableitung
fügt etwas hinzu. Das Konzept Typerweiterung ist relativ einfach und klar, und es
kann auch in Java und C++ als *eingegrenzte Sicht der Vererbung mit einer klaren
Semantik* verwendet werden.

Gesichtspunkt 2) ist wesentlich umfassender, aber auch komplexer in der Anwendung. Er hält sich im Grunde nur an die Semantik, die durch die UML-Notation
und die Umsetzung in eine objektorientierte Sprache vorgegeben ist. Wenn B von A
abgeleitet ist, dann erlaubt es nun einmal die Sprache, B überall dort einzusetzen,
wo ein A erwartet wird (automatischer Upcast, vgl. Abschn. 9.3.4).

In der Praxis scheint es, als wäre Gesichtspunkt 3) ein besserer Ratgeber für den Einsatz von Vererbung: Ein Quadrat stellt keine Erweiterung eines Rechtecks dar, denn
es kommen keine Attribute hinzu, also sollte Vererbung hier nicht verwendet werden.
Aber es kann auch subtilere Fälle geben: Ein SchnellerVorgang ist ein Vorgang – er
fügt aber kein Attribut hinzu, also keine Vererbung. Ein SchnellerTransportVorgang
ist ein Vorgang, der etwas hinzufügt (nämlich Attribute für den Transport), also
wäre Vererbung angebracht? Nein, bei SchnellerTransportVorgang handeln wir uns
dieselben Probleme ein wie bei SchnellerVorgang, es ist also nicht allein die Frage
entscheidend, ob Attribute hinzukommen. Entscheidend ist, ob eine *Einschränkung*
oder *Bedingung* an die Oberklasse gestellt wird, unabhängig davon, ob Attribute
hinzukommen oder nicht. Solche Bedingungen wirken sich potentiell auf alle Methoden der Oberklasse aus, die von einer zusätzlichen Bedingung ja nichts wissen. Sie
einfach unverändert zu übernehmen (zu erben) ist gefährlich, denn das Ergebnis der
Methode hält sich nicht unbedingt an die neu gestellte Bedingung. Also sollte in
solchen Fällen von Vererbung abgesehen werden.

> Bei Ableitungen von konkreten Klassen können Probleme auftreten. Deshalb
> sollte entweder nur von Interfaces (oder abstrakten Klassen) abgeleitet werden,
> oder es sollte sich um eine echte Typerweiterung einer konkreten Klasse handeln
> (ohne Einführung von Bedingungen).

### 9.3.6   Gegenüberstellung: Templates und Polymorphie

Eine Schablone parametrisiert die Deklaration eines Typs oder einer Funktion mit
einem anderen Typ. Der Code, der die Schablone implementiert, ist identisch für alle
konkreten Werte der Parametertypen. Bei Verwendung von Polymorphie und dynamischer Bindung implementiert eine Klasse ein Interface. Code für verschiedene Implementierungen der abstrakten Klasse kann in einer Klassenhierarchie gemeinsam
genutzt werden, und der Code, der die Schnittstellen der Interface-Klasse verwendet, ist unabhängig von der konkreten Implementierung des Interfaces. Das folgende
Listing zeigt die Ähnlichkeit beider Ansätze: Alle Elemente des Arguments vom Typ
Stack werden gelöscht, einmal jedoch ist Stack ein Template-Parameter und das andere Mal ein Interface. In beiden Fällen können unterschiedliche Realisierungen eines

Stacks von der Funktion benutzt werden (für das rechte Listing setzen wir den Stack aus Abschn. 8.2.5 voraus). Daher werden sie beide als Polymorphismus bezeichnet. Um sie unterscheiden zu können, spricht man im Zusammenhang mit dem dynamischen Binden vom *Laufzeit-Polymorphismus* und im Zusammenhang mit Templates vom *Compilezeit-Polymorphismus*.

```
template <class Stack>
void clearStack(Stack s) {
  while (!s.isEmpty()) s.pop();
}
```

```
void clearStack(Stack s) {
  while (!s.isEmpty()) s.pop();
}
```

In rein objektorientierten Sprachen wie Smalltalk, Eiffel und Java ist **Laufzeit-Polymorphismus** die einzige Möglichkeit, um generische und heterogene Strukturen zu entwickeln (Generics fügen Java keinen Compilezeit-Polymorphismus hinzu). Eine typische generische Struktur ist in dem Zusammenhang ein Container (z.B. eine Liste, ein Array oder ein Stapel), der wahlweise mit verschiedenen Typen von Elementen gefüllt sein kann, wobei alle Elemente eines Containers aber jeweils den gleichen Typ haben: *Der Inhalt ist homogen.* Eine typische heterogene Struktur ist demgegenüber ein Container, der gleichzeitig mit Elementen verschiedenen Typs gefüllt sein kann: *Der Inhalt ist heterogen.*

Die klassische polymorphe Realisierung mit dynamischer Bindung zur Laufzeit verwendet eine abstrakte Basisklasse und eine umfangreiche Hierarchie davon abgeleiteter Klassen mit virtuellen Funktionen zur Definition von Elementtypen und von Containertypen; gefährliche *Downcasts* sind unvermeidbare Konstruktionselemente, die Typüberprüfung erfolgt zur Laufzeit.

Die alternative Realisierung auf der Basis von Templates kann vollständig auf die Verwendung von virtuellen Funktionen verzichten; es wird streng statisch typisierter Code generiert, d.h. die Typüberprüfung findet zur Compile-Zeit statt (siehe Abschn. 9.3.6); ein weiterer Vorteil sind die einfachere Benutzbarkeit und in C++ die bessere Laufzeiteffizienz. Die *Standard Template Library (STL)* ist eine inzwischen weithin bekannte Vertreterin dieses *generischen Ansatzes* (siehe auch C++-Kompendium [30, Kap. 11]).

Im Falle der heterogenen Struktur gibt es keine Alternative zum Laufzeit-Polymorphismus; im Falle der generischen Struktur bietet sich in C++ in vielen Fällen der Compile-Zeit-Polymorphismus in der Form typparametrisierter Klassen als Alternative an.

Man könnte nun meinen, dass sich die Java-Lösung mit Templates (Listing 8.18, Abschn. 8.3.1) nicht von einer Lösung mit Polymorphie, wie sie Listing 9.11 zeigt, unterscheidet.

Allerdings findet in der polymorphen Lösung keine Prüfung zur Compile-Zeit statt. Es gibt nicht einmal einen Laufzeitfehler. Der `Stapel` ist hier somit quasi *doppelt generisch*: Er kann zum einen verschiedene Objekttypen aufnehmen und dies sogar gleichzeitig. In C++ gibt es keine Basisklasse wie `Object`, von der sich alle anderen Klassen ableiten, sodass die polymorphe Lösung in C++ so nicht möglich wäre. Man könnte sich allerdings mit nicht-typisierten Zeigern (`void*`-Zeigern) behelfen.

Java 9.11: Polymorphe Klasse `PolyStapel` mit Anwendungsprogramm

```java
public class PolyStapel {
  Object[] data;
  private int top, size;

  public Stapel(int s, Object x) {
    data = new Object[s];
    size = s; top = 0;
  }
  public void push(Object x) {
    data[top++] = x;}
  public Object pop() {
    return data[--top];}
  public boolean isEmpty () {
    return top == 0;}
}
```

```java
public class DemoTemp {
  public static void main(String[] args) {
    PolyStapel s1=new PolyStapel(3);

    for (int i=0; i<3; i++) {
      Double d = i * 2.5; s1.push(d);
    }

    while ( ! s1.isEmpty() ) {
      System.out.print(s1.pop()+" ");
    }
    // jetzt kein Syntaxfehler !!!
    String n="AB"; s1.push(n);
  }
}
```

(Poly/Stack/PolyStapel.java)        (Poly/Stack/PolyDemoTemp.java)

Benötigen wir unsere Netzplanung lediglich zur Planung von `Transportvorgängen` oder zur Planung von `Produktionsvorgängen`, aber niemals zur Planung von beiden gleichzeitig, so wäre die Verwendung einer Schablonenklasse `Netz` eine gute Wahl.

```cpp
template <typename V>
class Netz {
 private:
  /* ... */
  V* vorg[MAX]; // Knoten
 public:
  void fuegeHinzu(V *v);
  const V& getVorgang(int i) const;
  /* ... */
};
```

```cpp
public class Netz<V> {
/* ... */
 private V vorg[] =
          (V[]) new Object[MAX];
 public void fuegeHinzu(V v) { /* ...*/ }
 public V getVorgang(int i) { /* ...*/ }
/* ... */
```

Benötigen wir dagegen sowohl `Transportvorgänge` als auch `Produktionsvorgänge` gleichzeitig, so müssen wir Laufzeit-Polymorphismus verwenden.

Bei Programmiersprachen wird häufig *Orthogonalität* oder auch *Disjunktivität* als wichtiges Qualitätskriterium angesehen, was bedeutet, dass es im Wesentlichen für jede Aufgabe ein passendes Sprachkonstrukt (nicht mehrere) geben sollte. Damit stellt sich hier die Frage: *Wann ist Compile-Zeit-Polymorphismus gegenüber Laufzeit-Polymorphismus zu bevorzugen und wann nicht?*

- Templates sind gegenüber Interfaces zu bevorzugen, wenn Laufzeiteffizienz ganz **Tipp** entscheidend ist (z.B. in Echtzeitanwendung; in betrieblichen Anwendungen spielt der Unterschied keine Rolle).

- Interface-Klassen sind zu bevorzugen, wenn neue Varianten ohne erneute Übersetzung hinzugefügt werden sollen.

In C++ sind Templates im Gegensatz zur Polymorphie auch noch einsetzbar, wenn **C++** keine gemeinsame Basisklasse existiert, oder dann, wenn auch Standardtypen (z.B. `int`, `double`) als Schablonenparameter eingesetzt werden sollen.

**Einschränkung der Schablonenparameter**

Im Abschn. 2.4 haben wir generische Funktionen kennengelernt. Auf Seite 48 wurde eine generische Variante für den *Bubblesort*-Algorithmus vorgestellt. Dieser Algorithmus ist allerdings nur auf Typen anwendbar, bei denen zwei Instanzen dieser Typen miteinander verglichen werden können.

In C++ geschieht dies durch den Vergleichsoperator, beim Compilieren merkt der C++-Compiler, ob ein solcher verfügbar ist. Ist das nicht der Fall, d.h. wird `bubbleSort` z.B. für ein Array vom Typ `Vorgang` aufgerufen, ergibt sich in C++ entweder sofort ein Syntaxfehler, oder spätestens der Linker erkennt ein Fehlen der beiden Operatoren.

In Java müssen die `compareTo`- und `equals`-Methoden existieren und sinnvoll überladen sein. Um auch in Java den Bubblesort generisch schreiben zu können, müssen wir diese Eigenschaft des Typparameters (Existenz von `compareTo`) bereits beim Schablonenparameter mit angeben:

```
public static <T extends Comparable>
void bubbleSort(int beg,int st, T[] f){
/* . . . */
}
```

Jetzt wird bereits der Compiler einen Fehler melden, wenn `bubbleSort` mit einem Typ aufgerufen wird, der nicht die Schnittstelle `Comparable` implementiert.

Die Einschränkung des Typs mit dem Schlüsselwort `extends` ist sowohl bei Funktions- als auch bei Klassendeklarationen möglich. Soll der konkrete Typ zu mehreren Typen passen, d.h. mehrere Schnittstellen implementieren, so lassen sich mit & noch weitere Oberklassen hinzunehmen, z.B. `public class X <T extends O1 & O2 & O3> { ... }`. Hierbei darf entsprechend dem Konzept der Mehrfachvererbung (Abschn. 9.3.3) nur einer der Parameter $O_i$ eine Klasse sein, bei den restlichen Einschränkungen muss es sich um Interfaces handeln.

## 9.3.7  Übungen

**C++**  **Übung 9.1:**

Gegeben sind die folgenden Header-Dateien `Figur.h`, `Kreis.h` und `Ring.h`.

```
#include <fstream>
using namespace std;
extern ofstream datei;

class Figur {
  int dummy;
```
(./Poly/KonstrDestrPoly/Figur.h)

```
public:
  Figur() {dummy=0; datei << "+F";}
  ~Figur() {datei << "-F";}
  void Umfang() const {datei<<"F"<< 0;}
  virtual void Flaeche()const=0;
};
```

```
#include "Figur.h"
class Kreis: public Figur {
  protected:
    enum {PI=3};
    int rad; // Außenkreis–Radius
  public:
    Kreis(): rad(4) {
      datei << "+K" << rad << " ";
    }
    Kreis(int r) {
      rad=r;
      datei << "+K" << rad << " ";
    }
```

```
    ~Kreis() {
      datei << "-K" << rad << " ";
    }
    void Umfang()const {
      datei << "K" << 2*PI*rad;
    };
    virtual void Flaeche()const {
      datei << "K" << PI*rad*rad;
    };
};
```

(./Poly/KonstrDestrPoly/Kreis.h)

```
#include "Kreis.h"
// Kreis mit Loch
class Ring: public Kreis {
  int rRad; // Innenkreis–Radius
  public:
    Ring(int r) {
      rRad=r;
      datei << "+R" << rRad << " ";
    }
    Ring(int r, int rr):Kreis(r), rRad(rr) {
      datei << "+R" << rRad << " ";
    }
```

```
    ~Ring() {
      datei << "-R" << rRad << " ";
    }
    void Umfang()const {
      datei << "R" << 2*PI*(rad-rRad);
    }
    virtual void Flaeche() const {
      datei<<"R"<<PI*(rad*rad - rRad*rRad);
    }
};
```

(./Poly/KonstrDestrPoly/Ring.h)

Das zugehörige Anwendungsprogramm ruft nacheinander verschiedene Funktionen auf. Geben Sie bei den folgenden Unteraufgaben an, was durch Aufruf der Funktionen funk1, funk2, ... jeweils in die Datei datei ausgegeben wird.

```
int main() {
  datei << "\nAufgabe a" << endl;
  funk1(); datei << endl << endl;

  datei << "Aufgabe b" << endl;
  funk2(); datei << endl << endl;

  datei << "Aufgabe c" << endl;
  funk3(); datei << endl << endl;

  datei << "Aufgabe d" << endl;
  funk4(); datei << endl << endl;

  datei << "Aufgabe e" << endl;
  funk5(); datei << endl << endl;

  Kreis k(2);
  Ring ring(5,4);
  datei << "Aufgabe f" << endl;
  funk6(k, ring); datei << endl << endl;

  datei << "Aufgabe g" << endl;
  funk7(k, ring); datei << endl << endl;

  datei << "\nAufgabe h" << endl;
    {
    Ring* r = new Ring(ring);
    datei << "Vor Aufruf" << endl;
    funk8(*r);
    datei << "\nNach Aufruf" << endl ;
    delete r;
    }
    datei << endl << "Ende" << endl;

  datei << "\nAufgabe i" << endl;
  /* Warum geht Folgendes nicht!!!
  Ring r_feld[10];
  Figur f_feld[10];
  */
}
```

(./Poly/KonstrDestrPoly/ConstrDestr.cxx)

**a)** Zeichnen Sie zunächst das UML-Klassendiagramm der drei Klassen. Welche Ausgabe ergibt sich durch Ausführung der Funktion `funk1`?

```
void funk1() {
    Kreis k(13); Ring ri(14,2); datei << endl;
}
```

**b)** Welche Ausgabe ergibt sich durch Ausführung der Funktion `funk2`?

```
void funk2() {
    Kreis k; Ring ri(11); datei << endl;
}
```

**c)** Welche Ausgabe ergibt sich durch Ausführung der Funktion `funk3`?

```
void funk3() {
    Kreis* k1[5]; datei << " xxx "; k1[4]=NULL; datei << " yyy "; Kreis k2[2];
}
```

**d)** Welche Ausgabe ergibt sich durch Ausführung der Funktion `funk4`?

```
void funk4() {
    // Heapspeicherverwendung
    Kreis* p = new Kreis(12); delete p;
}
```

**e)** Welche Ausgabe ergibt sich durch Ausführung der Funktion `funk5`?

```
void funk5() {
    // Heapspeicherverwendung
    Figur* p = new Kreis(12); delete p;
}
```

**f)** Welche Ausgabe ergibt sich durch Ausführung der Funktion `funk6`? Veranschaulichen Sie zunächst die Speicherbelegung im Stack- und im Heap-Programmspeicher zum Zeitpunkt /* 1 */ unter Beachtung der beiden Hauptprogramm-Variablen k und ring, mit denen `funk6` aufgerufen wird.

```
void funk6(const Kreis& k6, const Ring& ring6) {
    k6.Umfang(); datei << " "; k6.Flaeche(); datei<< " "; /* 1 */
    ring6.Umfang(); datei << " "; ring6.Flaeche(); datei << endl;
}
```

**g)** Welche Ausgabe ergibt sich durch Ausführung der Funktion `funk7`? Veranschaulichen Sie zunächst die Speicherbelegung im Stack- und im Heap-Programmspeicher zum Zeitpunkt /* 2 */ unter Beachtung der beiden Hauptprogramm-Variablen k und ring, mit denen `funk7` aufgerufen wird.

```
void funk7(Kreis& k, Ring& ring) {
    Figur* vec[2]; vec[0]=&k; vec[1]=&ring; /* 2 */
    for (int i=0;i<2;i++) {
        vec[i]->Umfang(); datei << " ";
        vec[i]->Flaeche(); datei << " ";
    } }
```

Warum können die beiden Parameter hier im Unterschied zur Funktion `funk6` nicht als `const` übergeben werden?

**h)** Welche Ausgabe ergibt sich durch Ausführung der Funktion `funk8`, d.h. zwischen den Ausgaben `Aufgabe h` und `Ende` (Ausgaben erfolgen in der Funktion `funk8` **und** in `main`)?

Veranschaulichen Sie zunächst die Speicherbelegung im Stack- und im Heap-Programmspeicher zum Zeitpunkt /\* 3 \*/ unter Beachtung der Hauptprogramm-Variablen `ring` und `r`.

```
void funk8(Kreis f) {
    f.Umfang(); datei << " "; /* 3 */
    f.Flaeche(); datei << " ";
}
```

**i)** Warum kann kein Array erzeugt werden, dessen Elemente Objekte der Klassen `Figur` bzw. `Ring` sind?

**j)** In zwei Funktionen wird Heap-Speicher angefordert. Wie viel Prozent dieses Heapspeichers werden wieder freigegeben? Begründen Sie Ihre *Rechnung*.

## Übung 9.2:                                                                 **Java**

Gegeben sind zwei Beispielprogramme. Geben Sie jeweils die Ausgabe an. Prüfen Sie sorgfältig, wann Polymorphie zum Einsatz kommt und wann nicht.

```
class A {
    int i = 2;
    A() { System.out.println("A"); }
    void f(A a) { System.out.println(i); }
}
class B extends A {
    int j = 3;
    B() { System.out.println("B"); }
    void f(A a) { System.out.println(j); }
    void f(B a) { System.out.println(2*j); }
}
class Main1 {
    public static void main(String[] args) {
        A a = new B();
        A b = new A();
        B c = new B();
        a.f(b); b.f(a); c.f(c);
} }
```

```
interface A {
    public void f(A x);
    public void g(B x);
}
class B implements A {
    public void f(A x) { /* Ausgabe "1" */ }
    public void f(B x) { /* Ausgabe "2" */ }
    public void g(B x) { /* Ausgabe "3" */ }
    public void g(C x) { /* Ausgabe "4" */ }
}
class C extends B {
    public void f(A x) { /* Ausgabe "5" */ }
    public void f(C x) { /* Ausgabe "6" */ }
}
class Main3 {
    public static void main(String[] args) {
        B b=new B(); C c=new C(); A a=c;
        a.f(a); a.f(b); a.f(c); a.g(c); a.g(b);
        b.f(a); b.f(b); b.f(c); b.g(c); b.g(b);
        c.f(a); c.f(b); c.f(c); c.g(c); c.g(b);
    }
}
```

## 9.4   Zusammenfassung

Wir haben in diesem Kapitel die Austauschbarkeit von verschiedenen Implementierungen derselben Schnittstelle über statische und dynamische Bindung kennengelernt. Diese nützliche Technik verbirgt Komplexität vor dem Benutzer, da er nur die Schnittstelle kennen muss. Wir haben gesehen, wie sich *dynamische Bindung* auch mit prozeduralen Sprachmitteln erreichen lässt und wie wir sie in objektorientierten Sprachen nutzen:

- Bei statischer Bindung ist bereits zur Compile-Zeit bekannt, welche Implementierung benutzt wird. Bei dynamischer Bindung wird die Entscheidung zur Laufzeit von Fall zu Fall getroffen.

- Dynamische Bindung bedeutet nicht, dass immer „*die richtige Methode aufgerufen wird*", sie erfolgt nur dort, wo über den Punkt- bzw. Pfeiloperator eine (virtuelle) Methode aufgerufen wurde, die mit identischem Prototyp in mehreren Implementierungen überladen wurde.

- In der Klassen- oder Schnittstellenhierarchie werden Upcasts sozusagen automatisch (implizit) vorgenommen (eine Unterklasse kann alles, was die Oberklasse auch kann), Downcasts sind potenziell fehleranfällig und müssen mit Sorgfalt behandelt werden.

- Die Verwendung von Vererbung ist meistens durch die Vermeidung von Code-Duplikation motiviert, man darf aber nicht außer Acht lassen, dass damit auch immer eine **ist ein**-Beziehung etabliert wird.

- Typkonvertierungen und ihr Zweck sollten nicht verschleiert werden. Insbesondere C++ stellt für jeden Zweck einen eigenen Konvertierungsoperator zur Verfügung.

# Kapitel 10

# Entwurfsprinzipien für Software

Wir haben auf dem Weg durch die vorangegangenen Kapitel fast immer die Reduktion von Komplexität als Ziel gehabt (Verbesserung der Lesbarkeit, Entkopplung von Funktionalität, Geheimnisprinzip, Schnittstellen). Auf diese Weise hat sich uns die objektorientierte Progammierung als logische Konsequenz ergeben. Richtig eingesetzt, können wir Software so ein ganzes Stück durchschaubarer gestalten, aber bei größeren Anwendungen kann natürlich auch ein objektorientiertes Programm wieder schwer durchschaubar und wartbar werden. Wir haben Fortschritte erzielt, aber das Problem nicht vollständig gelöst. Eine endgültige Lösung wird es aber auch nie geben: Mit jedem Schritt nach vorne versetzen wir uns in die Lage, noch komplexere Systeme zu beherrschen, sodass uns die gleichen Probleme auf höherer Stufe wieder begegnen.

In diesem Kapitel beschäftigen uns die Organisation und das Zusammenspiel von Klassen und Objekten. Statt Code-Fragmente in Funktionen aufzuteilen (vgl. Kap.2), werden wir hier Funktionalität in Klassen und Klassenhierarchien organisieren. Ausgehend von einer Beispielanwendung werden wir demonstrieren, wie man von der Problemstellung zu Klassen, Methoden, Attributen und vor allem zu Klassenbeziehungen gelangt.

Zunächst stellen wir die Aufgabe zur Entwicklung einer Software-Lösung für das Bestellwesen des Computerhändlers S&B vor. Dann führen wir entsprechend dem in Kap. 7 besprochenen Vorgehen einen (Teil-)Entwurf durch. Wieder untersuchen wir kritisch, wie wir unsere Lösung verbessern können. Schließlich lernen wir als nächste Stufe zur Komplexitätsreduktion *Muster* kennen.

## 10.1 Analyse und Design an einer Beispielanwendung

Der Computer-Zwischenhändler *Schnell und Billig* (S&B) verkauft fertig eingerichtete Computersysteme an Firmen und Computer-Discounter. S&B kauft die einzelnen

Komponenten bei verschiedenen Herstellern direkt ein, baut sie zusammen und installiert die vom Kunden gewünschte Software. Wichtig für die Kunden von S&B ist, dass sie sich auf Terminzusagen von S&B hundertprozentig verlassen können. Dafür zahlen sie auch gerne ein paar Euro mehr. Entsprechend wichtig ist es für S&B, genaue Terminzusagen abzugeben.

Bisher war die Preis- und Terminkalkulation immer sehr erfolgreich, weil der Firmenchef mit einer Wahrsagerin verheiratet war. Leider haben sich die beiden nun scheiden lassen, sodass in jüngster Zeit die Kalkulationen häufig daneben lagen. S&B beschließt deshalb, bei Ihnen ein Software-System zur Termin- und Preiskalkulation zu bestellen. Bei der ersten Besprechung bringen Sie Folgendes in Erfahrung:

> Üblicherweise rufen die Kunden am Freitagnachmittag bei S&B an und erwarten bis Montagmittag ein verbindliches Angebot. Die Bestellgröße liegt meistens bei zehn bis einigen Hundert Computersystemen, manchmal aber auch noch deutlich darüber. Ein Computersystem besteht meist aus einem PC inklusive Software, einem Monitor, einem Drucker sowie diversem Zubehör wie Lautsprechern, Maus und Tastatur. Die PCs selbst bestehen aus den einzeln gekauften Komponenten Prozessor, Arbeitsspeicher, Festplatte, CD/DVD-Laufwerk, Hauptplatine, Grafikkarte, Modem, Soundkarte sowie einem Gehäuse mit Netzteil. Die PC-Komponenten existieren in unterschiedlichen Varianten, wie die Tabelle 10.1 zeigt.

Tabelle 10.1: Komponentenvarianten

| Komponente | Varianten | Test |
|---|---|---|
| Prozessorleistung in GHz | 1,6; 2,4; 3,0; 6.0 | x |
| Arbeitsspeicher in MByte | 1024;1536; 2048; 4096 | x |
| Festplatte in GByte | 160; 200; 320; 540; 1600 | x |
| CD/DVD-Laufwerk | | |
| Hauptplatine | | x |
| Grafikkarte | normal, TV, Radio/TV | |
| Modem | 36 kBit/s, 50 kBit/s | |
| Soundkarte | | |
| Gehäuse mit Netzteil | 200W, 300W, 400W, 500W | x |
| Drucker | Laser, Tinte | |
| Monitor in Zoll | 15, 17, 19, 21, 23, 28, 34 | |
| Tastatur | Standard | |
| Maus | einfach, edel, Luxus | |
| Lautsprecher | ohne, einfach, edel, Luxus | x |
| Betriebssystem | Linux, Windows | |
| Standardsoftware | ohne, SW-A, SW-B, SW-C | |

Nach Eingang einer Bestellung bestellt S&B fast jede Komponente bei einem Lieferanten, es gibt kaum Lagerbestand. Je nach Lieferant und bestellter Stückzahl werden die Komponenten dann in wenigen Tagen geliefert oder müssen ggf. bei größeren Stückzahlen zunächst gefertigt werden. Nach der Lieferung unterzieht S&B derzeit die in Tabelle 10.1 mit einem „x" markierten Komponenten zunächst einem Test, dessen Dauer von der Bestellmenge abhängt.

Anschließend erfolgt der Verbau der Einzelkomponenten. Nach Einbau bzw. Anschluss aller Komponenten wird die Software installiert. Das System wird getestet, ausgeliefert und vor Ort in Betrieb genommen. Die Dauer dieser Vorgänge hängt hier jeweils von der Anzahl der bestellten Systeme ab.

Um die Anwendung nicht zu komplex zu gestalten, gehen wir davon aus, dass verschiedene Bestellungen nicht zeitlich koordiniert werden müssen, um Engpässe bei Personal oder Arbeitsplätzen zu vermeiden.

## 10.1.1 Die Analyse

Auf den wenigen Seiten dieses Kapitels können wir eine geeignete Software nicht vollständig entwickeln. Selbst die Dokumentation aller Anforderungen oder der fertigen Lösung wäre für den Leser nur bedingt hilfreich: Der Weg zur Lösung ist der viel interessantere Teil. Wie aber sehen die einzelnen Schritte im objektorientierten Fall aus? Dabei soll es jetzt aber nicht um die genaue Einhaltung eines bestimmten Vorgehensmodells (vgl. Kap. 7) gehen, sondern um die Vermittlung des prinzipiellen Vorgehens bei Analyse und Entwurf. Sicher werden dabei einige Aspekte unter den Tisch fallen. Für ausgefeilte Vorgehensmodelle und (durchaus hilfreiche, aber oft umfangreiche) Checklisten und Formular-Vorlagen verweisen wir auf die Literatur, z.B. [3, 40].

Rekapitulieren wir zunächst die Ziele der Analyse: Ziel ist die Festlegung des nach außen sichtbaren Verhaltens des Systems *(Anforderungen)*. Um bei komplexeren Sachverhalten die Anforderungen überhaupt sauber erfassen zu können, muss ein Vokabular geschaffen werden, das Auftraggeber und Auftragnehmer gleichermaßen verstehen. Viel hilfreicher als (nur) die Erstellung eines Glossars ist es, nachzuvollziehen, wie das Problem bisher gelöst wird (Erfassung des Ist-Standes). Mit einem erlangten Verständnis über den Ist-Stand ist es viel leichter, die Vorstellungen über den künftigen Soll-Zustand zu artikulieren. In betrieblichen Anwendungen ist meistens vorher nicht ganz klar, welcher Leistungsumfang genau gefordert ist und wie sich ein System in die bisherigen Prozesse einfügen soll. Daher ist es besonders wichtig, links und rechts über den Tellerrand zu schauen, um eine reibungslose Einbettung in (durch das System veränderte) betriebliche Abläufe vornehmen zu können.

In der *objektorientierten Analyse* (OOA) gehört zur Modellierung des Soll-Zustandes die Abbildung des fachlichen Problems in ein System von interagierenden Objekten, die gemeinsam das Problem lösen. Die Problemlösung ist rein fachlich und unabhängig von der Technologie, also insbesondere von der Programmiersprache, in der das System dann implementiert wird, zu formulieren.

### Die Geschäftsfälle

Wie beginnen wir die Analyse? Nach Interviews mit Mitarbeitern von S&B müssen wir unsere Gedanken zunächst sortieren. Natürlich glauben wir, verstanden zu haben, was von uns erwartet wird, aber vieles bleibt unausgesprochen und jeder stellt

sich etwas anderes an diesen Stellen vor. Um aktiv in einen Dialog treten zu können, formulieren wir unser Verständnis in einer Form, die einerseits so konkret ist,
dass möglichst wenig Interpretationsspielraum bleibt, andererseits aber noch nicht so
viel abgedeckt wird, dass eine vollständige Erfassung von vornherein zum Scheitern
verurteilt ist. Ein solcher Schritt besteht z.B. in der Erstellung von *Geschäftsfällen*
*(User Story in XP, Use-Case in UML)*. Ein Geschäftsfall beschreibt eine Abfolge
von Interaktionen zwischen Nutzer und System, die notwendig sind, um ein fachli-
ches Ziel des Nutzers zu verwirklichen. Er beschreibt somit das nach außen sichtbare
Verhalten des Systems. Dabei sollten die beschriebenen Abläufe nicht zu komplex
werden.[1]

Üblicherweise gehören zu einem Geschäftsfall Name, Kurzbeschreibung, ausführen-
der Akteur, der Auslöser für den Geschäftsfall sowie ein Ergebnis von geschäftlichem
Wert. Einige Geschäftsfälle unserer Anwendung sehen vereinfacht wie folgt aus:

• **Dauer ermitteln:** Der Angebotsersteller gibt einen Auftrag für 22 PCs mit jeweils einer Prozessorleistung von 3,0 GHz, einem Arbeitsspeicher von 2048 MByte
  usw. ein. Das System gibt ihm zur Antwort, dass die Bestellung frühestens in neun
  Tagen fertig installiert beim Kunden sein könnte.

• **Kosten ermitteln:** Nach Eingabe eines konkreten Auftrags ermittelt das System,
  dass die Bestellung bei S&B Gesamtkosten in Höhe von ca. 47800 Euro ohne
  MWSt. verursachen würde, wenn man von einem Liefertermin beim Kunden zum
  1. August ausgeht.

• **Preis ermitteln:** Nach Berechnung der Auftragskosten ermittelt das System,
  welchen Betrag S&B dem Kunden für diese Bestellung in Rechnung stellen sollte,
  damit ein ausreichender Gewinn unter Beachtung des Terminrisikos erzielt wird.

Ziel ist es, das gesamte Systemverhalten durch Geschäftsfälle abzudecken. Was nicht
in einem Geschäftsfall vorkommt, läuft Gefahr, später im System nicht realisiert
zu sein. Dass diese drei Geschäftsfälle bei Weitem nicht ausreichen, sollte unmittelbar klar sein. Damit bspw. die Berechnung der Lieferzeiten und Preise möglich
ist, müssen zunächst viele Informationen in das System eingegeben werden (z.B. der
Inhalt der Tabelle 10.1, die verschiedenen Varianten der einzelnen Komponenten,
Lieferzeiten, Produktionszeiten, Preise etc). Die vollständige Erfassung ist aufwändig, daher beschränken wir uns zur Darstellung des Prinzips auf den Geschäftsfall
*Dauer ermitteln*.

Bild 10.1 fasst einige Geschäftsfälle in einem *Use Case-Diagramm* zusammen. Das
*Use Case-Diagramm* gibt auf hohem Abstraktionsniveau einen Überblick über die
Schnittstellen des Software-Systems zu seiner Umgebung (vgl. [33, 40]), also genau
über den Teil, über den wir mit S&B Einigung erzielen müssen. Die Strichmännchen
werden als *Akteure* bezeichnet. Akteure befinden sich stets außerhalb des Systems.
Sie stoßen das Systemverhalten an oder sind von seinem Verhalten abhängig. Die
Akteure können Menschen oder auch andere Anwendungssysteme sein. Eine Linie
zwischen einem Akteur und einem Use Case (als Oval dargestellt) gibt an, dass eine
Kommunikation stattfindet.

---

[1]Der Kaffeepausen-Test von Alistair Cockburn [15] besagt, dass ein Geschäftsfall zu komplex
ist, wenn der Nutzer während der Interaktionen auf die Idee kommt, eine Kaffeepause einzulegen.

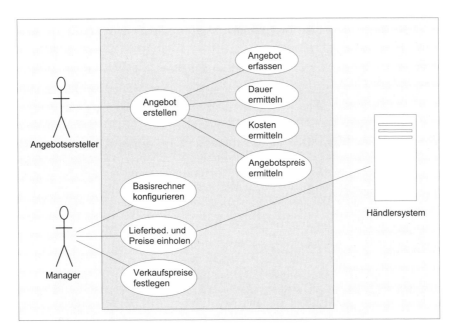

Bild 10.1: Use Cases der Bestell-Software in UML-Notation

Die Geschäftsfälle sind auf fachlicher Ebene noch nicht hinreichend genau beschrieben. Tabelle 10.2 detailliert die verbale Beschreibung durch eine genauere Folge von Interaktionen, die zur Realisierung der Geschäftsfälle erforderlich sind. Dabei ist bspw. zu klären, wie genau ein Computer bei der Eingabe spezifiziert wird (z.B. individuelle Zusammenstellung über Produktnummern oder ausschließlich Auswahl aus vorgefertigten Varianten). Für diesen Schritt sind Unterlagen von S&B hilfreich, die dokumentieren, wie das Unternehmen diesen Geschäftsfall bisher abgewickelt hat. Es sollte auch nicht nur vom (erfolgreichen) Regelfall ausgegangen werden, sondern die Abläufe müssen außerdem für den Fehlerfall festgelegt werden.

## 10.1.2   Das Analyse-Modell

In diesem Abschnitt geht es um eine erste Ermittlung von öffentlichen Methoden, Klassen und ihren Beziehungen zueinander, um die Geschäftsfälle in einem objektorientierten System abbilden zu können. Wie kommen wir nun vom Geschäftsfall *Dauer ermitteln* zu uns bekannten Dingen wie Klassen, Attributen und Methoden?

### Identifikation von Klassen

Das Auffinden von Klassen wird methodisch nur wenig unterstützt und ist eine hochgradig kreative Tätigkeit. Ein bekanntes und vielfach vorgeschlagenes Vorgehen ist, dass man zunächst die verbal formulierten Anforderungen in den Geschäftsfällen

Tabelle 10.2: Aktionen der Geschäftsfälle *Dauer ermitteln* und *Angebot erfassen*

| Ablauf Geschäftsfall: *Dauer ermitteln* |
|---|
| 1. Angebots-Nummer erfragen. Wenn nicht vorhanden, dann Geschäftsfall *Angebot erfassen* durchführen. |
| 2. Frühesten Termin für Inbetriebnahme ermitteln. |

| Ablauf Geschäftsfall: *Angebot erfassen* (telefonisch) |
|---|
| 1. Kunden identifizieren (Namen und Kundennummer erfragen, gespeicherte Kundennummer muss mit Namen übereinstimmen). |
| 2. Produktnummer und Stückzahl für Basis-Rechnervariante vom Kunden entgegennehmen, Klartext-Beschreibung zur Bestätigung vorlesen. |
| 3. Produktnummern und Stückzahl für ergänzende Komponenten vom Kunden entgegennehmen, Klartext-Beschreibung zur Bestätigung vorlesen. |
| 4. Wunschtermin erfassen. |
| 5. Kunde erhält Angebots-/Auftrags-Nummer. |

nach Substantiven durchsucht. Sie sind Kandidaten für Klassen, Verben sind Kandidaten für Methoden und Adjektive geben Hinweise auf Attribute bzw. auf deren Werte. Natürlich sind die so gefundenen Klassen, Methoden und Attribute nur erste Anhaltspunkte, aber immerhin.

Zur Erinnerung nochmals der Anwendungsfall *Dauer ermitteln* mit den Substantiven in **hervorgehobener Schriftart** gesetzt:

> Der **Angebotsersteller** gibt einen **Auftrag** für 22 **PCs** mit jeweils einer **Prozessorleistung** von 3,0 **GHz**, einem **Arbeitsspeicher** von 2048 **MByte** usw. ein. Das **System** gibt ihm zur **Antwort**, dass die **Bestellung** in 9 **Tagen** fertig installiert beim **Kunden** sein könnte.

Im Folgenden listen wir die erhaltenen Substantive auf und geben evtl. eine Begründung, warum wir uns hier gegen eine Klasse entschieden haben:

- Angebotsersteller, Antwort: sind außerhalb des zu modellierenden Systems; siehe Bild 10.1.

- Kunde: mögliche Klasse zur Repräsentation des Auftraggebers.

- Auftrag, Bestellung: mögliche Klassennamen für das gleiche reale Objekt, wir wählen Auftrag.

- PC, System: mögliche Klassennamen für das gleiche reale Objekt, wir wählen Rechner.

- Prozessorleistung, GHz: Attribut bzw. Attributwert von PC.

- Arbeitsspeicher, Prozessor: mögliche Klassen.

- MByte: Attributwert eines Attributes von Arbeitsspeicher.

- Tag: Einheit eines Klassenattributs.

In diesem Fall kommen wir mit dieser einfachen Vorgehensweise schon recht weit. Wir erhalten aus dem Geschäftsfall *Dauer ermitteln* bereits die möglichen Klassen `Auftrag`, `Kunde`, `Rechner` sowie `Arbeitsspeicher`, `Prozessor` etc.

### Identifikation von Beziehungen

Die Sachverhalte sind unmittelbar verständlich, viele Beziehungen liegen auf der Hand. Zu einem `Auftrag` gehören ein `Kunde` und ein `Rechner`, den er bestellt (**hat ein**-Beziehung). Wir haben nur Arbeitsspeicher und Prozessor als mögliche Klassen für Bauteile identifiziert, weil diese als Beispiele im Geschäftsfall aufgeführt waren, grundsätzlich kommen aber noch viel mehr Bauteile in Betracht. Ein Rechner *besteht* aus einer Vielzahl solcher Bauteile (Teil/Ganzes-Beziehung). Damit haben wir eine weitere Klasse identifiziert. Arbeitsspeicher und Prozessor *sind* Bauteile (**ist ein**-Beziehung). Jedes Bauteil *hat* einen Lieferanten (**hat ein**-Beziehung). Damit haben wir zusätzlich zu den ersten Klassen auch schon Beziehungen identifiziert. Bild 10.2 stellt das resultierende Klassendiagramm dar.

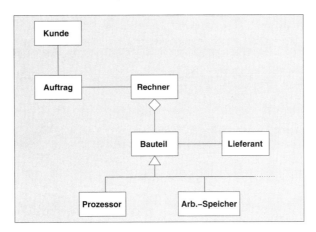

Bild 10.2: Erstes Klassendiagramm für den Anwendungsfall `Dauer ermitteln`

Das im Geschäftsfall angegliederte Beispiel deckt aber natürlich nicht alle Fälle ab, die bei S&B auftreten. Bestellen wirklich immer alle Kunden einen Computer, oder manche auch nur Drucker oder Monitore? Wie werden die im Katalog vorkonfigurierten Basisrechner erfasst? Sind sie ein Rechner oder ein Bauteil? Eine mögliche Lösung für diese allgemeineren Fälle kann die Zusammenfassung der Klassen `Rechner` und `Bauteil` zu `Komponente` (im Sinne eines Bestellpostens) sein. Ein Auftrag *besteht aus* mehreren Komponenten, die nun sowohl Rechner als auch Monitor sein können. Für jede Komponente, die im Auftrag enthalten ist, gibt es zusätzlich eine Mengenangabe.[2] Ein Rechner kann selbst aus mehreren anderen Komponenten (Gehäuse,

---

[2]Im Klassendiagramm durch eine sog. *assoziative Klasse* angegeben: Für jedes Paar aus Auftrag und Komponente gibt es eine Mengenangabe. Weil eine assoziative Klasse eine Assoziation näher beschreibt, wird sie durch eine gestrichelte Linie mit der Assoziation verbunden.

Hauptplatine etc.) aufgebaut sein. Ein vom Kunden konfigurierter Rechner wäre ein Rechner, der einen Basisrechner und beliebig viele weitere Komponenten umfasst. Abbildung 10.3 zeigt das überarbeitete Klassendiagramm.

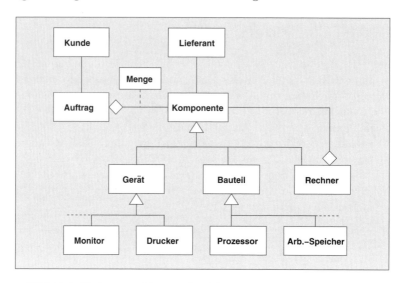

Bild 10.3: Verbesserte Version des Klassendiagramms aus Bild 10.2

### Fachliche Lösung der Abläufe

Unserem Klassendiagramm fehlen noch jegliche Methoden. Da wir den Geschäftsfall *Dauer ermitteln* behandeln, fällt uns natürlich zuerst eine Methode `getDauer` ein, die die gewünschte Information zu einem Auftrag liefert. Es wäre schlecht, wenn wir mit der Entwicklung des Systems fortfahren würden, ohne eine Vorstellung davon zu haben, wie die Dauer überhaupt ermittelt werden könnte. Auf fachlicher Ebene muss klar sein, wie wir diese Berechnung durchführen wollen. Der Ist-Stand bei S&B bestand in einer groben Schätzung, für den Soll-Zustand im neuen System können wir die Netzplanung festschreiben (vgl. Überlegungen im einleitenden Kap. 1). Es ist aber noch nicht die Aufgabe der Analysephase, genau festzulegen, wie wir die Netzplanung algorithmisch umsetzen werden. Darum kümmern wir uns erst im Entwurf. In der Analyse klären wir aber, ob die Netzplanung *geeignet* ist, das fachliche Problem zu lösen.

Betrachten wir eine einzelne Komponente, so ergibt sich eine Teilmenge der Vorgänge aus Bild 10.4. Einige Komponenten werden nach der Lieferung getestet, andere nicht (vgl. Bild 10.1). Einige Komponenten müssen zu einem Rechner zusammengebaut werden (Arbeitsspeicher, Prozessor etc.), andere werden installiert (Software) oder einfach für den Gesamttest benutzt (Tastatur). Für jede Art von Komponente gibt es ein anderes, relevantes Teilnetz von Bild 10.4.

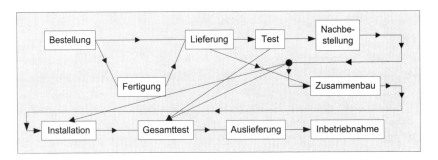

Bild 10.4: Abhängigkeitsgraph der Vorgänge (Überblick)

Sind alle benötigten Komponenten verfügbar, so besteht der Zusammenbau selbst auch aus mehreren Vorgängen, die in Bild 10.5 dargestellt sind. Da mit dem Zusammenbau aber erst begonnen werden kann, wenn (fast) alle Bauteile vorrätig sind und die Dauer des Zusammenbaus der einzelnen Bauteile (z.B. Prozessor auf Hauptplatine stecken) kurz ist im Vergleich zu den anderen Vorgangsdauern im Bild 10.4, verzichten wir auf die explizite Modellierung der einzelnen Schritte beim Zusammenbau und veranschlagen dafür nur einen einzelnen Vorgang.

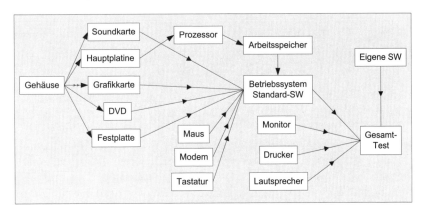

Bild 10.5: Abhängigkeitsgraph beim `Zusammenbau` der Komponenten (Überblick)

Alle Vorgänge zu Beschaffung und Test für jede Komponente münden in einem der Vorgänge *Zusammenbau, Installation* oder *Gesamttest*. Der komplette Netzplan ist in Bild 10.6 angedeutet. Nach Aufbau eines solchen Netzes und Vorgabe der geschätzten Vorgangsdauern kann die Netzplanung dann den frühesten Endzeitpunkt ermitteln, der uns die gesuchte Dauer liefert. Die Netzplanung stellt also in der Tat eine Lösung für das fachliche Problem dar.

Welche Methoden müssen wir nun in unserem Klassendiagramm ergänzen? Selbst für den Geschäftsfall *Dauer ermitteln* brauchen wir dazu mehr als eine Methode `getDauer` der Klasse `Auftrag`. Bild 10.7 zeigt in einem Sequenzdiagramm, wie der Geschäftsfall inkl. der Auftragserfassung abgewickelt werden könnte.

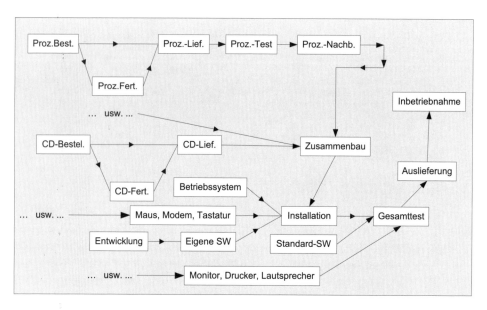

Bild 10.6: Gesamtabhängigkeitsgraph der Vorgänge

Zuerst erfragen wir vom Kundenobjekt Name und Kundennummer, um die telefonischen Angaben überprüfen zu können. Dann setzen wir im neuen Auftrag den Kunden als Besteller ein. Der Auftrag ist anfangs leer. Der Kunde gibt nun die erste Bestellnummer für den Basisrechner an (Objekt basis), der selbst wieder eine (zusammengesetzte) Komponente ist. Vom Objekt basis erhalten wir seine Beschreibung zur Gegenprüfung mit dem Kunden am Telefon. Anschließend wird der Basisrechner basis dem Auftrag a in der gewünschten Menge hinzugefügt. Analog verfahren wir mit der TV-Karte tv als zusätzlich gewünschter Komponente. Damit sei die Bestellung vollständig, wir können dem Kunden die Auftragsnummer mitteilen. Nun wird die Methode getDauer des Auftrags a aufgerufen. Der Auftrag legt ein neues Netz an und fügt alle Vorgänge, die zur Bearbeitung der Bestellung nötig sind, in das Netz ein. Diese Aufgabe übernimmt die Methode erzeugeVorgaenge, die sowohl für den Basisrechner als auch die TV-Karte aufgerufen wird. Die Vorgangserzeugung haben wir diesen Klassen zugeordnet, weil komponentenspezifisches Wissen für die Auswahl der Vorgänge erforderlich ist. Die Methode fügt durch mehrere addVorgang- und setzeNachf-Aufrufe die notwendigen Vorgänge samt Abhängigkeiten im Netz ein. Durch den Aufruf der plane-Methode von Netz werden die Anfangs- und Endzeiten berechnet, aus denen schließlich die früheste Endzeit des Plans ermittelt wird.

## Dynamisches und statisches Modell im Wechselspiel

Sequenz- und Klassendiagramm werden nun abwechselnd ergänzt: Wenn wir bei der Modellierung des Geschäftsfallablaufs eine Methode eines Objektes aufrufen, die noch nicht im Klassendiagramm enthalten ist, ergänzen wir sie dort. Nach der

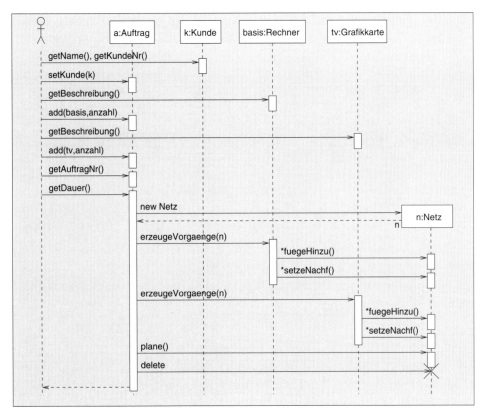

Bild 10.7: Sequenzdiagramm zur Abwicklung der Auftragserfassung und Terminbestimmung

Modellierung eines Geschäftsfalls prüfen wir wieder im Klassendiagramm, ob die Klassen ihre klaren Zuständigkeiten behalten haben. Sollte das nicht der Fall sein, ist die Aufteilung der Verantwortlichkeit auf zwei Klassen die Folge, worauf die Sequenzdiagramme dann wieder eine Anpassung verlangen.

Dieses Wechselspiel setzt sich so lange fort, bis alle Geschäftsfälle mit den Methoden im Klassendiagramm abgewickelt werden können und alle Klassen klare Verantwortlichkeiten erhalten haben. Weitere Details zur Bestimmung von Klassen finden sich in der Literatur [3, 5, 12, 41, 46]. Die folgende Aufzählung gibt einige Hinweise zur Erstellung des Modells und zur Fehlervermeidung:

• Der Klassenname sollte ein Substantiv im Singular sein, der die Verantwortlichkeit der Klasse gut ausdrückt. Der Name soll aber nicht die Rolle repräsentieren, die diese Klasse in Beziehung zu einer anderen Klasse einnimmt.

• Wenn sich überhaupt keine Methoden finden lassen, ist die Klasse möglicherweise überflüssig. Wenn eine Klasse dieselben Methoden wie eine andere besitzt, so werden beide Klassen möglicherweise besser zusammengefasst.

- Auf Attribute/Daten können wir im Analyse-Modell gut verzichten, alle Zugriffe auf Daten werden über Methoden abgewickelt (vgl. abstrakte Datentypen, Kap. 8).

- Versuchen Sie zu diesem Zeitpunkt noch nicht, an die spätere Implementierung zu denken. Effizienzbetrachtungen sind hier verfrüht, das fachliche Problem allein steht im Vordergrund. Vermeiden Sie Begriffe aus der Implementierungsphase (etwa spezielle Datenstrukturen wie z.B. `LinkedList`).

- Wenn Sie die Erklärung Ihres Modells mit den Worten „Das Herzstück ist die zentrale Klasse `Manager`, ..." beginnen, dann überarbeiten Sie das Modell noch einmal. Solche Klassen greifen oft stark in die Verantwortungen anderer Klassen ein. Jede Klasse soll eine klar umrissene Aufgabe erhalten, *alles zu managen* ist nicht klar umrissen.

- Gut ist es folglich, wenn die Klassen relativ klein sind (Umfang an Methoden).

- Keine Redundanz in den Verantwortungen: Eine Aufgabe soll nur von einer Klasse (oder einer Hierarchie) wahrgenommen werden.

### 10.1.3  Der Entwurf

Während des Entwurfs verfeinern wir das in der Analyse begonnene Modell immer weiter, bis die Implementierung klar vorgezeichnet ist. Es geht nicht mehr nur darum, *was* das System leisten soll, sondern *wie* es die Aufgabe erfüllen kann. Wie wir die Netzplanung geeignet durchführen können, haben wir bereits in den vorangegangenen Kapiteln intensiv besprochen. Auch über die Vorgänge selbst, die dem Netzplan zuzuordnen sind, haben wir uns schon Gedanken gemacht. Offen geblieben ist bisher aber, *wie* ein Netzplan aus der gewählten Rechner-Konfiguration des Kunden erzeugt werden kann.

#### Konkretisierung der Abläufe

Im Entwurf muss nicht jede Methode bis ins Detail vorher festgeschrieben werden, viele Methoden sind ad hoc einfach umzusetzen, und ihre Konkretisierung ist in dieser Phase die Mühe nicht wert. Handelt es sich um *Kernfunktionalität*, so hat ihre Umsetzung aber meistens auch Auswirkungen auf das Modell an sich. Daher betrachten wir den Netzplan-Aufbau im Detail (Methode `erzeugeVorgaenge` der Klassenhierarchie von `Komponente`, vgl. Bild 10.7).

Wir hatten bereits festgestellt, dass für jede Komponente ein eigenes Teilnetz aus Bild 10.4 zum Gesamtnetz hinzukommt. Wie wickeln wir die Erstellung des Gesamtnetzes ab? Es gibt wie so oft mehrere Möglichkeiten:

- Eine Möglichkeit besteht darin, dass wir den Netzplan einmal vollständig aufbauen, eine Art *worst case*-Netzplan (vollständige Version von Bild 10.6). Jeder mögliche Vorgang wird erzeugt, alle Abhängigkeiten werden eingetragen. Wir setzen alle Vorgangsdauern anfangs auf Null. Bei einer neuen Bestellung setzen wir die Vorgangsdauer für die relevanten Vorgänge entsprechend nach oben. Die irrelevanten Vorgänge behalten die Dauer Null und sind damit quasi neutralisiert.

Der Charme dieser Lösung besteht darin, dass sie einfach zu verstehen ist. Wir müssen allerdings den *worst case*-Netzplan einmal mühsam von Hand erstellen – und bei jeder Änderung (etwa bei neuen Komponenten, die es vorher nicht gab) dieses Gesamtnetz ebenso mühsam wieder anpassen.

- Unter dem Gesichtspunkt der Erweiterbarkeit wäre ein dezentraler, selbstanpassender Netzaufbau wünschenswert: Wenn jede Komponente weiß, wie sie sich in den Netzplan einfügt, und nur dieses Wissen allein für den Aufbau des Netzplans genutzt wird, dann kann durch die konkret an einer Bestellung beteiligten Komponenten jedes Mal ein individueller Netzplan erzeugt werden.
  Der Vorteil dieser Lösung besteht darin, dass sie von Änderungen der Produktpalette unabhängiger ist. Wenn es völlig neue Komponenten gibt, die sich ganz anders in das Gesamtnetz einfügen, dann müssen wir keinen *worst case*-Netzplan manuell anpassen, sondern der Netzaufbau passt sich selbstständig an. Nachteil der Lösung ist, dass ihre Umsetzung sicher aufwändiger wird.

Dies ist ein Beispiel für eine typische Designentscheidung. Für den Anwender sind alle Alternativen zunächst gleichwertig, die Entscheidung wirkt sich erst langfristig aus. Dennoch hat sie große Tragweite, wie wir durch Vergleich der Klassendiagramme beider Varianten entnehmen können. Wenn die Menge an Komponenten sich kaum ändert, könnte die Umsetzung der ersten Lösung wirtschaftlicher sein. Im Falle ihrer Umsetzung bleibt aufgrund der einmaligen, zentralen Vorgabe des Gesamtnetzes den Komponenten nur die Verwaltung von Produktnummer und Beschreibung als Aufgabe. Wenn alle Komponenten (Speicher, Drucker, Maus etc.) die gleichen Attribute besitzen, dann gibt es keinen Grund mehr, diese Komponenten durch eine Vererbungshierarchie zu modellieren. Sie könnte entfallen, eine einzige Klasse `Komponente` würde genügen.

Für unsere weitere Diskussion wollen wir der zweiten Variante den Vorzug geben, weil sie die Aufgabe des Netzaufbaus objektorientiert löst. Jede Komponente soll die für sie erforderlichen Vorgänge selbst in das Netz eintragen (für Gehäuse z.B. die Vorgänge Bestellung, Lieferung, Test, Nachlieferung und Zusammenbau, vgl. Bild 10.6). Bild 10.8 zeigt das resultierende Sequenzdiagramm für die Methode `erzeugeVorgaenge(n)` nach dieser Entscheidung. Zunächst werden Vorgänge und Nachfolger-Beziehungen im Netz eingefügt, die immer vorhanden sind, bspw. die Auslieferung. Es wird über alle Positionen des Auftrags iteriert und für jede `Komponente` erneut die Methode `erzeugeVorgaenge(n)` aufgerufen. Ist die Komponente ein Basisrechner, so fügt sie u.a. den Vorgang des Zusammenbaus ein und ruft für alle Komponenten, aus denen der Rechner besteht, ebenfalls `erzeugeVorgaenge(n)` auf. Ist in der Bestellung neben dem Rechner noch eine andere Komponente enthalten (hier eine TV-Karte), wird auch für diese `erzeugeVorgaenge(n)` aufgerufen. Diese Bauteil-Komponente fügt die Bestellung, einen etwaigen Test und die Lieferung des Bauteils in den übergebenen Netzplan ein.

Die Methode `erzeugeVorgaenge` der Klasse `Komponente` kann von jeder abgeleiteten Klasse überschrieben werden, sodass individuelle Entscheidungen über die Art und

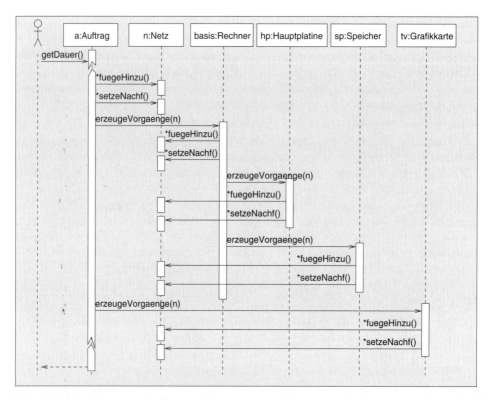

Bild 10.8:  Verfeinerung des Sequenzdiagramms zur Erzeugung der Vorgänge. Der Ablauf
zwischen den beiden Anweisungen new Netz und plane() im Bild 10.7 ist detaillierter dargestellt.

Menge der Vorgänge getroffen werden können. Dank Polymorphie wird dynamisch
je nach konkret vorliegender Komponente die richtige Vorgangs-Erzeugung angestoßen. Problematisch ist bei diesem Vorgehen allerdings die Eintragung der Vorgangs-
Abhängigkeiten.

- Bei dieser Lösung kennen sich die einzelnen Komponenten nicht; sie wissen nicht,
  mit welchen anderen Komponenten zusammen sie die Bestellung eines Kunden
  darstellen. Insbesondere kennen sie auch nicht die Vorgänge, die von den anderen
  Komponenten erzeugt wurden. Deshalb kann die Komponente nicht durch die
  Netz-Methode setzeNachfolger eine Abhängigkeit in das Netz einführen, wie wir
  es bei der Netzplanung bisher gewohnt waren.

- Hinzu kommt noch, dass zum Zeitpunkt, zu dem die Komponente die Abhängigkeiten ihrer eigenen Vorgänge ins Netz eintragen will, nicht sichergestellt ist, dass
  bereits alle ihre Vorgänger- und Nachfolger-Vorgänge existieren.

Wir lösen diese Probleme durch die Einführung von symbolischen Vorgangs-
Bezeichnungen: Statt einer direkten Referenz (Zeiger) auf den Vorgänger-Vorgang
geben wir eine indirekte Referenz in Form eines Namens für den Vorgang an. Wenn zu

einer Abhängigkeit noch nicht alle Vorgänge angemeldet wurden, kann das Netz die Abhängigkeiten notfalls zwischenspeichern und spätestens beim Aufruf von `plane()` nachtragen.[3]

Die Vorgänge des Zusammenbaus, der Installation, des Gesamttests etc. werden dem Netz nur hinzugefügt, wenn ein Rechner bei der Bestellung enthalten ist. Wenn die Methode `erzeugeVorgaenge` von `Rechner` diese Vorgänge anlegt, trägt sie ihre wechselseitigen Abhängigkeiten ebenfalls im Netz ein. Der Basisrechner gibt aber selbst keine Abhängigkeiten zu Vorgängern an, das übernehmen die Komponenten, aus denen er besteht. Ein Speicherbaustein bspw. weiß, dass der Zusammenbau auf ihn warten muss, und wird diese Abhängigkeit eintragen. Ein Gerät (z.B. Monitor) wird als Nachfolger den Gesamttest eintragen.

Als Beispiel sei hier der Pseudo-Code für den Fall der Hauptplatine angegeben (`Hp`=Hauptplatine, `Best`=Bestellung etc.):

```
<Vorgang HpBest erzeugen und im Netz eintragen>
if <Fertigung erforderlich> {
    <Vorgang HpFert erzeugen und im Netz nach HpBest eintragen>
    <Vorgang HpLief erzeugen und im Netz nach HpFert eintragen>
    }
else {
    <Vorgang HpLief erzeugen und im Netz nach HpBest eintragen>
    }
<Zusammenbau im Netz nach HpLief eintragen>
```

Zur Verfeinerung des Pseudo-Codes zum Erzeugen und Einfügen von Vorgängen müssen wir die Funktionalitäten der Klassen `Netz` und `Vorgang` erweitern. Wir ergänzen `Netz` um Methoden, die die symbolischen Namen einführen und benutzen:

```
netz.neuerVorgang("HpLief",new Vorgang(dauer))
netz.setzeNachf("HpLief","Zusammenbau");
```

Der erste Aufruf erzeugt einen neuen Vorgang mit Namen `HpLief` und fügt ihn dem `Netz` hinzu. Der zweite Aufruf setzt einen Vorgang mit Namen `Zusammenbau` als Nachfolger fest. Kann die Beziehung nicht gleich eingetragen werden, etwa weil der Vorgang `Zusammenbau` noch nicht existiert, speichert das Netz die Beziehung zwischen. Zu Beginn der Planung jedoch (Aufruf von `plane()` in `Netz`) werden diese Abhängigkeiten nachgetragen, weil bis dahin alle Vorgänge angemeldet sein müssen.

Die weitere Verfeinerung führen wir hier nicht durch. Der Pseudo-Code `<Fertigung erforderlich>` könnte eine Online-Anfrage an alle Lieferanten der Komponente beinhalten. Auf eine neue Fertigung müssen wir warten, wenn niemand die geforderte Menge liefern kann. Andernfalls wählen wir unter den Lieferanten den mit der kürzesten Lieferdauer (oder dem besten Preis). Die Dauer der Vorgänge Lieferung und evtl. Fertigung kann auf Basis der Lieferantenwahl festgelegt werden.

Jetzt ist der weitere Weg schon recht gut vorgezeichnet. Als Nächstes führen wir einige administrative Klassen ein und überprüfen alle Klassen noch einmal kritisch.

---

[3]Wir benutzen hier einfach Zeichenketten (Strings) als Namen für Vorgänge. Jeder Vorgang ist eindeutig durch die Komponente und einen Vorgangsschritt aus Bild 10.4 bestimmt. Eine Referenz bestehend aus Komponenten-Id und Vorgangs-Id wäre besser, weil dadurch die Gefahr, Tippfehler zu erzeugen, vermindert wird.

## Hinzunahme von Container-Klassen

In der Analyse sind wir bisher stillschweigend davon ausgegangen, dass ein benötigtes Komponentenobjekt einfach verfügbar ist. In der Praxis muss das richtige Objekt zu einer gegebenen Produktnummer aber erst gefunden werden. Das Auffinden ist nur möglich, wenn an zentraler Stelle eine Komponentenverwaltung existiert. Möglicherweise ist auch eine Auftragsverwaltung sinnvoll, die alte Aufträge enthält, um bei ähnlichen oder geänderten Aufträgen auf sie zurückgreifen zu können. Im Design-Modell sind solche Klassen aufzunehmen.

Wir ergänzen unser Modell um eine Klasse `Katalog`, in der alle Komponenten gespeichert sind. Zu einer Produktnummer erhalten wir vom `Katalog` die zugehörige Komponente. Entsprechendes gilt für `Kundenstamm` als Container für `Kunde`.

## Zusammenfassung von Klassen

Wenn Klassen stark interagieren, können sie aus Gründen der Aufwandsbetrachtung zusammengefasst werden. Hätten wir bspw. eine eigenständige Klasse `Produktnummer` neben der Klasse Komponente, so bestünde eine 1:1-Beziehung zwischen beiden Klassen (zu jeder Produktnummer gehört genau eine Komponente und umgekehrt). Hier sollte aufgrund der starken Bindung die Produktnummer in der Komponente aufgehen, d.h. `Produktnummer` sollte nicht mehr als eigenständige Klasse verwendet werden. Eine Zusammenfassung kann auch sinnvoll sein, wenn die Anzahl der erwarteten Objekte andernfalls sehr groß ist oder die Unterschiede zwischen den Klassen nur noch marginal sind.

In unserem Analyse-Modell gab es eine assoziative Klasse `Menge`, die die Anzahl von Produkten in der Bestellung angibt. Da es sich hierbei um eine einfache Klasse mit nur einem Attribut handelt, lassen wir die Menge in die Auftragsklasse einfließen.

Möglicherweise erkennen wir bei der Implementierung der Methode `erzeuge-Vorgaenge` für die individuellen Komponenten `Drucker`, `Maus`, `Hauptplatine` etc., dass einige von ihnen ähnliche Teilnetze dem Gesamtnetz hinzufügen. Auf die Beschaffung von Monitor, Drucker und Lautsprecher folgt nur der Gesamttest, aber kein Zusammenbau. Die Art und Anzahl der zu erzeugenden Vorgänge für diese Komponenten sind also gleich. Wenn sich die Implementierung in diesen Klassen nur durch die konkret verwendeten Werte (Name der Komponente, Dauer der Vorgänge etc.) unterscheidet, können wir sie in eine gemeinsame Oberklasse verlagern (vgl. Klasse `Gerät` im Analyse-Klassendiagramm in Bild 10.3). Da gegenüber ihrer Oberklasse bei diesen drei Komponenten keine weiteren Attribute oder Methoden hinzukommen, entfallen die Detailklassen dann im Entwurf.

## Einführen von Unterklassen

Gibt es in den Methoden an mehreren Stellen `switch`-Anweisungen, die bspw. nach einem Attribut `typ` einer Variablen unterscheiden (Vorgangstyp, Komponententyp etc.)? Was passiert, wenn hier ein neuer möglicher Typ hinzukommt? Dann müssen alle, möglicherweise auf mehrere Klassen und Methoden verteilten `switch`-Anweisungen angepasst werden. Das ist ein Indiz dafür, dass die Verantwortlichkeit der Klasse, die diese Typ-Information trägt, schlecht organisiert ist. Für unterschiedliches Verhalten in Abhängigkeit von der Art eines Objekts sollten keine Typ-Attribute benutzt werden, nach denen explizit unterschieden wird, sondern durch Einführung von Unterklassen und Polymorphie kann eine *dynamische* Fallunterscheidung herbeigeführt werden. Wir haben diesen Punkt ausführlich in Kap. 9 anhand der verschiedenen Vorgangsarten behandelt. Bei den Komponenten und der Vorgangserzeugung haben wir diesen Punkt bereits berücksichtigt.

## 10.1.4   Das Design-Modell

Zum fertigen Design-Modell gelangen wir durch Ausführung der folgenden Schritte.

**Assoziationen festlegen:**   Die Navigierbarkeit von Assoziationen wird festgelegt, d.h., es wird entschieden, in welche Richtung eine Assoziation verfolgt werden kann (wenn überhaupt). Bidirektionale Assoziationen bergen immer die Gefahr von Inkonsistenzen. Manchmal kann man eine Assoziation auch durch einen Umweg über eine oder mehrere Zwischenklassen realisieren. Andere Assoziationen aus der Analyse werden bei der Abwicklung der Geschäftsprozesse vielleicht überhaupt nicht benutzt, sie können dann ersatzlos entfallen. Außerdem werden die Kardinalitäten für die Beziehungen festgelegt.

**Attribute festlegen:**   Aus den Verantwortlichkeiten der Klasse und den Methoden ergibt sich meistens unmittelbar, welche Attribute benötigt werden. Die Festlegung von Attributen ist eng verknüpft mit der Navigierbarkeit von Assoziationen, weil eine Assoziation A→B nur navigierbar ist, wenn die Klasse A ein Attribut vom Typ B besitzt. Handelt es sich um eine 1:n-Beziehung, so muss eine Datenstruktur gewählt werden, die mehrere B-Instanzen aufnehmen kann (Array, Liste etc.). In C++ bietet sich bei Kompositionen die Verwendung von Wertesemantik und in Java die Verwendung innerer Klassen an (siehe z.B. [59]), bei Aggregationen werden Container benutzt, die Referenzen speichern.

**Sichtbarkeit festlegen:**   Mindestens alle Klassen und Methoden, auf die *von außen* zugegriffen wird, müssen öffentlich sein. Das sind alle Klassen und Methoden, die im Sequenzdiagramm *direkt* vom Akteur angestoßen werden. Aber auch die übrigen Methoden können öffentlich sein, es sei denn, sie werden nur für die interne Abwicklung benötigt. Methoden, die in einer bestimmten Art und/oder Reihenfolge aufgerufen werden müssen, damit der Objektzustand konsistent bleibt, dürfen nicht öffentlich sein. Attribute sind immer privat.

**Zusammenfassung zu Paketen:**   Sinnverwandte Klassen sind zu größeren Einheiten zusammenzufassen. In unserem Fall haben wir nur Klassen aus dem Fachkonzept modelliert, aber keinerlei Klassen für persistente Datenhaltung oder eine grafische Benutzeroberfläche. Insofern können diese Klassen alle in einem Paket verbleiben, aber auch eine Trennung in Pakete *Kundenverwaltung* und *Auftragsverwaltung* wäre möglich.

Pakete sollten so gebildet werden, dass möglichst wenig Beziehungen zwischen Klassen in verschiedenen Paketen bestehen. Im Fall von *Kundenverwaltung* und *Auftragsverwaltung* wäre das nur eine einzige Beziehung. Pakete können dann an verschiedene **Tipp** Entwickler vergeben werden. Ein Paket sollte nur so groß sein, dass es auf einer DIN A4-Seite dargestellt werden kann.

### UML-Klassendiagramm

In dem Beispiel zur Unterstützung von S&B werden wir an dieser Stelle nicht alle genannten Schritte durchlaufen. Aus dem Analyse-Modell erhalten wir nach der Durchführung der angesprochenen Ergänzungen das in Bild 10.9 gezeigte UML-Klassendiagramm, das im Folgenden erläutert wird:

- Der Kundenstamm ist die Menge aller Kunden (Komposition). Er verwaltet die Kunden, ermöglicht das Anlegen von und das Suchen nach Kunden.

- Ein Kunde verwaltet Kundendaten, hier nur Kundennummer und Namen.

- Ein Auftrag verwaltet alle Daten zu einem Kundenauftrag, kennt daher den Kunden, der den Auftrag initiiert hat, und die bestellten Produkte (Komponenten). Zusammen mit den Produkten speichert er deren bestellte Anzahl und die Auftragsnummer.

- Eine Komponente kann als Bestellposition in vielen Aufträgen vorkommen. Jede Komponente kennt ihren Lieferanten. Die Komponente verwaltet Daten über die Komponente (Nummer, Beschreibung) und kann Vorgänge für die Erstellung eines Netzplans erzeugen.

- Ein Gerät ist eine spezielle Komponente, für die kein Zusammenbau erforderlich ist. Das Gerät kann Vorgänge für die Erstellung eines Netzplans erzeugen, hier speziell Bestellung und Lieferung.

- Ein Bauteil ist eine spezielle Komponente, die für den Zusammenbau eines Rechners erforderlich ist. Es kann Vorgänge für die Erstellung eines Netzplans erzeugen, hier speziell Bestellung, Lieferung und Test.

- Ein Rechner ist eine Komponente, die aus so vielen Komponenten besteht, dass mit ihnen ein Basisrechner gebaut werden kann. Die Klasse kann Vorgänge für die Erstellung eines Netzplans erzeugen, hier speziell den Zusammenbau und Test.

- Ein Katalog ist die Menge aller Komponenten/Produkte. Er verwaltet die Komponenten, ermöglicht das Anlegen von und Suchen nach Komponenten.

- Ein Netz besteht aus Vorgängen und wird temporär (kein Attribut erforderlich) von Auftrag und Komponenten benutzt (Argument in `erzeugeVorgaenge`).

- Ein Lieferant verwaltet Lieferantendaten, insbesondere Informationen zur Lieferdauer.

Gegenüber der Analyse ist das Modell detaillierter geworden, was aber nicht bedeutet, dass sich in der Implementierung nicht noch etwas ändern könnte.

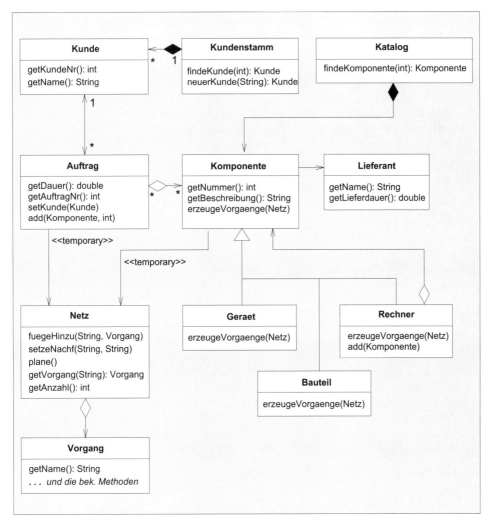

Bild 10.9: UML-Klassendiagramm des Fachkonzepts

**Ein erster Test:**   Wenn wir an dieser Stelle angelangt sind, ist es eine gute Idee, erste Tests für die behandelten Geschäftsfälle zu entwickeln. Der folgende Test zeigt, wie ein Auftrag erzeugt und die Dauer abgefragt wird.

```
Kunde k = kundenstamm.neuerKunde("Max Mustermann");
Auftrag a = new Auftrag();
a.setKunde(k);
Komponente p1 = katalog.findeKomponente(4762); // Katalognr., z.B. Basisrechner
a.add(p1, 10); // 10 x Komponente mit Katalognummer 4762
Komponente p2 = katalog.findeKomponente(4711); // Katalognr., z.B. Monitor
a.add(p2, 20); // 20 x Komponente mit Katalognummer 4711
double d = a.getDauer();
assertEquals(d, 3.5); // mit erwarteter Dauer 3.5 vergleichen
```

Ein zweiter Test demonstriert die Erstellung eines Basisrechners r, auf dessen Grundlage ein vom Kunden konfigurierter Rechner w erstellt wird.

```
Rechner r = new Rechner(); // neuen Basisrechner erstellen
r.add( katalog.findeKomponente(3526) );
r.add( katalog.findeKomponente(3432) );
r.add( katalog.findeKomponente(9762) );
Rechner w = new Rechner(); // Rechner nach Kundenwunsch
w.add( r ); // Grundlage ist Basisrechner
w.add( katalog.findeKomponente(8873) );
w.add( katalog.findeKomponente(8876) );
Auftrag a = new Auftrag();
a.setKunde(k);
a.add(w, 1);
a.add(katalog.findeKomponente(4762), 1);
double d = a.getDauer();
asserEquals(d, 4.6); // mit erwarteter Dauer 4.6 vergleichen
```

Der Vergleich mit den konkret vorgegebenen Terminangaben setzt einen konkreten Katalog und Lieferantenbedingungen voraus.

## 10.1.5  Zusammenfassung des Vorgehens

Wir fassen noch einmal zusammen, welche Schritte wir durchlaufen haben. Die Reihenfolge ist nicht unbedingt bindend, da Analyse und Entwurf kreative Prozesse sind, bei denen man sich nicht sklavisch an eine bestimmte Reihenfolge halten sollte. Derlei Zusammenfassungen dienen hauptsächlich dazu, sich vergewissern zu können, dass man nichts außer Acht gelassen hat.

- Analyse:
  - Ermittlung von Geschäftsfällen, Zerlegung in Aktionsfolgen.
  - Extraktion von Klassen und Assoziationen aus Geschäftsfällen.
  - Hinzunahme von Methoden, um Geschäftsfälle nachbilden zu können, wobei statisches Modell (Klassendiagramm) und dynamisches Modell (z.B. Sequenzdiagramme) abwechselnd modelliert werden und sich wechselseitig ergänzen.
  - Überprüfung der Klassen (Zusammenfassung, Löschung oder Aufteilung von Klassen) aus *fachlicher* Sicht.
- Entwurf:
  - Weitere Konkretisierung der Abläufe durch Pseudo-Code, besonders dort, wo Auswirkungen auf das Modell zu befürchten sind.
  - Hinzunahme von Container-Klassen.
  - Überprüfung der Klassen (Zusammenfassung, Löschung oder Aufteilung von Klassen) aus *Implementierungs*-Sicht.
  - Präzisierung der Navigationsrichtung und Kardinalität von Assoziationen.
  - Festlegung der Attribute, die natürlich ausschließlich privat sind.
  - Festlegung der Sichtbarkeit von Methoden.

### 10.1.6 Übungen

**Übung 10.1:** Implementieren Sie den bereits modellierten Ausschnitt des Systems.

**Übung 10.2:** Gehen Sie mit einem zweiten Geschäftsfall durch Analyse und Design, zum Beispiel *Preis ermitteln*. Ignorieren Sie zunächst die Ergebnisse aus diesem Kapitel und vergleichen Sie dann Ihr Ergebnis mit dem Analyse- und Design-Modell für *Dauer ermitteln*. Gibt es Widersprüche? Führen Sie dann beide Teile zu einem Modell zusammen.

**Übung 10.3:** Erstellen Sie ein OO-Modell auf der Basis des folgenden *Geschäftsfalls*: Mocassin Flat ist eine Kleinstadt mit 2 Hotels, jedes Hotel hat 3 Zimmer. Als Jippie Brown eintrifft, versucht er es zunächst im Golden Inn, muss aber feststellen, dass kein Raum mehr frei ist. Im Old Harry´s ist noch ein Zimmer frei. Nach der Buchung (im Zimmer) stellt er fest, dass es zieht (Einschusslöcher). Jippie Brown legt sich daraufhin mit dem Hotelier an (diesen Teil brauchen Sie nicht zu modellieren) und erhält schließlich eines der fünf (ebenfalls zugigen) Einzelzimmer beim Sheriff.

**Übung 10.4:** Ein Messwert besteht aus einer Fließkommazahl und der zugeordneten Einheit, z.B. 500 [m]. Einheiten sind die atomaren Einheiten, wie [m], [kg], [sec], aber auch zusammengesetzten Einheiten wie [m/sec], [kg m/sec$^2$] kommen in Frage. Die Grundrechenarten für Zahlen gelten ebenso für Messwerte, wobei die Operationen auf die Einheiten umgesetzt werden müssen ([m] / [sec] = [m/sec], [m/sec] * [sec] = [m]). Betrachten Sie den Anwendungsfall *Rechenoperationen auf Messwerten* und erstellen Sie ein OO-Modell.

## 10.2 Einige Designprobleme

Am Ende des letzten Abschnitts haben wir eine erste Lösung für den Anwendungsfall *Dauer ermitteln* erstellt. Im Entwurf bemüht man sich um eine gute Lösung, kann aber nicht garantieren, alles bedacht zu haben. Oft entdeckt man bei der Implementierung neue Probleme, an die man vorher nicht gedacht hat. Es ist leicht zu sagen, der Entwurf wäre eben nicht sauber durchgeführt worden. Die Kenntnis guter Lösungen kann helfen, Fehler zu vermeiden (vgl. Muster im folgenden Abschnitt). Aber man muss auch akzeptieren, dass man nicht alles vorausplanen kann. Wichtig ist, dass wir sich offenbarende Designschwächen offensiv angehen: Nicht unter den Teppich kehren, sondern das Design durch ein Re-Design oder Refactoring wieder korrigieren (vgl. Kap. 7). Darum soll dieser Abschnitt zeigen, dass Design nach dem Durchlaufen der Entwurfsphase nicht beendet ist und auch bei der Implementierung noch Design-Entscheidungen anstehen.

### 10.2.1 Problem: Eierlegende Wollmilchsau

In den vorangegangenen Kapiteln haben wir unsere Netzplanungs-Software sukzessive verbessert und benutzen sie in diesem Kapitel zum ersten Mal in einer konkreten

Anwendung – mit dem unerfreulichen Ergebnis, dass wir die Schnittstelle gleich
erweitern müssen.

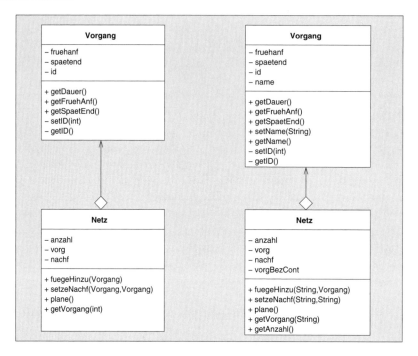

Bild 10.10: Ausschnitt aus den Klassen Vorgang und Netz vor und nach der Erweiterung

Bild 10.10 zeigt links die UML-Diagramme der beiden Klassen Vorgang und Netz,
wie wir sie am Ende des letzten Kapitels erhalten haben. Beide Klassen sollen
Teil unseres Klassendiagramms (siehe Bild 10.9 auf Seite 309) werden, sind dazu
aber entsprechend dem rechten Teil des Bildes zu erweitern, damit die Vorgänge
über Namen (Strings) angesprochen werden können. Hierzu wurde Vorgang um das
Attribut name und die entsprechenden Methoden setName und getName erweitert.
Das Netz kennt alle Vorgänge, kann notfalls durch Iteration über alle Vorgänge
den Vorgang zu einem gegebenen Namen herausfinden. Wir benötigen zusätzlich
einen Zwischenspeicher für Abhängigkeiten, die nicht gleich bei Aufruf der Methode
setzeNachfolger(String,String) eingetragen werden können.

Haben wir in den bisherigen Kapiteln eine unbrauchbare Funktionalität entwickelt, oder liegt ein schlechter Entwurf vor, wenn bei der ersten Anwendung der
Netzplanung schon solche Ergänzungen erforderlich werden? Aus Sicht der XP-
Basistechniken des Refactorings und des einfachen Designs (siehe Abschn. 7.2.4)
mag es zunächst in Ordnung sein, dass man mit einer Erweiterung der bekannten
Klassen fortsetzt, wenn die Anforderungen wachsen. Dies führt aber dazu, dass man
evtl. in anderen Anwendungen, die auch die Netzplanungsfunktionalität benutzen,
ebenfalls Anpassungen durchführen muss. Der Hauptgrund, der hier gegen die Erweiterung der beiden Klassen spricht, ist aber, dass die Klassen mit jeder Erweiterung

immer weiter *aufgebläht* werden, indem ihre Funktionalitäten und Zuständigkeiten anwachsen (*eierlegende Wollmilchsau*). Jeder Anwender der Klasse `Netz` bindet diese zusätzlichen Methoden ein, ob er nun will oder nicht. Der innere Zusammenhang der Klasse, die sog. *Kohäsion,* wird schwächer.

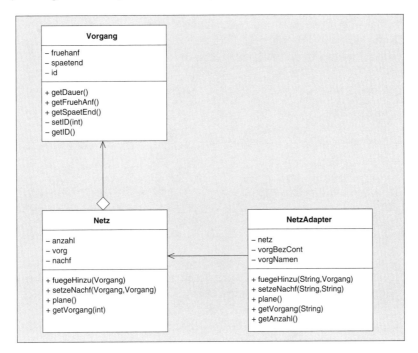

Bild 10.11: Die Klasse `NetzAdapter`

Wie in Bild 10.11 dargestellt, führen wir deshalb eine Klasse `NetzAdapter` ein, die die Funktionalität zur Abbildung eines Namens auf einen Vorgang kapselt, und zwar ohne die Klasse `Vorgang`. Zum Refactoring haben wir verschiedene Möglichkeiten. Die Klasse `NetzAdapter` kann z.B. eine Unterklasse von `Netz` sein. Allerdings werden fast alle Methoden aus `Netz` überschrieben, d.h. sie rufen nicht nur die Methoden gleichen Namens aus `Netz` auf. Außerdem blieben die Methoden zum Einfügen von Vorgängen ohne Namen erhalten, was eine Art Mischbetrieb (Vorgänge mit und ohne Namen) ermöglicht. Außerdem würden wir von einer konkreten Klasse ableiten. Dabei haben wir in Abschn. 9.3.5 gesehen, dass dies häufig in eine Sackgasse führt. Deshalb verwenden wir eine Assoziation zur Modellierung der Abhängigkeit zwischen den beiden Klassen `Netz` und `NetzAdapter`: Die Klasse `NetzAdapter` *hat ein* `Netz`, an das sie die meisten Aufgaben einfach delegiert.

## 10.2.2   Fallstrick: Wechselseitige Abhängigkeiten

Wir haben auf Seite 309 einen ersten Test für unseren Entwurf angegeben. Das reicht natürlich nicht, also schreiben wir weitere Tests für einzelne Klassen (sog. Komponententests, vgl. Abschn. 6.1.2). Ein solcher Test für ein `Bauteil` könnte darin bestehen, dass nach Aufruf der Methode `erzeugeVorgaenge` die korrekte Vorgangserstellung geprüft wird. Bei der Implementierung des Tests stellen wir fest, dass unser Modell eine Lücke aufweist: Die Komponenten erzeugen Vorgänge, deren Dauer von der Anzahl der bestellten Komponenten abhängig ist. Auf diese Anzahl haben die Komponenten aber keinen Zugriff, sie kennen den zugehörigen Auftrag nicht. Die auf der Hand liegende Lösung besteht darin, dafür zu sorgen, dass Komponenten ihren Auftrag kennen. Dann sieht der Test wie folgt aus:

```cpp
bool testErzeugeVorgaenge() {
  Auftrag* a = new Auftrag();
  Bauteil* k = new Prozessor(a);
  a->add(k,10);
  Netz *n = new Netz();
  k->erzeugeVorgaenge(n);

  return (4==n->getAnzahlVorgaenge() &&
    true == n->istVorgVorh("PrBest")&&
    true == n->istVorgVorh("PrLief")&&
    false == n->istVorgVorh("Zusammenbau"));
}
```

```java
class Tests{
  static boolean testErzeugeVorgaenge() {
    Auftrag a = new Auftrag();
    Bauteil k = new Prozessor(a);
    a.add(k,10);
    Netz n = new Netz(...);
    n.erzeugeVorgaenge(k);
    return (4==n.getAnzahlVorgaenge() &&
      true == n.istVorgVorh("PrBest")&&
      true == n.istVorgVorh("PrLief")&&
      false == n.istVorgVorh("Zusammenbau"));
  }
  . . .
```

Wir rufen uns in Erinnerung, dass wir eigentlich einen Komponententest für die Klasse `Bauteil` schreiben wollten. Komponententest bedeutet, dass einzelne Klassen auf korrekte Implementierung getestet werden. In diesem Test kommen neben `Bauteil` nun aber auch noch `Auftrag` und `Netz` vor, es wird nicht die einzelne Komponente `Bauteil` getestet, sondern das Zusammenspiel dreier Klassen.

Das Entwickeln von Tests für einzelne Klassen ist oft schwierig, wenn Klassen eng gekoppelt sind. Es lohnt sich, solche Abhängigkeiten zu vermeiden, wo immer es geht. In diesem Fall hätten wir die Abhängigkeit von `Auftrag` vermeiden können, indem wir die geforderte Stückzahl des Bauteils ebenfalls als Parameter an `erzeugeVorgaenge` übergeben (statt in den Komponenten den zugeordneten `Auftrag` zu speichern). Es bleibt nur die Abhängigkeit von `Netz`, um die wir nicht herumkommen, weil die Methode ja gerade Vorgänge in ein Netz einfügen soll. Das folgende Listing zeigt den nun einfacher gewordenen Test:

```cpp
Bauteil* k = new Prozessor();
Netz* n = new Netz();
k->erzeugeVorgaenge(n, 10);
return ...;
```

```java
Bauteil k = new Prozessor();
Netz n = new Netz(...);
n.erzeugeVorgaenge(k, 10);
return ...;
```

Nachdem wir das Problem der wechselseitigen Abhängigkeit illustriert haben, sei angemerkt, dass die Einrichtung einer Referenz von der Komponente zum Auftrag ohnehin eine schlechte Idee ist. Bisher kam jede Komponente nur einmal im Speicher vor, wenn auch in mehreren Aufträgen. Wenn wir nun eine eindeutige Referenz zum Auftrag herstellen wollen, brauchen wir eine Instanz der Komponente für jeden Auftrag. Schon aus diesem Grund wird man von der Durchführung dieses Schrittes absehen.

### 10.2.3  Fallstrick: Vermeidung von Code-Duplikation

Wir wollen in diesem Abschnitt losgelöst von unserer im Entwurf gewählten Architektur einmal aufzeigen, wie Spracheigenschaften missbraucht werden können. Gehen wir gedanklich noch einmal zurück auf Seite 306, wo wir Ähnlichkeiten in der Vorgangserzeugung durch Einführung von Oberklassen explizit gemacht haben. Letztlich ging es bei den Betrachtungen darum, Vorgangsanmeldungen für den Einbau, den Test und die Bestellung/Lieferung von Komponenten nicht jedes Mal neu implementieren zu müssen. Beim Stichwort Vermeidung von Code-Duplikation fällt vielen Entwicklern als Erstes Vererbung ein. In C++ haben wir sogar die Möglichkeit der Mehrfachvererbung; warum also nicht folgende Lösung: Bild 10.12 zeigt eine Vererbungshierarchie,[4] die so gestaltet ist, dass Komponenten, die einen Testvorgang erzeugen, von `Testbar` abgeleitet sind, Komponenten, die einen Bestell- und Liefervorgang erzeugen, von `Lieferbar` abgeleitet sind, usw.

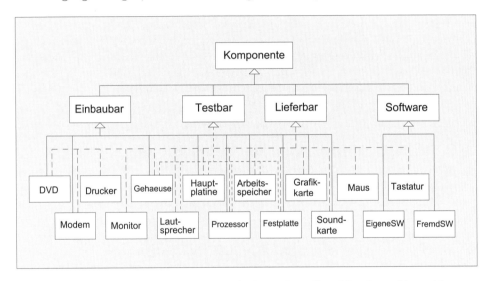

Bild 10.12: Mögliche – aber nicht unbedingt sinnvolle – Vererbungshierarchie

So ergeben sich dann also als Beispiel für die Komponenten `Modem` und `Hauptplatine` folgende Ableitungen:

```
class Modem : public Einbaubar, public Lieferbar { ... };
class Hauptplatine : public Einbaubar, public Lieferbar, pubic Testbar { ... };
```

Wenn wir nun noch, wie in Listing 10.1 gezeigt, das Erzeugen der Vorgänge in den Konstruktor vorverlegen, dann können wir die Vorgänge, die zu einer Komponente erzeugt werden sollen, elegant in einer Zeile Code niederschreiben.

---

[4]Um die Lesbarkeit zu verbessern, werden für die Vererbungslinien hier verschiedene Stricharten verwendet.

C++ 10.1: Hierarchie mit Zwischenklassen          (netzplanung/design/Sw03/MitHilfsklassen.sht)

```
class Testbar : public Komponente {
    public:
    Testbar(Netz& netz, string prefix) { erzeugeTestbar(netz, prefix); }
};
class Einbaubar : public Komponente {
    public:
    Einbaubar(Netz& netz, string prefix) { erzeugeEinbaubar(netz, prefix); }
};
class Lieferbar : public Komponente {
    public:
    Lieferbar(Netz& netz, string prefix) { erzeugeLieferbar(netz, prefix); }
};
```

In dieser Lösung wurden die Eigenschaften der Sprache gezielt für nur einen Zweck
eingesetzt: Code-Duplikation vermeiden. Die Klassen Einbaubar, Testbar etc. haben in der Anwendung ansonsten keine weitere Aufgabe und stellen in keiner Weise
Schnittstellen dar. Insofern ist das Konzept der Vererbung hier klar missbraucht worden. Während fachliche Anforderungen Stabilität in einen Entwurf bringen, sind solche Beweggründe eher untergeordnet und fallen veränderten Anforderungen schnell
zum Opfer. Sie bringen damit Instabilität in die Architektur. Code-Duplikation wird
genauso einfach vermieden, wenn erzeugeLieferbar etc. einmalig als Methode definiert und dann aufgerufen wird.

## 10.3   Muster: *Mentale Wiederverwendung*

In diesem Kapitel haben wir bisher angedeutet, mit welchen Überlegungen wir zu
einem objektorientierten Modell gelangen. Wir haben auch gesehen, dass ein gutes
Design nicht immer leicht zu finden ist – oft gibt es mehrere Möglichkeiten, die sich
nicht einfach als *richtig* oder *falsch* abstempeln lassen, sondern unterschiedlich gut
für verschiedene Zwecke geeignet sind. Das Finden einer guten Lösung ist oft schwer,
es erfordert Erfahrung. Aber wenn Erfahrung bei der Lösung neuer Probleme hilft,
dann muss etwas aus alten Problemen im neuen Problem enthalten sein, sie müssen
sich in irgendeiner Form ähneln. Hat man die Ähnlichkeit der Probleme erkannt, kann
man als Nächstes versuchen, die alte Lösung auf das neue Problem zu übertragen.
Dabei lässt sich selten der Code der alten Lösung direkt wiederverwenden, vielmehr
geht es um die Wiederverwendung einer *Lösungsidee* (in diesem Sinne um *mentale
Wiederverwendung*).

Erfahrung funktioniert immer auf diese Weise. In der Städte- und Gebäude-
Architektur wurden *Musterlösungen* für unterschiedliche Architekturaspekte logisch
strukturiert als Katalog zusammengestellt. Im Wissensmanagement versucht man,
Wissen und Erfahrungen systematisch zu erfassen, damit möglichst viele andere
davon profitieren können. Erfolgreiche Geschäftsprozesse werden als *best practice*
(Erfolgsrezept) zum Vorbild für andere Abteilungen oder Unternehmen. Seit einigen
Jahren ist diese Idee auch für objektorientierte Analyse und Design [21, 23] adaptiert
worden, ja sogar für *schlechte Beispiele* (*Antimuster* [11]).

Solche *Muster-Kataloge* dokumentieren praxistaugliche Lösungen für wiederkehrende Probleme in der Software-Entwicklung. Für jedes Muster enthalten sie in der Regel

- das (wiederkehrende) Problem,

- die vorgeschlagene Lösung (das *Muster*),

- eine Diskussion der Lösung (Für und Wider des Einsatzes, am besten mit einem Vergleich von Alternativlösungen),

- Motivation mit Beispielen für den Einsatz (fördern das Verständnis und erleichtern die Übertragung) und

- einen eindeutigen Namen für das Muster (eindeutiger Name weckt bei allen Beteiligten die gleichen Assoziationen).

Der Kern ist dabei natürlich die Lösung (das Muster selbst), aber fast noch wichtiger ist die Diskussion der Lösung, weil nur durch das Verstehen der Lösung ein Wissenstransfer eingeleitet wird. Bevor wir einzelne Muster vorstellen und prüfen, ob wir ihnen vielleicht in unserem Entwurf schon begegnet sind, wollen wir zunächst noch einmal darauf eingehen, worauf es bei der Architektur ankommt.

## 10.3.1  Hohe Kohäsion und geringe Kopplung

Isolierte Komponenten/Klassen sind nicht nur leichter zu verstehen als eng miteinander gekoppelte Komponenten. Sie sind auch einfacher zu testen und zu warten. Folglich vereint die unterschiedlichsten Entwurfsansätze, dass sie meistens zwei Ziele zu erreichen suchen: hohe Kohäsion (engl. *high cohesion*) einerseits und lose Kopplung (engl. *low coupling*) andererseits.

### Prinzip *Hohe Kohäsion* – klare und eng umgrenzte Verantwortung

Dieses Prinzip hilft bei der Entscheidung, was in einer Klasse zusammengefasst werden soll und welche Attribute und Methoden besser in einer anderen aufgehoben sind. Im *Software Engineering* ist *Kohäsion* ein Maß (eine Metrik) für den inneren Zusammenhalt eines Objekts, um eine bestimmte Funktionalität zu erbringen.

Eine niedrige Kohäsion liegt z.B. vor, wenn auf die Klassenattribute direkt (ohne Methoden) von außen zugegriffen werden kann oder wenn die Methoden einer Klasse wenig gemeinsam haben, d.h. sehr verschiedene Dinge in der Regel auf verschiedenen Datenstrukturen erledigen. Dies bedingt, dass die Klasse schwer zu verstehen ist. Sie ist schwer zu warten, weil häufig Änderungen aufgrund ihrer verschiedenen Verantwortlichkeiten erforderlich sind. Außerdem ist solch eine Klasse kaum wiederverwendbar, weil die meisten Anwendungen keine zusammengewürfelte (zufällige) Menge von Operationen benötigen.

Um eine hohe Kohäsion in einer Klasse zu erhalten, ist es somit erforderlich, dass alle Zugriffe auf die Klassenattribute ausschließlich über definierte Schnittstellen (Zugriffsmethoden) erfolgen. Das gilt auch für die Zugriffe der Erben. Hohe Kohäsion bedingt somit, dass sich eine Klasse (ohne signifikante Änderungen) **nicht** in zwei (oder mehr) Teilklassen mit jeweils einer Teilmenge der Attribute und Methoden aufspalten lässt.

### Prinzip *Lose Kopplung*

Die Kopplung zwischen verschiedenen Software-Bausteinen (Pakete, Klassen etc.) ist ein Maß dafür, wie stark diese voneinander abhängen. Bei *loser Kopplung* kann sich in einem Paket A viel ändern, ohne dass Änderungen in Paket B, das A benutzt, erforderlich würden. Je mehr Paket B von A weiß und dieses Wissen über den internen Aufbau auch ausnutzt, desto enger ist deren Kooperation (*enge Kopplung*) und desto schwerwiegender sind die Auswirkungen einer Änderung von A. Lose Kopplung garantiert gute Wartbarkeit und kann über langfristig stabile Schnittstellen erreicht werden.

Enger miteinander gekoppelte Systeme und Klassen bedeuten zwar meist einen Effizienzgewinn, in den meisten Anwendungen ist dieser aufgrund der enormen Steigerung der Rechenleistung in den letzten 20 Jahren allerdings zu vernachlässigen. Durch die enge Kopplung würden wir uns Verbesserungen in der Laufzeiteffizienz durch eine signifikante Erhöhung der Entwicklungszeit und der Wartungskosten erkaufen. Jedes Mal,

- wenn B ein Attribut vom Typ A oder eine Referenz auf A besitzt,

- wenn B eine Methode eines A-Objektes aufruft,

- wenn die Methoden von B Parameter oder Rückgabewerte von Typ A besitzen,

- wenn B eine Unterklasse von A ist,

dann trägt dies zur Kopplung zwischen A und B bei. Entsprechendes gilt für alle anderen Software-Bausteine, die A benutzen. Man kann sich diese Interaktionspunkte als kleine Gummibänder vorstellen, die die Bausteine aneinander binden. Je mehr es von diesen Gummibändern gibt, desto schwieriger wird es, Baustein A zu entfernen, um ihn etwa durch eine andere Lösung zu ersetzen. Sind die Bausteine lose gekoppelt, ist der Kraftaufwand für eine Trennung geringer.

## 10.3.2   Muster zur Organisation größerer Klassenverbunde

Während Analyse- und Designmuster eher das Zusammenspiel von kleineren Klassenverbunden klären, gibt es auch Architekturmuster, d.h. eine in der Praxis bewährte Organisation größerer Mengen von Klassen. Besonders für Unternehmens-Anwendungen gibt es heute eine Vielzahl von Büchern, die Muster für spezielle Architekturen (wie z.B. Java Enterprise Edition) vorstellen. Ein Beispiel für ein Architekturmuster ist das klassische **Schichtenmodell**. Ebenfalls gut geeignet zur Komplexitätsreduktion bei Paketen von Klassen ist das **Fassadenmuster** (auch wenn es nicht als Architekturmuster angesehen wird).

### Das Fassadenmuster

**Problem:**   Abhängigkeiten von konkreten Klassen (z.B. eines Paketes) sollen reduziert werden.

**Motivation:**   Wird mit allen Klassen des Paketes direkt umgegangen, offenbaren wir viel Detailwissen des Paketes, wodurch eine enge Kopplung mit der aufrufenden Software eingegangen wird. Änderungen im Paket (wie Löschen und Einfügen neuer Klassen) sollen spurlos am aufrufenden Code vorbeigehen.

**Lösung:**   Die *Waffe* schlechthin gegen enge Kopplung sind Schnittstellen: Betrachten wir die Nutzung der Klassen aus unserem Entwurf (symbolisch noch einmal links in Bild 10.13 dargestellt). Methodenaufrufe von außerhalb des Paketes sind durch dicke Linien visualisiert. Es gibt Zugriffe auf Kunden, Kundenstamm, Katalog, Komponente etc. Die Aufrufer wissen genau über den Aufbau unserer Klassen Bescheid, sie haben mit fast allen zu tun. Ohne umfangreiche Änderungen im Aufrufercode können wir keine Modifikationen im Paket vornehmen. Ein Redesign oder Refactoring wird immer teuer.

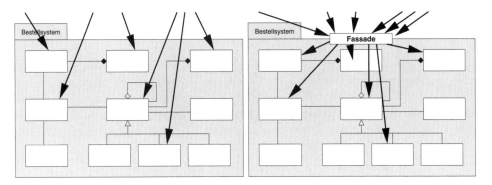

Bild 10.13: Einführung einer Fassade für unser Paket

Wie bei einem Haus versteckt eine Fassade nun das gesamte Innenleben. Nach außen wird nur diese Fassade preisgegeben, jede Interaktion des Akteurs mit unseren Klassen (entnommen den Geschäftsfällen) wird als Methode der Fassade vereinbart. Die Fassade definiert Einstiegspunkte für alle Geschäftsprozesse, die wir vorher identifiziert haben. Die Implementierung der Fassade ist denkbar einfach, dort rufen wir einfach die wenigen Methoden auf, die der Benutzer ansonsten selbst und direkt aufgerufen hätte.

**Konsequenz:**   Was haben wir damit gewonnen? Die Geschäftsfälle werden sich so schnell nicht ändern, sie haben ja gerade den stabilen Teil der Anwendung beschrieben, das fachliche Problem. Also ist die Fassade als Schnittstelle stabil. Innerhalb des Paketes mögen Änderungen (je nach Güte unseres Entwurfes) anfallen. Nach Einführung der Fassade können wir diese bedenkenlos ausführen und müssen nur die Implementierung der Fassadenmethoden anpassen. Alle Benutzer unseres Pakets müssen nichts ändern. Die Kopplung ist geringer geworden, weil Aufrufer nur noch die Fassade und nicht die einzelnen Klassen bedienen.

Außerdem ist die von außen wahrgenommene Komplexität unseres Paketes gesunken. Der Klient muss nur die Fassaden-Klasse verstehen, viel von der Komplexität (Anzahl der Klassen hinter der Fassade) bleibt ihm nun verborgen.

### Die Schichtenarchitektur (Architekturmuster)

**Problem:**  In einem System können größere zusammenhängende Teile unterschiedlich realisiert werden. Wie in einem Baukastensystem soll eine beliebige Kombination der verschiedenen Realisierungen möglich sein.

**Motivation:**  Für moderne Informationssysteme sind verschiedene Benutzerschnittstellen (Konsolen-Zugang, Fenster-Oberfläche, Web-Oberfläche, Handheld-Oberfläche) oder Datenspeicherungs-Mechanismen (Dateien, Datenbank, verteilte Datenbank) gefordert, d.h. diese Teile des Systems können unterschiedlich ausgeführt werden, während andere unverändert bleiben (z.B. die eigentliche Anwendung). Die austauschbaren Softwareteile müssen weitestgehend unabhängig sein, damit der Austausch einfach erfolgen kann und der Code nicht in vielen Varianten gepflegt werden muss.

**Lösung:**  Alle Klassen werden (nach inhaltlicher Ausrichtung) genau einer von $n$ Schichten zugeordnet (vgl. Bild 10.14). Jede Klasse aus Schicht $i$ kann nur auf Dienste der Schicht $i-1$ zugreifen (symbolisiert durch die Zugriffspfeile im Bild). Eine Schicht kennt nur die direkt darunterliegende Schicht, aber weder die noch tiefere noch die darüberliegenden Schichten. Die Schichten stellen ihre Funktionalität (*Dienste*) über schmale Schnittstellen zu Verfügung, zum Beispiel eine Fassade.

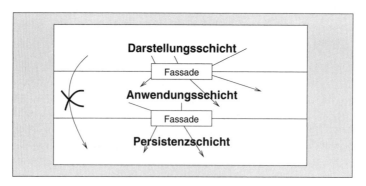

Bild 10.14: Organisation der Software in Schichten

**Konsequenz:**  Die schmalen Schnittstellen der Schichten sorgen für Robustheit, weil Änderungen in der Schicht dort (selten oder gar) nicht sichtbar werden (vgl. Fassade). Weil jede Schicht nur auf *eine* andere Schicht zugreift, ist der Aufwand für einen Austausch gering (kaum Interaktion zwischen Schichten). Die lose gekoppelten

Teilsysteme (Schichten) lassen sich bei dieser Architektur außerdem besonders gut auf verschiedene Rechner verteilen.

*Anmerkung:* In unserer Anwendung haben wir ausschließlich das fachliche Problem betrachtet, weder die Darstellung in einer Benutzeroberfläche (Darstellungs- oder Präsentationsschicht) noch die dauerhafte Speicherung (Persistenzschicht). In einem Schichtenmodell mit Persistenzschicht würden die Containerklassen die Verantwortung für die persistente Speicherung übernehmen, diese Klassen würden die Schicht wechseln. Ein Beispiel für die Umsetzung eines Informationssystems in dieser klassischen Schichtenarchitektur findet sich in [17].

### 10.3.3 Muster für die Erzeugung von Objekten

In diesem Abschnitt lernen wir das **Singleton**-Muster und **Fabriken** kennen. Beide Muster organisieren die Konstruktion von Objekten.

**Das Singleton**

**Problem:**   Es soll sichergestellt sein, dass es von einer Klasse nur eine Instanz geben kann. Alle Methodenaufrufe sollen sich immer nur auf dasselbe Objekt beziehen.

**Motivation:**   In einer Anwendung gibt es z.B. nur genau eine Benutzerverwaltung. *Jeder* Benutzer soll über dieses eine Verwaltungsobjekt angelegt werden, damit es einen zentralen Punkt für das Wiederauffinden *aller* Benutzer gibt. Sind mehrere Verwaltungsobjekte möglich, so müssten für die Suche nach einem Benutzer alle Verwaltungsobjekte bekannt sein und untersucht werden.

Im Abschn. 10.1.3 haben wir als einen Schritt beim Entwurf die Hinzunahme von Container-Klassen besprochen. Ihre Aufgabe entspricht genau dem Beispiel einer Benutzerverwaltung. Die Klassen `Kundenstamm` und `Katalog` aus unserem Entwurf sind damit Kandidaten für dieses Muster.

**Lösung:**   Die Klasse, von der nur ein Objekt instanziiert werden soll, erhält einen privaten Konstruktor. Damit kann nur die Klasse selbst Instanzen erzeugen, aus anderen Klassen kann der Konstruktor nicht mehr aufgerufen werden. Eine statische Methode ist nun der zentrale Zugriffspunkt der Objekterzeugung. Hier wird beim erstmaligen Aufruf die einzige Instanz angelegt und zurückgeliefert. Bei einem erneuten Aufruf wird festgestellt, dass schon früher eine Instanz erzeugt wurde, und es wird keine neue angelegt. Listing 10.2 zeigt die Lösung im Quelltext.

**Konsequenz:**   Die globale Zugriffsmöglichkeit könnte auch durch eine globale Variable erreicht werden, die auf das zu benutzende Objekt verweist. So kann aber nicht sicher verhindert werden, dass ein Verwaltungsobjekt mehrfach angelegt wird. Außerdem kann eine globale Variable (in C++) mehrfach gesetzt werden. Nur durch das Kapseln der globalen Variable in einer Klasse kann der Zugriff (lesend/schreibend) separat kontrolliert werden.

C++/Java 10.2: Implementierung des Singleton-Musters

```cpp
    // Singleton.h
class Singleton {
private:
    static Singleton* instance;
    int fachdaten; // weitere Nutzdaten
    Singleton() { // geschützter Zugriff
      fachdaten = 42;
    }
public:
    static Singleton* getInstance() {
      if (instance==NULL)
        instance=new Singleton();
      return instance;
    }
    // weitere fachliche Methoden
    int getFachDaten() {return fachdaten;}
};
    // Singleton.cpp
Singleton* Singleton::instance = NULL;
```
(Muster/Singleton.cpp)

```java
public class Singleton {

    private static Singleton instance = null;
    private int fachdaten = 42; // Nutzdaten

    private Singleton() {} // geschützt

    public static Singleton getInstance() {
      if (instance==null)
        instance=new Singleton();
      return instance;
    }

    // weitere fachliche Methoden
    public int getFachDaten(){return fachdaten;}
}
```
(Muster/Singleton.java)

Alternativ hätten wir in der Klasse auch alle Attribute als statisch deklarieren kön- nen, dann hätte es jedes Attribut auch nur einmal gegeben. Wenn die Einmaligkeit der Verwaltung später jedoch aufgehoben werden sollte, ist im gesamten Projekt vom statischen Zugriff (über Klassenmethoden) auf den Objektzugriff (normaler Methodenaufruf) zu wechseln. Bei einem Singleton erfolgen die Aufrufe der Verwal- tungsmethoden gewöhnlich in der Manier eines Objektzugriffs, womit der Wechsel von einem Singleton zu einem normalen Objekt kaum Aufwand erfordert.

**Fabrikmethoden und die Fabrik**

**Problem:**   Der Erzeuger eines Objektes soll den konkreten Typ des Objektes nicht angeben müssen. Die Initialisierung oder Erzeugung von Objekten ist möglicherweise kompliziert und soll dem Nutzer nicht zugemutet werden.

**Motivation:**   Zu *einem* Begriff aus dem Fachkonzept kann es viele verschiedene Klassen in der implementierten Klassenhierarchie geben. Wird ein neues Objekt be- nötigt, muss aus dieser Hierarchie eine Instanz der *richtigen* Klasse angelegt werden. Die Ausführung der Klassenhierarchie ist aber möglicherweise Änderungen unterwor- fen. Dadurch kann sich die *richtige* Klasse ändern, alle Konstruktoraufrufe müssten daraufhin überprüft werden, welche der neu eingeführten Subklassen jetzt instanzi- iert werden soll.

Wir haben in der Diskussion unseres Entwurfes gesehen, dass die Klassenhierar- chie aus der Analyse nicht unbedingt bis in die Implementierung überlebt. Entfällt bspw. durch ein Refactoring die Notwendigkeit für eine anfangs vorgesehene Klas- se `Drucker`, so müsste das Erzeugen eines Objekts über `new Drucker(..)` dann bspw. durch `new Geraet(..)` ersetzt werden, weil es künftig keine Klasse `Drucker` mehr gibt. Der Aufwand für diese Änderungen ist hoch, die Durchführung fehleranfällig.

**Lösung:** Für jedes fachliche Objekt wird eine Methode bereitgestellt, die der Klient aufruft, wenn er ein neues Objekt erzeugen möchte (etwa `erzeugeDrucker(..)`). Die Methode ruft den *richtigen* Konstruktor auf. Es wird außerdem verhindert, dass Objekte parallel über den `new`-Operator angelegt werden können, indem die Klassen der Hierarchie nicht bekannt gemacht werden (in Java einfach `class Drucker` statt `public class Drucker`, in C++ keine Klassendeklarationen in den Header aufnehmen). Dann ist die einzige Stelle, an der eine Zuordnung vom fachlichen Objekt *Drucker* zur *richtigen* Klasse in der Implementierung vorgenommen wird, diese sog. **Fabrikmethode**. Ändert sich etwas an der Klassenhierarchie, brauchen nur die Fabrikmethoden angepasst zu werden.

Eine Klasse, die nur Fabrikmethoden enthält, nennt man **Fabrik**.

In unserer Anwendung könnten wir die Verantwortung für die Erzeugung der richtigen Klasse an Fabrikmethoden einer Fassade oder an die Containerklasse `Katalog` delegieren. Im folgenden Beispiel muss für Hauptplatinen eine eigene Klasse angelegt werden, für Drucker gibt es eine Oberklasse als Sammelbegriff:

```cpp
class Katalog {
public:
  Komponente* erzeugeHauptplatine(..) {
    return new Hauptplatine(..);
  }
  Komponente* erzeugeDrucker(..) {
    return new Geraet(..);
  }
  ...
};
```

```java
public class Katalog {

  public Komponente erzeugeHauptplatine(..){
    return new Hauptplatine(..);
  }
  public Komponente erzeugeDrucker(...) {
    return new Geraet(..);
  }
  ...
}
```

Diese unterschiedliche Granularität in der Klassenhierarchie ist für den Benutzer schwer nachvollziehbar und kann durch die Fabrikmethoden im `Katalog` verborgen werden.

**Konsequenz:** Der Einsatz von Fabrikmethoden und Fabriken erleichtert die Veränderung von Vererbungshierarchien und Klassen hinter der Fassade, weil keine Änderungen beim Klienten nötig werden. Für den Anwender des Paketes wird die Bedienung erleichtert, wenn ihm die Auswahl der richtigen Klasse durch Aufruf einer oder mehrerer Fabrikmethoden abgenommen wird, denn die Komplexität der Klassenhierarchie bleibt dem Klienten verborgen.

## 10.3.4 Muster zur Ablaufsteuerung

In diesem Abschnitt betrachten wir zwei Muster, mit denen wir den internen Ablauf, genauer: die Aufruffolge, beeinflussen können. Beim einfachen Muster der **Einschubmethode** geht es darum, wie man ähnliche Lösungen desselben Algorithmus sinnvoll umsetzt. Etwas komplizierter ist das Problem der **Abhängigkeitsumkehr**, bei der Aufrufer und Aufgerufener scheinbar die Rollen tauschen müssen.

## Die Einschubmethode

**Problem:**  Ein Ablauf oder ein Algorithmus existiert in mehreren Varianten, nur einige wenige Unterschritte unterscheiden sich voneinander.

**Motivation:**  In unserer Anwendung erzeugen wir aus den Produkten einer Bestellung einen Netzplan. Im Netz werden entsprechend viele Vorgänge eingefügt, und die Planung wird ausgeführt. Dabei wird für viele Bauteile der Code ganz ähnlich aussehen wie im Pseudo-Code auf Seite 305 für Hauptplatinen. Im Detail jedoch wird es Unterschiede geben; so könnte bspw. die Entscheidung, ob eine Fertigung erforderlich ist, unterschiedlich auszuführen sein. Wenn es eine oder mehrere solcher *kleinen Abweichungen* gibt, dann lässt sich die Methode nicht einfach erben, sondern sie müsste in der abgeleiteten Klasse sehr ähnlich, aber doch nicht identisch erneut implementiert werden. Trotz des Einsatzes von Vererbung ist Code-Duplikation nötig.

**Lösung:**  Die Lösung wird nur einmalig implementiert (im Bild 10.15 in der Methode `request` der Klasse `Allgemein`). Bei den *kleinen Abweichungen* wird die Funktionalität in *abstrakte Einschubmethoden* verlagert, die im Bild 10.15 `hook1` und `hook2` heißen.[5] Abgeleitete Klassen (im Bild `VarianteA` und `VarianteB`) realisieren nur diese Einschubmethoden und repräsentieren somit die verschiedenen Varianten des Algorithmus. Der Hauptteil des Algorithmus wird somit von den Unterklassen unverändert übernommen.

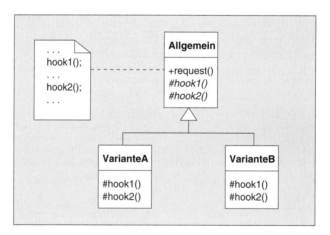

Bild 10.15: Gemeinsame Teile eines Algorithmus `request` in `Allgemein`, variantenspezifischer Code in `VarianteA` und `VarianteB`

**Konsequenz:**  Durch die einmalige Formulierung des Ablaufs ist die Wartung des allgemeinen Teils einfacher, bei Copy & Paste wäre die Korrektur mehrfach durchzuführen.

---

[5]Das wird durch eine kleine Notiz an der `request`-Methode im UML-Diagramm angedeutet.

Werden ganze Anwendungsklassen allgemein formuliert, sodass durch verschiedene
Ergänzungen der Hook-Methoden unterschiedliche Applikationen entstehen können,
spricht man von einem **Framework**. Auch Klassenbibliotheken stellen umfangreiche, wiederverwendbare Code-Sammlungen dar. Während der Nutzer einer Klassen-
bibliothek aber Code schreibt, der diese Klassen aufruft, schreibt der Benutzer eines
Frameworks Klassen, die vom Framework aufgerufen werden (Hollywood-Prinzip:
*don't call us, we'll call you*).

### Abhängigkeitsumkehr (dependency inversion)

**Problem:**   In einer Schichtenarchitektur (vgl. Abschn. 10.3.2) soll ein Zugriff von
einer tieferen auf eine höhere Schicht erfolgen.

**Motivation:**   Diese geschilderte Form des Zugriffs ist in der Schichtenarchitektur
nicht erlaubt, weil die darüberliegende Schicht dann nicht mehr von der darunterlie-
genden Schicht unabhängig ist. Trotzdem gibt es Interaktionen, die von einer unteren
Schicht initiiert sein könnten, bspw. wenn eine einfache Bestätigungs- („Sind Sie sicher?") oder Sicherheitsabfrage („Authentifizieren Sie sich!") erfolgen soll. In einigen
Fällen mag das Werfen einer Exception der richtige Weg sein, um der Präsentationsschicht mitzuteilen, dass bspw. die angegebene Datei nicht überschrieben werden
kann. Dann ist die Fortführung der unterbrochenen Operation aber von außen durch
die GUI so gut wie nicht realisierbar (bestenfalls könnte die Operation neu gestartet
werden). In solchen Fällen wäre es praktisch, wenn der Anwendungscode sich direkt
eine Bestätigung für eine bestimmte Operation einholen könnte. Der Aufruf einer
Methode einer konkreten GUI-Klasse (wie in Listing 10.3) verbietet sich jedoch, weil
nicht in allen Installationen der Software dieselbe GUI zum Einsatz kommt.

C++/Java 10.3: Verstoß gegen Drei-Schichten-Architektur

```
// Funktion in der Datenhaltungsschicht
bool inDateiAbspeichern
  (string dateiname, const Daten& daten) {
  if (dateiBereitsVorhanden(dateiname)) {
  //Aufruf einer Fkt. der Benutzeroberfläche
    if (!QtDialog.bestaetigeUeberschreiben()){
      return false;
      }
    }
  // Abspeicherung von daten in dateiname
  return true;
}
```

```
// Funktion in der Datenhaltungsschicht
boolean inDateiAbspeichern
  (String dateiname, Daten daten) {
  if (dateiBereitsVorhanden(dateiname)) {
  //Aufruf einer Fkt. der Benutzeroberfläche
    if (!SwingDialog.bestaetigeUeberschrben()){
      return false;
      }
    }
  // Abspeicherung von daten in dateiname
  return true;
}
```

(netzplanung/design/DateiUeberschreiben.cpp)        (netzplanung/design/DateiUeberschreiben.sht)

Beim Aufruf einer konkreten GUI-Klasse erhalten wir zyklische Abhängigkeiten
(Präsentationsschicht ruft Anwendungsschicht auf, Anwendungsschicht ruft Präsentationsschicht auf), die für eine enge Kopplung sorgen und Tests erschweren (GUI
wird für Test der Anwendungsschicht benötigt, Test wird interaktiv).

**Lösung:**   Es kann ein Interface `IConfirmation` angelegt werden, von dessen Typ die Methode ein Argument übergeben bekommt. Dieses Interface enthält nur eine (virtuelle) Methode, deren Funktionswert mitteilt, ob die Anfrage bestätigt wurde oder nicht. Sie wird von der Anwendung aufgerufen, wenn die Bestätigung erforderlich wird (vgl. Listing 10.4).

Der Aufrufer entscheidet, wie die Bestätigung erfolgen soll: Wenn die GUI die Methode zum Abspeichern aufruft, kann sie eine Klasse übergeben, die in der Methode einen Bestätigungsdialog anzeigt. Zum Testen ergeben sich verschiedene Möglichkeiten: Wir können eine Realisierung von `IComfirmation` übergeben, deren Methode `confirm` immer `true` liefert, oder wir können auch eine etwas komplexere Realisierung übergeben, die das Ergebnis der Abfrage z.B. aus einer Eingabedatei ermittelt.

C++/Java 10.4: Auflösung der zyklischen Abhängigkeit

```cpp
bool inDateiAbspeichern(string dateiname,
  const Daten& daten, IConfirmation& req) {
  if (dateiBereitsVorhanden(dateiname)){
    //Aufruf einer Fkt. der Benutzeroberfläche
    if (!req.confirm("Überschreiben?")){
      return false;
    }
  }
  // Abspeicherung von daten in dateiname
  return true;
}
```
(netzplanung/design/DateiUeberschreiben.cpp)

```java
boolean inDateiAbspeichern(String dateiname,
  Daten daten, IConfirmation req) {
  if (dateiBereitsVorhanden(dateiname)){
    //Aufruf einer Fkt. der Benutzeroberfläche
    if (!req.confirm("Überschreiben?")) {
      return false;
    }
  }
  // Abspeicherung von daten in dateiname
  return true;
}
```
(netzplanung/design/DateiUeberschreiben.sht)

Diese Lösung ist als *dependency inversion principle* bekannt [36].

**Konsequenz:**   Mit einer Realisierung von `IConformation` gibt die GUI der Anwendungsschicht die Möglichkeit, temporär die Aufrufrichtung umzudrehen, ohne eine enge Kopplung zu erzeugen.

## 10.3.5   Muster zum Aufbau von Objekten

Bestehende Klassen können benutzt werden, um aus ihnen neue Klassen zu erstellen. Eine Möglichkeit dazu ist die Vererbung, bei der die Unterklasse dann auch vom Typ der Oberklasse ist. Eine andere Möglichkeit ist die Benutzung eines Objekts einer anderen Klasse, um Teilaufgaben an sie zu delegieren. Die Muster **Komposition** und **Adapter** fallen in diese Kategorie.

### Die Komposition

**Problem:**   Objekte sollen hierarchisch organisiert werden, sodass man mit den Einzelobjekten genauso umgehen kann wie mit ihren Aggregationen.

**Motivation:**   Ein Unternehmen besteht aus Hauptabteilungen, die in Abteilungen zerfallen, die wiederum in Unterabteilungen gegliedert sind. Jede Abteilung hat mehrere Mitarbeiter, jeder Mitarbeiter trägt mit seinem Kundenstamm zum Umsatz bei. Der Umsatz (Summe) soll auf jeder beliebigen Hierarchieebene zur Verfügung gestellt werden.

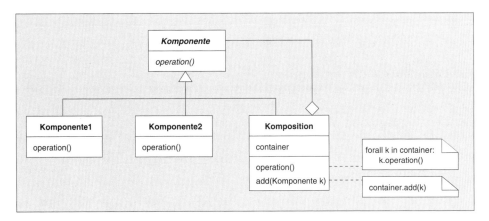

Bild 10.16: Komposition von Teilen zu einem Ganzen

Auch in unserem Entwurf haben wir eine ähnliche Situation: Ein Rechner kann aus einem Basisrechner und weiteren Bauteilen bestehen, wobei der Basisrechner selbst wieder aus mehreren Bauteilen zusammengesetzt ist. Die Methode `erzeugeVorgaenge` soll aus einer Komponente ein Netz erzeugen, das Vorgänge aus *allen* in der Bestellung enthaltenen Teilen enthält.

Beiden Problemen gemeinsam ist, dass die Funktionalität für die einfachen Fälle leicht zu realisieren ist (Umsatzattribut des Mitarbeiters zurückliefern, Vorgänge für die Hauptplatine beim Netz anmelden). Ziel ist es, beliebig viele Objekte dieser Art in einer mehrschichtigen Hierarchie zusammenfassen zu können (Mitarbeiter, Gruppe, Abteilung oder Hauptplatine, Basisrechner, erweiterter Basisrechner). Dabei soll jede Aggregation sich genauso verhalten wie jeder seiner Teile.

**Lösung:** Die gewünschte Funktionalität (Umsatzberechnung, Vorgangserzeugung etc.) wird in einem Interface (oder einer abstrakten Klasse) definiert und in den Blättern der Hierarchie implementiert. In Bild 10.16 heißt das Interface `Komponente` und die konkreten Realisierungen `Komponente1` und `Komponente2`. Die Klasse `Komposition` stellt nun eine Aggregation von Komponenten dar, die selbst wieder eine Komponente ist. Ihr können Komponenten hinzugefügt werden, wodurch eine Hierarchie aufgebaut wird. Um die Operation auszuführen, ruft die Komposition für alle in ihr enthaltenen Teile die Operation auf. (Man beachte, dass eine so aufgebaute Objekthierarchie nichts mit der Klassenhierarchie zu tun hat.) Ein Beispiel soll dieses mächtige Muster noch weiter illustrieren.

In Listing 10.5 entspricht `IUmsatz` dem Interface `Komponente` aus Bild 10.16, `Kunde` entspricht `Komponente1`, `KndGruppe` entspricht `Komposition`. Für ein Objekt `Kunde` wird sein Umsatz direkt im Attribut `umsatz` gespeichert. Im Hauptprogramm wird nun mit Hilfe der Klasse `KndGruppe` eine Hierarchie aufgebaut: Mitarbeiter #1 betreut

Java 10.5: Umsatzabfrage in einer Organisation

```
interface IUmsatz {
  public double getUmsatz();
}

class Kunde implements IUmsatz {
  private double umsatz;

  public Kunde(double f) { umsatz = f; }
  public double getUmsatz() {return umsatz;}
}

class KndGruppe implements IUmsatz {
  private LinkedList<IUmsatz> components;

  public KndGruppe() {
    components = new LinkedList(); }
  public void add(IUmsatz ug) {
    components.add(ug); }
  public double getUmsatz() {
    double umsatz = 0;
    for (IUmsatz k : components) {
      umsatz += k.getUmsatz();
    }
    return umsatz;
  }
}
```

(Muster/KompositionMain.java)

```
public static void main(String[] args) {
  // Kunden
  Kunde k1 = new Kunde(105);
  Kunde k2 = new Kunde(150);
  Kunde k3 = new Kunde(310);
  Kunde k4 = new Kunde(20);
  Kunde k5 = new Kunde(70);
  // Mitarbeiter
  KndGruppe mitarbeitr1 = new KndGruppe();
  mitarbeitr1.add(k1);
  mitarbeitr1.add(k5);
  KndGruppe mitarbeitr2 = new KndGruppe();
  mitarbeitr2.add(k3);
  KndGruppe mitarbeitr3 = new KndGruppe();
  mitarbeitr3.add(k2);
  mitarbeitr3.add(k4);
  // Abteilung
  KndGruppe abteilung1 = new KndGruppe();
  abteilung1.add(mitarbeitr1);
  abteilung1.add(mitarbeitr2);
  KndGruppe abteilung2 = new KndGruppe();
  abteilung2.add(mitarbeitr3);
  // Firma
  KndGruppe firma = new KndGruppe();
  firma.add(abteilung1);
  firma.add(abteilung2);
  // Umsatz?
  System.out.println(firma.getUmsatz()+"/"+
    abteilung1.getUmsatz()+"/"+
    mitarbeitr1.getUmsatz());
}
```

Kunde #1 und #5, Mitarbeiter #2 nur Kunde #3 usw. Mitarbeiter werden ihrerseits zu Abteilungen, Abteilungen zu einer Firma zusammengefasst. Wenn nun für ein beliebiges Kompositionsobjekt, etwa firma, die Frage nach dem Umsatz gestellt wird, summiert getUmsatz von KndGruppe alle Umsätze der angemeldeten Teile (hier: der Abteilungen). Die Abteilungen summieren ebenfalls die Umsätze der Mitarbeiter usw. Mit nur einer Kompositionsklasse kann so eine beliebig tiefe Objekthierarchie aufgebaut werden, für die getUmsatz stets die richtige Antwort liefert. Das Beispiel gibt gleichzeitig einen Leitfaden für die Umsetzung der erzeugeVorgaenge-Methode aus unserem Entwurf.

**Konsequenzen:**  Es können zur Laufzeit flexible Objekthierarchien aufgebaut werden. Dabei können einfache wie zusammengesetzte Objekte in der gleichen Art und Weise benutzt werden. Das Muster vereinfacht das Hinzufügen von neuen Hierarchieebenen, weil weder beim Ersteller noch beim Nutzer der Hierarchie-Code geändert zu werden braucht: Für jede Hierarchieebene kann dieselbe Klasse Komposition genutzt werden.

**Der Adapter**

**Problem:** Eine Klasse kann potentiell für ein Problem wiederverwendet werden, ihre Schnittstelle passt aber nicht ganz auf die Anforderungen (im einfachsten Fall sollen die Methoden nur anders heißen).

**Motivation:** Ein ausführliches Beispiel für dieses Problem haben wir in Abschn. 10.2.1 gegeben. Wir hatten Anforderungen an die Schnittstelle einer Netz-Klasse, die die existierende Klasse nicht ganz erfüllte.

**Lösung:** Ein Adapter wird als Hülle um die existierende Klasse entworfen. Der Adapter nimmt ein Objekt der ursprünglichen Klasse auf (oder referenziert es), die Methodenaufrufe werden dann einfach an dieses Objekt weitergeleitet. Die Schnittstelle der Hülle entspricht dann den gewünschten Anforderungen.

**Konsequenz:** Wenn es um kleine Funktionserweiterungen geht, stärkt ein Adapter gegenüber der Alternative einer Erweiterung (oder Vererbung) die Kohärenz (vgl. Abschn. 10.2.1). Wenn die Funktionalität einiger Methoden leicht verändert werden soll, dann beziehen sich diese Änderungen nur auf den Adapter, die in anderen Anwendungen verwendete Ursprungsklasse bleibt unangetastet (Stabilität). Die Adaption einer ganzen Klassenhierarchie ist allerdings etwas aufwändig, weil jede Klasse der Hierarchie durch einen Adapter simuliert werden muss.

## 10.4 Zusammenfassung

In diesem Abschnitt haben wir anhand eines Beispiels gesehen, wie objektorientierte Analyse und Design in der Praxis durchgeführt werden. Der Nutzen eines methodischen Vorgehens ist im Allgemeinen unbestritten, aber der durch Analyse und Design entstehende Aufwand schreckt oft ab. Wenn sich dann Anforderungen noch in rascher Folge ändern, wird ein Redesign fällig, bevor es zur Implementierung gekommen ist. Dem begegnen leichtgewichtige Vorgehensmodelle, indem sie zunächst bewusst nur kleine Ausschnitte des Gesamtsystems (z.B. einen Geschäftsfall) betrachten.

Es gibt aber keine untere Grenze für die Größe eines Programms, die es verbieten würde, der Implementierungsphase eine (zumindest kurze) Analyse- und Designphase vorauszuschicken. Auch bei nur einem Geschäftsfall können wir eine Reihe von Überlegungen anstellen, um am Ende zu einer stabilen Lösung zu kommen. Mit zunehmender Erfahrung mögen sich Intuition und Ergebnis von Analyse und Design immer häufiger decken, aber gerade Anfängern sei empfohlen, sich an das vorgestellte Vorgehen zu halten.

Wir haben in diesem Kapitel für die Modellierung UML eingesetzt. UML ermöglicht es uns durch eine standardisierte Notation, mit anderen über unsere Vorstellungen der Objektinteraktion zu diskutieren. Wenn vielleicht die Diskussion mit der Fachabteilung auf der Ebene von UML auch scheitert, weil UML ein gewisses Abstraktionsvermögen verlangt, so erleichtert es doch die Diskussion eines Entwurfs mit Team-Mitgliedern ganz erheblich.

Eine gute Möglichkeit, zu besseren Entwürfen zu kommen, ist das *Abschauen* von guten Lösungen, wie sie in *Mustern* beschrieben sind. Die Idee hinter Mustern ist es, besonders gut gelungene Lösungen für wiederkehrende Probleme als Standardlösung zu etablieren, sodass die Erwähnung des Musternamens und der Rollenverteilung (welche Klasse welche Rolle im Muster übernimmt) schon ausreicht, um ein genaues Bild von der Interaktionsart zu bekommen, ohne Code analysieren zu müssen. In der Praxis kann somit die Gesamtarchitektur bei Kenntnis der gängigsten (Architektur- und Design-)Muster knapp und doch sehr informativ beschrieben werden.

# Anhang A

# Die Familie der C-Sprachen

## A.1 Übersicht

Java und C++ gehören zweifellos zu den derzeit am weitesten verbreiteten Programmiersprachen. Beide Sprachen gehören zur Familie der C-Sprachen, d.h. ihre Syntax und viele elementare Konstrukte, wie z.B. die Steueranweisungen, haben sie von C übernommen. Zu dieser Familie gehören auch die beiden Sprachen C++/CLI und C#, Bild A.1 gibt einen Überblick über diese Familie.

**C:** Die Sprache C wurde Ende der 60er bis Anfang der 70er Jahre entwickelt und hat sich dann sehr schnell durchgesetzt. Seit 1990 gibt es einen ISO-Standard, der 1999 überarbeitet wurde. Im Bereich der Systemprogrammierung und der hardwarenahen Programmierung wird C nach wie vor viel verwendet.

**C++:** Als objektorientierte Erweiterung von C begann in den 80er Jahren die Entwicklung von C++, die einen vorläufigen Abschluss mit dem ISO-Standard von 1998 fand. Mittlerweile gibt es seit Oktober 2003 eine technische (keine inhaltliche) Überarbeitung von der ISO [32]. Die inhaltliche Weiterentwicklung von C++ ist aber derzeit kurz vor dem Abschluss, ein neuer ISO-Standard mit Erweiterungen insbesondere im Bibliotheksbereich ist noch für die erste Dekade dieses Jahrhunderts geplant. C++ ist – von wenigen Abweichungen abgesehen – eine Erweiterung von C, d.h. C-Programme sind auch C++-Programme, natürlich nicht umgekehrt. C++ ist eine hybride Sprache, sie kann verwendet werden, um klassisch prozedural oder objektorientiert oder gemischt zu programmieren.

**Java:** Die Entwicklung von Java begann Anfang der 90er Jahre, 1995 wurde das erste Entwicklungssystem freigegeben, die Entwicklung und Verbreitung verläuft rasant, die aktuelle Version (Juli 2006) heißt *Java 2 Platform, Standard Edition 5.0*. Java ist eine rein objektorientierte Sprache, sie ist ein Produkt der Firma *Sun*, die Sprache ist durch kein öffentliches Gremium standardisiert, sie kann als Quasi-Standard angesehen werden. Java hat sich insbesondere als *Internetsprache* durch-

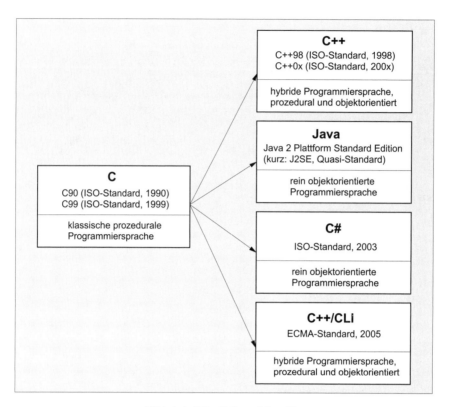

Bild A.1: Die C-Sprachfamilie

gesetzt, weil der Programmtext in keine Maschinensprache übersetzt, sondern von einem Interpreter (Java-Maschine, Bytecode Interpreter) ausgeführt wird, der auf nahezu allen Plattformen mit Internetzugang zur Verfügung steht.

**C#:** C# ist das *Java von Microsoft*; die Sprache ist in Form und Inhalt Java sehr ähnlich und ebenfalls rein objektorientiert. C# ist für die .NET-Plattform (DotNet) von Microsoft entwickelt und schon 2003 als ISO-Standard festgelegt worden.

**C++/CLI:** *CLI* bedeutet *Common Language Interface*, C++/CLI ist ein C++-Dialekt, der von Microsoft durch Adaption von C++ an die .NET-Plattform entwickelt worden ist, auf der Programme unterschiedlicher Sprachen auf einer gemeinsamen Laufzeitumgebung und unter Verwendung einer gemeinsamen Bibliothek laufen.

# A.2   Die Sprache C++

C++ ist eine gewachsene Sprache, die sich aus der Programmiersprache C über einen langen Zeitraum zum heutigen *Standard-C++-98* entwickelt hat. Sie ist im Vergleich zu einigen anderen Sprachen wie z.B. Pascal, Ada, Modula-2 oder Oberon nicht besonders systematisch aufgebaut und teilweise recht kryptisch, aber sehr verbreitet in der Industrie und auch im Hochschulbereich. C++ reicht in etwa von der *Assembler-Ebene* über die *Ebene der klassischen, höheren Sprachen* bis zur *Ebene der objektorientierten Sprachen.*

**Wesentliche Nachteile von C++**

- nicht durchweg systematischer Aufbau;

- nicht konsequent statisch typisiert;

- teilweise ins Kryptische gehende Notation (Syntax).

**Wesentliche Vorteile von C++**

- standardisiert und sehr stark verbreitet;

- hohe Bandbreite (Assembler-Ebene bis zur Ebene der Objektorientierung);

- speicher- und laufzeiteffizient;

- flexibel und anpassungsfähig.

Bild A.2 gibt einen leicht idealisierten Überblick über die Kompatibilität der verschiedenen ISO-Standards der Sprachen C und C++, d.h. es gilt mit kleinen Abstrichen:

- C90 ⊂ C99 ⊂ C++98 ⊂ C++0X

C++-0X wird einige interessante Spracherweiterungen gegenüber C++-98 enthalten. Die meisten neuen Funktionalitäten von C++-0X resultieren allerdings aus Erweiterungen der *Standard Template Library (STL),* die überwiegend bereits in einem als *TR1 (Technical Report 1)* bekannten Dokument beschrieben sind, siehe auch [39]. Viele C++-Compiler unterstützen bereits Erweiterungen aus TR1.

Die Darstellung im Bild ist etwas idealisiert insofern, als C99 bei genauer Betrachtung leider keine Untermenge von C++98 ist – und bei ganz genauer Betrachtung gilt das ebenso für C90 in Bezug auf C99 und C++98, auch wenn hier die Abweichungen marginal sind.

C schleppt – insbesondere wegen seiner Abwärtskompatibilität zu K&R-C (alter Quasi-Standard von 1978, definiert von Kernighan und Ritchie) – einiges an Ballast mit sich herum, den C++98 abgeworfen hat, d.h. es besteht keine 100%ige Aufwärtskompatibilität von C nach C++.

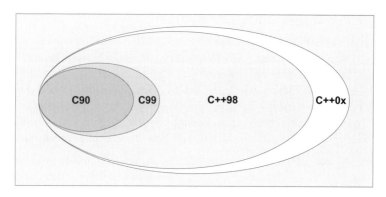

Bild A.2: Standards und Dialekte der C++-Sprachfamilie, idealisiert

## A.3   Die Sprache Java

Die Entwicklung von Java begann 1990 bei der Firma Sun. James Gosling und andere erfanden unter dem Namen Oak eine plattformunabhängige, robuste und sichere objektorientierte Sprache, die sehr stark an die Syntax und Semantik von C++ anknüpfte. Ursprünglich war Oak für die Steuerung von elektronischen Geräten entwickelt worden. Die Zeit war 1994 aber noch nicht reif für eine plattformunabhängige Sprache zur Gerätesteuerung. Allerdings erlebte das Internet gerade eine rasante Entwicklung.

Im Januar 1995 wurde Oak in Java umbenannt, verbessert und um Sicherheitskomponenten erweitert. Dank seiner Sicherheit und Plattformunabhängigkeit begann nun der Siegeszug von Java. Der Name Java entstand in der Cafeteria – in den USA wird für Kaffee der Name Java verwendet.

Bedingt durch diese historische Entwicklung lassen sich mit Java unterschiedliche Programmarten entwickeln:

- Java-Anwendungen (*applications* genannt), die selbstständig ablaufen und den Programmen in anderen Programmiersprachen entsprechen.

- Java-Applets, die z.B. über das Internet von einem Web-Server geladen und in einem Web-Browser ausgeführt werden können. Der Vorteil besteht darin, dass diese Applets im Normalfall nicht auf die lokalen Daten und Ressourcen des Computers (Client), auf dem sie ausgeführt werden, zugreifen können. Hiermit ist sichergestellt, dass ein über das Netz geladenes Applet keinen Schaden auf dem Clientsystem anrichten kann.

- Java-Servlets: Sie sind das Gegenstück zu den Java-Applets. Sie werden auf dem Web-Server ausgeführt und in der Regel über Befehle in einem HTML- oder XHTML-Dokument angestoßen.

Neben der einfachen Verbreitung von Java-Programmen durch die Portabilität des Java Bytecode hat Sun im Jahr 2006 auch die Verbreitung des JDK (Java Develop-

ment Kit) vereinfacht. Die *Operating System Distributor Licence* (DLJ) erlaubt es
Distributoren, das JDK frei auszuliefern.

## A.4   Gegenüberstellung der Sprachen Java und C++

Java und C++ sind zum Teil konkurrierende Sprachen, die sich aber auch ergänzen,
weil sie verschiedene Stärken und unterschiedliche Einsatzschwerpunkte haben:

- Beide Sprachen sind stark verbreitet, Java hat seinen Schwerpunkt bei Internet-
anwendungen, C/C++ dagegen im Bereich Systemprogrammierung und technisch-
wissenschaftliche Anwendungen. Verlässliche Zahlen sind schwer zu ermitteln, aber
auf dem GULP-Portal für den IT-Projektmarkt war bis September 1999 C++ un-
angefochten die am meisten geforderte Programmiersprache, seit Oktober 1999 ist
es Java.[1]

- Java ist eine rein objektorientierte Sprache, C++ ist eine hybride Sprache.

- C++ ist im Vergleich zu Java sehr komplex. Während in C++ auf allen Ebenen verschiedene Alternativen angeboten werden (z.B. Werte/Zeiger/Referenzen, Funk-
tionen/Methoden, Stack/Heap), ist Java im Wesentlichen orthogonal konzipiert,
d.h. es gibt in jeder Situation eine klare Linie.

- Java ist eine Interpretersprache und damit bezüglich Laufzeiteffizienz vom Prinzip
her im Nachteil gegenüber C++, doch gibt es inzwischen Konzepte, diesen Nachteil
aufzuheben oder zumindest zu reduzieren.

- In Java hat man viele Konstrukte bewusst weggelassen (z.B. Operatoren überladen, Mehrfachvererbung), um die Sprache damit einfacher und ihre Anwendung
sicherer zu machen. In C++ hingegen hat man die Kunst des Weglassens weniger
gepflegt, um den Programmierer nicht einzuschränken.

- Java glänzt durch die Ausstattung: Die Klassen für eine graphische Benutzeroberfläche (Swing) sind in Java integriert, es gibt einen riesigen Funktionsumfang (Daten-Serialisierung, Netzwerk-Programmierung, XML-Verarbeitung,
2D/3D Grafik, CORBA-Anbindung etc.), nebenläufige Programme können unabhängig vom Betriebssystem geschrieben werden usw.

---

[1]`www.gulp.de/kb/mk/chanpos/javagegenc.html`

# Anhang B

# Grundlagen der C++- und der Java-Programmierung

Wie im Anh. A dargestellt, haben die Sprachen C++ und Java viele Gemeinsamkeiten und Ähnlichkeiten im Bereich der elementaren Konstrukte, sind aber darüber hinaus doch sehr unterschiedlich. Bevor wir in den nächsten Abschnitten die sehr ähnlichen, elementaren Gemeinsamkeiten kompakt erläutern und gegenübergestellen, hier ein kurzer Überblick zunächst über die Gemeinsamkeiten und dann über die Unterschiede.

## Gemeinsamkeiten, Ähnlichkeiten

**Elementare Datentypen:** Typische Deklarationen für elementare Datentypen sind in C++ und Java identisch, z.B.

- int a, b, c;
- double x, y, z;

In Java ist die Darstellung der elementaren Datentypen festgeschrieben, z.B. 32 Bit für int, in C++ ist sie implementierungsabhängig. Darüber hinaus gibt es aber auch weitere syntaktische und semantische Unterschiede.

**Operatoren, Ausdrücke und Anweisungen:** Bei den Operatoren für elementare Datentypen und bei der Bildung von Ausdrücken gibt es nur sehr geringe Unterschiede; hier zwei Beispiele, die sowohl in C++ als auch Java syntaktisch und semantisch übereinstimmen, vorausgesetzt, die Variablen sind entsprechend deklariert:

- schaltjahr = jahr%4 == 0 && jahr%100 != 0 || jahr%400 == 0;
- n += ++a + b--;

**Steueranweisungen:**   Auch bei den Steueranweisungen gibt es kaum Unterschiede; hier zwei Beispiele, die sowohl C++- als auch Java-Code sein können:

- **if** (x < y) min = x; **else** min = y;
- **while** (i > n1 && j < n2) { sum = sum + i + j; i--; j++; }

## Unterschiede

**Entwurfsphilosophie:**   Java ist im Wesentlichen eine *orthogonal* konzipierte Sprache, d.h. es gibt in jeder Situation jeweils einen Weg. Objekte elementarer Datentypen werden z.B. als Werte auf dem Programm-Stack verwaltet, selbst definierte Objekte werden per Referenz auf dem Programm-Heap verwaltet.

C++ ist im Gegensatz dazu so konzipiert, dass in jeder Situation zwischen Alternativen gewählt werden kann; z.B. kann jedes Objekt wahlweise im Programm-Stack oder im Programm-Heap verwaltet werden, beim Zugriff hat man zudem häufig die Wahl *Zugriff per Wert*, *Zugriff per Zeiger* oder *Zugriff per Referenz*.

**Programmierparadigma:**   Java ist eine rein objektorientierte Sprache, d.h. als globale Konstrukte eines Programms gibt es nur Klassen, alle Daten sind Attribute von Klassen, alle Vorgänge (Aktionen, Algorithmen) sind Klassen zugeordnet.

C++ ist eine hybride Sprache, d.h. als globale Konstrukte eines Programms können nicht nur Klassen, sondern z.B. auch Variablen und Funktionen verwendet werden. Es ist möglich, in C++ ein klassisches, prozedural strukturiertes Programm (z.B. ein C-Programm) zu implementieren oder ein objektorientiertes oder ein Programm, das beide Ebenen nebeneinander verwendet.

**Standardbibliothek:**   Die Java-Bibliothek ist per se rein objektorientiert, die Polymorphie ist dort zentrales Konstruktionselement. Typisches Beispiel ist die polymorphe Container-Bibliothek. Die Java-Bibliothek bietet eine umfangreiche Unterstützung zur Gestaltung grafischer Benutzeroberflächen.

Die C++-Bibliothek ist hybrid aufgebaut, Polymorphie spielt dort eine eher untergeordnete Rolle. Typisches Beispiel ist die *Standard Template Library (STL)*, bei der die Verwendung von Templates im Vodergrund steht. Die C++-Bibliothek enthält im Standard keine Unterstützung zur Gestaltung grafischer Benutzeroberflächen, sondern überlässt das je nach Betriebssystem individuellen Bibliotheken.

# B.1   Ein kleines Beispiel

Listing B.1 zeigt ein kleines Beispiel, das links als C++-Programm und rechts als Java-Programm dargestellt ist. Startpunkt für die Ausführung ist in beiden Fällen die Funktion main. Das Programm bestimmt jeweils die Summe $S = \sum_{i=n1}^{n2} i$ für zwei eingelesene Werte $n1$ und $n2$ mit $n1 \leq n2$ und führt die entsprechende Berechnung dazu in der Funktion (C++) bzw. in der Methode (Java) summe durch.

C++/Java B.1: Zahlensumme berechnen

```cpp
#include <iostream>
using namespace std;

int summe(int a, int b) {
  int s = 0;
  for (int i=a; i<=b; i++) s += i;
  return s;
}

int main() {
  int n1, n2, sum;
  do {
    cout << "n1, n2: ";
    cin >> n1 >> n2;
    sum = summe(n1, n2);
    cout << "n1 + n1+1 + ... + n2 = "
         << sum << endl;
  }
  while (n1 <= n2);
}
```

(Basics/anfang/summe.cpp)

```java
import java.util.Scanner;

class Summe {
  static int summe(int a, int b) {
    int s = 0;
    for (int i=a; i<=b; i++) s += i;
    return s;
  }

  public static void main(String[] args) {
    int n1, n2, sum;
    Scanner keyb = new Scanner(System.in);
    do {
      System.out.println("n1, n2: ");
      n1 = keyb.nextInt();
      n2 = keyb.nextInt();
      sum = summe(n1, n2);
      System.out.println("n1 + n1+1 + "+
        "... + n2 = "+sum);
    }
    while (n1 <= n2);
  }
}
```

(Basics/anfang/summe.java)

Das *Java-Programm* ist – wie von der Sprache vorgegeben – *rein objektorientiert*, summe und main sind *Methoden*, d.h. Funktionen, die Bestandteil der Klasse Summe sind. Das *C++-Programm* ist – wahlweise absichtlich – *nicht objektorientiert*, sondern *rein klassisch prozedural* formuliert, summe und main sind „normale" Funktionen. Die Programme werden wie folgt compiliert und aufgerufen (GNU C++-Compiler 3.4.2, SUN JDK 1.5):

```
g++ summe.cpp -o summe
summe
```

```
javac Summe.java
java Summe
```

In C++ sind cin (mit dem Operator <<) und cout (mit dem Operator >>) die Standardmedien für die Ein- bzw. Ausgabe (Tastatur bzw. Bildschirm). Sie sind in dem Bibliotheksmodul iostream definiert. Die vollständigen Namen für die beiden Objekte sind std::cin bzw. std::cout, weil sie im Namensbereich std (für *standard*) liegen. Mit using namespace std; werden die entsprechenden Namen automatisch expandiert.

In Java heißen die Tastatur-Eingabe- und Bildschirm-Ausgabe-Ströme System.in und System.out. Um die Arbeit mit dem Eingabe-Strom zu vereinfachen, wird die Hilfsvariable keyb vom Typ Scanner benutzt, die den Eingabe-Strom als Datenquelle zugewiesen bekommt. Diese Hilfsklasse wird über die import-Anweisung verfügbar. Über keyb.nextInt() wird von der Tastatur eine ganze Zahl eingelesen.

Wie schon erwähnt, werden in Java alle Funktionen und Variablen Klassen (bzw. Objekten) zugeordnet. In den ersten Kapiteln dieses Buches geht es aber zunächst um die klassische, prozedurale Programmierung. Wir *simulieren* die prozedurale Programmierung daher in Java, indem wir alle Funktionen und Variablen innerhalb einer Klasse mit dem Zusatz `static` versehen. Dann verhalten sich C++ und Java nahezu identisch.

## B.2   Trennzeichen (White Spaces) und Kommentare

Trennzeichen (white spaces) der Sprache sind die Zeichen *Zwischenraum (space)*, *horizontaler Tabulator*, *neue Zeile*, *vertikaler Tabulator* und *Seitenvorschub (form feed)*. Die Syntax von C++ und Java erlaubt (außer in Variablennamen) Leerzeichen und Zeilenumbrüche an beliebiger Stelle.

Kommentare sind beliebige Zeichenfolgen, die mit den beiden Zeichen `/*` beginnen und mit `*/` enden bzw. durch die Zeichen `//` bis zum Zeilenende eingeleitet werden:

- Kommentar: `/* . . . */`

- Inline-Kommentar: `//` ... Dieser kann in einem normalen Kommentar geschachtelt sein.

Kommentare werden vom Compiler überlesen und dienen *nur* dazu, Quelltexte für den Menschen besser lesbar zu machen. Kommentare erstrecken sich gegebenenfalls auch über mehr als eine Zeile, können aber nicht geschachtelt werden, d.h. ein Kommentar endet beim ersten Auftreten der Zeichenfolge `*/`, unabhängig davon, wie oft die Zeichenfolge `/*` innerhalb des Kommentars aufgetreten ist. Inline-Kommentare enden jeweils am Zeilenende. Innerhalb der Kommentarzeichen `/*` und `*/` können beliebig viele Inline-Kommentare auftreten.

## B.3   Daten, Operatoren, Ausdrücke, Anweisungen

### B.3.1   Namen für Variablen (und für andere Sprachkonstrukte)

Für die Wahl von Variablennamen gilt folgende Regel:

- Ein Name besteht aus beliebigen Folgen von Buchstaben, Ziffern und Unterstrichen. Das erste Zeichen muss ein Buchstabe oder ein Unterstrich sein. In Java sind zusätzlich das Dollarzeichen (`$`) und Umlaute an jeder Stelle im Variablennamen erlaubt.

- Bzgl. der Länge kann es implementierungsabhängige Einschränkungen geben.

- Es wird zwischen Klein- und Großschreibung unterschieden.

- Ein Name darf kein Schlüsselwort (z.B. `break`, `true`, `false`, `char`, `double`, `int`, `class`, `catch`, `try`, ...) sein.

Die Regel für die Bildung von Variablennamen gilt auch für die Bildung von Namen (identifier) für andere Sprachkonstrukte, wie z.B. für Typen, Konstanten und Funktionen. Einige Beispiele für korrekte und falsche C++- und Java-Bezeichnernamen zeigt die folgende Aufstellung:

```
int a;
int _pointer;
int ganz_langer_name_24_undNochLaenger;
int name, Name;          // Groß- und Kleinschreibung wird unterschieden
int 34Name;              // Fehler: Ziffern am Anfang nicht erlaubt
int Strassen Name;       // Leerzeichen nicht erlaubt: Strassen_Name
int C&A;                 // Fehler; Sonderzeichen verboten
int $Name, Mein$Name;    // nur in Java erlaubt
```

## B.3.2  Deklarationen

Jede Variable muss vor ihrer Benutzung vereinbart werden, z.B. in folgender Form:

```
int i, j, k;
double x, y, z;
char ch;
```

```
int i, j, k;
double x, y, z;
char ch;
```

Eine Variable kann bei ihrer Vereinbarung auch gleich initialisiert werden, z.B.:

```
int i = 0, j = 100, k;
double x = 0.0, z=123.456, max=1.0e20;
char ch = 'A';
bool end = true;
double x1(14.6);
double j1(44);
bool anf(false);
```

```
int i = 0, j = 100, k;
double x = 0.0, z=123.456, max=1.0e20;
char ch = 'A';
boolean end = true;
// double x1(14.6);   // Sytaxfehler
// double j1(44);     // Sytaxfehler
// boolean anf(false); // Sytaxfehler
```

In C++ ist die Funktionsschreibweise `double z(123.456)` zusätzlich zur Initialisierung mit dem Gleichheitszeichen `double z = 123.456` möglich. Im Zusammenhang mit Objekten können manche Variablen von benutzerdefinierten Datentypen dann nur über diese Funktionsschreibweise initialisiert werden.

Wird einer Variablen kein initialer Wert zugewiesen, hat sie einen zufälligen Wert. Wenn also eine Initialisierung vergessen wird, kann das zu unerwartetem Verhalten führen. In Java überprüft daher der Compiler, ob einer Variablen vor der Benutzung auch ein Wert zugewiesen wurde, andernfalls gibt es eine Fehlermeldung (*definite assignment*).

## B.3.3  Datentypen

In den Tabellen B.1 und B.2 sind die elementaren, vordefinierten Datentypen von Java und C++ zusammengestellt. Die Länge in Bytes der einzelnen Typen und die Wertebereiche sind in C++ implementierungsabhängig, in der Tabelle B.2 sind beispielhafte Werte für 32-Bit-Umgebungen angegeben. In Java sind die Bytelängen und damit die Wertebereiche dagegen plattformunabhängig standardisiert.

Tabelle B.1: Elementare Datentypen in Java

| Datentyp | Länge in Byte | Wertebereich | Genauigkeit in Dezimalstellen |
|---|---|---|---|
| **Character** | | | |
| char | 2 | $-2^15 \ldots + 2^15 - 1$ | 4 |
| **Integer** | | | |
| byte | 1 | $-2^7 \ldots + 2^7 - 1$ | 2 |
| short | 2 | $-2^{15} \ldots + 2^{15} - 1$ | 4 |
| int | 4 | $-2^{31} \ldots + 2^{31} - 1$ | 9 |
| long | 8 | $-2^{63} \ldots + 2^{63} - 1$ | 19 |
| **Boolean** | | | |
| boolean | | false, true | |
| **Aufzählungstypen** | | | |
| { *list* } | 4 | wie int | |
| **Gleitkommatypen** | | | |
| float | 4 | $\sim -10^{38} \ldots \sim +10^{38}$ | 7 |
| double | 8 | $\sim -10^{308} \ldots \sim +10^{308}$ | 15 |

Die *Character-Typen* dienen dazu, Zeichen (Buchstaben, Ziffern, Sonderzeichen und Steuerzeichen), wie z.B. Zeichen des ASCII-Zeichensatzes, darzustellen, sie können aber auch – stilistisch unschön – zur Darstellung kleiner Zahlen verwendet werden, d.h. der Zeichencode lässt sich auch als Zahl interpretieren, und es kann mit Character-Typen gerechnet werden. In C++ wird in der Regel der ASCII-Code (1 Byte) zugrunde gelegt, in Java hingegen der Unicode (2 Byte). Durch die zusätzlichen Attribute *signed* und *unsigned* kann in C++ festgelegt werden, ob der Bereich positive und negative oder nur vorzeichenlose Werte umfasst.

Zum Arbeiten mit Zeichenketten gibt es in C++ den Datentyp `string` und in Java den Typ `String`. Bei beiden handelt es sich um Bibliothekstypen, die als Klassen definiert sind (siehe dazu Abschn. 2.3.1 und Kap. 8), worauf wir an dieser Stelle nicht näher eingehen wollen. In C++ muss zum Arbeiten mit Strings das Modul `string` eingefügt werden (`#include <string>`).

```
string s1;
string s2 = "hallo";
string s3 = " Welt";
s1 = s2 + s3 + "\n";
cout << s1;
```

```
String s1;
String s2 = "hallo";
String s3 = " Welt";
s1 = s2 + s3 + "\n";
System.out.print(s1);
```

Tabelle B.2: Elementare Datentypen in C++

| Die angegebenen Werte stellen Beispiele für 32-Bit-Umgebungen dar, sie sind implementierungsabhängig! | | | |
|---|---|---|---|
| Datentyp | Länge in Byte | Wertebereich | Genauigkeit in Dezimal-stellen |
| **Character** | | | |
| char $\equiv$ signed char | 1 | $-2^7 \ldots +2^7 - 1$ | 2 |
| unsigned char | 1 | $0 \ldots 2^8 - 1$ | 2 |
| **Integer** | | | |
| int $\equiv$ signed int | 4 | $-2^{31} \ldots +2^{31} - 1$ | 9 |
| unsigned int | 4 | $0 \ldots 2^{32} - 1$ | 9 |
| short int $\equiv$ signed short int | 2 | $-2^{15} \ldots +2^{15} - 1$ | 4 |
| unsigned short int | 2 | $0 \ldots 2^{16} - 1$ | 4 |
| long int $\equiv$ signed long int | 4 | $-2^{31} \ldots +2^{31} - 1$ | 9 |
| unsigned long int | 4 | $0 \ldots 2^{32} - 1$ | 9 |
| **Boolean** | | | |
| bool | 1 | false, true | |
| **Wide Character** | | | |
| wchar_t | 2 | | |
| **Aufzählungstypen** | | | |
| enum $id$ $\equiv$ enum $id$ { $list$ } $\equiv$ enum { $list$ } | 4 | wie int | |
| **Gleitkommatypen** | | | |
| float | 4 | $\sim -10^{38} \ldots \sim +10^{38}$ | 7 |
| double | 8 | $\sim -10^{308} \ldots \sim +10^{308}$ | 15 |
| long double | 10 | $\sim -10^{4932} \ldots \sim +10^{4932}$ | 19 |
| **Typisierte und nichttypisierte Zeiger** | | | |
| $type*$ | 4 | $0 \ldots 2^{32} - 1$ | |
| void* | 4 | $0 \ldots 2^{32} - 1$ | |
| **Referenztypen** | | | |
| $type\&$ | 4 | $0 \ldots 2^{32} - 1$ | |

Die *Integer-Typen* dienen zur Darstellung ganzer Zahlen, int und signed int können in C++ synonym verwendet werden; der Zahlenbereich umfasst dann jeweils beide Vorzeichen. unsigned int dient der Darstellung vorzeichenloser ganzer (natürlicher) Zahlen. Aus historischen Gründen und zur Erweiterung des Bereichs um z.B. EOF (end of file) mit Wert –1 werden in C++ Integer-Typen auch zur Darstellung von Zeichen verwendet, verschiedene C-Bibliotheksfunktionen für das Arbeiten mit Zeichen verwenden in dem Zusammenhang bei der Parameterübergabe und als Rückgabetyp den Typ int.

Die short int- und die long int-Typen sind speziell für kleine bzw. große Zahlenbereiche vorgesehen. Bezüglich der Implementierung ist in C++ vorgeschrieben, dass der Wertebereich für short-Typen kleiner oder gleich und der für *long*-Typen größer oder gleich dem der int-Typen ist:

$$\text{short int} \subseteq \text{int} \subseteq \text{long int}$$

Die Aufzählungstypen enum werden in Abschn. B.8.3 behandelt.

Zur Darstellung von Gleitkommazahlen (Real-Zahlen, Float-Zahlen) stehen die Typen float sowie double und in C++ zusätzlich long double zur Verfügung, wobei die höhere Zahl von Bytes für die Implementierung jeweils genutzt wird, um sowohl den Wertebereich als auch die Genauigkeit zu erhöhen; siehe dazu C++-Bibliotheksmodul cfloat.

Beim Rechnen mit Gleitkommazahlen sollte man sich bewusst sein, dass sie die rationalen und die reellen Zahlen aus der Mathematik nur ungenau darstellen können. Daraus folgt unter anderem, dass es nicht sinnvoll sein kann, errechnete Gleitkommawerte auf Gleichheit zu testen!

Die für eine konkrete Implementierung jeweils gültigen Maximal- und Minimalwerte für die ganzzahligen Typen stehen im Bibliotheksmodul climits und die Grenzwerte für die Gleitkommatypen im entsprechenden C++-Bibliotheksmodul cfloat. In Java gibt es dafür die Konstanten Integer.MAX_VALUE, Double.MAX_VALUE etc.

```cpp
#include<iostream>
using namespace std;
#include<climits>
#include<cfloat>
int main() {
    cout << " INT_MIN:" << INT_MIN;
    cout << " INT_MAX:" << INT_MAX;
    cout << "\nDBL_MIN:" << DBL_MIN;
    cout << " DBL_MAX:" << DBL_MAX;
    cout << endl;
}
```

```java
public class Limits {

    public static void main(String[] args){
        System.out.println(Integer.MAX_VALUE);
        System.out.println(Integer.MIN_VALUE);
        System.out.println(Double.MAX_VALUE);
        System.out.println(Double.MIN_VALUE);
    }
}
```

### B.3.4   Symbolische Konstanten

Mit dem Attribut **const** bzw. **final** kann angegeben werden, dass sich der entsprechende Wert nicht ändern soll, z.B.:

```
const double pi = 3.14159;
const int MaxLen = 1000000;
const char space = ' ';
```

```
final double pi = 3.14159;
final int MaxLen = 1000000;
final char space = ' ';
```

Variablen und Konstanten müssen vor ihrer Benutzung deklariert sein. Allerdings müssen die Vereinbarungen nicht, wie noch bei C, allen Anweisungen voranstehen, sondern Vereinbarungen und Anweisungen können sich in beliebiger Reihenfolge abwechseln. Natürlich muss jeder Name vor seiner ersten Verwendung bekannt sein.

# B.4   Operatoren für elementare Datentypen

Die Tabellen B.3 und B.4 geben eine Übersicht über die in C++ und Java verfügbaren Operatoren und ihre jeweilige Bedeutung. Operatoren, die nur in $\boxed{\text{C++}}$ oder $\boxed{\text{Java}}$ erlaubt sind, sind in den Tabellen jeweils grau unterlegt.

### B.4.1   Binäre Operatoren

**Arithmetik:** + - * / %   Die ersten vier Operatoren betreffen die aus der Mathematik bekannten Grundrechenarten für Zahlen und sind auf alle Integer-Typen, auf Character-Typen und auf Gleitkommatypen anwendbar. Der Operator % ist nicht auf Gleitkommatypen anwendbar und steht für die Modulo-Operation, d.h. er liefert den Rest einer ganzzahligen Division ( 5%2 ≡ 1, 27%10 ≡ 7, 35%5 ≡ 0 ). Die Division zweier ganzzahliger Operanden liefert ein ganzzahliges Ergebnis ( 5/2 ≡ 2 ). Eine Operation mit einem ganzzahligen und einem Gleitkommatyp wird im Gleitkommabereich durchgeführt ( 5.0/2 ≡ 2.5 ). Die Operatoren + und - können in C++ auch in begrenztem Umfang auf Adressen und Zeiger angewendet werden.

**Vergleich:** < <= == != >= >   Die Vergleichsoperatoren sind im Wesentlichen auf alle elementaren Datentypen anwendbar, auf C++-Zeiger allerdings nur der Test auf Gleichheit sowie auf Ungleichheit. Das Ergebnis einer Vergleichsoperation ist vom Typ **bool** bzw. **boolean** (false bzw. true). Die Vergleichsoperanden sollten möglichst dem gleichen Datentyp angehören, es können aber auch verwandte Datentypen – wie z.B. int und long – verglichen werden.

**Bitoperationen:** & | ~ << >> >>>   Die Operatoren & | ~ beziehen sich auf die binäre Darstellung ganzzahliger Typen und führen jeweils bitweise UND-, ODER- bzw. EXKLUSIV-ODER-Verknüpfungen durch. b >> n schiebt die Bits in b um n

---

[1]Fußnote zu den Tabellen B.3 und B.4: Darüber hinaus sind einige arithmetische Operatoren – mit Einschränkungen – auch in Verbindung mit Adressen und Zeigern verwendbar; siehe dazu Abschn. 4.2.2.

Tabelle B.3: C++- und Java-Operatoren für elementare Datentypen, Teil I

| Operator | Bedeutung | Art | anwendbar auf |
|---|---|---|---|
| **Binäre Operatoren** | | | |
| +<br>−<br>*<br>/<br>% | Addition<br>Subtraktion<br>Multiplikation<br>Division<br>Divisionsrest | Arithmetik | Zahlen[1]<br><br>nur ganze Z. |
| <<br><=<br>==<br>!=<br>>=<br>> | Vergl. auf *kleiner*<br>Vergl. auf *kleiner oder gleich*<br>Vergl. auf *gleich*<br>Vergl. auf *ungleich*<br>Vergl. auf *größer oder gleich*<br>Vergl. auf *größer* | Vergleich | alle Typen |
| &<br>\|<br>^<br><<<br>>><br>>>> | bitw. *UND*-Verknüpfung<br>bitw. *ODER*-Verknüpfung<br>bitw. *EXKL.-ODER*-Verkn.<br>bitw. Linksschieben<br>bitw. Rechtsschieben<br>bitw. Rechtsschieben, nur Java | Bitoperation | ganzz. Typen |
| &&<br>\|\| | log. *UND*-Verkn. in Ausdr.<br>log. *ODER*-Verkn. in Ausdr. | Logische<br>Verknüpfung | Boolesche<br>Ausdrücke |
| **Unäre Operatoren** | | | |
| & | Adresse von, nur C++ | Referenzier. | alle Typen |
| * | Inhalt von, nur C++ | Dereferenz. | Adressen |
| +<br>− | pos. Vorzeichen<br>neg. Vorzeichen | Arithmetik | Zahlen |
| ~ | bitw. Invertieren | Bitoperation | ganzz. Typen |
| ! | log. Invertieren | Log. Verkn. | Bool. Ausdr. |
| (*type*)<br>*type*()<br>x_cast<*type*>()[1] | Typkonvertierung<br>Typkonvertierung, nur C++<br>Typkonvertierung, nur C++ | Typisierung<br>Typisierung<br>Typisierung | alle Typen<br>alle Typen<br>alle Typen |
| sizeof<br>sizeof | **sizeof** *expr.*: nur C++<br>**sizeof**(*type*): nur C++ | Speicherbedarf<br>Speicherbedarf | Ausdrücke<br>Typen |
| **Postfix- und Präfix-Operatoren** | | | |
| ++<br>-- | Inkrementierung<br>Dekrementierung | Arithmetik | ganzz. Typen<br>und Zeiger |

Tabelle B.4: C++- und Java-Operatoren für elementare Datentypen, Teil II

| Operator | Bedeutung | Art | anwendbar auf |
|---|---|---|---|
| **Zuweisungsoperatoren** | | | |
| = | Wertzuweisung | Zuweisung | alle Typen |
| +=<br>-=<br>*=<br>/=<br>%= | Addition<br>Subtraktion<br>Multiplikation<br>Division<br>Divisionsrest | Arithmetik<br>und<br>Zuweisung | Zahlen[1]<br><br>nur ganze Z. |
| &=<br>\|=<br>~=<br><<=<br>>>=<br>>>>= | bitw. *UND*-Verknüpfung<br>bitw. *ODER*-Verknüpfung<br>bitw. *EXKL.-ODER*-Verkn.<br>bitw. Linksschieben<br>bitw. Rechtsschieben<br>bitw. Rechtsschieben, nur Java | Bitoperation<br>und<br>Zuweisung | ganzz. Typ. |
| **Sonstige Operatoren** | | | |
| ?:<br>, | Formulierung bed. Ausdrücke<br>Aufzählung in Klammerausdr. | | Ausdrücke<br>Ausdrücke |

Stellen nach rechts und füllt jeweils mit dem Vorzeichenbit auf (0 bei `unsigned` und positiven sowie 1 bei negativen Werten von b). Dagegen bedeutet b $>>>$ n in Java ein Schieben von b um n Stellen nach rechts, wobei vorzeichenunabhängig von b mit Nullbits aufgefüllt wird. Eine semantische Entsprechung in C++ gibt es nicht. Beim Linksschieben werden von rechts jeweils binäre Nullen nachgeschoben. Eine Linksverschiebung um n Stellen entspricht damit einer Multiplikation mit $2^n$, eine Rechtsverschiebung um n Stellen (und Auffüllen mit binären Nullen) entsprechend einer Division durch $2^n$; siehe auch die Beispiele in den Listings B.2 und B.3.

C++ B.2: Bitweises Links- und Rechts-Shiften                    (Basics/Shift/main.cpp)

```
// b1: 101 000 ... 0000 = −1610612736: b2 = 011 00..00
int b1 = (128 + 32) * 256 * 65536 ;
int b2 = (64 + 32) * 256 * 65536 ;
cout << "b1: " << b1 << ", b2: " << b2 << endl;

// 101 ganz nach links schieben, Rest vorne auf 1 setzen : −3: 5 bei unsigned int b1
cout << "b1>>29: " << (b1 >> 29) << endl;
// 011 ganz nach links schieben, Rest vorne auf 0 setzen : 3:
cout << "b2>>29: " << (b2 >> 29) << endl;

// 101 00 ..00 um 2 Stellen rechts ergibt 100.. 00 : −2147483648
cout << "b1<<2: " << (b1 << 2) << endl;

// 101 um 28 Stellen nach links und Rest vorne auf 0 setzen: 00 .. 00 1010 = 10
// nichts Entsprechendes (Einfaches) in C++ vorhanden
```

Java B.3: Bitweises Links- und Rechts-Shiften                    (Basics/Shift/Shift.java)

```java
public static void main(String[] args){
    // b1: 101 000 ... 0000 = −1610612736: b2 = 011 00..00
    int b1 = (128 + 32) * 256 * 65536 ;
    int b2 = (64 + 32) * 256 * 65536 ;
    System.out.println("b1: " + b1 + ", b2: " + b2 );

    // 101 ganz nach links schieben, Rest vorne auf 1 (Vz) setzen : −3
    System.out.println("b1>>29: " + (b1 >> 29) );
    // 011 ganz nach links schieben, Rest vorne auf 0 (Vz) setzen : 3
    System.out.println("b2>>29: " + (b2 >> 29) );
    // 101 00 ..00 um 2 Stellen rechts ergibt 100.. 00 : −2147483648
    System.out.println("b1<<2: " + (b1 << 2) );

    // 101 um 28 Stellen nach links und Rest vorne auf 0 setzen: 00 .. 00 1010 = 10
    System.out.println("b1>>>a: " + (b1>>>28) );
    // 01100..0 um 28 Stellen nach links und Rest vorne auf 0 setzen: 0..0 0110 = 6
    System.out.println("b2>>>a: " + (b2>>>28) );
```

**Logische Verknüpfung:** && || Die Operatoren && und || verknüpfen *logische Werte und Ausdrücke* durch ein *logisches UND* bzw. durch ein *logisches ODER*, z.B.:

```cpp
bool okay, notOkay;
double x=44;
/* . . . */
okay = (x >= 0) && (x < 100);
notOkay = (x < 0) || (x >= 100);
if (okay && notOkay)
    cout << "Fehler!" << endl;
```

```java
boolean okay, notOkay;
double x=44;
/* . . . */
okay = (x >= 0) && (x < 100);
notOkay = (x < 0) || (x >= 100);
if (okay && notOkay)
    System.out.println("Fehler!");
```

## B.4.2   Unäre Operatoren

**C++-Referenzierung/Dereferenzierung:** & * Der Operator & liefert in C++ die Adresse im Arbeitsspeicher, unter der das durch den Operanden bezeichnete Datum abgelegt ist, entsprechend liefert der C++-Operator * das Datum, das unter der durch den Operanden bezeichneten Adresse abgelegt ist. Ein Zeiger ist typgebunden und wird z.B. wie folgt vereinbart:

```cpp
double* x;
```

Das bedeutet: *Der Inhalt von x ist vom Typ* double, *somit ist x ein Zeiger, der auf einen Speicherbereich zeigt, in dem ein* double-*Wert steht.* Das folgende kleine Beispiel demonstriert den prinzipiellen Umgang mit den beiden Operatoren & und *. Ausführlicher wird das Thema in Abschn. 4.2.2 behandelt.

```cpp
double x = 12.34;
double* adresse;
adresse = &x;
/* Ausgabe: 12.34 12.34 */
cout << x << " " << *adresse;
```

```
/*
kein direkter Umgang
mit Speicheradressen
(Zeigern) in Java
*/
```

**Arithmetik:** + − Die beiden unären Operatoren werden als positives bzw. als negatives Vorzeichen für Zahlen verwendet.

**Bitoperation:** ~ Der unäre Operator ~ gehört inhaltlich zu den oben behandelten Bitoperationen; er bewirkt, dass in der binären Darstellung des entsprechenden ganzzahligen Datentyps alle Bits invertiert werden.

**Logische Verknüpfung:** ! Der unäre Operator ! gehört inhaltlich zu den oben behandelten, logischen Verknüpfungen; er invertiert einen Booleschen Ausdruck, z.B. !((x<0) || (x>=100)) ≡ !(x<0) && !(x>=100) ≡ (x>=0) && (x<100).

**Typkonvertierung:** (*type*), *type*( ), *x*_cast<*type*>( ) Siehe Abschn. B.6.

**Speicherbedarf:** sizeof Der C++-Operator sizeof liefert den Speicherbedarf eines konkreten Objektes oder eines Datentyps in Byte, z.B.:

```
double x;
const int xLength = sizeof x;
const int doubleLength = sizeof (double);
```

Wenn, wie im zweiten Fall, der Operand ein Typ ist, muss er geklammert werden.

## B.4.3   Postfix- und Präfix-Operatoren

**Inkrementierung/Dekrementierung:** ++ -- Durch Voranstellen (Präfix) oder Anhängen (Postfix) der Operatoren ++ oder -- wird der zugehörige Ausdruck jeweils um den Wert 1 erhöht bzw. erniedrigt, dabei muss der Operand einem ganzzahligen Typ angehören und ein L-Wert (siehe Seite 351) sein (d.h. eine konkrete Variable (ein konkretes Objekt) repräsentieren). Wird der Operator in einer isolierten Anweisung, wie im folgenden Beispiel, verwendet, so ist die Wirkung von Postfix- und Präfix-Operation identisch, d.h. j++ entspricht ++j. Entsprechendes gilt für das Erniedrigen mit --.

```
int i=0, j=0;
// i, j erhalten beide den Wert 1
 i++; ++j;
```

```
int i=0, j=0;
// i, j erhalten beide den Wert 1
 i++; ++j;
```

Sind Inkrement- bzw. Dekrementoperator jedoch Teil eines komplexeren Ausdrucks, in dem das Ergebnis der Operation sofort weiterverwendet wird, so hat die Entscheidung, Präfix oder Postfix zu verwenden, entscheidenden Einfluss auf das Ergebnis des Ausdrucks. Bei Verwendung der Präfix-Notation wird der Wert der Variablen erst erhöht bzw. erniedrigt und dann der Ausdruck ausgewertet. Entsprechend wird bei Postfix-Notation erst der Ausdruck ausgewertet und dann erst die Variable erhöht bzw. erniedrigt.

```
int i=4, j=4, n=4, p=4;
int k = i++; // k=4, i=5
int m = ++j; // m=5, j=5
if (n++ == 4) {/* ist true */}
if (++p == 4) {/* ist false */}
cout << i << " " << k << "\n";
cout << j << " " << m << "\n";
```

```
int i=4, j=4, n=4, p=4;
int k = i++; // k=4, i=5
int m = ++j; // m=5, j=5
if (n++ == 4) {/* ist true */}
if (++p == 4) {/* ist false */}
System.out.println(i+" "+k);
System.out.println(j+" "+m);
```

Die Ausgabe des Programmfragments ist dann:

```
5 4
5 5
```

## B.4.4   Zuweisungsoperatoren

**Zuweisung:**  =  Der Zuweisungsoperator = weist einer Variablen einen neuen Wert zu. Er wird meist in der Form

- *lvalue = expression*;
  *lvalue* : siehe Seite 351

im Rahmen einer Anweisung verwendet. Dabei wird der Ausdruck auf der rechten Seite berechnet und dem Objekt der linken Seite zugeordnet (d.h. der Wert des Ausdrucks wird in den zum Objekt gehörenden Speicherbereich kopiert).

**Verknüpfung und Zuweisung:**  += -= *= /= %= &= |= ~= <<= >>= >>>=   Diese Operatoren dienen wieder der verkürzten Schreibweise, und zwar gilt allgemein

- *lvalue* **op**= *expression* $\equiv$
  *lvalue = lvalue* **op** *expression*;
  *lvalue* : siehe Seite 351

wobei **op** für einen dieser Operatoren steht.

# B.5   Ausdrücke

Ausdrücke (expressions) sind Folgen von Operanden und Operatoren, die dazu dienen, Verarbeitungsvorgänge zu formulieren. Die entsprechenden Möglichkeiten in C++ und Java sind sehr vielfältig, der syntaktische Rahmen ist entsprechend komplex, deshalb beschränken wir uns an dieser Stelle auf einige Beispiele und Hinweise:

## B.5.1   Beispiele

- $\frac{a-b}{a+b} \Longrightarrow$ (a-b)/(a+b)

- $a^2 + b^2 \Longrightarrow$ a*a + b*b oder pow(a,2)+pow(b,2)

- $x^n - y^n \Longrightarrow$ pow(x,n) - pow(y,n)

- $x^3 + 3x^2y + 3xy^2 + y^3 \Longrightarrow$
  pow(x,3) + 3*pow(x,2)*y + 3*x*pow(y,2) + pow(y,3)

- $\sqrt[2]{a^2 + b^2} \Longrightarrow$ sqrt(a*a + b*b)

- $\sqrt[n]{\frac{x^n-y^n}{1+u^{2n}}} \equiv (\frac{x^n-y^n}{1+u^{2n}})^{\frac{1}{n}} \Longrightarrow$
  pow( ((pow(x,n) - pow(y,n))/(1 + pow(u, 2*n)), 1.0/(double)n)

- $\sin(x + \frac{\pi}{2}) \Longrightarrow$ sin(x + pi/2.0)

Die Beispiele sind sowohl in Java als auch in C++ syntaktisch korrekt. Das C++-Programm muss die Include-Anweisung `#include <cmath>` enthalten; siehe auch Abschn. 3.1. Das entsprechende Java-Programm muss ab Java Version 5.0 die Anweisung `import static java.lang.Math.*;` enthalten. In früheren Java-Versionen muss den mathematischen Funktionen noch jeweils der Klassenname `Math` vorangestellt werden, d.h. statt einfach `pow(x,n) - pow(y,n)` muss es heißen `Math.pow(x,n) - Math.pow(y,n)`.

## B.5.2 Objekte und L-Werte

Ein Objekt ist ein Bereich im Arbeitsspeicher, der einem Namen zugeordnet ist, d.h. eine Variable. Ein L-Wert (lvalue = *location for a value*) ist ein Ausdruck, der sich auf ein solches Objekt bezieht, z.B. ein Variablenname. In der Zuweisung `a1 = a2` muss der linke Ausdruck `a1` ein L-Wert – also z.B. ein Variablenname – sein. Entsprechendes gilt auch bei der Verwendung der übrigen Zuweisungsoperatoren `+=`, ..., `||=`.

Die folgenden Beispiele sind syntaktisch korrekt:

```
int a, b=44, *p=&a;
a = 27;   // a ist ein L-Wert
b += 27;  // b ist ein L-Wert
*p++ = 27; //*p ist ein L-Wert
```

```
int a, b=44;
a = 27;   // a ist ein L-Wert
b += 27;  // b ist ein L-Wert
// keine Zeiger in Java
```

Die folgenden Beispiele sind dagegen alle syntaktisch falsch:

```
b++ = 27; // b++ ist kein L-Wert !
a + b = 27; // a + b ist kein L-Wert
(p++)++; // p++ ist kein L-Wert
```

```
b++ = 27; // b++ ist kein L-Wert !
a + b = 27; // a + b ist kein L-Wert
// keine Zeiger in Java
```

## B.5.3 Hinweise

- Die Reihenfolge der Auswertungen wird durch die *Prioritäten der Operatoren* und durch die *Gruppierung der Unterausdrücke* bestimmt, darüber hinaus können aber Freiheitsgrade bleiben (siehe weiter unten).

- Im Zweifelsfall und zur Erhöhung der Lesbarkeit sollten ggf. auch redundante Klammerpaare verwendet werden. **Tipp**

- Als Folge begrenzter Genauigkeit der Rechnerarithmetik können – auch bei gleichrangigen Operatoren – verschiedene Reihenfolgen der Auswertung zu unterschiedlichen Ergebnissen führen. Dies bedeutet, dass auch das *Kommutativ-*, *Distributiv-* und *Assoziativ-Gesetz* nicht immer anwendbar sind (z.B. bei *Überlauf oder Unterlauf*); siehe Abschn. B.8.

- Bei einem Ausdruck oder Unterausdruck mit gleichrangigen Operatoren ist die Reihenfolge der Auswertung in C++ undefiniert und damit implementierungsabhängig, hier können Klammern ggf. helfen, die Gruppierung – und damit die Reihenfolge der Auswertung – zu definieren. In Java dagegen ist die Auswertungsreihenfolge bei mehreren zweistelligen Operationen gleicher Priorität – außer bei Zuweisungsoperatoren – stets von links nach rechts.

- Das Verhalten bei Überlauf und Unterlauf ist implementierungsabhängig, üblicherweise wird in den Fällen sowohl in C++ als auch in Java **kein** Fehler angezeigt.

- Das Verhalten bei Division durch *Null* ist in C++ ebenfalls implementierungsabhängig, in Java wird eine Ausnahme geworfen (vgl. Abschn. 6.3).

- Die Auswertung logischer Ausdrücke ist nicht kommutativ, d.h. die Auswertung einer UND-Verknüpfung wird abgebrochen, wenn der erste Operand den Wert `false` ergibt; entsprechend, wenn in einer ODER-Verknüpfung der erste Ausdruck `true` ergibt.

## B.6   Explizite und implizite Typkonvertierungen

Typkonvertierungen werden in manchen Fällen automatisch (*implizit*) durchgeführt (siehe Abschn. B.8), können aber auch *explizit* erzwungen werden, wie das folgende Beispiel veranschaulicht:

```
int m, n;
double x = 12.34;
m = x;      // implizit erlaubt
n = (int) x; // explizit
```

```
int m, n;
double x = 12.34;
m = x; // implizit verboten
n = (int) x; // explizit
```

In beiden Fällen wird der Nachkommateil abgeschnitten, und sowohl m als auch n erhalten den Wert 12. In diesem Fall ergibt sich somit jeweils das Gleiche. Trotzdem kann die *explizite Konvertierung* aus Gründen der Klarheit angebracht sein! Java verlangt sie hier sogar.

Es gibt aber auch viele Fälle, in denen auch in C++ eine *explizite Konvertierung* unbedingt erforderlich ist, z.B.:

```
int a = 5, b = 2;
double x, y, z;
    /* x erhaelt den Wert 2 ! */
x = a / b;
    /* y erhaelt den Wert 2.5 ! */
y = ((double) a) / ((double) b);
    /* z erhaelt den Wert 2.5 ! */
z = ((double) a) / b;
```

```
int a = 5, b = 2;
double x, y, z;
    /* x erhaelt den Wert 2 ! */
x = a / b;
    /* y erhaelt den Wert 2.5 ! */
y = ((double) a) / ((double) b);
    /* z erhaelt den Wert 2.5 ! */
z = ((double) a) / b;
```

Explizite Typkonvertierungen (**type casts**) werden in C++ und Java durch Voranstellen des *Zieltyps* entsprechend folgender Form erreicht:

Allgemeine Form:
     (*Zieltyp*) *Ausdruck*

In C++ ist die folgende in Java nicht zulässige Schreibweise zu bevorzugen:
     *Zieltyp (Ausdruck)*, z.B. `m = int (x);`

Empfehlenswert ist in C++ jedoch die Verwendung des `static_cast`-Operators:

   `static_cast<`*Zieltyp*`>(`*Ausdruck*`)`, z.B. `m = static_cast<int>(x)`

Neben `static_cast` gibt es in C++ die Operatoren `const_cast`, `reinterpret_cast` und `dynamic_cast`. Diese C++-Typkonvertierungsoperatoren erleichtern es, den Zweck der Typkonvertierung zu erkennen, siehe hierzu Abschn. 9.3.4. Entsprechendes ist in Java nicht vorhanden. Hier gibt es lediglich die schon aus C bekannte Form der Allzweckkonvertierung (*Zieltyp*)*Ausdruck*.

***mixed mode*-Arithmetik:**   Verschiedene elementare Datentypen können in C++ und in Java in Ausdrücken gemischt werden. Bei deren Auswertung werden dann implizit Konvertierungen nach bestimmten Regeln durchgeführt, die hier im Detail nicht erörtert werden. Als grober Anhaltspunkt gilt:

- Bei der Verknüpfung zweier Operanden unterschiedlichen Typs wird der einfachere in den umfassenderen umgewandelt.

Implizite und explizite Typkonvertierungen werden, wie oben gezeigt, auch dann durchgeführt, wenn dabei Information verloren geht, insbesondere ist in C++ auch die Konvertierung zwischen `signed`- und `unsigned`-Typen sehr fehleranfällig. Sie sollten daher vermieden werden.

Standardmäßig sollten die Typen `int` für ganze Zahlen und `double` für Gleitkommazahlen verwendet werden, um unnötige (unbeabsichtigte) Konvertierungen zu vermeiden.       **Tipp**

# B.7   Prioritäten von Operatoren

Bezüglich der Prioritäten aller Operatoren gilt die in Tabelle B.5 angegebene Reihenfolge. Operatoren, die nur in $\boxed{\text{C++}}$ oder $\boxed{\text{Java}}$ erlaubt sind, sind in den Tabellen jeweils grau unterlegt.

Die höchste Priorität hat der in Zeile (0) aufgeführte Operator, die zweithöchste die in Zeile (1) notierten Operatoren. Die drittniedrigste Priorität haben die in Zeile (15) angegebenen Zuweisungsoperatoren. Die Abstufungen sind mit Bedacht so festgelegt worden, damit in vielen Fällen auf Klammerungen verzichtet werden kann. Die folgenden Beispiele zeigen äquivalente Ausdrücke mit und ohne zusätzliche Klammern. Allerdings erhöht die Verwendung von Klammern häufig die Les- und Wartbarkeit ganz erheblich.

*ohne zus. Klammern*

```
int a, b, c, d, y1, y2, y3;
y1 = a < b && !(c == d);
y2 = a & ~b | ~(c | d);
y3 = a << b & c >> a;
```

*mit zus. Klammern*

```
int a, b, c, d, y1, y2, y3;
y1 = (a < b) && (!(c == d));
y2 = (a & (~b)) | (~(c | d));
y3 = (a << b) & (c >> a);
```

Tabelle B.5: Prioritäten von Operatoren für elementare Datentypen

| Priorität | Operatoren | Bemerkung |
|---|---|---|
| 0 | `::` | C++-Bereichsauflösung |
| 1 | `++ -- () [] -> .` | postfix, ..., |
| | `static_cast, dynamic_cast const_cast` | C++-Typumwandlung |
| | `reinterpret_cast` | C++-Typumwandlung |
| 2 | `++ -- ! ~ + -` *(type)* `new new[]` | präfix, unär |
| | `* & sizeof` *type*`()` | C++-Zeiger, Typen |
| | `delete delete[]` | C++-Heapverwaltung |
| 3 | `. ->` | Elementselektion |
| 4 | `* / %` | binäre arithmetische |
| 5 | `+ -` | Operatoren |
| 6 | `<< >>` | Shift-Operatoren |
| | `>>>` | Java-Shift-Operator |
| 7 | `< <= > >=` | Vergleichs- |
| 8 | `== !=` | operatoren |
| 9 | `&` | |
| 10 | `~` | Bitoperationen |
| 11 | `|` | |
| 12 | `&&` | Logische |
| 13 | `||` | Verknüpfungen |
| 14 | `? :` | bedingte Zuweisung |
| 15 | `= += -= *= /= %= &= ~= |= <<= >>=` | Zuweisungsoperatoren |
| | `>>>=` | Java-Zuweisungsoperator |
| 16 | `throw` | C++-Ausnahme erzeugen |
| 17 | `,` | Komma-Operator |

# B.8  Arbeiten mit Zahlen

## B.8.1  Ausdrücke und Zuweisungen mit gemischten Zahlentypen

In Java und C++ können grundsätzlich in einem arithmetischen Ausdruck verschiedene Zahlentypen vermischt benutzt werden, z.B.

```
int ix = 27;                          int ix = 27;
long lx = 123;                        long lx = 123;
float fx = 53.6f;                    float fx = 53.6f;
double dx = 76.2, dy;               double dx = 76.2, dy;
dy = 1e5 * ( (ix + dx - fx) / 2 );  dy = 1e5 * ( (ix + dx - fx) / 2 );
```

Bei der Verknüpfung zweier Zahlen unterschiedlichen Typs wird immer implizit in den umfassenderen Typ konvertiert, d.h. die Anweisungen

```
double dx = 5.0 / 2.0;               double dx = 5.0 / 2.0;
dx = 5.0 / static_cast<double>(2);  dx = 5.0 / (double) 2;
dx = 5.0 / 2;                        dx = 5.0 / 2;
dx = 5 / 2.0;                        dx = 5 / 2.0;
```

führen zum gleichen Ergebnis von 2.5.

Im Gegensatz dazu erhält dx in beiden folgenden Fällen

```
dx = 5 / 2;                           dx = 5 / 2;
dy = (double) (5 / 2);               dy = (double) (5 / 2);
```

den Wert 2.0!

Einen weiteren Hinweis für Probleme bei der Konvertierung liefert das folgende zunächst harmlos erscheinende Beispiel. In der Definition `float f = 0.6;` findet nämlich eine implizite Konvertierung statt, bei der man auch eine Compiler-Warnung erhält, denn `0.6` ist eine Konstante des Typs `double` und – sofern `sizeof(double)` und `sizeof(float)` verschieden sind – nicht ohne Genauigkeitsverlust konvertierbar. Warum?

Eine Gleitkommazahl wird intern durch Mantisse und Exponent dargestellt. Für `0.6` ergibt sich dann die Mantissendarstellung 1001 1001 1001 ... 1001 ..., denn $0.6 = 1 * \frac{1}{2} + 0 * \frac{1}{4} + 0 * \frac{1}{8} + 1 * \frac{1}{16} + 1 * \frac{1}{32} + 0 * \frac{1}{64} + 0 * \frac{1}{128} + 1 * \frac{1}{256} + ...$, was nicht exakt 0.6, sondern 0,5999... ergibt. Die Länge der Mantisse des Datentyps `float` ist in der Regel 24 Bit und die von `double` meist mehr als 40 Bit, sodass sich bei der Konvertierung von 0.6 als *double-Konstante* zu 0.6 als *float-Konstante* ein Genauigkeitsverlust ergibt. Um im obigen Fall Compiler-Warnungen zu vermeiden, ist daher die Definition `float f = 0.6f;` erforderlich.

Bei der Umwandlung von einem Typ ohne Vorzeichen in einen Typ mit Vorzeichen kann in C++ unerwartet ein Vorzeichenwechsel auftreten:

```
unsigned int ux = UINT_MAX;
int ix = ux; /*Ergebnis z.B.: −1 !*/
for (unsigned int j = 2; j >= 0; --j) {
    cout << j << " ";// Endlosschleife
}
```

```
/*
Entsprechende Probleme in
Java unbekannt, da es vor−
zeichenlose Typen nicht gibt
*/
```

Im Beispiel gibt es eine Endlosschleife, weil der Wert -1 von j immer wieder in eine vorzeichenlose Zahl, z.B. $2^{32} - 1$, gewandelt wird.

Das Regelwerk für die Konvertierung von Zahlentypen ist im Detail recht umfangreich; siehe dazu [31, 32, 24, 58]. Es ist sicher auch nicht sinnvoll, alle Möglichkeiten auszuschöpfen. Die wesentlichen Grundregeln sind:

- C++ erlaubt beliebige explizite und implizite Konvertierungen zwischen allen Character-, Integer- und Gleitkommatypen.

- Bei der Umwandlung eines Gleitkomma- in einen Ganzzahltyp wird der Nachkommateil abgeschnitten (truncate).

- Bei der Verknüpfung zweier Operanden unterschiedlichen Typs wird der einfachere in den umfassenderen Typ umgewandelt.

- Das Ergebnis der Umwandlung eines Wertes eines bestimmten Typs in einen Wert eines weniger mächtigen oder weniger genauen Typs kann undefiniert sein (z.B. $long \Rightarrow int$, aber auch $long \Rightarrow float$).

- Die Umwandlung zwischen *signed*- und *unsigned*-Typen kann wegen der unterschiedlichen Definitionsbereiche in C++ leicht zu unerwarteten Ergebnissen führen.

## B.8.2   Einschränkungen gegenüber der Mathematik

In der Mathematik sind Zahlen (reelle und auch ganzzahlige) Elemente unendlicher Mengen. Die Darstellung von Zahlen im Rechner ermöglicht natürlich nur endliche Mengen, und das hat Konsequenzen, die man vielleicht auf den ersten Blick nicht erwartet. Es betrifft neben dem Aspekt *Rechengenauigkeit* z.B. auch die beschränkte Gültigkeit mathematischer Axiome beim Rechnen mit *Computerzahlen*:

- Die ganzzahligen Typen (`int`, `long`, ... ) repräsentieren nur Annäherungen an die ganzen bzw. an die natürlichen Zahlen der Mathematik, da ihr **Bereich eingeschränkt** ist!

- Die Gleitkommatypen (`float`, `double` und `long double`) repräsentieren nur Annäherungen an die reellen Zahlen aus der Mathematik, da ihr **Bereich eingeschränkt und** zusätzlich ihre **Genauigkeit begrenzt** ist.

Das demonstrieren folgende Beispiele:

```
short a, b, c;
a = 20000; b = 20000;
c = a + b; // c != 40000
cout << c << endl;
```

```
short a, b, c;
a = 20000; b = 20000;
c = (short)(a + b); // c != 40000
System.out.println(c);
```

c hat in keinem Fall den Wert 40000, weil das Ergebnis größer ist als 32767, der
größte, darstellbare short-Wert. Es ergibt sich ein Überlauf. Die Ausgabe ist jeweils
-25536. Für C++ gelten diese Aussagen allerdings nur, wenn short zwei Byte belegt.

```cpp
float x, y;
x = 1e20f;
y = x + 1; // Die 1 geht verloren wegen
       // mangelnder Genauigkeit
if (y-x != 1) { // ist true
  cout << "ungleich\n";
}
```

```java
float x, y;
x = 1e20f;
y = x + 1; // Die 1 geht verloren wegen
       // mangelnder Genauigkeit
if (y-x != 1) { // ist true
  System.out.println("ungleich");
}
```

Die Ausgabe ist jeweils das Wort *ungleich*.

Weiterhin folgt aus diesen Begrenzungen, dass bei der Formulierung von Ausdrücken
die Axiome der Mathematik – z.B. die *Kommutativgesetze*, die *Assoziativgesetze* und
die *Distributivgesetze* – nur mit Einschränkungen gelten. Die im Folgenden verwendeten Symbole $\oplus$ und $\otimes$ sollen hervorheben, dass nicht die mathematischen Operationen *plus* bzw. *mal*, sondern die im Rechner implementierten gemeint sind:

$$x \oplus y \oplus z \quad \neq \quad x \oplus z \oplus y$$
$$x \otimes y \otimes z \quad \neq \quad x \otimes z \otimes y$$
$$(x \oplus y) \oplus z \quad \neq \quad x \oplus (y \oplus z)$$
$$(x \otimes y) \oplus (x \otimes z) \quad \neq \quad x \otimes (y \oplus z)$$

## B.8.3   Aufzählungstypen

Häufig werden ganze Zahlen verwendet, um Begriffe zu codieren, z.B. Codierung für
Bewertungen (*1: sehr gut, 2: gut, ..., 6: ungenügend*), Codierung für Monatsnamen
(*1: Januar, ..., 12: Dezember*) oder Codierung für Farben (*0: rot, 1: gelb, 2: blau*).
Die Aufzählungstypen bieten umgekehrt eine einfache Möglichkeit, im Programm
anstelle der Zahlenkonstanten aussagekräftige Namen zu verwenden.

```cpp
enum Farbe {rot, gelb, blau};
```

```java
enum Farbe {rot, gelb, blau};
```

Diese Zeilen haben die gleiche Wirkung wie die Vereinbarung von den drei Konstanten mit const bzw. final:

```cpp
const int rot = 0;
const int gelb = 1;
const int blau = 2;
```

```java
final int rot = 0;
final int gelb = 1;
final int blau = 2;
```

Zusätzlich werden die drei neuen Konstanten mit der enum-Anweisung allerdings
unter einem neu definierten Typen Farbe zusammengefasst. In C++ hätte Farbe allerdings auch weggelassen werden können (enum rot, gelb, blau;), wobei dann aber
nur die drei C++-Konstanten ohne den Typ Farbe vereinbart sind.

Allgemeine
Formen:

| | |
|---|---|
| **enum** { *enumerator-list* } | nur C++ |
| **enum** *identifier* { *enumerator-list* } | C++ und Java |
| **enum** *identifier* | nur C++ |

Mit *Aufzählungstypen* ist es möglich, eine Vielzahl gleichartiger ganzzahliger Konstanten in einer Menge, d.h. im Aufzählungstyp, zusammenzufassen. In C++ bekommt jedes Element dieser Menge eine Ordinalzahl zugeordnet. Man kann wie im folgenden Beispiel einige oder alle Elemente des Aufzählungstyps auch explizit initialisieren. Zur Initialisierung können beliebige (in diesem Aufzählungstyp oder anderswo) zuvor definierte Konstanten verwendet werden.

```
enum Skat {Ass=11, Bube=2, Dame,Koenig};
```

Wird hinter einem Element kein Wert wie bei `Dame` oder `Koenig` angegeben, erhält dieses den Wert des Vorgängers erhöht um 1. Es ist auch möglich, mehreren Bezeichnern den gleichen Wert zuzuordnen. Wie oben bereits erwähnt, muss auch in C++ hinter dem Schlüsselwort  `enum` ein Typname angegeben werden, damit Variablen des Aufzählungstyps vereinbart werden können.

```
Farbe f1, f2, f3, f4;
f1 = rot; f2 = f1;
f3 = static_cast<Farbe>(2); // blau
switch (f4) {
    case rot : /*... */; break;
    case gelb : /*... */; break;
    case blau : /*... */;
}
```

```
Farbe f1, f2, f3, f4;
f1 = Farbe.rot; f2 = f1;
// f3 = (Farbe)(2);
switch (f1) {
    case rot : /*... */; break;
    case gelb : /*... */; break;
    case blau : /*... */;
}
```

In Java führt der Konvertierungsversuch der `int`-Konstanten 2 in eine Konstante des Typs `Farbe` zu einem Syntaxfehler. Aufzählungstypen sind eigenständige Typen und werden nicht intern als Ordinalzahl codiert. Die Syntax für Aufzählungen in Java ist umfangreich, man kann jedem Aufzählungselement beliebige Eigenschaften zuordnen, die abgefragt und nach denen unterschieden werden kann. Für die Details verweisen wir hier auf [29, 59].

## B.9   Eingabe und Ausgabe von Daten

Wir können nun mit einfachen Datentypen umgehen. In diesem Abschnitt geht es darum, wie man Daten auf dem Bildschirm ausgeben kann bzw. über die Tastatur einliest. Hier werden wir nur einige Grundlagen, die zum Verstehen der folgenden Abschnitte erforderlich sind, behandeln. Die umfangreichen Details findet der Leser bspw. in [29, 30, 59].

## B.9.1  Ein- und Ausgabe im Standardmodus mit Standardgeräten

In Java und in C++ wird die Ein- und Ausgabe mit Hilfe von **Strömen** (streams) durchgeführt. Ein Strom stellt die Schnittstelle des Programms nach außen dar und ist eine geordnete Folge von Daten, die eine Quelle oder eine Senke haben.

Für die Ein- und Ausgabe auf Standardgeräten sind in C++ die Ströme (Objekte) cin und cout vordefiniert, die in der Regel die Tastatur bzw. den Bildschirm repräsentieren. Für die Ausgabe von Fehlern gibt es den Strom (das Objekt) cerr, der ebenfalls standardmäßig dem Bildschirm zugeordnet ist. Entsprechend gibt es Voreinstellungen für die Formatierung, sodass in vielen Fällen auf eine explizite Formatierung verzichtet werden kann. Als Operatoren sind die Symbole >> und << zur Ein- bzw. Ausgabe überladen worden, die ansonsten für Shift-Operationen verwendet werden.

Java stellt für die normale Ausgabe den Strom System.out und für die Fehlerausgabe System.err zur Verfügung. Die Tastatureingabe erfolgt standardmäßig über den Strom System.in.

Ein einfaches Beispiel mit der Ein- und Ausgabe von double-Werten kann dann z.B. wie im Listing B.4 aussehen.

C++/Java B.4: Ein- und Ausgabe über Tastatur und Bildschirm

```cpp
// Einbinden der Ströme cin,
// cout, und cerr
#include<iostream>

using namespace std;


int main() {



    double x, y;
    // Ausgabe von "x: " auf Bildschirm
    cout << "x: ";
    // Eingabe von x ueber Tastatur
    cin >> x;

    cout << "y: ";
    cin >> y;
    // Ausgabe von x + y
    cout << "x + y = " << x+y;
    // Zeilenumbruch auf Bildschirm
    cout << endl;
}
```

```java
// Verbinden von System.in mit
// vereinfachter Eingabe
import java.util.Scanner;
// Einbinden der EA-Objekte
import java.io.*;

public class EAScan {
public static void main(String[] args){
    // Verbinden der Tastatur mit
    // vereinfachter Eingabe
    Scanner keyb = new Scanner(System.in);
    double x, y;
    // Ausgabe von "x: " auf Bildschirm
    System.out.print("x: ");
    // Eingabe von x ueber Tastatur
    x = keyb.nextDouble();

    System.out.print("y: ");
    y = keyb.nextDouble();
    // Ausgabe von x + y
    System.out.print("x + y = " + (x+y));
    // Zeilenumbruch auf Bildschirm
    System.out.println();
}}
```

(Basics/EA/EAScan.cpp)                              (Basics/EA/EAScan.java)

In C++ können (fast) alle Typen mit den Operatoren >> und << ein- und ausgegeben werden. In Java stehen für die Standardtypen geeignete Funktionen (in Java *Methoden* genannt) nextInt, nextDouble, nextBoolean etc. zur Verfügung.

## B.9.2   Arbeiten mit Dateien

Das Arbeiten mit sequenziellen Textdateien wird genauso abgewickelt wie das Arbeiten mit Tastatur und Bildschirm, es müssen nur zusätzlich die betroffenen Dateien geöffnet und wieder geschlossen werden. Die folgende kurze Funktion demonstriert das Kopieren einer Datei in C++:

```
#include <fstream> // Einbinden der Dateifunktionen
using namespace std;
void FileCopy(char* name1, char* name2) {
  ifstream ein(name1);
  ofstream aus(name2);
  char ch;
  if (!ein || ! aus) {
    cerr << "Fehler beim Oeffnen der Dateien"; exit(1);
  }
  while (ein.get(ch)) aus.put(ch);
}
```

Das Öffnen (und implizit auch das Schließen) der Datei erfolgt durch das Anlegen der Strom-Variablen `ein` und `aus`.

In Java werden anstatt `ifstream` und `ofstream` die Typen `FileInputStream` und `FileOutputStream` verwendet. Wenn diese – wie im Listing B.5 gezeigt – mit `Scanner` verknüpft werden, stehen auch für die Dateiein- und ausgabe die Methoden `nextInt`, `nextDouble`, `nextBoolean` etc. sowie `print` `println` etc. zur Verfügung.

# B.10   Steueranweisungen

## B.10.1   Übersicht

Anweisungen in Programmen dienen dazu, Algorithmen zu formulieren. Algorithmen wiederum sind Verarbeitungsvorschriften für die im Programm vereinbarten Daten. Neben den im vorigen Abschnitt genannten *einfachen Anweisungen*, die man durch Abschließen eines Ausdrucks mit einem Semikolon erhält, gibt es die *Steueranweisungen*. Das Konzept der Steueranweisungen ist dem vieler anderer höherer Programmiersprachen, wie z.B. *Pascal, Modula, Oberon und Ada*, sehr ähnlich, und zwar gibt es in C++ und Java folgende Arten von Steueranweisungen:

- Verbundanweisungen (*compound-statements*)
- Verzweigungs-Anweisungen (*selection statements*)
  - **if**-Anweisung
  - **if**/**else**-Anweisung
  - **switch**-Anweisung
- Wiederholungs-Anweisungen (*iteration statements*)
  - **while**-Anweisung
  - **do**/**while**-Anweisung
  - **for**-Anweisung

C++/Java B.5: Ein- und Ausgabe über Datei

```cpp
// Einbinden der Stroeme cin,
// cout, und cerr
#include <fstream>

using namespace std;
void fileIO(){
  ifstream in("input.txt");
  ofstream out("output.txt");



  double x; int i;
  in >> x >> i;
  out << "x= " << x;
  out << "i= " << i << endl;
  in.close();
  out.close();
}
```

(Basics/EA/FileIO.cpp)

```java
import java.util.Scanner;
import java.io.*;

public class FileIO {
public static void main(String[] args){
  try {
    FileInputStream fileIn =
        new FileInputStream("input.txt");
    Scanner in = new Scanner(fileIn);
    PrintStream out =
        new PrintStream("output.txt");

    double x; int i;
    x = in.nextDouble();
    i = in.nextInt();

    out.print("x= " + x);
    out.println("i= " + i);
    in.close();
    out.close();
  }
  catch (IOException e) {
    System.out.println("Fehler: "+e);
  }
}
}
```

(Basics/EA/FileIO.java)

- Sprung-Anweisungen (*jump statements*) und
  markierte Anweisungen (*labeled statements*)

  - **goto**- (nur C++), **continue**-, **break**-, **return**-Anweisung

  - Anweisung mit Marke (nur C++), **case**-, **default**-Anweisung

Die Sprunganweisungen dienen im Wesentlichen dazu, Wiederholungen vorzeitig abzubrechen, die markierten Anweisungen case und default werden in der switch-Anweisung (*Vielfachverzweigung*) benötigt. Die goto-Anweisung und die Anweisung mit Marke gehören zusammen und können als Relikt der klassischen *Spaghetti-Programmierung* angesehen werden. Das Wort ist in Java zwar reserviert, es gibt aber keine goto-Anweisung in Java.

Das Syntaxdiagramm in Bild B.1 gibt eine teilweise leicht vereinfachte Übersicht über die wichtigsten Steueranweisungen. Die abgerundeten Kästchen repräsentieren die Endsymbole, die explizit in der Anweisung auftreten, die eckigen Kästchen enthalten als Kurzbezeichnungen die Buchstaben *d* für *declaration*, *s* für *statement* und *e* für *expression*. Korrekte Formen für Anweisungen ergeben sich aus den Syntaxdiagrammen, indem sie in Pfeilrichtung durchlaufen werden. Bögen in Vorwärtsrichtung von links nach rechts definieren die Möglichkeiten, Teile zu umgehen, Bögen in Rückwärtsrichtung definieren entsprechend Wiederholungen. Im Fall der Verbund-

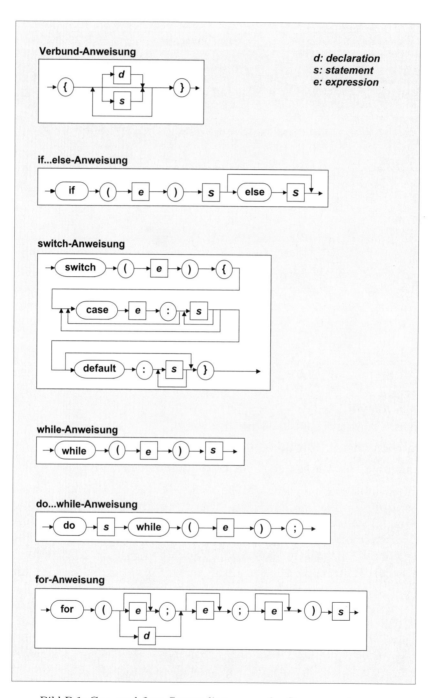

Bild B.1: C++- und Java-Syntaxdiagramme der Steueranweisungen

anweisung können z.B. *declaration* und *statement* ganz fehlen oder auch jeweils ein- oder mehrfach vorkommen.

## B.10.2    Verbundanweisung (compound-statement)

**Beispiel:**

```
{
    double buffer;
    buffer = x;  x = y;  y = buffer;
    double tmp = x*x;  y = tmp*tmp;
}
```

```
{
    double buffer;
    buffer = x;  x = y;  y = buffer;
    double tmp = x*x;  y = tmp*tmp;
}
```

Allgemeine Form:

$$\{ \ statement\text{-}seq_{opt} \}$$

**Bedeutung:**   Eine Verbundanweisung ist eine Folge von mehreren Anweisungen in geschweiften Klammern. Sie dient dazu, mehrere Anweisungen (*statement-seq*) zu einer einzigen zusammenzufassen. Definitionen und *normale* Anweisungen dürfen sich beliebig (auch mehrfach) abwechseln, d.h. formal ist jede Definition ebenfalls eine Anweisung. Variablen, die innerhalb einer Verbundanweisung definiert wurden, existieren nur innerhalb der Verbundanweisung.

## B.10.3    Verzweigungen

**if-Anweisung**

**Beispiel:**

```
if (x < y) {
    double buffer;
    buffer = x;
    x = y;
    y = buffer;
}
```

```
if (x < y) {
    double buffer;
    buffer = x;
    x = y;
    y = buffer;
}
```

Allgemeine Form:

$$\textbf{if} \ (expression) \ statement$$

**Bedeutung:**   Der Ausdruck (*expression*) wird ausgewertet. Wird das Ergebnis als logisch `true` interpretiert, dann wird die Anweisung (*statement*) ausgeführt, sonst nicht – d.h. wenn die Auswertung den Wert `false` liefert.

In Java muss der Ausdruck (*expression*) vom Typ `boolean` sein, in C++ nicht unbedingt. Das eröffnet eine beliebte Fehlerquelle:

```
int a=2, b=1;
if (a=b) { ... } // Zuweisung
```

```
int a=2, b=1;
if (a==b) { ... } // Vergleich
```

Beide Beispiele werden vom C++-Compiler akzeptiert, obwohl es sich im linken Fall um eine *Zuweisung* und keinen *Vergleich* handelt. Das Ergebnis der Zuweisung ist

in diesem Fall der Wert von a, der in C++ dann als Boolescher Wert interpretiert
wird. Der Java Compiler akzeptiert nur die rechte Variante mit einem Vergleich in
der Bedingung.

### if/else-Anweisung

**Beispiel:**

```
if (x < y) {
   min = x;
}
else {
   min = y;
}
```

```
if (x < y) {
   min = x;
}
else {
   min = y;
}
```

Allgemeine
Form:

> **if** (*expression*) *statement* **else** *statement*

**Bedeutung:** Wenn die Auswertung des Ausdrucks (*expression*) `true` ergibt, dann
wird die auf *expression* folgende Anweisung (*then-Teil*) ausgeführt, sonst wird die
auf `else` folgende Anweisung (*else-Teil*) durchgeführt.

**Tipp** Im obigen Beispiel hätten die geschweiften Klammern sowohl im *then-Teil* als auch
im *else-Teil* weggelassen werden können, weil beide Teile jeweils nur eine Anweisung
enthalten. Grundsätzlich empfiehlt es sich jedoch, immer geschweifte Klammern zu
verwenden, d.h. sowohl im *then-* wie auch im *else-Teil* wird eine Verbundanweisung
(siehe Abschn. B.10.2) verwendet.

Die Anweisung im *else*-Teil einer *if/else-Anweisung* kann natürlich auch wieder eine *if/else-Anweisung* sein, was dann zu Mehrfachverzweigungen wie im nächsten
Beispiel führt. Es zeigt auch, wie man durch logische Verknüpfungen im Ausdruck
(*expression*) die Anzahl der Verzweigungen reduziert.

**Beispiel:**

```
int art;
string klasse;

if ( ch < ' ' || ch == 127 /*!*/ ) {
   klasse = "Steuerzeichen"; art=0;
}
else if ( ch >= '0' && ch <= '9' ) {
   klasse = "Ziffer";   art=2;
}
else if ( ch >= 'A' && ch <= 'Z' ||
          ch >= 'a' && ch <= 'z' ) {
   klasse = "Buchstabe"; art=3;
}
else {
   klasse = "Sonderzeichen"; art=1;
}
```

```
int art;
String klasse;

if ( ch < ' ' || ch == 127 /*!*/ ) {
   klasse = "Steuerzeichen"; art=0;
}
else if ( ch >= '0' && ch <= '9' ) {
   klasse = "Ziffer";   art=2;
}
else if ( ch >= 'A' && ch <= 'Z' ||
          ch >= 'a' && ch <= 'z' ) {
   klasse = "Buchstabe"; art=3;
}
else {
   klasse = "Sonderzeichen"; art=1;
}
```

## switch-Anweisung

**Beispiel:**

```
switch (art) {
  case 0 : /*... */ break;
  case 1 : /*... */;
  case 2 : /*... */; break;
  case 3 : break;
  case 4 : case 9: /*... */ break;
  default : cout << "Fehler\n";
}
```

```
switch (art) {
  case 0 : /*... */ break;
  case 1 : /*... */;
  case 2 : /*... */; break;
  case 3 : break;
  case 4 : case 9: /*... */ break;
  default: System.out.println("Fehler");
}
```

Allgemeine
Form:

> **switch** (*expression*) *statement*

Übliche
Verwendung:

> **switch** (*expression*) {
>     **case** *constant expression*: *statements*
>         . . .
>     **case** *constant expression*: *statements*
>     **default:** *statements*
> }

**Bedeutung:**   Die *switch-Anweisung* ist speziell zur Formulierung von Mehrfachverzweigungen vorgesehen. Die allgemeine Syntax lässt viele Konstrukte zu, die übliche Verwendung enthält aber im Rumpf – dem Beispiel und der angegebenen eingeschränkten Form entsprechend – nur Anweisungen oder Anweisungsfolgen, die jeweils durch eine *case-Marke* eingeleitet werden, sowie maximal eine Anweisung oder Anweisungsfolge, die durch eine *default-Marke* eingeleitet wird. Es sollte – aus Gründen der guten Lesbarkeit – nur diese eingeschränkte Form verwendet werden!

Der Ausdruck wird ausgewertet, und es wird geprüft, ob eine dem errechneten Wert entsprechende Sprungmarke vorhanden ist. Ist das der Fall, wird dorthin verzweigt, wenn nicht, wird – falls vorhanden – zum *default-Teil* verzweigt. Wenn weder eine entsprechende Sprungmarke explizit angegeben noch ein *default-Teil* vorhanden ist, wird keine Anweisung durchgeführt!

Die *case-Teile* werden üblicherweise mit einer *break-Anweisung* abgeschlossen, die die *switch-Anweisung* an der Stelle beenden. Wenn das break entfällt, wird sequenziell mit dem folgenden *case-Teil* oder mit dem *default-Teil* weitergemacht. Statt mit einer *break-Anweisung* kann in Funktionen die *switch-Anweisung* auch mit einer *return-Anweisung* beendet werden. Der Ausdruck (*expression*) muss in allen Anweisungen einen ganzzahligen Typ liefern (char, int, ... oder enum). Die auf case folgenden Marken müssen ganzzahlige Konstanten sein. Mit der C++-*switch-Anweisung* kann die *if/else-Anweisung* simuliert werden, z.B.:

```
switch ( static_cast<int>(i < j) ) {
  case 1: cout << "kleiner\n"; break;
  case 0: cout << "nicht kleiner\n";
}
```

```
// In Java keine Konvertierung von
// boolean nach int definiert.
```

## B.10.4   Wiederholungen

**while-Anweisung**

**Beispiel:**

```
int sum = 0, count = 1;
while (count <= 100) {
    sum += count; count++;
}
```

```
int sum = 0, count = 1;
while (count <= 100) {
    sum += count; count++;
}
```

Allgemeine
Form:

> **while** (*expression*) *statement*

**Bedeutung:**   Die Anweisung wird so lange wiederholt, wie die Auswertung des Ausdrucks `true` ergibt. Der Ausdruck wird bei jedem Schleifendurchlauf neu berechnet. Hat er bereits zu Beginn den Wert `false`, so wird die Anweisung gar nicht ausgeführt. Die Anzahl der Schleifendurchläufe kann somit auch *Null* sein!

Dementsprechend ist `while (true)...` eine Endlosschleife (repeat forever)!

**do/while-Anweisung**

**Beispiel:**

```
int sum = 0, count = 1;
do {
    sum += count; count++;
}
while (count <= 101);
```

```
int sum = 0, count = 1;
do {
    sum += count; count++;
}
while (count <= 101);
```

Allgemeine
Form:

> **do** *statement* **while** (*expression*);

**Bedeutung:**   Die Anweisung wird so lange wiederholt, bis die Auswertung des Ausdrucks den Wert `false` ergibt. Im Unterschied zur `while`-Anweisung erfolgt die Auswertung nicht zu Beginn, sondern zum Schluss, und somit wird die Anweisung mindestens einmal ausgeführt.

Dementsprechend ist `do...while (true);` ebenfalls eine Endlosschleife.

**for-Anweisung**

**Beispiel 1:**

```
int sum = 0;
for (int count=1; count<101; ++count)
    sum += count;
```

```
int sum = 0;
for (int count=1; count<101; ++count)
    sum += count;
```

**Beispiel 2:**

```
int sum = 0;
for (int i=1, j=100; j>50; ++i,--j){
    sum = sum + i + j;
}
```

```
int sum = 0;
for (int i=1, j=100; j>50; ++i,--j){
    sum = sum + i + j;
}
```

Allgemeine
Form:

$$\textbf{for}\ (for\text{-}init\text{-}statement_{opt}\ expression_{opt};\ expression_{opt})\ statement$$

**Bedeutung:**   Im *for-init-statement* wird die Initialisierung spezifiziert. Im ersten
Ausdruck *expression* ist entsprechend die Bedingung angegeben, die erfüllt sein muss,
damit eine (weitere) Iteration der Anweisung(en) durchgeführt wird. Im zweiten
Ausdruck wird eine bei jeder Iteration durchgeführte Operation spezifiziert.

Im Gegensatz zur Schreibweise im Beispiel 1 sollten die Anweisungen der     **Tipp**
`for`-Schleife wie im Beispiel 2 immer in geschweiften Klammern gesetzt werden,
selbst dann, wenn nur eine einzige Anweisung folgt. Ein oft nicht leicht zu entdecken-
der Fehler bei Verwendung der `for`-Schleife ist ein Semikolon vor der Anweisung:

```
for (i = 0; i < 10; ++i) ;
    summe += i;
```

Dies entspricht allerdings:

```
for (i = 0; i < 10; ++i) {}
summe += i;
```

und somit wahrscheinlich nicht dem Gewünschtem, was ein weiterer Grund dafür ist,
den *statement*-Teil der `for`-Schleife auch dann zu klammern, wenn dieser lediglich
aus einer leeren Anweisung besteht.

Wie das Beispiel 2 demonstriert, können die Ausdrücke in der *for-Anweisung* sich
aus jeweils mehreren durch Kommata getrennten Teilausdrücken zusammensetzen.
`for (;1;) ...` und `for (;;) ...` sind Formulierungen für Endlosschleifen.

Die Laufvariable einer for-Anweisung kann auch innerhalb dieser Anweisung vereinbart werden, z.B.:

```
for (int i = 0; i < 100; ++i) {...}
```

Die Gültigkeit dieser Definition von `i` erstreckt sich auf die zur for-Schleife gehörende Verbundanweisung. Nach der `for`-Schleife ist `i` nicht mehr definiert. Es ist
somit möglich, für alle unabhängigen Schleifen die gleiche Laufvariable (z.B. `i`) zu
verwenden.

Bezüglich der Entscheidung, welche der drei Anweisungen `while`, `do`/`while` oder `for`
jeweils zur Formulierung einer bestimmten Iteration zu verwenden ist, gibt es unterschiedliche Ansichten. Puristen verwenden stets die *sichere while-Anweisung*, typische C-Programmierer alter Schule haben eine ausgeprägte Vorliebe für die *mächtige
for-Anweisung*. Sinnvoll ist allerdings eine differenzierte Auswahl:

Verwendung der *while-Anweisung*, wenn die Anzahl der Iterationen $n$ unbekannt ist,   **Tipp**
mit $n \geq 0$ (auch *null* Durchläufe möglich!), Verwendung der *do/while-Anweisung*,

wenn im Gegensatz dazu $n \geq 1$ (mindestens ein Durchlauf!), und Bevorzugung der *for-Schleife* insbesondere dann, wenn die Anzahl der Iterationen schon bekannt ist.

**Tipp**  In der Bedingung einer for-Schleife sollte, wenn möglich, immer der Kleiner- bzw. Größer-Operator (anstatt <= bzw. >=) verwendet werden, d.h. es wird ein halboffenes Intervall verwendet. Die Anzahl der Schleifendurchläufe kann dann sehr einfach immer auf die gleiche Weise durch Differenzbildung von Schleifenendwert und -anfangswert ermittelt werden.

Besondere Aufmerksamkeit ist bei Verwendung der do-Schleife geboten. Empirische Untersuchungen der Universität Münster [27] haben gezeigt, dass bei Verwendung der do-Schleife etwa 50% mehr Fehler auftreten als bei Verwendung der while-Schleife. Hieraus sollte aber keineswegs der Schluss gezogen werden, die do-Schleife zu meiden, sondern bei ihrer Benutzung große Sorgfalt auf die Festlegung von Schleifenanfangs- und Schleifenendwert zu verwenden.

## B.10.5   Sprung-Anweisungen und markierte Anweisungen

Die folgenden sieben Sprung- und markierten Anweisungen – mit der jeweils angegebenen Syntax – bieten weitere Möglichkeiten in C++ und in Java, den Kontrollfluss zu beeinflussen:

(1) **goto** *identifier*; (nur C++)

(2) **break**;

(3) **continue**;

(4) **return** *expression*$_{opt}$;

(5) *identifier*: *statement*

(6) **case** *const-expression*: *statement*

(7) **default**: *statement*

Mit der **goto**-Anweisung (1) können Sprünge auf Anweisungen mit Marken (5) durchgeführt werden – ein Relikt aus der Zeit der *Spaghetti*-Programmierung früherer Zeiten.

Mit den Anweisungen (2), (3) und (4) können Wiederholungen abgebrochen (**break**, **return**) bzw. verkürzt (**continue**) werden.

Die Anweisungen (6) und (7) werden zur Markierung in **switch**-Anweisungen verwendet; siehe Abschn. B.10.3.

Detailliertere Hinweise zur Verwendung dieser Anweisungen finden sich z.B. in [29, 30, 59].

# B.11   Arrays (Vektoren, Felder)

In Anwendungen tritt häufig das Problem auf, dass man viele Variablen vom gleichen Typ benötigt, z.B. 2000 Buchungen oder 50 Strings zur Abspeicherung von Namen. Es ist nicht sinnvoll, so viele Variablen explizit einzeln zu vereinbaren. Hier helfen **Arrays**, auch Vektoren oder Felder genannt. Sie gestatten es, mehrere Variablen vom gleichen Typ unter einem einzigen Namen anzusprechen. Die Zeilen

```
int*  feld;
double* buchung;
string* namen;
```

```
int[]  feld;
double[] buchung;
String[] namen;
```

deklarieren drei Referenzen für Arrays von Integer-Werten, Gleitkommawerten und Strings. Zur Definition eines Arrays wird in C++ ein Stern (*) hinter dem Typnamen angegeben; in Java wird nach dem Typnamen oder nach dem Variablennamen ein eckiges Klammernpaar [] angegeben.[1] Hiermit sind aber jeweils nur die Referenzen selbst definiert, ohne dass bisher festgelegt wurde, wie lang die Arrays sein und welche Inhalte die einzelnen Variablen (Elemente) der Arrays haben sollen. Es ist auch noch nicht festgelegt, wo (an welcher Adresse) die zugehörigen Werte im Speicher liegen werden. Dies erfolgt durch die folgenden Zeilen:

```
feld   = new int [10];
buchung = new double [2000];
namen = new string[50];
```

```
feld   = new int [10];
buchung = new double [2000];
namen = new String[50];
```

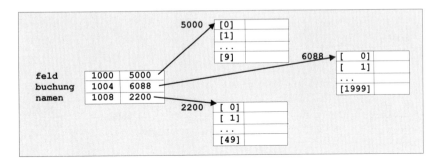

Bild B.2: Arrays als Referenzen

Bild B.2 zeigt eine mögliche Speicherbelegung des Programmausschnitts mit den Arraynamen als Referenzen auf die Variablen selbst. buchung ist nun ein Verweis auf 2000 Speicherplätze zur Abspeicherung von double-Gleitkommavariablen. Die einzelnen Speicherplätze werden durch einen Integer-Ausdruck größer gleich Null als Index angesprochen, der das ausgewählte Element des Arrays angibt, das angesprochen werden soll.

---

[1]Die Definition von Arrays in C++ über ein eckiges Klammernpaar ist ebenfalls gestattet. Deren Semantik entspricht aber nicht ganz der von Java; siehe dazu auch Abschn. 2.3.2.

```
int i = 4, j = 22;
buchung[11*i] = 22.4;
namen[0]     = "Fritz";
feld[i*j - 22*j] = 44;
```

```
int i = 4, j = 22;
buchung[11*i] = 22.4;
namen[0]     = "Fritz";
feld[i*j - 22*j] = 44;
```

Der Benutzer ist dafür verantwortlich, dass der verwendete Ausdruck zur Berechnung der Indizes zur Laufzeit einen erlaubten Wert ergibt, d.h. kein negativer Wert und kein Wert größer gleich der Arraygröße, die in der new-Anweisung verwendet wurde. Die Indexwerte für buchung müssen somit zwischen 0 und 1999 liegen. Ist diese Bedingung wie im Falle des Index für array verletzt, wird in Java eine ArrayIndexOfBoundsException ausgelöst; in C++ läuft das Programm meist noch eine Weile weiter, allerdings ist sein Verhalten undefiniert.

Die Arrays können auch direkt bei ihrer Definition initialisiert werden. Die Länge des Arrays ergibt sich hierbei aus der Anzahl der übergebenen Werte.

```
int za = 9;
int feld[] = {1, za, 9, 8, -1, 5};
double buchung[] = {1.2, 3.45, 6.0};
string namen[] = {"Fritz", "Hans",
    "Karl", "Henriette", "Heiko"};
```

```
int za = 9;
int feld[] = {1, za, 9, 8, -1, 5};
double buchung[] = {1.2, 3.45, 6.0};
String namen[] = {"Fritz", "Hans",
    "Karl", "Henriette", "Heiko"};
```

In Java wird das new quasi automatisch eingefügt. Die Syntax von C++ und Java sind hier zwar identisch, die Semantik ist jedoch eine andere. In C++ wird ein new nicht eingefügt, die C++-Arrays werden direkt auf dem Programm-Stack angelegt. Hierauf gehen wir in Zusammenhang mit Zeiger- und Wertesemantik im Kap. 4 im Detail ein.

## B.12   Übungen

**Übung B.1:** Was gibt das folgende Programm aus?

```
#include <iostream>
using namespace std;
int main(void) {
  int i = 700 / 3;
  int j = 'z' - 'a';
  int k = i > j;
  int b = 8;
  int m = b>10 ? 7 : b > 5 ? 2 : 4;

  bool b1 = 0 < i < 100;
  if (b1) cout << "passt\n";
  else cout << "passt nicht\n";

  cout << i << " " << j << " "
    << k << " " << m << endl;
  return 0;
}
```
(./Grundlagen/anw1/aufg/main.cpp)

**Übung B.2:** Erweitern Sie das folgende Programm, das die Potenzen von 2 ausgibt, sodass nun beliebige Basen (Wahl durch Konstante im Programmcode) verwendet werden können. Außerdem soll nicht bei $n^{10}$ abgebrochen werden, sondern die 10 soll ein Parameter sein.

```
#include <iostream>                          for (i=0; i < 10; ++i) {
using namespace std;                            cout << basis << " hoch " << i
int main(void) {                                    << " = " << ergebnis << "\n";
  int basis = 2; long ergebnis = 1;             ergebnis = ergebnis * basis;
  int i;                                      }
  cout << "Ausgabe der Potenzen von "         return 0;
      << basis << "\n";                     }
```
(./Grundlagen/Potenz2ErwN/aufg/PotenzVon2.cpp)

**Übung B.3:** Was gibt die Funktion `typen` in den Strom `datei` aus? Beschreiben Sie jeweils an den mit ??? gekennzeichneten Zeilen, was dort geschieht.

```
void typen() {                               else {
  double f=0.2;                                datei << "f==0.6: Ungleich\n";
  f += 0.4;                                    }
  if (f == 0.6) { /* ??? */                  double wert = 7/2; /* ??? */
    datei << "f==0.6: Gleich\n";             datei << "7/2:" << wert << "\n\n";
    }                                        }
```
(./Grundlagen/steuer/main.cxx)

**Übung B.4:** Was gibt die Funktion `postPreIncrement` in den Strom `datei` aus? Beschreiben Sie jeweils an den mit ??? gekennzeichneten Zeilen, was dort geschieht.

```
void postPreIncrement() {
  int k=44;
  int m = k--;            /* ??? */
  datei << "k=" << k << " m=" << m << endl;
  int n = --k;            /* ??? */
  datei << "k=" << k << " n=" << n << "\n\n";
  }
```

**Übung B.5:** Was gibt die Funktion `forLoops` in den Strom `datei` aus?    **C++**

```
void forLoops() {                            int k=44;
  for (int i=5; i<10; ++i) {                 for (; k < 48; k++) {
    datei << i << " ";                         datei << k << " ";
  }                                          }
  datei << "\n";                             datei << "\n";

  for (int j=5; j<10; j++) {                 int m=44, n = 11;
    datei << j << " ";                       for (;(m<48)&&(n<15); k++, n=k/4) {
  }                                            datei << k << " " << n << endl;
  datei << "\n";                               }
                                             datei << "\n\n";
```
(./Grundlagen/steuer/main.cxx)
```
}
```

**Übung B.6:** Was gibt das folgende Programm auf den Bildschirm aus?

```cpp
#include <iostream>
using namespace std;
int main(void)
  {
  int i = 0;
  for (i=0; i<5; ++i) { cout << i << " "; } cout << "\n";
  for (i=0; i<5; i++) { cout << i << " "; } cout << "\n";
  for (i=0; i<5; i++) { cout << i++ << " "; } cout << "\n";
  for (i=0; i<5; i++) { cout << ++i << " "; } cout << "\n";
  i = 0;
  for ( ; i++ < 5; ) { cout << i++ << " "; } cout << "\n";
  }
```

**Übung B.7:** Implementieren Sie ein Programm, das zwei ganze Zahlen a und b über die Tastatur einliest, anschließend $a^b$ berechnet und das Ergebnis geeignet ausgibt. Verwenden Sie einmal zur Implementierung eine `for`-Schleife und einmal eine `while`-Schleife.

**Java** **Übung B.8:** Der `main`-Funktion wird in Java das Argument `String[] args` für Kommandozeilenparameter übergeben. Über `args.length` können Sie die Anzahl der Argumente beim Programmaufruf abfragen, der Ausdruck `Integer.parseInt(args[i])` liefert einen Integer-Wert des i.-ten Arguments. Schreiben Sie ein Programm, welches das Minimum aller Argumente beim Aufruf auf den Bildschirm schreibt (d.h. gar nichts, falls keine Argumente übergeben wurden).

**Übung B.9:** Schreiben Sie eine Funktion, die die Fußball-Bundesliga-Tabelle (oder eine andere Tabelle) geeignet in eine Datei ausgibt.

# Literaturverzeichnis

Eine kurze Übersicht über die folgenden in alphabetischer Reihenfolge angegebenen Quellen finden Sie am Ende dieses Literaturverzeichnisses.

[1] Gl. Altrogge: *Netzplantechnik*, Oldenbourg, 1996

[2] Heide Balzert: *Methoden der objektorientierten Systemanalyse*, 2. Auflage, Spektrum Akademischer Verlag, 1996

[3] Heide Balzert: *Lehrbuch der Objektmodellierung. Analyse und Entwurf*, 2. Auflage, Spektrum Akademischer Verlag, 2004

[4] Helmut Balzert: *Lehrbuch der Software-Technik – Software-Entwicklung*, Spektrum Akademischer Verlag, 1996

[5] Helmut Balzert: *Lehrbuch – Grundlagen der Informatik – Modulare, objektorientierte und generische Programmierung*, 2. Auflage, Spektrum Akademischer Verlag, 2005

[6] Kent Beck: *Extreme Programming Explained – Embrace Change*, Addison Wesley, 1999

[7] Kent Beck, Martin Fowler: *Extreme Programming planen*, Addison Wesley, 2001

[8] Oliver Böhm: *Aspektorientierte Programmierung mit AspectJ 5*, dpunkt.verlag, 2006

[9] Grady Booch, Ivar Jacobson und James Rumbaugh: *The Unified Software Development Process*, Addison-Wesley, 1999

[10] Frederick P. Brooks: *The Mythical Man-Month – 20th Anniversary Edition*, Addison Wesley, 1995

[11] William J. Brown, Raphael C. Malveau, und Hays McCormick: *Anti-patterns. Refactoring Software, Architecture and Projects in Crisis*, John Wiley & Sons, 1998

[12] Bernd Brügge, Allen H. Dutoit: *Objektorientierte Softwaretechnik mit UML, Entwurfsmustern und Java*, Prentice Hall, 2004

[13] Martin D. Carroll, Margaret A. Ellis: *Designing and Coding Reusable C++*, Addison-Wesley, 1995

[14] Martin D. Carroll, Margaret A. Ellis: *What functions should all classes provide?*; C++ Report Vol.6/No.9, SIGS, 1994

[15] Alistair Cockburn: *Use Cases effektiv erstellen*, MITP Verlag, 2003

[16] Cormen, Leiserson, Rivest, Stein: *Algorithmen – eine Einführung*, Oldenbourg, 2005

[17] J. Dunkel, A. Holitschke: *Softwarearchitektur für die Praxis*, Springer, 2003

[18] Chr. Ebert, C., T. Liedtke, E. Baisch: *Improving Reliability of Large Software Systems*, Annals of Software Engineering, 1999

[19] Jutta Eckstein: *Agile Softwareentwicklung im Großen – Ein Eintauchen in die Untiefen erfolgreicher Projekte*, dpunkt.verlag, 2004

[20] Stefan Edlich: *Ant: Kurz & gut*, O'Reilly, 2002

[21] Martin Fowler: *Analysemuster. Wiederverwendbare Objektmodelle*, Addison-Wesley, 1999

[22] Martin Fowler: *Refactoring – Improving the Design of Existing Code*, Addison Wesley, 2002

[23] Erich Gamma, Richard Helm, Ralph E. Johnson, John M. Vlissides: *Entwurfsmuster. Elemente wiederverwendbarer objektorientierter Software*, Addison-Wesley, 1996

[24] J. Gosling, B. Joy, G. Steele, G. Bracha: The Java Language Specification, Sun Microsystems: Java 2 Platform, Standard Edition, Version 5.0, API Specification, `http://java.sun.com/docs/books/jls/`

[25] Güting, Dieker: *Datenstrukturen und Algorithmen*, Teubner, 2003

**www**  [26] Hartmut Helmke et al.: *Guide to survive with C++ – Rules, recommendations and tips for the advanced C++ programmer*, Deutsches Zentrum für Luft- und Raumfahrt, DLR-IB 112-2002/07, 2002

[27] Knut Hildebrand, Jan-Armin Reepmeyer: *Repeat-Statement considered harmful? Ergebnisse einer empirischen Untersuchung*, Informatik Spektrum, Band 19, Heft 2, April 1996

[28] Steve Holzner: *Ant: The Definitive Guide*, O'Reilly, 2005

[29] C.S. Horstmann, G. Cornell: *Core Java – Band 1 und 2*, Markt & Technik, 2002

[30] Rolf Isernhagen, Hartmut Helmke: *Softwaretechnik in C und C++ – Das Kompendium – Modulare, objektorientierte und generische Programmierung*, 4. Auflage, Hanser, 2004

[31] ISO/IEC 9899: *Programming Language – C*, International Organization for Standardization, 1999

[32] ISO/IEC 14882: *Programming Language – C++*, International Organization for Standardization, 2. Ausgabe vom 15.10.2003

[33] Christoph Kecher: *UML 2.0 – Das umfassende Handbuch*, Galileo Computing, 2006

[34] Donald E. Knuth: *Literate Programming*, The Computer Journal, 27(2):97-111, 1984

[35] Martin Lippert, Stefan Roock, Henning Wolf: *Software entwickeln mit eXtreme Programming – Erfahrungen aus der Praxis*, dpunkt.verlag, 2002

[36] Robert C. Martin: *The Dependency Inversion Principle*, `http://www.objectmentor.com/` or `http://www.objectmentor.com/resources/articles/dip.pdf`, 1996

[37] Robert C. Martin: *Design Principles and Design Patterns*, `http://www.objectmentor.com/` 2000

[38] Robert Mecklenburg: *GNU make*, O'Reilly, 2005

[39] Scott Meyers: *Effective C++– 55 Specific Ways to Improve your Programs and Designs*, 3. Auflage, Addison Wesley, 2005

[40] Bernd Oestereich: *Analyse und Design mit UML 2.1* 8. Auflage, Oldenbourg, 2006

[41] Bernd Oestereich, Christian Weiss, Claudia Schröder, Tim Weilkiens, Alexander Lenhard: *Objektorientierte Geschäftsprozessmodellierung mit der UML*, dpunkt.verlag, 2003

[42] Andy Oram und Steve Talbott: *Managing Projects with make*, O'Reilly, 1991

[43] Pearl, Judea: *Heuristics – Intelligent Search Strategies for Computer Problem Solving*, Addison-Wesley, 1984

[44] Martin Reiser, Niklaus Wirth: *Programming in Oberon*, Addison-Wesley, 1992

[45] Roland Rüdiger: *Extensible Programming*, Technischer Bericht, Institut für Verteilte Systeme, FH Braunschweig/Wolfenbüttel, 1997, unter http://www.fh-wolfenbuettel.de/fb/i/organisation/personal/ruediger/

[46] Chris Rupp, Jürgen Hahn, Stefan Queins: *UML 2 glasklar. Praxiswissen für die UML-Modellierung und Zertifizierung*, 2. Auflage, Hanser, 2005

[47] Chris Rupp, Sophist Group: *Requirements-Engineering und -Management – Professionelle, iterative Anforderungsanalyse für die Praxis*, 3. Auflage, Hanser, 2004

[48] Gunter Saake, Kai-Uwe Sattler: *Algorithmen & Datenstrukturen – Eine Einführung mit Java*, dpunkt.verlag, 2002

[49] Wolfgang Samlowski: *Tiger im Tank – Esel am Steuer? – Projektmanagement sichert Entwicklungserfolg in kommerziellen Expertensystem-Anwendungen*, KI, 3/1991, S. 41–46

[50] A.-W. Scheer: *Wirtschaftsinformatik – Referenzmodelle für industrielle Geschäftsprozesse*, Springer, 1997

[51] G. Schmidt: *Informationsmanagement – Modelle, Methoden, Techniken*, Springer, 1999

[52] J. Schwarze: *Netzplantechnik*, Verlag Neue Wirtschafts-Briefe, 1994

[53] Sedgewick: *Algorithmen in C*, Addison Wesley, 1992

[54] Sedgewick: *Algorithmen in Java*, Pearson Studium, 2003

[55] Klaus Spanderen: *Auf kleiner Flamme – Numerische Aufgaben mit Java lösen*, iX, 12/2005, S.128–130

[56] Michael Stal: *Aus der Zukunft – Auf dem Weg zu besserer Software*, iX, 2/2006, S. 38–44

[57] Bjarne Stroustrup: *Die C++-Programmiersprache*, 4. Auflage, Addison Wesley, 2000

[58] Sun Microsystems: Java 2 Platform, Standard Edition, Version 5.0, API Specification, `http://java.sun.com/j2se/5.0/docs/api/`

[59] Christian Ullenboom: *Java ist auch eine Insel – Programmieren für die Java 2-Plattform in der Version 5*, 5. Auflage, Galileo Computing, 2005

[60] Reiner Ullrich: *Grundfinanzierte Projekte in der Luftfahrt – Leitfaden für Projektleiter*, Deutsches Zentrum für Luft- und Raumfahrt, Version 4.03, Oktober 2003

[61] Uwe Vigenschow, Björn Schneider: *Soft Skills für Softwareentwickler*, dpunkt.verlag, 2007

[62] Niklaus Wirth: *Algorithmen und Datenstrukturen*, Teubner, 1986

[63] Andreas Zeller: *Why Programs Fail – A Guide to Systematic Debugging*, dpunkt.verlag, 2005

[64] Zuser, Biffl, Grechenig, Köhle: *Software Engineering mit UML und dem Unified Process*, Pearson Studium, München, 2004

Weitere Informationen zu C und insbesondere zu C++ finden Sie in den folgenden Quellen: [26, 27, 30, 31, 32, 39, 57]

Weitere Informationen zu Java finden Sie in den folgenden Quellen: [24, 58, 59, 55]

Weiterführende Literatur zur Thematik der *Netzplanung* finden Sie in den folgenden Quellen: [1, 50, 51, 52]

Weiterführende Literatur zu den in Kap. 3 angesprochenen Tools finden Sie insbesondere zu *make* in [38, 42] sowie zu *ant* in [20, 28] und im Internet unter `ant.apache.org/manual`.

Weiterführende Literatur zu Algorithmen und Datenstrukturen finden Sie insbesondere in den folgenden Büchern: [16, 25, 43, 48, 53, 54, 44, 62]

Die Unified Modelling Language (UML) wird vertieft in den folgenden Büchern: [12, 33, 40, 41, 46, 64] und unter `www.uml.org`

Die Thematik der agilen Vorgehensmodelle wird vertieft in den folgenden Quellen: [6, 7, 22, 19, 35] und unter `www.agilealliance.org`. Weiterführende Informationen zu nicht agilen Vorgehensmodelle findet man in [9, 10, 18, 49, 56, 60, 64] und unter `www-306.ibm.com/software/awdtools/rup`.

Der Software-Entwurf (Kap. 10) wird vertieft in den folgenden Quellen: [12, 13, 14, 15, 23, 33, 36, 37, 40, 41, 45, 46]

# Stichwortverzeichnis

Stichworte in `Schreibmaschinenschrift` sind Schlüsselwörter (z.B. `while`) oder Bibliotheksbezeichner (z.B. `strcpy`). Fettgedruckte Seitennummern verweisen auf Schwerpunkte, in der Regel Überschriften von Kapiteln, Abschnitten oder Unterabschnitten.